Paysage du Zimbabwe.

Kafue
Mazabuka
Chirundu
ZAMBIE
Monze
Mulobezi
Choma
LAC KARIBA
Lac Kariba
MATUSADONA
NATIONAL PARK
Sinazongwe
Zimba
BINGA
CHIZARIRA
NATIONAL PARK
Kasane
Livingstone
MLIBIZI
ZAMBEZI
NATIONAL PARK
VICTORIA FALLS
VICTORIA FALLS
NATIONAL PARK
DEKA DRUM
Gokwe
KAZUMA PAN
NATIONAL PARK
HWANGE
Gwayi
Pandamatenga
DETE
HWANGE
NATIONAL PARK
Shangani
Lupane
Makona National Parks HQ
Gwaai
BOTSWANA
Tsholotsho
Ndolwane
KHAMI RUINS
BULAWAYO
100 KM
Plumtree
PARC NATIONAL
DE MATOBO
Masunga
Gwanda
ALGÉRIE
ÉGYPTE
MALI
SOUDAN
Francistown
TANZANIE
ZIMBABWE
Selebi Phikwe
AFRIQUE DU SUD
Tamasane

Luangwa
MOZAMBIQUE
Chitima
NA POOLS
ONAL PARK ★★★★
JTI
Tete
Muzarabani Township
MAVURADONHA WILDERNESS ★
TENGENENGE ★
Karoi
Mhangura
Mazowe
UMFURUDZI SAFARI PARK ★★★★
Nyamapanda
Bindura
Chinhoyi
DOMBOSHAWA ★
HARARE ★★
LAKE MANYAME ★
EPWORTH
LAKE CHIVERO ★★
Chegutu
MARONDERA
NYANGA
TROUTBECK ★
Kadoma
JULIASDALE
MONT NYANGANI
INYANGA NATIONAL PARK ★★★
NGEZI RECREATIONAL PARK
RUSAPE
Wedza
VALLÉE DE LA HONDE
PENHALONGA
Kwekwe
MUTARE ★
Garuso
MONTS BVUMBA ★★★
Chimoio
Mvuma
Chapungu
RÉSERVE FORESTIÈRE DE CHIRINDA
GWERU
CHIMANIMANI NATIONAL PARK ★★★
NYANYADZI HOT SPRINGS ★
CHIMANIMANI
BIRCHENOUGH BRIDGE
MASVINGO ★
RÉSERVES FORESTIÈRES DE HARONI ET DE RUSITU
LAKE MUTIRIKWI RECREATIONAL PARK ★★
CHIPINGE
Chivi
GREAT ZIMBABWE ★★★★
SAVE VALLEY CONSERVANCY ★★
Checheche
Neshuro
TRIANGLE
CHIREDZI
Nicholson
GONAREZHOU NATIONAL PARK ★★★
Mazunga
MOZAMBIQUE
Chicualacuala
BEITBRIDGE
E DU SUD

QUAND Y ALLER

JANVIER	FÉVRIER	MARS
17° / 27°	16° / 27°	15° / 26°
		FESTIVAL DE LA FRANCOPHONIE Organisé par l'Alliance française à Harare et Bulawayo. Concerts, projections, animations et conférences.
$	$	$

JUILLET	AOÛT	SEPTEMBRE
7° / 21°	9° / 24°	12° / 27°
MARATHON DES CHUTES VICTORIA Pour courir à proximité des cataractes…	**JOUR DES HÉROS** Jour déclaré férié pour rendre hommage aux Zimbabwéens qui se sont battus pendant la guerre d'indépendance du pays.	**ZIMBABWE MBIRA FESTIVAL** *(HARARE)* Festival de musique traditionnelle. Entre concerts, jeux et scène ouverte, c'est une journée haute en couleur et en échanges.
$$$	$$$	$$$

On peut se rendre quasiment toute l'année au Zimbabwe. L'altitude moyenne du pays rend le climat très agréable. La saison sèche s'étend de mai à octobre. C'est la meilleure saison pour observer la grande faune, en particulier les mois d'août et septembre, alors que les animaux se concentrent autour des points d'eau. À l'inverse, au plus fort de la saison des pluies (décembre à février), quelques parcs deviennent impraticables et certains *lodges* ferment leurs portes.

AVRIL

13° / 26°

FÊTE DE L'INDÉPENDANCE
C'est aussi la fête nationale. Le 18 avril 1980, l'ancienne Rhodésie du Sud devenait le Zimbabwe.

FOIRE INTERNATIONALE DU ZIMBABWE
(BULAWAYO)
Exposition annuelle qui regroupe des exposants venus de différents secteurs (agriculture, nouvelles technologies, tourisme...).

$

MAI

10° / 23°

$

JUIN

7° / 21°

$ $

OCTOBRE

16° / 30°

THE ZIMBABWE JAZZ FESTIVAL
Le Zimbabwe Jazz Festival organisé par le Zimbabwe Jazz Community Trust met en lumière les meilleurs musiciens de jazz du pays.

$ $

NOVEMBRE

16° / 28°

$

DÉCEMBRE

17° / 28°

FÊTE DE L'UNIFICATION
Le National Unity Day est un jour férié qui commémore l'accord d'union des deux partis politiques du pays, le ZAPU et le ZANU.

VIC FALLS CARNIVAL
(VICTORIA FALLS)
Pour finir l'année en beauté *at the falls* !

$ $

LES BONNES RAISONS D'Y ALLER

© ANTON_IVANOV - SHUTTERSTOCK.COM

LA DIVERSITÉ DES PAYSAGES

Montagnes, escarpements abrupts, savanes, fleuves et rivières, lacs, chutes d'eau…

LE LAC KARIBA

Les rives du lac hébergent une faune abondante, à l'image de celle du parc de Matusadona.

© MBRAND85 - SHUTTERSTOCK.COM

© MARTIN MECNAROWSKI - SHUTTERSTOCK.COM

UN CLIMAT AGRÉABLE

Le Zimbabwe jouit d'un climat très agréable et l'on peut visiter le pays toute l'année.

LES MATOPOS

Ces collines constituent un paysage singulier et un lieu riche en histoire et en mystères…

LES EASTERN HIGHLANDS

Ces montagnes offrent des paysages somptueux et de nombreuses opportunités de randonnée.

GREAT ZIMBABWE

Le site est considéré comme le plus important monument de pierres d'Afrique subsaharienne.

LES CHUTES VICTORIA

Partagées avec la Zambie, barrant le Zambèze, elles offrent un spectacle prodigieux.

LES BONNES RAISONS D'Y ALLER

MANA POOLS

Au bord du Zambèze, ce parc offre de merveilleux safaris, en voiture, à pied ou en canoë.

© HENK BOGAARD - SHUTTERSTOCK.COM

© 2630BEN - ISTOCKPHOTO.COM

HWANGE

Le plus grand parc du pays est un lieu privilégié pour admirer la grande faune de savane.

© POCO_BW - ISTOCKPHOTO.COM

UN ACCUEIL CHALEUREUX

Les gens sont chaleureux et accueillants. Les guides sont parmi les meilleurs d'Afrique.

LES 12 MOTS-CLÉS

#BIÈRES

La bière est très populaire au Zimbabwe. Différentes marques sont produites dans le pays. Les plus communes sont la Castle, la Zambezi ou bien encore la Bohlingers. Le chibuku est une sorte de bière locale, produite à partir de levure fermentée. Elle peut être produite de manière artisanale ou industrielle. Elle est assez populaire en milieu rural.

© POCO_BW - ISTOCKPHOTO.COM

#CAMP

Variés et nombreux, les camps proposent aux visiteurs des vacances au cœur de la brousse. Une expérience à vivre absolument car le Zimbabwe figure parmi les pays qui développent ce genre d'hébergement avec succès. On passe des campings en bordure de rivière aux camps de luxe au fin fond des parcs nationaux. C'est une expérience simplement magique !

© STEFANO CAVANNA - SHUTTERSTOCK.COM

#BOTTLE STORE

On achète ses bouteilles d'alcool dans des *bottle stores*. Ils sont implantés dans toutes les villes et villages et dans la plupart des stations-service. On y dégote toutes les grandes marques de boissons alcoolisées habituelles (de la bière aux spiritueux en passant par le vin rouge…) ainsi que des jus de fruits et des boissons pétillantes.

#BRAAÏ

Le mot, d'origine afrikaans, fait partie du vocabulaire de tous. Beaucoup observent cette coutume depuis des décennies, au moins deux ou trois fois par semaine, le midi ou le soir. En fait, il s'agit simplement d'un barbecue en famille ou entre amis, mais ce genre de repas est devenu vraiment courant au Zimbabwe, comme dans les pays voisins.

© POCO_BW - ISTOCKPHOTO.COM

#CARBURANT

Le Zimbabwe est un pays où on fait volontiers le plein de carburant (*petrol* ou *diesel*). Le self-service est une pratique incongrue. Les stations sont présentes dans tout le pays et restent ouvertes de 6h à 18h, voire 24h/24 pour certaines. Leur nombre décroît néanmoins proportionnellement à l'éloignement des métropoles et des grands axes.

#CIRCULATION ROUTIÈRE

Au Zimbabwe, ancienne colonie anglaise, on conduit à gauche. Sur les grands axes, la vitesse est limitée à 120 km/h et réduite à 60 km/h en agglomération. Dans les réserves et parcs nationaux, l'on ne dépasse pas les 40 km/h. Comme souvent, il est plus facile de conduire à la campagne que dans les villes. Il est déconseillé de rouler de nuit.

#KOMBIS

Le moyen de transport urbain le moins cher du pays. Il s'agit le plus souvent de minibus. Ceux-ci suivent en général les routes principales, reliant les villes et s'arrêtant à la demande. Peu utilisé par les touristes, ce moyen de transport reste une option économique mais pas forcément très sécurisante, du fait de leur conduite souvent chaotique.

LES 12 **MOTS-CLÉS**

#LODGE

À la base, ils sont construits en matériaux naturels et se présentent sous forme de grandes tentes luxueuses, de cottages, ou de chalets. Le Zimbabwe compte un certain nombre de *lodges* magnifiques et attachants, d'où il est difficile de repartir, mais le terme ne garantit rien. Il est parfois appliqué à n'importe quel hébergement touristique.

#MUM

On s'adresse souvent aux inconnus comme s'ils avaient toujours été un membre de la famille. Dans la rue, une personne qui souhaite se renseigner abordera une autre avec respect, avec un petit mot bien choisi, du genre « boss », « sister », « brother » « mum » ou « papa ». Les deux derniers termes ne font pas forcément référence à l'âge.

#SADZA

La sadza est le plat le plus populaire au Zimbabwe. C'est une pâte à base de maïs, de consistance plus ou moins dure, de couleur blanche, elle est raffinée et de couleur sable quand elle contient à la fois la farine et le son. La sadza se déguste accompagnée de légumes verts, de viandes, de poissons… Les Zimbabwéens en mangent du matin au soir.

#SAFARI

Safari est un mot swahili qui signifie voyage. On l'assimile à la découverte touristique de la grande faune africaine. Au Zimbabwe, le tourisme de vision se décline de différentes manières : *game drive* (safari en voiture), *game walk* (safari à pied, souvent avec un guide armé), *canoe safari* ou bien encore *horseback safari* (safari à cheval).

© VILLIERS STEYN - SHUTTERSTOCK.COM

#SUNDOWNER

Le sundowner est le petit apéro que l'on prend devant le soleil couchant. Il s'organise souvent au milieu d'un safari en voiture, en plein cœur de la brousse. Les guides sortent une glacière remplie d'amuse-gueules et de boissons en tout genre. Chacun peut ainsi se détendre tout en sirotant un whisky, à quelques mètres d'un troupeau d'antilopes !

VOUS ÊTES D'ICI, SI…

Pour visiter un village et surtout camper dans ses environs, vous demandez la permission au chef, qui vous la refusera rarement.

Vous demandez la permission de faire des photos au lieu de prendre les gens à la dérobée. En général, cette faveur ne vous sera pas non plus refusée.

Vous saluez les personnes rencontrées et vous leur demandez comment elles se portent. Ici, le rituel du salut est obligatoire, sous peine de passer pour un impoli, même si vous ne connaissez pas les personnes croisées.

En cas d'invitation à manger, vous acceptez les plats servis, mais ne vous jetez pas non plus sur la nourriture : vos hôtes pourraient penser qu'ils n'en ont pas préparé assez.

Vous affichez votre plus beau sourire avec les forces de l'ordre.

Vous ne manifestez jamais aucun signe d'impatience et faites preuve d'humour et de compréhension, même si la situation dans laquelle vous vous trouvez est parfaitement invraisemblable.

INTERVIEW

MON ZIMBABWE

AVEC RÉMY LEDAUPHIN, AUTEUR DU GUIDE

© COPYRIGHT

Qu'est-ce qui vous a mené au Zimbabwe ?

En fait, géographe et écologue de formation, je suis consultant en gestion des aires protégées et de la faune sauvage. La première fois que je suis venu, c'était en 2004, à l'occasion d'une étude que je menais sur les conflits hommes-éléphants. Depuis, j'y ai été expatrié entre 2017 et 2020. Je travaillais, alors, comme spécialiste faune sauvage pour le CIRAD, un organisme français de recherche et de coopération.

© COPYRIGHT

Qu'est ce qui vous a séduit?

En tant que naturaliste, j'ai, bien entendu, été séduit par les paysages grandioses, la faune, les parcs, la culture de la conservation... Mais, si je suis très attaché au caractère sauvage du pays, j'apprécieaussi beaucoup les gens, blancs ou noirs, qui sont généralement chaleureux, ouverts, fiers de leur pays. Je suis quelqu'un d'assez réservé, mais il m'a été facile d'ydévelopper mon réseau.

© COPYRIGHT

Quel est votre endroit préféré ?

C'est difficile à dire, tant le pays regorge d'endroits sauvages, superbes, intimistes. Je garde de merveilleux souvenirs de gamewalks et de soirées passées au bord du fleuve à Mana, ou bien encore, dans le parc plus reculé et accidenté de Chizarira. Je fais pas mal d'escalade et j'ai également beaucoup apprécié d'écumer les falaises de granit, non loin d'Harare, ou les innombrables blocs de grès de Chimanimani.

Que pourriez-vous conseiller pour un premier voyage ?

Je pense qu'il y a des incontournables comme Hwange, les chutes et Mana Pools. Avec plus de temps, on peut englober les Matopos, le lac Kariba, Gonarezhou et les Eastern Highlands. On peut passer par une agence, ou louer une voiture et découvrir le pays par ses propres moyens, mais cela restera un voyage onéreux.

DISTANCES

TEMPS DE TRAJET

	BEITBRIDGE	BULAWAYO	CHIREDZI	CHIRUNDU	GWERU
BEITBRIDGE		320 KM 4h15	243 KM 4h	936 KM 12h30	444 KM 5h45
BULAWAYO	320 KM 4h15		433 KM 5h30	654 KM 8h45	162 KM 1h45
CHIREDZI	243 KM 4h	433 KM 5h30		778 KM 10h30	314 KM 4h30
CHIRUNDU	936 KM 12h30	654 KM 8h45	778 KM 10h30		492 KM 7h
GWERU	444 KM 5h45	162 KM 1h45	314 KM 4h30	492 KM 7h	
HARARE	581 KM 8h15	439 KM 5h30	433 KM 5h50	350 KM 5h30	278 KM 3h3
KARIBA	941 KM 12h30	659 KM 8h45	783 KM 10h30	124 KM 2h	497 KM 6h3
KAROI	790 KM 10h30	507 KM 6h30	631 KM 8h30	148 KM 2h30	345 KM 4h3
MASVINGO	286 KM 4h	281 KM 3h45	193 KM 2h30	639 KM 8h45	183 KM 2h1
MUTARE	584 KM 8h	563 KM 6h45	314 KM 4h	613 KM 9h	401 KM 5h
PLUMTREE	419 KM 5h15	101 KM 1h15	533 KM 6h30	755 KM 10h	264 KM 3h
VICTORIA FALLS	755 KM 9h15	435 KM 5h	868 KM 10h30	749 KM 10h30	596 KM 7h

Le Zimbabwe dispose d'un assez bon réseau routier. Il permet de relier assez facilement les grandes villes du pays, les sites touristiques majeurs et les postes frontières. Concernant le réseau secondaire, les routes goudronnées (*tar roads*) ont tendance à se détériorer peu à peu et les pistes (*gravelroads*) demeurent dans certaines zones reculées, ce qui confère au voyage hors des sentiers battus un parfum d'aventure…

HARARE	KARIBA	KAROI	MASVINGO	MUTARE	PLUMTREE	VICTORIA FALLS
581 KM 8h15	941 KM 12h30	790 KM 10h30	286 KM 4h	584 KM 8h	419 KM 5h15	755 KM 9h15
439 KM 5h30	659 KM 8h45	507 KM 6h30	281 KM 3h45	563 KM 6h45	101 KM 1h15	435 KM 5h
433 KM 5h50	783 KM 10h30	631 KM 8h30	193 KM 2h30	314 KM 4h	533 KM 6h30	868 KM 10h30
350 KM 5h30	124 KM 2h	148 KM 2h30	639 KM 8h45	613 KM 9h	755 KM 10h	749 KM 10h30
278 KM 3h30	497 KM 6h30	345 KM 4h30	183 KM 2h15	401 KM 5h	264 KM 3h	596 KM 7h
	355 KM 5h	204 KM 3h	295 KM 4h	263 KM 3h30	541 KM 6h45	709 KM 9h30
55 KM 5h		153 KM 2h	645 KM 8h45	618 KM 9h	761 KM 10h	754 KM 10h30
04 KM 3h	153 KM 2h		493 KM 6h45	467 KM 6h45	609 KM 7h45	620 KM 8h30
95 KM 4h	645 KM 8h45	493 KM 6h45		297 KM 3h45	380 KM 4h30	715 KM 8h30
63 KM 3h30	618 KM 9h	467 KM 6h45	297 KM 3h45		665 KM 8h	997 KM 11h45
41 KM 6h45	761 KM 10h	609 KM 7h45	380 KM 4h30	665 KM 8h		535 KM 6h15
09 KM 9h30	754 KM 10h30	620 KM 8h30	715 KM 8h30	997 KM 11h45	535 KM 6h15	

IDÉES DE SÉJOUR

Le Zimbabwe offre de multiples possibilités de séjours et de circuits. Il n'est nullement, ici, question de dresser une liste exhaustive, mais, simplement, de proposer quelques circuits et thèmes indicatifs. Les curiosités naturelles, les parcs nationaux et la faune sauvage figurent en bonne place dans les voyages au Zimbabwe, mais le pays regorge, également, de sites historiques et d'attraits culturels. Les amateurs de randonnée ne seront pas en reste dans les Eastern highlands, de même que les amateurs de sensations fortes à Victoria Falls...

LES INCONTOURNABLES DU ZIMBABWE EN 15 JOURS

Petit tour des incontournables du Zimbabwe en 15 jours, parfait pour une première découverte.

› Jour 1 - Direction les chutes Victoria

Arrivée à Victoria Falls ★★★★ (p.210), tour de ville, après l'installation à l'hôtel.

› Jour 2 - Visite des chutes Victoria

Visite des chutes ★★★★ (p.187) en matinée, à pied ou en survol, et activité au choix dans l'après-midi : safari, saut à l'élastique, marché artisanal, croisière coucher de soleil sur le Zambèze.

› Jour 3 - Direction le Hwange National Park

Route vers le célèbre Hwange National Park ★★★★ (p.177), installation en camp ou en bivouac.

› Jour 4 - Visite du Hwange National Park

Safari dans le Hwange National Park ★★★★ (p.177) à la rencontre des éléphants, des impalas, des lions, des oiseaux, mais aussi de la flore, les forêts de mopanes, d'acacias, de tecks...

› Jour 5 - Visite du Hwange National Park

Poursuite du safari dans le Parc ★★★★ (p.177).

› Jour 6 - Visite du Hwange National Park

Poursuite du safari dans le Parc ★★★★ (p.177).

› Jour 7 - Direction le Matobo National Park

Départ pour Matobo National Park ★★★ (p.162), arrivée l'hôtel, découverte rapide des lieux avant le dîner.

© KAMADIE - ISTOCKPHOTO

Les Chutes Victoria.

Great Zimbabwe Hill Complex.

› Jour 8 - Excursion dans le Matobo National Park

Découverte du parc ★★★ (p.162) et des paysages de roches de granite, posées les unes sur les autres, caressées par le vent ; les peintures rupestres ; rencontre avec les rhinocéros blancs et noirs.

› Jour 9 - Les environs du Matobo National Park

Visite des villages voisins du parc.

› Jour 10 - Visite des ruines du Great Zimbabwe

Départ pour le Great Zimbabwe (p.156), visite avec un guide. Nuit dans un lodge près du monument historique ou du lac Muturikwi.

› Jour 11 - Le Parc Muturikwi

Balade dans le Parc Muturikwi ★★ (p.153) autour du lac, safari avec pique-nique.

› Jour 12 - Direction Bvumba

Reprise de la route par la région des Eastern Highlands, nuit à Bvumba.

› Jour 13 - Safari

Safari ornithologique au jardin botanique, la grande zone protégée de Bvumba.

› Jour 14 - Retour à la capitale

Route vers Harare ★★ (p.93) et visite des galeries d'art, nuit à Harare.

› Jour 15 - Fin du séjour

Vol retour depuis Harare.

SÉJOUR CULTUREL AU ZIMBABWE

Cet itinéraire culturel de 10 jours au Zimbabwe s'adresse particulièrement aux voyageurs qui souhaitent découvrir, outre les chutes Victoria et le parc national de Hwange, des paysages de montagnes et de lacs, de granite et l'histoire du pays.

› Jour 1 - La capitale

Arrivée à Harare ★★ (p.93), installation à l'hôtel et tour de la ville. Visites de la Galerie nationale, et dîner-spectacle dans la capitale.

› Jour 2 - Visite d'Harare

Visite du quartier populaire et animé de Mbare et des marchés de Harare ★★ (p.93). Pour faire les meilleures emplettes, on file entre les allées du marché aux puces d'Avondale. On termine par la visite des centaines de sculptures de Doon Estate.

› Jour 3 - En route pour Nyanga

En route vers l'est du pays, pour les amoureux de montagnes, de golf et de pêche de lac, dans le parc national de Nyanga ★★★ (p.133). Découverte de Nyanga (p.133) et nuit au milieu d'un décor plus montagnard.

› Jour 4 - Parc national de Nyanga

Visite de Nyanga ★★★ (p.133), à pied, à cheval ou en voiture.

› Jour 5 - Ruines du Great Zimbabwe

Direction Masvingo ★ (p.152), pour la visite des ruines du Great Zimbabwe (p.156) ; pique-nique à l'ombre de ces vestiges médiévaux qui font la fierté du pays. Soirée et nuit dans un hôtel au bord du lac Muturikwi.

© AGATHE ANDRIEU

Game Drive.

› Jour 6 - Parc Muturikwi

Journée autour du lac dans le parc Muturikwi ★★ (p.153), balade et safari.

› Jour 7 - Ville de Bulawayo

Départ pour Bulawayo ★★ (p.165), visite de cette deuxième plus grande ville du pays et visite des ruines de Khami.

› Jour 8 - Parc national Matobo

Départ à l'aube pour les monts Matobo ★★★ (p.162), aperçu des lieux et départ immédiat pour un safari-photo. Découverte des paysages de granite, des peintures rupestres, des rhinocéros blancs et noirs du parc et visite des villages environnants.

› Jour 9 - Escale à Gweru

Reprise de la route pour Harare ★★ (p.93), via Gweru. Nuit dans une réserve autour de Gweru (p.124) ou retour direct dans la capitale.

› Jour 10 - Fin du séjour

Vol retour à Harare ★★ (p.93).

PLATEAU CENTRAL ET EASTERN HIGHLANDS

Cet itinéraire court s'adresse particulièrement aux voyageurs qui souhaitent découvrir des paysages de montagnes et de lacs, de granite et l'histoire du pays.

› Jour 1 - Harare

Arrivée à Harare, installation à l'hôtel et tour de la ville. Visites de la Galerie nationale, et dîner-spectacle dans la capitale.

› Jour 2 - Harare

Visite du quartier populaire et animé de Mbare et des marchés de la ville. Pour faire les meilleures emplettes, on file entre les allées du marché aux puces d'Avondale. On termine par la visite des centaines de sculptures de Doon Estate.

› Jour 3 - Parc national de Nyanga

En route vers l'est du pays, pour les amoureux de montagnes, de golf et de pêche de lac, dans le parc national de Nyanga. Découverte de Nyanga et nuit au milieu d'un décor plus montagnard.

› Jour 4 - Parc national de Nyanga

Visite de Nyanga, à pied, à cheval ou en voiture.

› Jour 5 - Great Zimbabwe

Direction Masvingo, pour la visite des ruines du Great Zimbabwe ; pique-nique à l'ombre de ces vestiges médiévaux qui font la fierté du pays. Soirée et nuit dans un hôtel au bord du lac Muturikwi.

› Jour 6 - Parc Muturikwi

Journée autour du lac dans le parc Muturikwi, balade et safari.

› Jour 7 - Bulawayo

Départ pour Bulawayo, visite de cette deuxième plus grande ville du pays et visite des ruines de Khami.

› Jour 8 - Matopos

Départ à l'aube pour Matopos, aperçu des lieux et départ immédiat pour un safari photos. Découverte des paysages de granite, des peintures rupestres, des rhinocéros blancs et noirs du parc et visite des villages environnants.

› Jour 9 - Retour à Harare
Reprise de la route pour Harare, via Gweru. Nuit dans une réserve autour de Gweru ou retour direct dans la capitale.

› Jour 10 - Harare
Vol retour à Harare.

LES INCONTOURNABLES, DES CHUTES À HARARE
Petit tour des incontournables de la destination en quinze jours, parfait pour une première découverte.

› Jour 1 - Victoria Falls
Arrivée à Victoria Falls, tour de ville, après l'installation à l'hôtel.

› Jour 2 - Victoria Falls
Visite des chutes en matinée, à pied ou en survol, et activité au choix dans l'après-midi : safari, saut à l'élastique, marché artisanal, croisière coucher de soleil sur le Zambèze.

› Jour 3 - Hwange National Park
Route vers le célèbre Hwange National Park, installation en camp ou en bivouac.

› Jour 4 - Hwange National Park
Safari à la rencontre des éléphants, des impalas, des lions, des oiseaux, mais aussi de la flore, les forêts de mopanes, d'acacias…

› Jour 5 - Hwange National Park
Continuation du circuit dans le célèbre parc.

› Jour 6 - Matopos National Park
Départ pour Matopos National Park, arrivée l'hôtel, découverte rapide des lieux avant le dîner.

› Jour 7 - Matopos National Park
Découverte du parc et des paysages de roches de granite, posées les unes sur les autres, caressées par le vent ; les peintures rupestres ; rencontre avec les rhinocéros blancs et noirs.

› Jour 8 - Matopos National Park
Visite des villages voisins du parc.

› Jour 9 - Great Zimbabwe
Départ pour le Great Zimbabwe, visite avec un guide. Nuit dans un lodge près du monument historique ou du lac Muturikwi.

› Jour 10 - Lac Muturikwi
Balade autour du lac, safari avec pique-nique.

› Jour 11 - Eastern Highlands
Reprise de la route par la région des Eastern Highlands, nuit à Bvumba.

› Jour 12 - Bvumba
Safaris ornithologiques au jardin botanique, la grande zone protégée de Bvumba.

› Jour 13 - Harare
Route vers Harare et visite des galeries d'art, nuit à Harare.

› Jour 14 - Harare
Vol retour par Harare.

Harare.

© DAVIDFETTESPHOTOGRAPHY - ISTOCKPHOTO

Hippopotame dans le parc national de Zambezi.

KALAHARI ET ZAMBÈZE

Cet itinéraire délaisse les villes pour se concentrer sur les curiosités naturelles, les aires protégées de l'ouest et du nord du pays et la grande faune qu'elles hébergent. C'est un circuit à réserver aux personnes un brin aventureuses…

› Jour 1 - Parc National des Matopos

Route Harare-Matopos, via Chegutu, Kwekwe, Bulawayo. Installation le soir dans un lodge ou campement du Parc National des Matopos.

› Jour 2 - Parc National des Matopos

Game drive dans la Whovi Wilderness Area, pistage des rhinos blancs et balade dans le parc.

› Jour 3 - Parc National des Matopos

Visite des cavernes ornées de peintures rupestres, de la tombe de Rhodes et de View of the World.

› Jour 4 - Liaison Matopos-Hwange

Liaison Matopos-Hwange, via Bulawayo. Installation dans un lodge ou campement à proximité de l'entrée principale. Game drive dans les environs.

› Jour 5 - Parc National de Hwange

Traversée et visite du Parc National de Hwange, via Kennedy, Ngweshla, Shumba, Masuma dam, Sinamatella, Robins camp. La traversée du parc est ponctuée de nombreux points d'eau dotés de plateformes d'observation. Nuits dans des campements le long de l'itinéraire.

› Jour 6 - Parc national de Hwange

Continuation de la visite du parc national de Hwange.

› Jour 7 - Chutes Victoria

Liaison parc national de Hwange-chutes Victoria (*via* Matetsi). Visite des chutes Victoria. Attention à la marche à Danger Point !

› Jour 8 - Fleuve Zambèze

Descente du Fleuve Zambèze en raft (gorges Batoka). Enchaînez les rapides : washing machine, the terminator, stairway to heaven… Soirée dans un des nombreux restaurants de Vic Falls pour se remettre de ses émotions !

› Jour 9 - Parc national de Chizarira

Liaison Vic Falls-parc national de Chizarira, *via* Hwange Town. Installation dans un *campsite* en haut de l'escarpement de la Mucheni River. Vue à couper le souffle.

› Jour 10 - Parc national de Chizarira

Game drive dans ce parc méconnu et marche avec un ranger le long de l'escarpement et au fond des gorges.

› Jour 11 - Parc national de Matusadona

Liaison Chizarira-Kariba Town. Transfert en bateau vers le parc national de Matusadona. Installation dans un *lodge* ou un campement du parc.

› Jour 12 - Parc National de Matusadona

Visite du Parc National de Matusadona. Game drive, game walk et game boat au milieu des mopane émergeant du lac Kariba.

› Jour 13 - Chinoyi

Transfert en bateau vers Kariba Town. Route vers Harare. Si le temps le permet, stop à Chinoyi et visite des Chinoyi caves aux eaux turquoise…

DE L'AÉROPORT AU CENTRE-VILLE

Le Zimbabwe dispose de deux aéroports internationaux : Harare et Victoria Falls. L'aéroport international d'Harare, qui a pris le nom de Robert Gabriel Mugabe en 2017, dispose de nombreux services : cafés, toilettes, bureaux de réservations pour les hôtels, cartes téléphoniques, station de taxis… Sa piste, qui mesure 4 725 m, est l'une des plus longues du continent. Le terminal pour les vols internationaux, ouvert en 1999, se trouve à côté de l'ancien qui accueille maintenant les vols internes. Les navettes des hôtels ou des taxis assurent la liaison de l'aéroport jusqu'au centre et jusque dans la banlieue d'Harare. Le taxi entre l'aéroport et le centre-ville coûte 25 USD. L'aéroport moderne de Victoria Falls a été ouvert en 2015 et sert de deuxième aéroport international du pays. Les vols arrivent de l'Afrique du Sud, de la Namibie, d'Éthiopie et du Kenya. Victoria Falls est lié par un vol interne à Harare et Bulawayo. Des compagnies charter relient Victoria Falls à plusieurs aérodromes des parcs nationaux et lieux touristiques du nord du pays : Bumi Hills, Tashinga (Matusadona), Kariba et Mana Pools, entre autres.

Au Zimbabwe, on trouve deux types de compagnies aériennes : les compagnies régulières, qui desservent les grandes villes et les principaux sites touristiques, et les compagnies de charters, qui assurent un service personnalisé et sont habilitées à utiliser de petits aérodromes de brousse.

ARRIVÉE EN TRAIN

Le Zimbabwe possède un réseau ferroviaire d'environ 3 500 km de rails, qui relie les principales agglomérations et régions touristiques entre elles (en dehors du Nord-Est et de Kariba). Toutes les lignes du pays sont gérées par les National Railways. Le pays avait autrefois un service de trains de voyageurs interurbains fonctionnel. Les trains offraient des wagons de première classe et deuxième classe, dont la majorité était aménagée en compartiments à couchettes, et de classe économique, où un grand nombre de passagers était installé sur des sièges. Il était également possible de relier Maputo, au Mozambique, et Francistown, au Botswana. Hélas, actuellement tous les trains de voyageurs sont suspendus. Les services de fret fonctionnent toujours. Les clients peuvent transporter leurs marchandises par rail vers n'importe quelle destination dans tout le réseau au Zimbabwe, ainsi que vers les pays voisins de la SADC. Pour plus d'informations, se rapprocher de National Railways of Zimbabwe : +263 292 363 521 – www.nrz.co.zw – pubreloffice@nrz.co.zw. Il existe en revanche des trains de haut standing qui traversent le Zimbabwe ainsi que d'autres pays de la région. Ainsi, Rovos Rail, compagnie privée sud-africaine, effectue des trajets autour de l'Afrique australe. Les trains sont des véritables hôtels de luxe roulants avec des chambres climatisées et des salles de bains privées. Les chambres les plus chères prennent la place d'une demi-wagon et ont un salon et une salle de bains avec baignoire. Des conférences sont données à bord par des historiens. Trois repas raffinés sont servis chaque jour et des tours guidés sont effectués dans les lieux d'intérêt touristiques. Le périple zimbabwéen de quatre jours vous emmène de Pretoria (Afrique du Sud) à Victoria Falls avec un safari au parc de Hwange en route. Le périple de quinze jours du Cap (Afrique du Sud) à Dar es-Salaam (Tanzanie) comprend trois jours au Zimbabwe. Rovos Rail : +27 12 315 8242 – www.rovos.com – reservations@rovos.co.za

ARRIVÉE EN BATEAU

Pour une belle escapade en bateau, il est conseillé de traverser le lac Kariba entre les villes de Kariba et de Mlibizi. Ce voyage qui dure 22 heures est à réserver auprès de Kariba Ferries : reservations@karibaferries.co.zw – +263 772 232 155. Des croisières en bateau de quelques heures à plusieurs semaines, sur des *house-boats* pouvant accueillir jusqu'à 50 personnes, peuvent être organisés un peu partout sur le Zambèze, surtout sur le lac Kariba et autour des chutes Victoria. Pour se déplacer facilement, nombreuses sont les compagnies qui disposent de petits bateaux à moteurs pour le transfert de *lodge* à *lodge*.

2609 kgCO_2e / personne
Aller-retour Paris-Harare

→ Le calcul de cette consommation CO_2 est fait à partir de Paris. L'idée est ici de montrer concrètement l'empreinte carbone de ce trajet, même s'il n'existe pas d'autre alternative que l'avion pour se rendre dans cette destination de manière directe.

TRANSPORTS EN COMMUN

Le Zimbabwe est bien desservi par les bus internationaux. La gare routière internationale à Harare est située au Roadport, à côté de la gare routière sur Fourth Street. Ici arrivent et partent des bus pour Windhoek (Namibie), Gaborone (Botswana), Beira, Tete et Maputo (Mozambique), Lusaka (Zambie), Lilongwe et Blantyre (Malawi), Dar es-Salaam (Tanzanie), et de nombreuses villes en Afrique du Sud dont Le Cap, Durban, Pretoria et Johannesburg. De nombreux départs pour l'Afrique du Sud, la Zambie et le Botswana sont aussi disponibles de Bulawayo. Attention aux visas pour les pays transités en cas de départ pour une destination plus lointaine ; parmi les pays frontaliers, les Français doivent obtenir un visa pour le Mozambique et la Zambie. Pour ceux qui arrivent de la Zambie directement aux chutes Victoria, aucun bus ne traverse la frontière, mais de nombreuses compagnies font la route de Lusaka à Livingstone, d'où les chutes et la frontière sont facilement accessibles par taxi ou transport local.

Voyager en bus au Zimbabwe constitue parfois une véritable aventure. Il y a les cars haut de gamme et les bus locaux, minibus ou taxis partagés. Les véhicules (sauf certains cars) s'arrêtent sur demande et prennent les clients au bord de la route s'ils ont de la place. Le voyageur peut aussi se faire déposer n'importe où au bord de la route, très utile vu le nombre d'hôtels situés entre les villes.

© JOANNE WASTCHAK - ISTOCKPHOTO.CLOM

Cars haut de gamme. Confortables, souvent climatisés, avec de la musique ou la télévision, ils assurent un service fiable et régulier à un prix plus élevé sur la route entre Harare et Victoria Falls en passant par Bulawayo, avec des arrêts aménagés en route dans des lieux de moindre importance. Les billets peuvent être réservés en avance. Certaines compagnies peuvent aussi vous amener jusqu'à Beitbridge en route pour l'Afrique du Sud. Pour un trajet Bulawayo-Harare, il faut compter autour de 40 USD par personne.

Chicken bus. Les cars locaux s'appellent les *chicken bus* au Zimbabwe vu que leurs prix, comme pour le poulet, les rendent abordables pour tout le monde. Avec cinq sièges par rangée plutôt que quatre, les passagers sont plus serrés. Ils desservent la majorité des localités sur les routes goudronnées. Les horaires sont fixes, mais parfois un peu moins respectés que les cars haut de gamme. Les terminus de ces bus locaux sont parfois situés en banlieue, où la vie est colorée et les badauds plus nombreux. Cela ne sert à rien de réserver en avance, il faut plutôt arriver à la gare routière et prendre le premier bus qui part dans la direction souhaitée. Pour un trajet, Bulawayo-Harare, il faut compter autour de 15 USD par personne.

Kombis et taxis partagés. Là où les bus ne vont pas, on peut presque toujours compter sur ces deux formes de transport. Les *kombis*, des minibus où les passagers sont serrés comme des sardines, vous amèneront à destination pour un prix équivalent aux *chicken bus*, mais les grands bagages se font souvent payer en plus. Les taxis partagés sont des voitures privées qui fonctionnent de la même manière. Typiquement, un trajet en *kombi* coûtera de 0,5 à 1 USD.

VÉLO, TROTTINETTE & CO

Le vélo est le moyen de transport le plus utilisé en zone rurale : il se faufile entre les champs, les jardins et les forêts, et permet de parcourir de grandes distances pour relier les petites localités. À Harare, il n'existe aucune piste cyclable, mais dès qu'on s'éloigne un peu de la capitale, il devient possible de rouler en vélo le long des routes. Quant aux motos, elles sont très rares au Zimbabwe. Des magasins qui vendent des pièces détachées se trouvent dans la majorité des grandes villes.

AVEC UN CHAUFFEUR

Des taxis sont disponibles dans toutes les grandes villes du pays (Harare, Bulawayo, Mutare, Masvingo, Kariba, Victoria Falls, pour n'en nommer que quelques-unes). Ce sont généralement des véhicules à cinq places ou des minibus (*kombi*), qui offrent des tarifs assez chers par rapport à d'autres pays africains. Le transfert de l'aéroport d'Harare au centre-ville coûte environ 25 USD, tandis qu'une simple course d'un bout à l'autre de la même ville coûte rarement plus de 20 USD.

Les taxis officiels sont autorisés et parfois équipés de taximètres. Cependant, il n'est pas rare que les conducteurs offrent des tarifs forfaitaires qui peuvent être négociés. Les prix varient entre les villes et les entreprises, mais la moyenne est de 1 à 2 USD par kilomètre. Même les camps de brousse, *lodges* et grands hôtels ont généralement un service de navette et gèrent le transfert de leurs clients. Il est donc possible d'organiser un transfert aéroport-hôtel à l'avance.

L'auto-stop au Zimbabwe est une pratique très courante, à laquelle s'adonnent une multitude de Zimbabwéens n'ayant pas les moyens de se payer un véhicule. Source de rencontres intéressantes, c'est un moyen facile de se déplacer dans le pays et de s'offrir une petite plongée dans l'ambiance africaine. Si vous roulez en voiture de location, méfiez-vous tout de même des personnes en bord de route qui lèvent la main lorsqu'ils voient que vous êtes un touriste. Il n'est pas très prudent de s'arrêter à chaque main levée…

Quelques conseils avant de monter à bord. Privilégier les grands axes (c'est-à-dire les nationales) toujours plus fréquentés que les routes annexes, où l'attente peut se prolonger interminablement. Les stations-service sont notamment d'excellents endroits où se poster. Jetez un coup d'œil aussi rapide que discret sur l'état général du véhicule (certaines poubelles ambulantes ont tendance à rester en circulation sur le marché !). Méfiez-vous de l'ivresse au volant, ne pratiquez pas le stop la nuit. Sur les courtes distances, les chauffeurs ne demandent souvent pas d'argent, mais il est possible que vous tombiez sur un taxi partagé qui vous en demandera. Ne vous étonnez pas si vous voyagez serré : quand il y a de la place pour un, il y en a pour dix ! Pratiquez le stop non pas le pouce en l'air, mais en agitant mollement la main à l'horizontale.

EN VOITURE

Entrer au Zimbabwe avec son propre véhicule n'est pas des plus faciles ; cela requiert de la paperasse et des paiements. L'Automobile Association of South Africa publie une liste des documents requis sur son site Web. Pour ceux qui veulent louer une voiture dans un pays voisin du Zimbabwe, il est impératif de communiquer à l'agence de location que vous avez l'intention d'aller au Zimbabwe. Certains ne le permettent pas et vous aurez besoin des papiers de ceux qui le font. Les postes frontaliers les plus utilisés par les automobilistes sont Beitbridge (Afrique du Sud), Plumtree ou Kazungula (Botswana), Victoria Falls et Chirundu (Zambie), Nyamapanda et Mutare/Forbes (Mozambique). En règle générale, les postes frontaliers sont ouverts de 6h à 18h, mais certains ferment plus tard. La gare de Beitbridge est ouverte 24h/24, 7j/7. Beitbridge a maintenant un poste frontalier nouvellement construit du côté zimbabwéen avec des installations très propres, efficaces et modernisées et un personnel serviable.

Si vous prenez l'avion pour le Zimbabwe, vous pouvez facilement louer une voiture pour vous déplacer dans tout le pays. Les taxes sur l'importation des véhicules sont très importantes au Zimbabwe et cela se voit dans le prix de la location, beaucoup plus élevé qu'en Europe. Quand on y ajoute le coût du carburant, un des plus chers de la région, et les péages à payer à l'entrée et à la sortie de chaque ville, louer une voiture n'est pas la meilleure option pour les voyageurs à petit budget. Attention aussi aux limites de kilométrage imposées par les agences de location. Les grandes agences, en général, ont des bureaux à Harare, Bulawayo et Victoria Falls. Cependant, la flexibilité qu'offre une voiture permet de voir des endroits qui seraient beaucoup plus difficiles, voire impossible d'accès en transport en commun. La multitude de barrages policiers où les voyageurs se faisaient extorquer ont disparu depuis 2017 et les routes principales sont en très bon état. Un 4 x 4 n'est pas nécessaire sauf dans certains parcs nationaux et surtout entre Kariba et Victoria Falls. D'une manière générale, sur les routes entre les sites touristiques, une voiture classique suffira. Comme en Angleterre, la conduite se fait à gauche. La route est un très bon moyen de parcourir le pays, si l'on a du temps. Le réseau national, très bien développé, représente plus de 5 000 km de routes goudronnées à deux voies.

En bon état général, il relie les principales villes et principaux centres touristiques entre eux. Harare (la capitale) et Bulawayo (la deuxième plus grande métropole du pays) sont ainsi connectées à Victoria Falls, Hwange, Masvingo (ruines de Great Zimbabwe), Kariba et aux différentes régions des Eastern Highlands. De très bonnes voies mènent également à tous les postes frontières et permettent de se rendre facilement dans tous les pays limitrophes : routes goudronnées jusqu'à Beitbridge (pour l'Afrique du Sud), Plumtree et Kazungula (pour le Botswana), Mutare, Mount Selinda et Nyamapanda (pour le Mozambique), Chirundu et Kariba (pour la Zambie). Seule ombre au tableau, le nord-ouest du pays, qui ne dispose d'aucune voie asphaltée pour relier Kariba à Victoria Falls. Sauf à vouloir traverser cette dernière section, il n'est donc absolument pas nécessaire de posséder un 4 x 4 pour se rendre sur les lieux les plus visités. La location d'un véhicule à quatre roues motrices ne s'impose que pour les personnes souhaitant sortir des circuits touristiques habituels et parcourir les réserves les plus reculées par leurs propres moyens. Si la partie la plus connue du parc national de Hwange se sillonne en effet facilement en voiture, il n'en est rien des parcs les plus sauvages, dont les pistes sablonneuses ou défoncées requièrent un véhicule à haute suspension. C'est le cas pour les parcs nationaux de Mana Pools, Gonarezhou, Matusadona, Chizarira et dans toute la partie nord-ouest et australe du parc Hwange. Parallèlement à ces routes bitumées, le Zimbabwe possède de fait un immense réseau de pistes, qui se frayent un chemin dans les plus grands parcs, mais quadrillent également le pays du nord au sud et d'est en ouest. Seules les principales voies, de qualité variable, sont recensées sur les cartes et disposent d'un nombre relativement correct de panneaux indicateurs. Les autres, c'est-à-dire les myriades de routes qui partent des axes plus importants, sont moins bien indiqués. Si vous désirez parcourir l'Afrique profonde en vous rendant dans des zones particulièrement reculées du pays, la sagesse la plus élémentaire vous invite donc à accumuler au préalable le maximum d'informations récentes sur l'état des pistes et leur localisation exacte et de se munir d'une bonne carte et d'un GPS.

ACCESSIBILITÉ

La destination possède peu d'infrastructures pour les personnes handicapées. Cependant, certains établissements touristiques réservent un accueil personnalisé à cette catégorie de clientèle. Les Zimbabwéens handicapés sont très peu intégrés dans la société, car ils sont parfois associés à une malédiction qui aurait frappé leurs parents.

LES PHRASES CLÉS

Bonjour, comment puis-je me rendre à...
Hello, how can I get to...

Est-ce loin à pied ? Y a-t-il le métro ou un bus... pour y aller ?
Is it far on foot? Is there a tube or a bus I can take to get there?

Pouvez-vous me montrer cet endroit sur la carte s'il vous plait ?
Can you show me this place on the map please?

Où puis-je acheter les tickets de transport ? Est-ce que je peux payer en carte de crédit ?
Where can I buy transport tickets? Can I pay by credit card?

Où est la sortie ? A gauche, à droite ou tout droit ?
Where is the exit? Left, right or straight on?

Je suis perdu et je suis en retard, s'il vous plait, aidez-moi ! Merci beaucoup !
I'm lost and I'm running late, please help me! Thank you very much!

HORAIRES

Harare et Bulawayo, les deux plus grandes villes du pays, disposent de quelques musées et jardins (Museum of Human Sciences, National Botanical Garden, Natural History Museum, Railway Museum...). Il y a quelques autres musées et jardins botaniques à visiter dans le pays, notamment dans les Eastern Highlands. Ils sont ouverts tous les jours, mais leurs horaires peuvent varier selon les sites. La plupart du temps, ils sont ouverts de 9h à 17h.

A RÉSERVER

On retrouve à Harare les bureaux du Zimbawe Tourism Authority, qui est chargé de promouvoir le tourisme dans le pays. Sur place, le personnel est très aidant, mais ne dispose que de peu de documentation. Le site Internet est assez bien renseigné. Zimbabwe Tourism Authority – 55 Samora Machel Avenue – Harare – Tél. : +263 779 212 289 – www.zimbabwetourism.net – info@ztazim.co.zw

On retrouve dans les grandes villes et sites touristiques du pays (Harare, Bulawayo, Victoria Falls, Great Zimbabwe/Masvingo, Kariba...) des offices de tourisme locaux (*Tourist/Publicity Associations*). L'accueil y est souvent chaleureux et l'on peut récupérer pas mal d'informations pratiques et des brochures.

C'EST TRÈS LOCAL

Parmi les sites historiques à visiter absolument au Zimbabwe, il y a différents sites de peintures rupestres (*rock paintings*) disséminés dans le pays. On les attribue aux Khoïsan, chasseurs-cueilleurs qui vivaient dans la région il y a quelques milliers d'années. Les peintures représentent le plus souvent des scènes de chasse. À proximité d'Harare, on en retrouve sur les sites de Domboshava et de Ngomokurira, mais les plus fameuses se retrouvent dans le parc national des Matopos, près de Bulawayo.

LES PHRASES CLÉS

Bonjour, puis-je avoir deux entrées adultes et un enfant s'il vous plait ?
Hello, can I have two adults and two children tickets please?

Le tarif enfant est jusqu'à quel âge ? Et pour les seniors, est-ce qu'il y a une réduction ?
What age counts as a child? Is there an OAP discount?

Est-ce qu'il y a des visites guidées en français ou un audioguide ?
Is a guided tour in French or an audioguide available?

Combien de temps faut-il pour faire la visite ?
How long does the visit take?

J'ai du mal à monter les escaliers, avez-vous un ascenseur ?
I struggle with stairs, do you have a lift please?

Excusez-moi, pouvez-vous me dire où sont les toilettes ? Merci beaucoup.
Excuse me, can you tell me where the toilets are please? Thank you very much.

PRATIQUE

SE RÉGALER

HORAIRES

Les horaires d'ouverture des restaurants sont assez variables. Certains sont ouverts uniquement pour le déjeuner et le dîner, alors que d'autres peuvent être ouverts en continu du matin (servant des petits déjeuners) jusqu'en fin d'après-midi. Ils sont, le plus souvent, ouverts tous les jours.

BUDGET / BONS PLANS

Au Zimbabwe, comme dans beaucoup de pays du globe, une fourchette de prix importante existe entre 2 USD et 30 USD pour un plat. Le premier tarif correspond aux petits restaurants où se trouve la pâte de maïs locale, la sadza, avec un morceau de viande et/ou des légumes. Au second tarif, une cuisine raffinée à la carte des grands restaurants ou au repas buffet des hôtels et de certains *lodges*. Entre les deux, vous pouvez trouver un tarif intermédiaire dans la multitude de petits restaurants, de fast-foods et de restaurants traditionnels haut de gamme.

EN SUPPLÉMENT

Il est de bon ton de laisser un pourboire (*tips*) au restaurant, de l'ordre de 5 à 10 % de l'addition, encore faut-il vérifier que le service n'est pas déjà inclus dans celle-ci. Certains restaurants incluent automatiquement celui-ci, à concurrence de 10 %.

C'EST TRÈS LOCAL

Outre la sadza, produite à partir de maïs, on peut également manger de la pâte produite à base de mil ou de sorgho. Différentes sauces accompagnent ces pâtes. Elles peuvent se composer de tomates, d'oignons ou d'arachides. Les épis de maïs peuvent être consommés grillés au coin de la rue.

En termes de protéines animales, outre le traditionnel poulet, le bœuf, le mouton ou la chèvre et différents poissons, on pourra tenter les vers de mopane, les sauterelles grillées ou bien encore les kapentas (petits poissons frits issus du lac Kariba).

LES PHRASES CLÉS

Bonjour, je voudrais réserver une table pour deux personnes pour ce midi ou ce soir.
Hello, I'd like to book a table for two for today at lunchtime or in the evening.

Avez-vous un menu en français ou en anglais ?
Do you have a menu in French or English?

Je suis végétarien, y a t-il des plats sans viande ?
I'm vegetarian, are there any dishes that don't contain meat?

Je n'ai vraiment plus faim mais avez-vous une carte des desserts ?
I'm full now but can I see the dessert menu just in case?

Puis-je avoir l'addition s'il vous plait ? Je peux payer par carte ou en espèces ?
Can I have the bill please? Can I pay by card, or do you need cash?

C'était très bon, nous reviendrons. Merci et à bientôt.
It was delicious, we will be back. Thank you, see you soon.

FAIRE UNE PAUSE

HORAIRES

La plupart des salons de thé sont ouverts tous les jours en semaine du début de matinée au milieu ou à la fin d'après-midi, ainsi que le samedi matin. Beaucoup sont fermés le dimanche. Beaucoup de bars et de cafés sont ouverts tous les jours, du matin à minuit, parfois bien plus tard le week-end.

BUDGET / BONS PLANS

Dans un salon de thé, il faut compter autour de 1,50 USD le café ou le thé, 2 USD la viennoiserie et à partir de 5 USD le petit déjeuner. Il faudra rajouter quelques dollars à Victoria Falls. Les bars des grands et hôtels et de sites très touristiques sont également chers. Si une canette de bière se vend à environ 2 USD dans un supermarché, il faut compter 5 USD dans ces établissements. Un bière importée sera généralement 1 USD plus chère.

C'EST TRÈS LOCAL

Le Zimbabwe produit différentes marques de bières : des blondes telles que la Zambezi ou la Boelinger ou des brunes telles que la Castle. On trouve également quelques bières artisanales, mais aussi quelques vins produits à l'est de la capitale, du reste assez médiocre.
Dans les Eastern Highlands, sont produits du thé et du café de qualité. Les cafés et restaurants proposent des cafés, mais ils sont souvent assez fades. Il en est de même des chocolats chauds. Mieux vaut opter pour le thé, d'autant que le *so British tea time* [thé noir accompagné d'une pâtisserie] reste un rendez-vous très apprécié.

LES PHRASES CLÉS

Bonjour, quelle est la spécialité de la maison ? Nous voulons découvrir.
Hello, what's the speciality here? We want to try it.

Avez-vous de la place en terrasse ?
Do you have any room on the terrace?

Quel est votre nom ? Je m'appelle… Ravi de vous rencontrer !
What's your name? I'm... So pleased to meet you!

A votre santé ! Zut, j'ai renversé mon verre… pouvez-vous m'aider ?
Cheers! Oh no, I've knocked over my drink...can you help me?

C'était très bon. Nous allons reprendre la même chose s'il vous plait.
It was delicious. We'll have the same again please.

PRATIQUE

(SE) FAIRE PLAISIR

HORAIRES

Les commerces ouvrent généralement de 8h à 20h tous les jours. Les bureaux sont généralement ouverts en semaine de 8h à 16h.

BUDGET / BONS PLANS

Les prix sont inversement proportionnels à la fréquentation touristique. Ainsi, les magasins luxueux des centres-ville vous font payer l'emplacement tandis que les marchés situés sur le bord d'une route isolée sont *a priori* moins chers que ceux situés en ville.

N'hésitez pas à marchander (uniquement sur les marchés). Le prix tient plus compte de votre allure de touriste que de l'objet en lui-même. Sachez également que le troc est d'usage très courant. Si le vendeur vous propose d'échanger ses statuettes contre votre tee-shirt et votre short, ne vous en offusquez pas, et demandez-lui en plus le panier en osier que, raisonnablement, vous vous refusiez à acheter. Retenez que tout s'échange ! Gadgets électroniques, piles électriques, chaussures, vêtements, montres, stylos originaux, calculatrices, radios…

C'EST TRÈS LOCAL

La sculpture sur pierre est un artisanat zimbabwéen renommé internationalement. On retrouve dans nombre de boutiques du pays des sculptures figurant des animaux, des visages, des divinités… Les pierres utilisées peuvent être de la serpentine, de la lépidolite, de la verdite ou bien encore du granit. Il ne faut pas être effrayé par le poids de ces objets. La plupart des boutiques peuvent se charger de faire expédier ceux-ci jusqu'à votre domicile.

LES PHRASES CLÉS

Bonjour, c'est superbe, mais combien ça coûte ?
Hello, that's stunning, but how much is it?

Vous auriez ma taille ? Où se trouvent les cabines d'essayage ?
Do you have it in my size? Where are the changing rooms?

Est ce que je pourrai vous le rapporter et l'échanger si ça ne va pas ?
Can I exchange it if it doesn't fit?

J'ai trop dépensé aujourd'hui, pouvez-vous me faire une réduction sympa ?
I've spent too much today already, any chance of a discount?

Je prendrai celui-ci. Pouvez-vous me faire un paquet cadeau ?
I'll take this one. Can you gift-wrap it for me?

Vous prenez la carte de crédit ? Où puis-je trouver un distributeur de billets ?
Do you take credit cards? Where can I find a cash point?

BUDGET / BONS PLANS

Victoria Falls est définitivement un endroit où l'on peut s'adonner à de multiples activités, dont certaines à sensations… Sans être exhaustif, citons le rafting, le saut à l'élastique, le VTT, les croisières sur le Zambèze, le survol des chutes en hélicoptère, la tyrolienne, la descente en rappel, etc., ou, de manière plus « classique », le *game drive*, le canoë ou le *horseback safari*. Il y a autour des chutes quelques petites aires protégées, publiques ou privées, qui le permettent.
Les gardiens des parcs nationaux organisent parfois des activités, pour des tarifs nettement plus modestes que ceux pratiqués par les camps privés. Il est ainsi possible de faire des safaris à cheval (notamment dans les Eastern Highlands et dans les monts Matopos) pour 20 USD les deux heures ou 40 USD la journée. De nombreuses randonnées à pied de durée très variable (de 2 heures à plusieurs jours) sont également organisées dans la majorité des parcs (Hwange, Mana Pools, Matusadona…). Leurs tarifs varient selon le nombre de participants (rarement plus de six) et l'itinéraire choisi, mais restent toujours très abordables. Les nuits de pleine lune, des sorties plus atypiques sont parfois organisées par les rangers de certains parcs : à Hwange, par exemple, il est exceptionnellement possible d'effectuer des safaris de nuit, jusqu'à une plateforme d'observation dominant un plan d'eau.
Différentes activités de pleine nature sont également proposées par certaines agences touristiques et campements dans les Eastern Highlands (Nyanga, Chimanimani et Bvumba) : randonnées pédestres et équestre, pêche à la mouche, sorties ornithologiques ou botaniques… À Nyanga, on peut aussi pratiquer la tyrolienne ou traverser un pont suspendu.
Il existe au Zimbabwe le Moutain Club of Zimbabwe, qui réunit des randonneurs et des grimpeurs. Les alentours d'Harare regorgent de falaises granitiques, tandis que Chimanimani constitue un site de blocs de grès prodigieux.

© FOTOGRAFIE-KUHLMANN - ISTOCKPHOTO.COM

Saut à l'élastique, chutes Victoria.

A RÉSERVER

Il est très facile de réserver des activités depuis les différentes agences présentes à Victoria Falls. Leurs services sont généralement très professionnels et elles se chargeront de venir vous chercher et de vous ramener à votre hôtel. Les activités organisées par les parcs (particulièrement les randonnées à pied de plusieurs jours) sont à réserver à l'avance au niveau du bureau central de Zimparks, à Harare. En ce qui concerne les randonnées à pied ou à cheval de quelques heures, une réservation sur place, au bureau touristique du parc, effectuée la veille est souvent suffisante.

LES ÉVÉNEMENTS

Différents événements sportifs sont organisés à travers le Zimbabwe. Ils permettent notamment de courir dans des cadres somptueux. À titre d'exemple, citons le marathon des chutes Victoria ou le Mountains and Rivers Festival et la Sky Run, à proximité du parc national de Nyanga, ou bien encore la Blue Cross, raid sur plusieurs jours qui réunit différentes activités (marche, course à pied, enduro, quad, VTT...).

LES PHRASES CLÉS

Bonjour, comment puis-je me rendre à... ? Est-ce loin ?
Hello, how can I get to...? -Is it far?

J'aimerais aller courir. Il y a un coin sympa pour cela dans la ville ?
I'd like to go for a run. Is there somewhere good to run around the town?

J'adore cuisiner. Savez-vous où je peux trouver des cours de cuisine ?
I love cooking. Do you know where I can take a cooking class?

Vous pourriez m'indiquer une salle de sport pas très loin ?
Can you tell me where the nearest public gym is?

Quel est le sport national ?
What is the national sport?

Pensez-vous que nous pourrions voir cela ou même participer ?
Do you think we could watch it somewhere, or maybe try it?

SORTIR

HORAIRES

Quelques bars d'Harare ou de Bulawayo sont ouverts tous les jours, du matin à minuit. Quelques-uns parmi eux restent ouverts plus tardivement, durant les week-ends.

BUDGET / BONS PLANS

On trouve quelques établissements qui, parfois, proposent de la musique *live* à Harare, à Bulawayo et, dans une moindre mesure, à Victoria Falls. On peut généralement y manger, y boire, y danser… En fait, il s'agit rarement de bars en tant que tels, mais plutôt d'établissements qui proposent de la restauration, de la boisson et qui s'animent en soirée.
Harare et Bulawayo disposent de quelques salles de cinéma, mais ce n'est pas le cas de Victoria Falls.

TRANSPORTS NOCTURNES

Il convient d'éviter de marcher la nuit à Harare et Bulawayo. C'est davantage envisageable à Victoria Falls. Dans tous les cas, le meilleur moyen pour rentrer se coucher est d'utiliser un taxi. On en trouvera généralement sans mal à la sortie des bars et des clubs.

LES PHRASES CLÉS

Bonsoir, comment puis-je me rendre à…
Good evening, how can I get to…

Est ce que cet endroit est tranquille ? Il n'y a pas de problème de sécurité ?
Is it a calm place? Are there any safety issues?

J'aimerais voir un spectacle typique ! Qu'est-ce qu'il y a en ce moment ?
I'd love to see a traditional show! What's on at the moment?

Je ne comprends pas… pouvez-vous répéter s'il vous plait ? Merci.
I don't understand, can you repeat please? Thank you.

Est-ce que je peux vous offrir un verre ? Quel est le meilleur cocktail de la maison ?
Can I buy you a drink? What's the best house cocktail?

J'ai la gueule de bois, auriez-vous quelque chose pour que j'aille mieux ?
I'm hungover, do you have anything that might help?

SE LOGER

BUDGET / BONS PLANS

Si l'on peut trouver une grande gamme de logements au Zimbabwe, le logement haut de gamme reste beaucoup plus facile à trouver que le bas de gamme. Les crises économiques et politiques des vingt dernières années ont eu raison de la grande majorité des logements petit budget, et l'adoption du dollar américain comme monnaie officielle a vu une augmentation des prix. Dormir au Zimbabwe n'est pas la bonne affaire qu'elle était dans les années 1990. En revanche, la sélection est très bonne ; il est presque impossible de trouver une chambre sale, les matelas sont de bonne qualité et les salles de bains, presque sans exception, sont propres. Les voyageurs à petit budget sont limités aux dortoirs des *backpackers* dans les grands centres touristiques ou au camping, beaucoup plus facile à trouver, mais nécessitant un sac de couchage bien épais pendant les mois d'hiver.

Hôtels. Tous les centres touristiques d'importance comportent au moins un hôtel. La diversité est le propre de cette catégorie d'hébergement : du grand hôtel avec plusieurs centaines de chambre à la petite structure familiale, du confort très raffiné, voire luxueux, au confort élémentaire. Chaque hôtel propose un restaurant, voire plusieurs, suivant sa capacité d'hébergement. Dans la grande majorité des cas, le restaurant est ouvert au public extérieur. Une piscine est souvent présente, plus ou moins engageante selon les hôtels. Le golf étant très pratiqué au Zimbabwe, de beaux parcours peuvent être attenants, à des tarifs abordables. Pour résumer, les structures hôtelières du Zimbabwe sont certes onéreuses, mais toujours impeccables, disposant de tout le confort nécessaire et dotées d'un service de très bon niveau. Attention : certains établissements de la catégorie « hôtel » portent le nom de « *lodges* ». Très à la mode et parfois utilisé abusivement, le voyageur n'aura pas de mal à faire la part des choses après avoir lu la description des différents hébergements.

Chambres d'hôte. Les B&B et les maisons d'hôte forment une catégorie intermédiaire avant la catégorie des hôtels *stricto sensu*. Ils sont souvent de taille modeste et sont créés sur l'initiative d'habitants qui se lancent dans le tourisme. L'ambiance est donc plutôt familiale. Ils sont installés dans les centres touristiques. Ils prennent une allure de petite ferme dans les zones plus isolées, le long des axes goudronnés. Le confort est de bon niveau, le service personnalisé et les tarifs restent en général inférieurs à ceux des hôtels plus importants.

Auberges de jeunesse. Un *backpacker* est une auberge de jeunesse en anglais. Ces établissements sont en général bien tenus, propres, dynamiques et bien aménagés. L'ambiance est souvent festive le soir et détendue la journée. En général, des activités et excursions sont proposées par l'établissement. Au Zimbabwe, on les compte sur les doigts des deux mains alors qu'ils sont légion en Afrique du Sud. En effet, la politique de tourisme « petit volume, grand revenu » ne favorise pas la visite des petits budgets.

Campings. C'est évidemment le mode de logement le moins onéreux. Le camping se pratique dans la plupart des centres touristiques, urbains, ruraux et dans les aires protégées. Souvent le tarif n'est pas calculé par emplacement, mais par personne et par nuit. Dans les zones les plus reculées, la plupart des points de campement ne sont que des sites où monter la tente, sans autre infrastructure qu'un panneau indiquant l'emplacement. Les plus fréquentés ont des sanitaires, voire une douche en état de fonctionnement et une zone de barbecue. La règle est donc l'autonomie absolue, y compris pour l'eau et l'électricité. Dans les parcs, les voyageurs indépendants devront prendre connaissance de toutes les règles à respecter auprès de Zimparks. Cependant, de nombreux établissements – comme les *backpackers* et les *lodges*, en ville, en campagne ou dans des aires protégées – proposent des sites de camping avec des bloc sanitaires très corrects avec eaux chaudes, des paillotes pour s'abriter et se réchauffer autour d'un feu de cheminée, des coins barbecue, voire même ils proposent de planter la tente directement dans le jardin et de profiter des installations communes à l'intérieur de l'établissement (sanitaires, salon, cuisine).

Camps de brousse et *lodges*. Un camp de brousse ou un *lodge* est un lieu de séjour complet qui dépasse de loin la seule fonction d'hébergement. En effet, le voyageur vient passer plusieurs jours (en moyenne deux ou trois nuits) dans un camp de brousse, essentiellement pour les activités écotouristiques qu'il propose. Ces activités sont, au Zimbabwe, centrées sur la découverte de la faune et de la flore sauvage et dans une moindre mesure sur la rencontre culturelle avec les différents peuples

du pays. Les camps de brousse sont bien évidemment des structures d'hébergement et de restauration. Souvent des campements de toile, des plus rustiques aux plus luxueux, des plus proches de la nature aux plus sophistiqués, sur une grande superficie. L'ambiance et la clientèle varient, en partie selon ces critères mais, pour tous les camps, le service est très professionnel et très soigné. L'hébergement est toujours très confortable et la restauration de très bonne qualité. Les *lodges* sont parfois situés dans les réserves elles-mêmes ou situés dans les zones voisines tout aussi sauvages. Ils proposent des forfaits journaliers incluant l'hébergement, la restauration et les activités (sauf peut-être quelques activités exceptionnelles). Il va sans dire que les prix pratiqués restent élevés.
De même que pour les repas, le prix des hébergements varient grandement. Le marché de l'hébergement touristique favorise davantage les options confortables à luxueuses, alors que les logements économiques sont plus rares. Quel que soit le tarif, l'atout majeur reste la propreté : rares sont les endroits miteux et sales au Zimbabwe, les matelas sont aussi de bonnes facture. Comptez 10 USD par personne en camping, de 30 à 60 USD pour une chambre basique, de 60 à 120 USD pour un nid douillet avec salle de bains et plus de 200 USD pour une chambre luxueuse. Notez qu'il n'est pas rare que les hébergements en brousse soient en formule « tout compris », les tarifs s'affichent alors à plus de 300 USD par personne et par jour, activités incluses.

A RÉSERVER

Les réservations à l'avance, bien que toujours conseillées, ne sont pas obligatoires dans la majorité des destinations zimbabwéennes et un voyage à l'improviste peut se faire assez facilement pour les voyageurs flexibles. Les exceptions à cette règle sont les parcs nationaux où, pour des raisons de logistique, on ne peut pas arriver sans prévenir. En effet, les établissements éloignés de la ville ont besoin de connaître précisément les arrivées et les départs de leurs hôtes pour organiser les transferts et s'approvisionner en conséquence pour les repas. Solliciter une agence ou un tour-opérateur qui se chargera de toute l'organisation peut faciliter la tâche.

LES PHRASES CLÉS

Bonjour, avez-vous de la disponibilité pour une chambre double pour ce soir ou demain soir ?
Hello, do you have a double room available tonight or tomorrow?

Avez-vous un code wifi… les enfants ne tiendront pas sans !
Do you have a Wi-FI code... otherwise my kids will go nuts!

C'est bruyant, est ce que je peux changer de chambre ?
It's noisy, can I move to a different room?

Jusqu'à quelle heure est-ce que nous pouvons aller à la salle de sport et à la piscine ?
What time do the swimming pool and gym close?

Est-ce que je peux laisser mon bagage et revenir plus tard le récupérer ?
Can I leave my luggage and come back later to pick it up?

Est-ce que vous pouvez nous appeler un taxi ? Merci beaucoup.
Can you call us a taxi? Thank you very much.

ALLO ?

Le réseau téléphonique s'est largement amélioré au Zimbabwe. L'utilisation du téléphone fixe est importante, mais comme partout, celle du téléphone portable a explosé. De plus, depuis le développement des smartphones et des crédits internet abordables ou du Wifi, il est facile de passer des appels via Internet depuis son téléphone portable. Plusieurs applications existent, mais WhatsApp est la plus utilisée. De nombreux établissements l'utilisent, vous pouvez même vous renseigner et réserver une chambre en envoyant un simple message via cette application.

L'option la plus économique consiste à acheter sur place une puce téléphonique du Zimbabwe dans une boutique spécialisée. Le compte sera activé par un agent dès la signature d'un formulaire. Par contre, il faut avoir un téléphone débloqué. Il est possible de débloquer un téléphone dans une boutique avant le départ, mais aussi directement sur place. Selon le type de téléphone, cela peut prendre de quelques minutes à quelques heures. Si cette option est choisie, pensez à acheter directement du forfait téléphonique, le vendeur vous expliquera comment l'activer et comment transformer une partie de celui-ci en crédit Internet. Acheter une puce téléphonique : l'idéal est d'en obtenir une dès votre arrivée à l'aéroport, chez Econet (www.econet.co.zw ; enquiry@econet.co.zw), qui est l'opérateur téléphonique le plus important du pays. Il faut alors présenter une pièce d'identité. On vous fournit une puce et un code PIN pour 1 USD, vous pouvez ensuite charger votre téléphone en achetant des forfaits temps d'antenne ou de données à l'aide de cartes EcoCash ou Buddie, qui peuvent être trouvées dans tout le pays dans les supermarchés ou les vendeurs sur le bord de la route (1, 5 ou 10 USD par carte, selon le temps de communication que vous souhaitez). Les vendeurs de rue vendant des cartes Buddie peuvent également être payés en espèces et ils envoient ensuite du crédit directement sur votre téléphone. Si

Chutes Victoria.

vous avez déjà le temps d'antenne ou EcoCash chargé sur votre téléphone, les forfaits Call ou Internet sont disponibles à *143# – après avoir choisi l'option que vous voulez utiliser votre temps d'antenne ou EcoCash pour acheter.

Pour téléphoner sur un fixe au Zimbabwe à partir de la France, composez le 00 (code international) + 263 (indicatif du Zimbabwe) + code région + code localité + numéro. Selon le lieu, le code localité et les numéros sont plus ou moins longs. Cependant, une règle est sûre, le total des codes et numéro est constitué de neuf chiffres (sauf les numéros VoIP commençant par 08 qui en ont dix). Par exemple pour Harare, le code région est 24, le code localité est 2, le numéro comporte 6 chiffres : 00 263 242 xxx xxx.

Pour téléphoner sur un portable au Zimbabwe à partir de la France, composez le 00 (code international) + 263 (indicatif du Zimbabwe) + numéro de votre correspondant sans le 0. Selon les opérateurs, le numéro est plus ou moins long.

Pour téléphoner en France à partir du Zimbabwe, composez le 00 + 33 (indicatif de la France) + numéro de votre correspondant sans le 0, uniquement les neuf chiffres qui suivent.

Les cabines n'existent pratiquement plus au Zimbabwe. Par contre les cartes prépayées ont la cote, la majorité des portables fonctionnent avec ce système. Les vendeurs de ces cartes se trouvent partout dans le pays, en boutique ou simplement debout au bord de la route, ou encore assis près d'un petit stand. Ils portent le plus souvent une chasuble et ont plusieurs téléphones dans les mains. Le voyageur apprendra très rapidement à les reconnaître.

Des accès Internet sont disponibles dans tous les centres touristiques et les grandes villes. Le Wifi est présent dans les hôtels de ville, les *lodges*, de nombreux restaurants et campements de brousse. Mais évidemment, plus l'endroit est reculé, moins la connexion est bonne.

SANTÉ

Tout comme le Botswana, l'Afrique du Sud et la Namibie, le Zimbabwe est un pays plutôt sain. L'air est peu pollué, le climat peu humide et l'assainissement en général est assez bon. Les hôtels disposent en majorité d'un forage et l'eau est souvent potable (ce qui est un luxe appréciable en Afrique). La majorité des grandes villes ayant été édifiées sur un vaste plateau central, les insectes y sont peu nombreux. En revanche, de Victoria Falls à Mana Pools en passant par Kariba, pendant la saison des pluies, les insectes sont présents. Comme partout ailleurs cependant, des précautions alimentaires sont à prendre, qui devraient permettre à chacun de ne pas avoir de mauvaise surprise et de savoir comment agir en cas de problème. Si vous êtes fragile, attention aux glaçons dans les boissons et à bien nettoyer vos fruits et légumes.

URGENCES SUR PLACE

En cas de maladie, un réflexe : contacter le consulat de France. Il se chargera de vous aider, de vous accompagner et vous fournira la liste des médecins francophones. En cas de problème grave, c'est aussi lui qui prévient la famille et qui décide du rapatriement. Pour connaître les urgences et établissements aux standards internationaux, consulter les sites www.diplomatie.gouv.fr et www.pasteur.fr.

SÉCURITÉ

Le Zimbabwe est relativement sûr et paisible. La journée, il est possible de se balader sans être inquiété, sauf peut-être dans quelques quartiers des grandes villes. Cependant, à la nuit tombée, comme à peu près partout en Afrique, évitez de vous balader à pied dans des quartiers inconnus et il est préférable d'avoir une lampe torche, car les trous sont nombreux. Il convient de prendre les précautions élémentaires de sécurité : ne perdez pas de vue votre appareil photo et vos équipements de valeur, ne laissez pas votre portefeuille apparent, ne laissez pas les portes du véhicule ouvertes et n'étalez pas vos bijoux et autres signes extérieurs de richesse.

Le seul danger vraiment sérieux vient de la route, en particulier des chauffards ivres et des animaux qui se déplacent librement (domestiques comme sauvages). Pour cette raison, il est fortement déconseillé de conduire la nuit, en particulier en fin de mois (jours de paie).

Pour connaître les dernières informations sur la sécurité sur place, consultez le site du ministère des Affaires étrangères à la rubrique « Conseils aux voyageurs » (www.diplomatie.gouv.fr/voyageurs). Sachez cependant que le site dresse une liste exhaustive des dangers potentiels et que cela donne parfois une image un peu alarmiste de la situation réelle du pays.

LGBTQ

Le Zimbabwe est ouvert à tous et tout voyageur est donc le bienvenu. Que l'on soit hétérosexuel ou homosexuel, on est avant tout visiteur respectueux des mœurs du pays. Les gestes affectifs sont à garder pour l'intimité de la chambre d'hôtel ou de la tente de safari. Dans les textes de loi, les actes homosexuels sont encore considérés comme illégaux et sont passibles de trois ans de prison. Il est plus que recommandé de faire très attention, le pays reste encore très conservateur.

AMBASSADE ET CONSULATS

Il est conseillé de signaler sa présence à l'ambassade même pour un voyage touristique. Pour les séjours plus longs, il est fortement recommandé de s'inscrire sur le registre des Français établis hors de France. Ces démarches permettent d'améliorer l'accès aux services administratifs et surtout de vous trouver plus rapidement sous la protection du consulat en cas de crise. L'ambassade publie sur son site un livret d'accueil très bien renseigné.

Ambassade de France – 3 Princess Drive – Newlands – Tél. +263 (0)867 700 7154 – En cas d'urgence (en dehors des heures d'ouverture, 7j/7) : +263 (0)771 930 353 – www.zw.ambafrance.org – Horaires d'ouverture : du lundi au jeudi de 8h à 17h et le vendredi de 8h à 13h30.

POSTE

Le courrier « rapide » met de 36 heures à 5 jours pour parvenir au destinataire. Pour le courrier normal ou un paquet, c'est toujours un peu plus long, comptez au maximum 3 semaines pour une lettre ou une carte. Assez nombreux, les bureaux de poste sont en service dans chaque ville.

LES PHRASES CLÉS

Bonjour, mon téléphone ne fonctionne pas, pouvez-vous m'aider s'il vous plait ?
Hello, my phone isn't working, can you help me please?

Je ne me sens pas bien, pouvez-vous m'amener à l'hôpital le plus proche ?
I don't feel well, can you take me to the nearest hospital?

Est-ce que vous avez un médecin qui parle français ?
Do you have a doctor who speaks French?

Je viens de me faire voler mes papiers, où est le poste de Police le plus proche ?
My passport has just been stolen, where is the nearest police station?

Est-ce un quartier dangereux ou je peux y aller sans crainte ?
Is this area dangerous or can I walk around without worrying?

Avez-vous des timbres pour une carte postale à envoyer en France ? C'est combien ?
Do you have any stamps for a postcard to France? How much is that?

DÉCOUVRIR

Partir au Zimbabwe signifie, bien souvent, partir en safari. Le pays est une destination privilégiée pour décliner cette découverte selon différentes approches : en voiture, à pied, en canoë... Le Zimbabwe offre une diversité de régions et de paysages. S'il est majoritairement couvert de savanes, quelques forêts denses tapissent les montagnes de l'Est. La conservation de la nature est une vieille tradition zimbabwéenne et le riche réseau des aires protégées héberge une impressionnante biodiversité. L'histoire du pays se révèle passionnante, depuis les premiers chasseurs-cueilleurs jusqu'à la récente indépendance, en passant par l'ère du Great Zimbabwe. Aujourd'hui, le pays regorge de ressources, en particulier agricoles et minières, mais aussi touristiques. Son développement doit faire face à des défis politiques et économiques. Découvrir le pays, c'est aussi rencontrer une population bigarrée, très souvent chaleureuse.

PARTIR EN SAFARI

Du fait de sa culture ancienne de la conservation et de la valorisation de la nature, de son riche réseau d'aires protégées et de la faune abondante qui les peuple, le Zimbabwe est, assurément, une destination privilégiée pour partir en safari. Elle est d'autant plus privilégiée que les aires protégées du pays sont eux-mêmes préservées du tourisme de masse. Ainsi, dans les parcs de Hwange, de Mana Pools, de Gonarezhou, des Matopos, et, plus encore, dans ceux reculés de Matusadona et Chizarira, vous pourrez admirer, en toute tranquillité, la grande faune africaine. L'hospitalité zimbabwéenne et le professionnalisme du personnel sauront, par ailleurs, embellir votre voyage. Mais comment se déroule un safari ? Quels animaux voir ? Comment se rendre en safari ? Doit-on dormir en camp ou en *lodge* ? Quand se rendre dans les parcs ? Quelles sont les activités à faire ? Quel équipement prévoir ? Combien ça coûte ?

Que voir ?

Le « Big Five » est un héritage de la chasse aux trophées. Il réunit les animaux les plus respectés et prisés par les chasseurs d'autrefois : le lion, le léopard (très discret), le buffle, l'éléphant et le rhinocéros (le blanc et le noir, devenus rares). Si ces animaux demeurent les grandes figures à admirer dans la savane, ils peuvent constituer un danger pour l'imprudent qui chercherait à s'en approcher sans précautions. Ce constat prévaut, également, pour l'hippopotame, qui cause de nombreux décès en Afrique, chaque année. L'amateur de safaris cherchera, également, à observer d'autres grands mammifères : la gracieuse girafe, le rapide guépard, le lycaon, la hyène, le zèbre, et une multitude d'antilopes, parmi lesquelles, les plus emblématiques demeurent l'éland du Cap, le grand koudou, le guib harnaché, l'antilope rouanne, l'hippotrague noir, l'impala, le cobe à croissant, le gnou, le bubale, le damalisque ou l'oryx. Il faut, en outre, mentionner la présence de moyens mammifères : serval, caracal, chacal, civette, genette, mangouste, oryctérope, pangolin, babouin, vervet, phacochère, porc-épic et autres céphalophes. Les mammifères ne sont pas les seules vedettes du safari, il faut, aussi, compter les reptiles (crocodiles, varans, caméléons, lézards, tortues et même des serpents) et les oiseaux (hérons, aigrettes, cigognes, petits échassiers, autruches, outardes, calaos, aigles, vautours ou autres rapaces diurnes et nocturnes, oies et canards, engoulevents, guêpiers, rolliers, martins-pêcheurs et chasseurs, pics et une multitude de passereaux…). Le visiteur des parcs zimbabwéens pourra, également, s'intéresser aux amphibiens, aux invertébrés, aux arbres et autres fleurs de la savane. Chaque aire protégée du pays présente ses spécificités faunistiques et floristiques. Si les parcs des Eastern Higlands sont moins prisés pour la grande faune, ils recèlent, par contre, des espèces particulières (cercopithèque à diadème, oiseaux et plantes endémiques). La faune et la flore ne représentent pas les seuls attraits du safari. Il faut compter, également, sur des paysages magnifiques : lac Kariba à Matusadona, rives du Zambèze à Mana Pools, points d'eau, plaines et collines à Hwange, falaises et gorges profondes à Chizarira et à Gonarezhou, chaos rocheux aux Matopos, montagnes à Chimanimani et à Nyanga… Un parc tel que les Matopos est également à découvrir pour ses attraits historiques (peintures rupestres san, tombe de Rhodes).

Comment s'y rendre ? Où séjourner ? Quand y aller ?

On peut visiter les parcs du Zimbabwe de différentes manières : par ses propres moyens, en passant par une agence locale ou depuis son pays de provenance (en utilisant un tour-opérateur). Le faire par ses propres moyens implique différents niveaux d'autonomie. On peut, ainsi, arriver avec son véhicule et son matériel de camping pour planter la tente dans les campements publics des parcs. Ceux-ci disposent de blocs sanitaires et chaque emplacement est, généralement, doté d'un barbecue. Il sera, alors, possible visiter le parc avec son véhicule et/ou de participer aux activités touristiques proposées par le parc lui-même (*game drive*, *game walk*…). Zimparks propose également des logements (*lodges*, chalets, camps de toile), ce qui vous dispense d'amener votre propre matériel. Vous devrez, par contre, prévoir de préparer vous-même vos repas. Afin d'être certain de la disponibilité, il convient de réserver à l'avance, d'autant que certains de ces sites sont, en outre, utilisés par des compagnies privées pour leurs propres touristes. Il est, également, possible de séjourner dans des *lodges* et camps de toile privés. Le niveau de confort et les services proposés varient significativement. Il en est de même des tarifs ! Généralement, ces *lodges* et campements pro-

© MARTIN MECNAROWSKI - STOCK.ADOBE.COM

Safari dans le parc national de Mana Pools.

posent leurs propres activités et leurs propres guides. Les repas et boissons sont procurés par les structures. Elles peuvent parfois également vous acheminer jusqu'au parc. C'est ainsi le cas de certains campements de Matusadona, difficiles à rallier par la terre, mais proposant de venir vous chercher à Kariba town en bateau. Il est par ailleurs possible de relier certains parcs par les airs et d'être pris en charge par les campements et *lodges* privés. Les camps de toile sont composés d'imposantes tentes, disposant de mobilier et de salles de bains privatives. Ils peuvent être très confortables. Les *lodges* sont composés de structures en dur, le plus souvent très bien intégrées à leurs environnements. Basiquement, les *lodges* et campements privés proposent une pension complète et deux activités par jour (exemple : un *game drive* le matin et un *game drive* l'après-midi). Il est, pour ainsi dire, possible de visiter les parcs zimbabwéens toute l'année. Pour autant, il convient de privilégier la saison sèche (mai à octobre), cela pour des raisons de praticabilité et de visibilité de la faune. Celle-ci sera d'autant plus facile à observer en fin de saison sèche, puisque les animaux auront tendance à se concentrer autour des points d'eau et que la végétation sera moins touffue qu'en saison des pluies. Les mois les plus arrosés sont décembre, janvier et février. Un parc tel que Mana Pools peut alors devenir inaccessible et certains *lodges* et campements peuvent alors fermer. Par contre, la saison des pluies peut offrir de très belles couleurs et c'est une période propice aux observations ornithologiques, puisqu'on peut en plus des espèces résidentes observer nombre d'espèces migratrices.

Game drive, game walk, horseback safari, canoë...

La visite des parcs peut s'effectuer selon différentes modalités, fonction des opportunités et de la réglementation (dont il convient de prendre connaissance) de chacun d'entre eux. Communément, ils se visitent en voiture. C'est ce que l'on appelle le *game drive* (de *game* : gibier ou faune sauvage et *drive* : conduire). Les parcs nationaux sont ouverts à la circulation du lever du jour à son coucher. Les heures les plus propices à la faune étant les premières et les dernières heures du jour, le *morning game drive* commence dès l'aube et l'*afternoon game drive* se termine avant le crépuscule. On peut à certains endroits descendre de véhicule pour admirer la faune autour de points d'eau (à partir d'une plateforme ou *hide*). Dans certains cas, on peut partir en *night game drive*. L'usage d'un phare puissant que l'on peut diriger de part et d'autre du véhicule permet d'observer des animaux nocturnes ou plus actifs de nuit. C'est notamment l'occasion de surprendre les grands et petits prédateurs. Le *game walk* ou safari à pied constitue une approche qui requiert un peu plus d'effort et qui ne permet pas d'approcher la faune d'aussi près qu'en véhicule, mais qui permet de s'intéresser à davantage de choses (empreintes, insectes, plantes...), tout en éprouvant un autre frisson... Ces marches sont, généralement, accompagnées par un guide formé et armé. La grande faune demeure dangereuse et il faut scrupuleusement respecter ses consignes. Il est possible de partir en *game walk* dans des parcs tels que Mana Pools, Hwange, Chizarira... Aux Matopos, sont même organisées des *rhino walks* (rhinocéros blancs). Les safaris en canoë sont très courus au Zimbabwe, ils sont organisés principalement sur le fleuve Zambèze. Ils sont notamment célèbres à Mana Pools. Là encore, les visiteurs doivent être accompagnés par un guide professionnel. Hippopotames, crocodiles et éléphants représentent des dangers à ne pas sous-estimer.

© BOB - STOCK.ADOBE.COM

Dans certains parcs, comme à Matusadona (le long du lac Kariba), il est possible d'explorer les rives à partir d'un bateau à moteur. Outre les grands mammifères sur les berges ou dans l'eau, ce peut être l'opportunité d'admirer l'avifaune aquatique. Le safari à cheval ou *horseback safari* constitue une autre approche « écologique ». Le cheval permet de couvrir des distances plus importantes que lors des safaris à pied. Il permet, également, d'approcher la faune sauvage de plus près, les animaux assimilant la forme du cavalier à celle de sa monture. Il est possible de faire des safaris à cheval au niveau de Hwange, de Zambezi et des Matopos.

Que prendre dans sa valise ?

Concernant les vêtements à porter en safari, il convient d'éviter les couleurs vives (surtout le rouge) et le blanc qui attirent l'œil des animaux. Il est également préférable d'éviter le bleu et le noir qui peuvent attirer les mouches tsé-tsé. Le mieux est le beige ou le kaki, en évitant toutefois de porter des tenues camouflages, pas toujours bien vues des autorités. Au cœur de l'hiver austral (mai-juin-juillet), les températures peuvent être fraîches et il est bien de prévoir une « petite laine ». De même, à l'aube ou lors des safaris de nuit, se couvrir d'une veste polaire ou d'un coupe-vent peut se montrer utile d'autant que les véhicules de safari sont largement ouverts. Dans tous les cas, jouer avec les « couches » peut être pertinent. Des pantalons et des chemises à manches longues peuvent être également utiles pour se protéger non seulement du soleil, mais aussi des moustiques. Notons que les jupes et robes ne sont pas des plus pratiques pour embarquer et débarquer des véhicules de safari. Vous seriez mieux, mesdames, en pantalons. Un gilet multipoches est très pratique pour les naturalistes et photographes, qui pourront glisser guide d'identification, carnet et crayon, petits accessoires photographiques… Un couvre-chef est également judicieux pour se protéger aux heures chaudes. Des chaussures de type « pataugas » se révéleront particulièrement utiles pour marcher en brousse. On gardera les sandales pour le campement. Une lotion solaire sera utile, de même qu'un répulsif anti-moustiques, mais tout cela demeure dépendant de la saisonnalité et des parcs visités. Prévoyez une petite torche ou une lampe frontale, un petit sac à dos et éventuellement un guide d'identification de la faune. Une paire de jumelles compactes se montre fort utile. En termes de matériel photographique, il est judicieux d'emporter un zoom suffisant (au moins 200 mm).

Budget

Visiter les parcs zimbabwéens requiert un budget significatif pour un touriste étranger. Les entrées dans les parcs varient selon les sites. Il faut compter entre 10 et 30 USD par jour et par personne. À cela, il faudra ajouter la taxe journalière pour le véhicule. De même, la prix des hébergements publics (Zimparks) varient selon les parcs et l'hébergement considérés. Il faut compter entre 10 et 25 USD par personne pour une nuit en camping, entre 50 et 90 USD pour un chalet deux personnes, et entre 90 et 120 USD pour un chalet quatre personnes. Les séjours en camp de toile et *lodges* privés intègrent non seulement l'hébergement et la nourriture (pension complète), mais aussi les activités. Selon le service, le niveau de confort, il faut alors compter entre 300 et 600 USD par personne et par 24h (voire plus…). Les prix peuvent également varier selon la saison touristique considérée.

GÉOGRAPHIE

Ayant pris le nom de la plus grande cité médiévale de l'Afrique subsaharienne, le Zimbabwe est un pays contrasté et surprenant. Situé au cœur de l'Afrique australe, le pays s'étend sur 390 745 km^2, soit un peu plus des deux tiers de la France métropolitaine. Sa capitale est Harare. Il n'a aucun accès à la mer. Il est bordé par l'Afrique du Sud au sud, le Mozambique à l'est, la Zambie au nord et le Botswana à l'ouest. Le pays se caractérise par sa diversité géographique. Celle-ci est manifeste dans la topographie générale. Le Zimbabwe est ainsi largement occupé par un plateau central. Une chaîne de montagne occupe sa partie orientale, tandis que sa partie septentrionale est occupée par la vallée du Zambèze et sa partie méridionale par celle du Limpopo. Ces changements de relief donnent lieu à des différences climatiques sensibles qui déterminent les espaces sauvages ou, au contraire, aménagés.

Un relief déterminant

Le Zimbabwe est divisé en deux par un vaste plateau central, culminant en moyenne à 1 500 m au-dessus du niveau de la mer. Le long d'un axe sud-ouest-nord-est, celui-ci occupe un tiers de la surface du pays et s'étend sur 600 km. Il est barré à l'est par une succession de chaînes montagneuses (les Eastern Highlands), au nord par un escarpement de 500 km de long (le Zambezi Escarpment) et au sud-ouest par une multitude de dômes granitiques et kopjes rocheux. Il s'adoucit progressivement en plateaux intermédiaires avant de laisser place au *lowveld* : des territoires très bas, au climat sec et chaud, qui se situent dans l'extrême nord et l'extrême sud du pays, que traversent respectivement le fleuve Zambèze et le fleuve Limpopo. Ces changements de relief donnent lieu à des différences climatiques sensibles qui déterminent les espaces sauvages ou aménagés.

Le plateau central

Bénéficiant de températures clémentes et d'une pluviométrie élevée, le haut plateau central regroupe les terres agricoles les plus productives, les ranchs à bétail les plus importants et les villes les plus densément peuplées du pays ; c'est le cas notamment de la capitale, Harare, ville moderne aux galeries d'art, mais aussi de Gweru et de Bulawayo, ville aux nombreux bâtiments coloniaux, qui concentrent à elles seules les trois quarts de la population urbaine du Zimbabwe. Le plateau central regorge également d'exploitations minières, mais les espaces protégés se font rares. Citons tout de même le lac Chivero, Sebakwe, Umfurudzi et Mavuradonha. Le sud-ouest de ce plateau abrite des sites historiques et notamment les ruines de Khami, semblables à celles de Great Zimbabwe, ainsi que d'ancestrales peintures ; très accidenté, il ressemble à un paradis de granit dans lequel un géant insouciant se serait amusé à entasser de gros rochers en équilibre. Le parc national des monts Matopos (ou Matobo), célèbre pour sa population de rhinocéros et sa forte concentration d'aigles noirs, sert de cimetière naturel à l'impérialiste anglais Cecil John Rhodes.

Kalahari et vallée du Zambèze

À l'ouest, le Kalahari étend ses langues sablonneuses les plus orientales et crée de vastes territoires peu fertiles, dont seules les chutes Victoria viennent briser la monotonie. Au nord-ouest, les eaux du Zambèze se déploient en un vaste lac faisant office de véritable mer intérieure. L'Ouest est la région la plus touristique du Zimbabwe ; essentiellement composée de plaines de savane (herbeuse, arbustive, arborée), elle abrite de vastes espaces sauvages, dont le parc national de Hwange, le plus grand du pays et l'un des plus riches d'Afrique, mais aussi celui de Kazuma Pan. C'est là que se trouve la plus impressionnante curiosité naturelle du sud du continent : un incroyable rideau d'écume et d'eau bouillonnante de 1,7 km de long sur 100 m de haut, les chutes Victoria.

© CLOETE55 - SHUTTERSTOCK.COM

Montagnes de Chimanimani.

DÉCOUVRIR

© JEZ BENNETT - SHUTTERSTOCK.COM

Le fleuve Zambèze.

Si celles-ci sont situées dans un petit parc national, on retrouve non loin d'elles celui de Zambezi. Le Nord-Ouest voit le Zambèze impétueux ralentir son cours progressivement pour se transformer en un gigantesque lac, attirant sur ses rives une multitude d'oiseaux et de mammifères. Le lac Kariba, de 280 km de long, est planté de curieuses forêts d'arbres morts qui lui donnent un aspect fantomatique et fascinant. Elles émergent des eaux peu profondes et créent de véritables labyrinthes naturels où se faufilent les petits canots de pêcheurs et les bateaux de plaisance. Sur les rives méridionales, deux parcs nationaux (Matusadona National Park et Chizarira National Park) protègent une faune moins diverse qu'au Hwange National Park, mais relativement abondante. Le nord et le nord-est du Zimbabwe se révèlent encore plus sauvages. La vallée du Zambèze moyen est un sanctuaire naturel peu développé, essentiellement dédié à la flore et à la faune. Les zones de safari s'y succèdent et le magnifique Mana Pools National Park fait l'objet d'une protection internationale pour son écosystème exceptionnel et sa très grande beauté. Extrêmement farouche, cette partie du pays se prête tout particulièrement aux safaris en canoë et aux expéditions au parfum d'aventure.

Eastern Highlands

L'est du pays est une région très pluvieuse. On y trouve une chaîne de montagnes partagée avec le Mozambique. La ville principale en est Mutare. C'est une région très fertile qui regorge d'immenses plantations de thé, de café et de fruits exotiques. Les collines verdoyantes sont agrémentées de cascades, de forêts tropicales, de lacs à truites et de vastes plantations, constituant ainsi le royaume des randonneurs et des naturalistes. Les parcs nationaux des monts Nyanga et Chimanimani invitent à l'excursion, tandis que de superbes jardins botaniques exhibent une végétation aussi luxuriante qu'exotique. Les monts Bvumba constituent une autre zone à visiter.

Le Sud-Est

La portion sud-est du pays, où se situe la vallée du Limpopo, se caractérise par un climat relativement sec. Elle héberge les ruines de Great Zimbabwe, qui a donné son nom au pays : de mystérieuses enceintes de pierre des XIIe et XIIIe siècles témoignent, au même titre que les pyramides d'Égypte, de l'existence d'une civilisation puissante et prestigieuse. Au sud-est de la cité médiévale, le long de la frontière avec le Mozambique, s'étend le parc de Gonarezhou : une zone reculée et assez peu fréquentée, où se dressent des falaises de couleur rose et ocre. On retrouve dans la région d'autres aires protégées, notamment la Save Valley Conservancy et le Lake Mutirikwi Recreational Park.

Le Sud-Ouest

Le Sud-Ouest abrite lui aussi des sites historiques et notamment les ruines de Khami, semblables à celles de Great Zimbabwe, ainsi que d'ancestrales peintures ; très accidenté, il ressemble à un paradis de granit dans lequel un géant insouciant se serait amusé à entasser de gros rochers en équilibre. Le parc national des monts Matopos (ou Matobo), célèbre pour sa population de rhinocéros et sa forte concentration d'aigles noirs, sert de cimetière naturel à l'impérialiste anglais Cecil John Rhodes. Il se trouve au sud de Bulawayo, ville aux nombreux bâtiments coloniaux.

NATURE

On peut très schématiquement diviser le Zimbabwe en trois grandes zones écologiques. Celle des savanes arides (ou *lowveld*), la moins arrosée, se situe sur les franges septentrionales, occidentales et méridionales du pays. On y retrouve une mosaïque de savanes et de forêts sèches, dominées par les acacias et les mopanes. Celle des savanes humides (ou *highveld*), plus arrosée, couvre la partie centrale du pays. Le couvert forestier est plus dense. C'est le territoire du miombo. Enfin, la zone des Eastern highlands, qui reçoit les précipitations les plus importantes, est couverte d'une végétation de montagne, qui comprend quelques massifs de forêt dense. Le pays héberge plus de 6 000 espèces de plantes, parmi lesquelles plus de 200 espèces sont endémiques, pour la plupart situées dans les Eastern Highlands. La faune comprend 670 espèces d'oiseaux, 270 espèces de mammifères, 156 espèces de reptiles, 120 espèces d'amphibiens...

Lion

Le lion fait partie de l'ordre des carnivores et de la famille des félidés. Les mâles sont les seuls à porter une crinière. Ils mesurent autour de 1,20 m au garrot et pèse entre 150 et 225 kg. Les femelles mesurent de leur coté autour de 1 m et pèse entre 110 et 150 kg. L'espèce vit en Afrique et principalement dans ses savanes. Elle peut également subsister dans des zones plus désertiques ou au contraire des forêts claires. Le lion se nourrit de grands et moyens mammifères, pour beaucoup des ongulés. C'est l'un des rares félins sociables. Il vit en groupe de trois à trente individus. Ces groupes sont constitués de femelles apparentées et de leur progénitures, ainsi que d'un ou deux mâles (voire plus). Au Zimbabwe, le lion est présent dans différents parcs nationaux : Hwange, Mana Pools, Matusadona, Chizarira, Gonarezhou.

Léopard

Tout comme le lion, le léopard fait partie des félidés. Il mesure entre 70 et 80 cm au garrot. Les mâles sont beaucoup plus massifs que les femelles, pouvant atteindre 90 kg, contre 60 kg au maximum pour une femelle. Le léopard présente une large aire de répartition en Afrique, mais aussi en Asie. Il fréquente des habitats très variés : savanes, forêts denses, semi-déserts, montagnes... Il se nourrit d'une grande variété de proies (oiseaux, reptiles, poissons...), mais la majeure partie d'entre elles est constituée d'ongulés de taille moyenne. À la différence du lion, le léopard est solitaire. Un mâle défend son territoire des autres mâles. Celui-ci peut chevaucher le territoire de plusieurs femelles. Au Zimbabwe, le léopard est présent dans la majeure partie des parcs nationaux. Il présente une densité particulièrement élevée dans celui des Matopos.

© STEPHANIE PERIQUET - SHUTTERSTOCK.COM

Buffles au lac Kariba.

Rhinocéros blanc et noir

Les deux rhinocéros africains, à savoir le blanc et le noir, sont présents au Zimbabwe. Le rhinocéros est un ongulé de l'ordre des périssodactyles (à nombre impair de doigts). Le rhinocéros blanc est plus massif que le rhinocéros noir (1,80 m au garrot et 2 300 kg pour un mâle de rhinocéros blanc contre 1,60 m au garrot et 1 100 kg pour un rhinocéros blanc). Le blanc a un museau carré, adapté à son régime de paîsseur (mangeant de l'herbe), tandis que le noir a un museau plus triangulaire (doté d'une lèvre préhensile), adapté à son régime de brouteur (mangeant davantage de feuilles). Les deux espèces sont grandement menacées, du fait du braconnage dont elles sont l'objet (pour leurs cornes), et leurs aires de répartitions ont largement diminué. Le rhinocéros blanc affectionne particulièrement les savanes plutôt ouvertes, tandis que le rhinocéros noir préfère les savanes et steppes arborées et arbustives. Au Zimbabwe, le rhinocéros blanc est présent à Gonarezhou, Hwange, Kazuma Pan, Zambezi et Matusadona. Le rhinocéros noir, lui, n'est présent qu'à Hwange et Mana Pools. Beaucoup de ces populations se sont reconstituées à partir de réintroduction.

Éléphant

L'éléphant de savane fait partie de l'ordre des proboscidiens. Plus grand que son cousin de forêt, il peut atteindre 4 m au garrot et peser plus de 6 t (pour un mâle). Il fréquente les savanes mais aussi certaines zones arides. Il se nourrit d'une très grande variété de plantes et de parties de plantes (feuilles, fruits, écorces, herbes…). Un adulte consomme de 150 à 300 kg de végétation chaque jour, pour 100 à 220 l d'eau. Des femelles apparentées et leurs progénitures forment des hardes, conduites par des matriarches. Plusieurs hardes peuvent se regrouper temporairement pour former de grands troupeaux. Les mâles vivent en solitaire ou en très petits groupes. Au Zimbabwe, l'éléphant est présent dans de nombreux parcs (Hwange, Mana Pools, Gonarezhou, Matusadona…). Le Zimbabwe héberge la seconde population du continent (après celle du Botswana voisin).

Buffle

Il fait partie des ongulés artiodactyles (à nombre pair de doigts) de la famille des bovidés. Le buffle du Cap, qui est la sous-espèce présente en Afrique australe, mesure de l'ordre de 1,40 m au garrot et pèse jusqu'à 800 kg. Encore une fois, les mâles sont plus massifs que les femelles. On les reconnaît grâce à leur cornes qui se rejoignent sur le front, pour former un « casque ». Il affectionne les zones de savanes, plutôt ouvertes, mais aussi les zones marécageuses, se nourrissant d'herbes et de plantes aquatiques. Très grégaire, il peut former des troupeaux de plusieurs dizaines à plusieurs milliers d'individus. Au Zimbabwe, on le rencontre dans les aires protégées de l'ouest et du nord, mais aussi à Gonarezhou.

Hippopotame

L'hippopotame amphibie fait lui aussi partie des artiodactyles. Il mesure autour de 1,50 m au garrot et peut peser jusqu'à 2 000 kg (pour un mâle). Il fréquente toutes sortes de milieux aquatiques. Il se cantonne, d'ailleurs, la majeure partie de la journée dans l'eau ou sur les berges, pour s'en éloigner la nuit afin de pâturer (consommant de l'ordre de 40 kg d'herbe). Il vit généralement dans des groupes de dix à quinze individus, parfois davantage, mais les mâles solitaires ne sont pas rares. Ils sont particulièrement territoriaux.

Girafe

La girafe fait, elle aussi, partie des artiodactyles. La girafe australe est la sous-espèce présente au Zimbabwe. Sa hauteur au garrot se situe autour de 3,5 m, mais sa tête peut culminer à plus de 5 m. Elle fréquente la savane arborée, mais aussi des zones plus désertiques. Les arbres et arbustes sont dans tous les cas nécessaires à sa subsistance, puisqu'elle se nourrit principalement de feuilles, de fleurs et de bourgeons. Elle vit généralement dans des groupes de quatre à trente individus, mais ces groupes se montrent relativement instables. La girafe est présente au Zimbabwe à Hwange, Zambezi et Gonarezhou.

Zèbre

Comme les rhinocéros, les zèbres font partie des périssodactyles. Si les premiers ont trois doigts à chaque patte, les seconds, comme tous les autres équidés, n'en ont qu'un. L'espèce présente au Zimbabwe est le zèbre de plaine. Il mesure autour de 1,30 m au garrot et peut peser jusqu'à 340 kg. Il fréquente les savanes de l'Afrique orientale et australe et se nourrit, principalement, d'herbe. Les zèbres forment de petites unités familiales de quatre à six individus, mais peuvent se regrouper pour former des troupeaux bien plus importants. Au Zimbabwe, ils sont présents dans les parcs du nord, de l'ouest et du sud.

Antilopes

On retrouve au Zimbabwe une multitude d'antilopes. Celles-ci font partie des artiodactyles de la famille des bovidés. Toutes les espèces portent des cornes, enveloppes de kératine entourant des supports osseux. Au rang des plus grandes espèces présentes au Zimbabwe, citons l'éland du Cap, le grand koudou, le cobe à croissant, l'impala, le sassabi, le gnou à queue noire, l'antilope rouanne ou l'hippotrague noir. Au rang des plus petites espèces, citons le guib harnaché, le steenbok, le céphalophe de Grimm, l'oréotrague...

Autres prédateurs

Le Zimbabwe héberge d'autres grands carnivores que le lion et le léopard. Parmi les plus emblématiques, citons le guépard, présent principalement à Hwange, le lycaon, présent à Hwange, Mana Pools et Gonarezhou, et la hyène tachetée (famille des hyénidés), présente sur la majeure partie du territoire. On retrouve également une multitude de carnivores : chacals à chabraque, à flancs rayés, ratels, civettes, genettes, mangoustes, servals, caracals...

Autres petits et moyens mammifères de la savane

Les savanes zimbabwéennes hébergent une multitudes de petits et moyens mammifères : des primates (babouin, vervet, cercopithèque à diadème, galago...), oryctérope, phacochère, potamochère, pangolin, porc-épic, daman, lièvre, écureuil...

Oiseaux

L'avifaune du Zimbabwe est particulièrement riche. Parmi les espèces emblématiques, citons le jabiru, le marabout, l'ombrette, l'autruche, la grue couronnée, le grand calao d'Abyssinie, le serpentaire, les vautours, le bateleur, l'aigle de Verreaux, l'aigle pêcheur, les touracos, les calaos, les chouettes et hiboux, les guêpiers, les rolliers, les engoulevents, les martins-pêcheurs et chasseurs, les souimangas...

Reptiles

L'herpétofaune n'est pas en reste avec le crocodile du Nil, le varan du Nil, le python de Seba, différents serpents venimeux (boomslang, mambas noir et vert, cobra cracheur, vipère heurtante...), tortue léopard...

DÉCOUVRIR

Guêpiers carmins.

CLIMAT

Le Zimbabwe se trouve dans l'hémisphère sud, entre l'équateur et le tropique du Capricorne. Les saisons sont inversées par rapport à notre hémisphère nord. Elles sont tout de même moins marquées qu'en France et le Zimbabwe jouit d'un climat accueillant toute l'année. Il figure parmi les plus agréables des pays de l'Afrique australe, du fait de son altitude élevée qui l'adoucit. Deux grandes saisons rythment l'année au Zimbabwe : la saison des pluies (novembre à avril), l'atmosphère est humide et les précipitations sont intenses mais de courte durée ; la saison sèche (mai à octobre), les journées ensoleillées ont des températures agréables, mais les nuits peuvent être très fraîches. C'est en hiver que les températures sont les plus agréables. De juin à août, le thermomètre oscille entre 13 °C et 20 °C. C'est également une bonne période pour les safaris photo, car les animaux sont attirés par les quelques points d'eau intarissables.

Été

De mi-novembre à mi-mars, c'est l'été au Zimbabwe. Les jours sont doux, mais rarement très chauds (22 à 28 °C en moyenne), en raison des pluies qui s'abattent sous forme d'averses en fin de journée. Les pistes d'accès devenant impraticables, certains camps de brousse ferment leurs portes en attendant des jours meilleurs, surtout du côté de Mana Pools. La brousse se pare de couleurs chatoyantes et le tracé des routes de terre battue se détache mieux sur la végétation luxuriante. Les étangs et les lacs de barrage se couvrent d'oiseaux migrateurs et attirent une flopée d'ornithologues professionnels ou d'amateurs. L'air est agréable et parfumé, les couchers de soleil sont admirables et le rythme des nuits très enivrant (concerts de grenouilles, de criquets, d'oiseaux exotiques et de mammifères en chaleur). Comme des flaques d'eau se forment un peu partout dans le bush, les animaux sont plus difficiles à voir, mais les paysages sont bien plus beaux.

Automne

De mi-mars à mi-mai, c'est l'automne et la fin de la saison des pluies. Peu à peu, le ciel se pare d'un bleu azur qu'aucun nuage ne vient entacher. Les oiseaux migrateurs se regroupent et partent pour leur long voyage. Les feuilles des arbres prennent des teintes mordorées et la nature resplendit de mille couleurs. Les chutes Victoria atteignent leur plus fort débit et offrent un spectacle grandiose.

© KAVRAM - SHUTTERSTOCK.COM

Les Chutes Victoria.

Hiver

De mi-mai à mi-août, c'est l'hiver et aussi la saison sèche. Les températures moyennes oscillent entre 15 et 20 °C. Pourtant, elles peuvent chuter en dessous de 10 °C (Eastern Highlands) ou atteindre 28 °C dans les régions de basse altitude (lac Kariba, chutes Victoria, réserve de Gonarezhou ou vallée du Zambèze). Les journées sont douces et les nuits très fraîches, particulièrement de fin mai à mi-juillet, exigent d'emporter un ou deux pull-overs dans sa valise. Comme l'eau commence à se raréfier, les animaux ont tendance à se regrouper autour des mêmes mares, lacs ou rivières, et les safaris deviennent très gratifiants. Proportionnellement, le nombre de touristes augmente car ce sont les vacances scolaires dans la plupart des pays du monde, mais aussi pour les Zimbabwéens et les Sud-Africains. Les vacanciers remplissent quasiment tous les camps de brousse, de juillet à mi-août. L'herbe se transforme en savane, les arbres perdent leurs dernières feuilles et les paysages deviennent très arides.

Printemps

De mi-août à mi-novembre, c'est le printemps et la période la plus chaude. Comme aucune pluie ne vient rafraîchir l'air ambiant, les températures atteignent parfois 40 °C dans les régions de basse altitude. La nature semble roussie par le soleil et offre un spectacle désolant, mais les safaris sont particulièrement exceptionnels. Tous les animaux sont désormais regroupés autour des derniers plans d'eau et chaque sortie en 4 x 4 ou en bateau permet l'observation de dizaines d'espèces différentes. C'est la meilleure période pour la photographie animalière, en particulier au mois de septembre, car les températures sont encore clémentes.

ENVIRONNEMENT

Pays de l'Afrique australe, le Zimbabwe est particulièrement exposé au changement climatique, qui se traduit notamment par une plus grande intensité des cyclones – dont le cyclone Idai qui a ravagé toute une partie du pays en 2019 – et par de plus fréquentes et longues sécheresses, qui font peser le risque de l'insécurité alimentaire. La situation économique actuelle du pays accroît la vulnérabilité des habitants. Des initiatives voient cependant le jour pour permettre une résilience alimentaire : développement de pratiques agroécologiques, remplacement du maïs par des cultures ancestrales et plus adaptées aux sécheresses. La faune sauvage, déjà affectée par le braconnage, subit aussi les effets du changement climatique. Les parcs nationaux – qui abritent une exceptionnelle biodiversité et des paysages à couper le souffle – visent ainsi à préserver le vivant. Face à l'urgence écologique, nous pouvons toutes et tous agir, de manière collective et individuelle.

Parcs nationaux et biodiversité

Le Zimbabwe abrite onze parcs nationaux, qui recèlent une exceptionnelle biodiversité. On y trouve une mégafaune emblématique (« big five » : lion d'Afrique, léopard d'Afrique, éléphant d'Afrique, buffle d'Afrique et rhinocéros), sous statut de protection, mais menacée notamment par le braconnage et les effets du changement climatique.

- **Parc national de Chimanimani** : situé à l'est du pays, à la frontière du Mozambique, il protège des écosystèmes de montagne associés à des espèces endémiques. À noter le site remarquable de la cascade Bridal Veil Falls.
- **Parc national de Chizarira (Chizarira National Park)** : situé dans le nord du pays, situé au niveau de l'escarpement du Zambèze, dans une zone relativement isolée et sauvage, il abrite une grande diversité faunistique (mégafaune, avifaune) et des paysages exceptionnels.
- **Parc national Gonarezhou (Gonarezhou National Park)** : situé au sud-est du pays, il est partie intégrante du parc transfrontalier du Grand Limpopo (qui inclut le parc national Kruger en Afrique du Sud et le parc national du Limpopo au Mozambique). Malgré le braconnage, on y trouve une belle diversité faunistique (incluant les « big five ») et floristique (baobabs, mopanes, arbres à saucisses, etc.).
- **Parc national Hwange (Hwange National Park)** : situé au nord-ouest du pays, il est réputé pour sa mégafaune, protégée mais aussi prédatée. Plusieurs épisodes de braconnage ont ainsi marqué l'histoire du parc : neuf éléphants, cinq lions et deux buffles exécutés en 2011, plus d'une centaine d'éléphants empoisonnés au cyanure en 2013, onze éléphants à nouveau empoisonnés en 2015, la même année où Cecil, lion de 13 ans bien connu du parc, fut tué pour le plaisir d'un seul riche touriste américain, qui s'exposa avec son trophée sur les réseaux sociaux, suscitant l'ire par-delà les frontières.
- **Parc national de Mana Pools (Mana Pools National Park)** : situé au nord du pays, il préserve d'anciens lits du Zambèze (« Mana Pools »). Figurant sur la liste du patrimoine de l'Unesco et classé zone humide remarquable (Ramsar), il abrite de somptueux paysages et une exceptionnelle biodiversité (hippopotames, crocodiles, éléphants, buffles, léopards et guépards).
- **Parc national de Matobo (Matobo National Park)** : situé à l'ouest du pays, en zone de montagne (monts Matobo), il est classé au patrimoine mondial par l'Unesco pour les grottes de Pomongwe, ornées de peintures rupestres.
- **Parc national de Matusadona (Matusadona National Park)** : situé au nord du pays, à la frontière avec la Zambie, il protège les écosystèmes des collines de Matusadona, du lac Kariba et des rivières Ume et Sanyati. On y trouve une remarquable biodiversité liée aux milieux humides, avec la présence d'hippopotames, de rhinocéros et d'éléphants.
- **Parc national de Nyanga (Nyanga National Park)** : situé à l'est du pays, à la frontière du Mozambique, il abrite des zones montagneuses, dont le mont Nyangani, point culminant du pays. Célèbre pour les chutes de Mutarazi (ancien Mutarazi Falls National Park), il protège une mosaïque d'écosystèmes : forêts tropicales, landes montagnardes, prairies, zones humides (rivières, gorges, chutes).
- **Parc national de Kazuma (Kazuma Pan National Park)** : situé au nord-est du pays, à la frontière du Botswana, il préserve des paysages « ouverts » de plaines, associés à des lacs inondés de manière saisonnière, où viennent se rassembler moult animaux en saison sèche. Il est inclus dans la zone de conservation transfrontalière du Kavango-Zambèze.

© VILLIERS STEYN - SHUTTERSTOCK.COM

Lycaons dans le parc national de Gonarezhou.

- **Parc national du Zambèze (Zambezi National Park)** : situé à l'extrême nord-ouest du pays, à la frontière du Bostwana et de la Zambie, il protège des écosystèmes de forêts et toute une biodiversité associée (dont la mégafaune).
- **Parc national des chutes Victoria** : situé dans le nord-ouest du pays, à la frontière avec la Zambie, il abrite les célébrissimes chutes Victoria et les rives du fleuve Zambèze. Il fait partie de la zone de conservation transfrontalière du Kavango-Zambèze. Les écosystèmes caractéristiques du parc sont des forêts humides subtropicales, associées à une très riche diversité faunistique (dont avifaune, éléphants, rhinocéros, girafes, hippopotames) et floristique.

Des activités extractives à fort impact

Les activités minières du pays (or, platine, diamant, chrome) ne sont pas sans impact sur les humains et l'environnement. Le pays possède également du lithium, pour l'extraction duquel un permis environnemental devrait être accordé en 2023 à une compagnie étrangère. Affaire à suivre.

Face au changement climatique

Le changement climatique est bien palpable au Zimbabwe et s'ajoute aux affres que traverse le pays (crise économique, pénuries, etc.). Il se traduit notamment par une plus grande fréquence des sécheresses et une plus grande intensité des cyclones. Ainsi le cyclone Idai a-t-il dévasté toute une partie du pays en 2019, occasionnant, suite à de graves inondations, des pertes humaines et matérielles, affectant près de 270 000 habitants dans le pays. L'année 2020 a quant à elle été marquée par une importante sécheresse, contribuant à faire basculer 60 % de la population dans l'insécurité alimentaire. Le changement climatique a également des impacts sur la production d'électricité, principalement issue de centrales hydroélectriques. Le barrage de Kariba a ainsi connu des niveaux d'eaux très bas, induisant de longues coupures d'électricité (jusqu'à vingt heures par jour !).

S'adapter et résilier

Face à la situation économique, écologique et à l'insécurité alimentaire, les agriculteurs de certaines régions du pays ont substitué à la culture du maïs (introduite lors de la colonisation et devenue base de l'alimentation) celles, ancestrales et plus adaptées à la sécheresse, du millet et du sorgho. En parallèle, des projets nationaux et internationaux appuient la mise en place de pratiques agricoles résilientes. On citera le programme « Construire la résilience à travers l'intensification écologique au Zimbabwe » (2021-2026) dont l'objectif est le développement de pratiques agroécologiques, respectueuses des limites planétaires et nourrissant les humains.

Et nous ?

Parce que chaque geste compte, nous pouvons toutes et tous agir dans la construction d'un futur souhaitable, dans nos actions individuelles et collectives. Voici quelques liens et outils pour agir en matière de déchets (www.zerowastefrance.org), d'empreinte écologique (www.footprintcalculator.org) et d'empreinte carbone (https://agirpourlatransition.ademe.fr).

HISTOIRE

L'histoire de l'actuel Zimbabwe démarre quelques millénaires avant notre ère. La région était alors occupée par les chasseurs-cueilleurs San et Khoe. Il faut attendre autour de 500 apr. J.-C. pour voir arriver des populations bantoues, originaires d'Afrique centrale. Certains de leurs descendants fonderont quelques siècles plus tard l'empire du Great Zimbabwe. S'ensuivra une succession de royaumes, puis de colonisations, timidement portugaise, plus massivement britannique, avec pour figure de proue Cecil Rhodes, qui donnera son nom à la Rhodésie. Le pays accède à la pleine indépendance en 1980, avec à sa tête Robert Mugabe.

ENTRE - 4000 ET 500 APR. J.-C.

Les premiers habitants

Les premiers habitants d'Afrique australe n'avaient rien à voir avec les « doudous » rondelettes et les hommes longilignes qu'on y croise aujourd'hui. Petits, les pommettes saillantes, la peau brunâtre et très ridée, les Bochiman et les Hottentot, ancêtres des Zimbabwéens, se caractérisaient plutôt par leur physique de type mongoloïde. Les anthropologues préfèrent les dénominations San et Khoe, qui signifient respectivement « ceux qui font la cueillette » et « les hommes des hommes ». Celles-ci relèvent plus d'une différenciation culturelle que biologique : elles furent le fait des Néerlandais du Cap qui distinguèrent ainsi les tribus élevant du bétail et ayant un semblant d'organisation sociale (Hottentot) de celles vivant en petits groupes et pratiquant la cueillette et la chasse (San). Ces répartitions, comme toute tentative de catégorisation raciale, sont souvent sommaires et les recherches ultérieures ont prouvé que certains groupes bochiman gardaient du bétail et pratiquaient l'agriculture. Quoi qu'il en soit, les San et les Khoe furent les premières peuplades à occuper les terres australes et à laisser, sur les collines rougeâtres, les traces picturales de leur passage. Si l'on possède relativement peu d'informations concernant les origines de ces deux tribus, on sait en revanche qu'elles occupèrent cette partie du monde dès l'âge de pierre, comme en attestent certaines des peintures rupestres encore en bon état de conservation. Des outils très anciens ont également été retrouvés et témoignent de la longue occupation de ces terres reculées.

500 À 1000

L'arrivée des Bantous

Les peuples de langue bantoue font probablement leur apparition il y a environ 100 000 ans. Leur émergence se produit dans les forêts tropicales de l'Afrique équatoriale où certains grands groupes développent progressivement une pigmentation plus sombre de la peau et acquièrent de nouveaux caractères physiques, en raison, sans doute, de l'environnement. Ceux qui viennent s'installer en Afrique australe sont originaires du Cameroun et entament de grands mouvements de migration 3 000 ans avant notre époque. Fuyant probablement les infections parasitaires dues à la mouche tsé-tsé des zones équatoriales africaines, certains groupes s'établissent dans la région des grands lacs de l'Afrique de l'Est, avant de continuer leur voyage jusqu'au sud du continent ; d'autres s'y rendent plus directement, mais choisissent de passer par l'ouest et de longer la côte atlantique. Après plusieurs siècles d'avancée progressive et extrêmement lente, des peuples de langue bantoue atteignent l'actuel Zimbabwe et l'Afrique du Sud. Ils apportent avec eux une certaine forme d'organisation politique, des méthodes agricoles et la technologie de la métallurgie, ce qui entraîne des changements d'importance dans toute l'Afrique australe.

1000 À 1400

La civilisation du Great Zimbabwe

L'actuel Zimbabwe doit son nom à une civilisation aujourd'hui disparue dont les heures de gloire se situent du XIe au XVe siècle. Si les derniers vestiges sont principalement concentrés à quelques kilomètres de Masvingo, cet empire commercial contrôlait une région bien plus étendue que l'actuel Zimbabwe, délimité au nord par le Zambèze, au sud par le fleuve Limpopo, à l'ouest par le désert du Kalahari et à l'est par la côte mozambicaine. Vivant du commerce de l'or, du cuivre, de l'ivoire, du coton et des bovins, la cité du Great Zimbabwe accueille jusqu'à 20 000 personnes à son apogée. Son organisation sociale était particulièrement bien structurée avec un roi, une caste dirigeante, des sujets et une armée. Bien que l'on possède des éléments sur le développement et l'extension de cet empire, les raisons de son soudain déclin au cours du XVe siècle demeurent un mystère. En effet, l'influence de cette dynastie a cessé quasiment du jour au lendemain, même si quelques groupes sociaux ont continué à y vivre pendant quelque temps encore. Témoin d'une civilisation africaine sophistiquée et antérieure à l'arrivée des Européens, le Great Zimbabwe a été l'objet de tous les enjeux politiques. En effet, à sa « découverte » par les colons blancs en 1867, il paraissait inconcevable à ces derniers de lui attribuer une quelconque paternité africaine ! Aussi, de nombreuses théories plus farfelues les unes que les autres ont occulté la vérité un certain temps. Certains pseudoscientifiques colonialistes y ont vu les traces de l'empire colonial portugais ou celles de la présence des Phéniciens. On a même affirmé que les vestiges étaient ceux de la cité biblique de la reine de Saba ! Cette polémique a pris de telles proportions que ce site est devenu un véritable symbole culturel pour le peuple africain. En 1980, lors de la déclaration d'indépendance, le Great Zimbabwe a donné tout naturellement son nom au pays. Le terme Zimbabwe vient de *zimba ramabwe*, qui signifie en langue shona « la grande maison en pierre ».

1420 À 1820

Du Great Zimbabwe à l'État du Matabeleland

Vers 1420, lorsque l'empire du Grand Zimbabwe commence à se fissurer, certains de ses membres partent s'installer dans des régions situées plus au nord. Ils y fondent un État indépendant, Mutapa, qui va prospérer durant près d'un siècle. À la même époque, une autre dynastie, les Torwa, s'établit au sud-ouest de l'actuel Zimbabwe, à Khami. À la fin du XVIIIe siècle, pendant que les Rozwi, un groupe shona, renversent puis absorbent la dynastie Torwa, l'État Mutapa s'affaiblit progressivement. Déchiré par des querelles internes, il a de plus en plus de mal à repousser les désirs de conquêtes des colons portugais. Contraint, dans un premier temps, de se replier dans la vallée du Zambèze, il est définitivement rayé de la carte par les Portugais et les Anglais à la fin du XIXe siècle. Dans l'actuelle Afrique du Sud, le XIXe siècle est marqué par la suprématie de la dynastie zouloue et, notamment, par le règne du roi Shaka de 1818 à 1828. Célèbre pour ses qualités de guerrier, il ne souffre aucune rivalité et nombreux sont les généraux contraints de s'enfuir. Certaines parties de l'Afrique australe vont d'ailleurs être modelées au rythme de ces exils successifs. Mzilikazi, le futur roi ndebele et fondateur du Matabeleland, fait partie de ces généraux bannis par Shaka.

1820-1840

La dynastie Ndebele (1820 à 1880)

Mzilikazi, chef d'un clan zoulou subordonné à Shaka, décide au début du XIXe siècle, de défier l'autorité suprême du roi des Zoulous. Après avoir contenu une première attaque de l'armée de Shaka, lui et ses hommes sont terrassés lors d'un second assaut et contraints à la fuite. Remontant progressivement vers le nord, ils annexent les différentes provinces traversées. Peu à peu, la réputation de Mzilikazi grandit et de nombreux guerriers rejoignent l'armée des Ndebele, « ceux qui disparaissent sous leurs longs boucliers ».

1840-1860 — Après une halte au Botswana, à Kuruma, pendant laquelle Mzilikazi se lie d'amitié avec le missionnaire Robert Moffat, il repart en direction du nord, franchit la rivière Limpopo, au-delà de laquelle il décide de s'installer. En arrivant, il surnomme les collines environnantes (les fameuses collines Matopos, situées au sud-ouest de Bulawayo) Amatobo, ce qui signifie en isiNdebele les « crânes chauves ». Assujettissant les tribus locales, il place ses hommes de confiance aux quatre coins de son nouvel empire, le Matabeleland, et impose le mode de vie zoulou. Son autorité est absolue et il n'accepte aucune remise en question de son pouvoir. Ainsi, il n'hésite pas à exécuter tout sujet soupçonné, à tort ou à raison, de désobéissance ou de conspiration à son égard.

1854 — Découverte des chutes Victoria par l'explorateur britannique, David Livingstone. Appelées Mosi Oa Tunya, elles sont rebaptisées du nom de sa reine.

5 septembre 1868 — Mort de Mzilikazi. Son second fils, Lobengula, prend les rênes du pouvoir, non sans devoir écarter quelques prétendants aux dents longues. Fidèle à son père, il continue de réserver un accueil chaleureux aux différents chasseurs et missionnaires traversant son royaume.

22 janvier 1870 — Couronnement de Lobengula. Le début de son règne est marqué par l'influence de la culture européenne, dont il adopte le mode de vie vestimentaire. Il charge même un de ses amis de lui construire une maison de style flamand !

1870-1880 — Les explorateurs européens, Frederick Selous et Thomas Baines, pénètrent sur les territoires shonas et ndebeles. En 1877, le roi Lobengula abandonne ses tenues européennes pour retourner vers sa culture d'origine. Dès lors, la situation commence à se dégrader.

© DUNCAN1890 - SHUTTERSTOCK.COM

Frederick Selous.

La British South Africa Company (BSAC)

1888 — Le roi Lobengula est trompé par Cecil Rhodes et ses conseillers britanniques. En effet, croyant signer un simple droit de circulation dans le Matabeleland, il signe, en fait, son abdication et une annexion de son royaume ! Fort de ce stratagème, Cecil Rhodes crée la British South Africa Company (BSCA).

29 octobre 1889 — La reine Victoria contribue à la chute programmée du roi ndebele en ratifiant la charte de la compagnie.

1890

Rhodes met sur pied une armée de 700 mercenaires qu'il lance à la conquête du Matabeleland et du Mashonaland, territoire situé entre le Matabeleland et la frontière mozambicaine.

1893-1894

La guerre est déclarée entre les Britanniques et les Ndebeles. Ces derniers connaissent une défaite qui conduit leur chef à l'exil. Il meurt en 1894.

1895

Une nouvelle administration est mise en place par la BSAC (British South Africa Company) du nouveau territoire nommé « Rhodésie » en référence à Cecil Rhodes. Contrôlé par la BSAC et présenté par Rhodes comme le nouvel eldorado de cette fin de siècle, l'ancien royaume de Lobengula attire de nombreux colons européens, désireux de s'installer comme fermiers ou rêvant de découvrir une mine d'or. Cette annexion du Matabeleland et du Mashonaland ne pouvant se faire sans le recours à la main-d'œuvre locale, les Shonas et les Ndebeles sont enrôlés de force dans les fermes nouvellement installées. De plus, afin d'asservir complètement ces « sauvages », une taxe de résidence (hut tax) est mise en place !

1896

Trop fiers pour accepter d'être réduits en esclavage, les Shonas et les Ndebeles, chacun de leur côté, prennent les armes et se lancent dans la première guerre d'indépendance, ou chimurenga. Durant les premiers mois de l'année 1896, les combats font rage. La résistance des Ndebeles et les pressions politiques contraignent Rhodes à négocier l'armistice. Après avoir envoyé un conciliateur, Rhodes se déplace lui-même le 21 août 1896 à Matobo Hills pour discuter avec les chefs ndebeles. Dans le traité signé deux mois plus tard, Rhodes fait de nombreuses concessions : il rend aux Ndebeles une partie de leurs terres et leur accorde un certain degré d'autonomie.

26 MARS 1902

A l'âge de 48 ans, Cecil Rhodes meurt au Cap, des suites d'une longue et douloureuse maladie. Sa dépouille est transportée par chemin de fer du Cap à Bulawayo, puis amenée sur le site qu'il a choisi comme sépulture : le sommet des monts Matopos, surnommé « la vue du monde ».

1923

La naissance de la Rhodésie

Malgré l'introduction de taxes, l'exploitation de la population locale et la réquisition des terres, la BSAC ne réussit pas à tirer de bénéfice substantiel de l'ancien royaume de Lobengula. En 1923, soit 24 ans après son annexion par Rhodes, la Rhodésie du Sud est rattachée à la couronne britannique dont elle devient une colonie.

1948

Alors que les colons blancs occupent le pouvoir et que de nouveaux immigrants affluent d'Afrique du Sud et d'Europe, les conditions de vie et de travail de la population noire se dégradent. Peu à peu, des mouvements politiques noirs émergent. Réclamant plus de justice sociale et le respect des Droits de l'Homme, ils organisent la première grève nationale.

1953

Néanmoins, la domination colonialiste résiste et, lors de la constitution du nouveau parlement à Salisbury (aujourd'hui Harare), sur les 36 sièges à pourvoir, 6 seulement sont attribués à la majorité africaine. Une fédération réunissant la Rhodésie du Nord, le Nyassaland et la Rhodésie du Sud est proclamée le 1er août 1953.

1957 Le Southern Rhodesian National Congress est créé, avec Joshua Nkomo comme président. Six ans plus tard, cette organisation noire d'opposition se scinde en deux partis rivaux : le Zimbabwe African National Union (ZANU) et le Zimbabwe African People Union (ZAPU).

1965 Le 11 novembre 1965, suivant l'exemple donné par le Nyassaland et la Rhodésie du Nord voisins, à qui l'indépendance a été accordée (ils s'appellent désormais respectivement le Malawi et la Zambie), la Rhodésie du Sud, menée par Ian Smith, publie la déclaration unilatérale d'indépendance (UDI) et rompt tous les liens qui la rattachent à l'empire britannique ! Surpris et désireux d'éviter tout conflit armé avec une « ancienne » colonie britannique, le Premier ministre anglais, Harold Wilson, tarde à réagir et conforte de ce fait l'autoproclamation d'indépendance de Ian Smith.

3 MARS 1970 La République de Rhodésie est proclamée. Les seules conséquences de cet acte insensé sont quelques sanctions économiques de la part de l'Angleterre et des pays rattachés à l'ONU, qui n'eurent pas de réel impact. Prônant l'apartheid, le nouveau gouvernement accélère le clivage.

1972-1975 Alors que les actes de rébellion se font plus nombreux, la population noire se prépare peu à peu à une seconde chimurenga. Soutenue par la population rurale et appuyée par des renforts armés basés au Mozambique, la guérilla s'intensifie et se rapproche progressivement des villes. De nombreux colons blancs sont contraints de quitter le pays. Afin de couper les révolutionnaires de leur soutien populaire, le gouvernement de Smith décide de rassembler la population africaine dans des « villages protégés », véritables camps de concentration.

1976 Face à l'escalade de la violence, la communauté internationale commence à s'émouvoir et fait pression sur Smith afin que tous les mouvements politiques du pays soient représentés au gouvernement. Un premier sommet sur le devenir de la Rhodésie du Sud est organisé à Genève en 1976. A la suite de ce dernier, le ZANU et le ZAPU annoncent leur fusion en un parti unique, le Front Patriotique, qui se présente comme l'authentique représentant du peuple rhodésien.

1979 Des négociations sont organisées entre le gouvernement blanc et les mouvances politiques noires pour arriver à la formation d'un gouvernement représentatif du pays. En avril, les premières élections multiraciales sont organisées. Le 1er juin, Josiah Zion Gumede devient le premier président noir du Zimbabwe-Rhodésie et Abel Muzorewa est nommé premier ministre. Smith reste au gouvernement et demeure très influent. Le nouvel Etat n'est guère soutenu par la communauté internationale et de nouvelles négociations conduisent aux accords de Lancaster, prévoyant un cessez le feu et l'instauration d'un régime parlementaire.

1980

L'indépendance

Des élections sont organisées en février. La Rhodésie du Sud devient indépendante du Royaume-Uni le 18 avril 1980 et est rebaptisée Zimbabwe, du nom Great Zimbabwe. Salisbury devient Harare. Canaan Banana devient Président et Robert Mugabe Premier Ministre. Nouvel étendard du Zimbabwe, le drapeau national est paré de diverses couleurs.

1980-1987 Guerre civile entre les deux partis politiques du pays, le ZANU (Zimbabwe African National Union) et ZAPU (Zimbabwe African People's Union). Le premier est constitué de Shonas, alors que le second est majoritairement constitué de Ndebeles. On compte des milliers de victimes. La constitution du jeune pays est remodelée le 31 décembre 1987, abolissant entre autres le poste de Premier Ministre. Robert Mugabe devient Président pour être chef du gouvernement et chef de l'Etat.

1988-1989 Les dissidents ndebeles acceptent de baisser les armes et le parti ZAPU et Joshua Nkomo, sont enfin intégrés au gouvernement.

MARS 1990 De nouvelles élections présidentielles et législatives sont organisées. La principale opposition au président Mugabe est menée par Edgar Tekere, leader du très récent Zimbabwe Unity Mouvement (ZUM) et ministre du gouvernement de Mugabe jusqu'à ce qu'il en soit évincé pour avoir lancé une campagne contre la corruption. Le parti de Mugabe remporte néanmoins largement les élections avec 117 sièges sur 120.

2000 Le problème des partages des terres conduit à une sévère réforme agraire, plusieurs fermiers blancs perdent leurs terres et s'exilent.

2002 Des élections vivement contestées permettent à Mugabe de se maintenir au pouvoir.

2004 Le Zimbabwe ne compte plus parmi les membres du Commonwealth, et se trouve plongé dans une grave crise socio-économique due à la réforme agraire et au taux élevé de chômage.

2005 Elections législatives remportées par le parti politique de Mugabe. Résultats fermement contestés par l'opposition. Le pays s'enlise dans une crise agraire, politique et économique avec une hyper-inflation historique.

2008 Les élections présidentielle et législative sont raflées par le régime au pouvoir, alors que l'opposition se déclare vainqueur et que l'hyperinflation atteint même un taux record de plus de 230 millions de dollars zimbabwéens !

2011 Des tensions surgissent dans le partage du pouvoir entre Mugabe et Tsvangirai. Le régime pense organiser des élections d'ici la fin de l'année 2011. Mais il semble quasiment impossible de tenir ces élections à cette date et dans de bonnes conditions.

JUIN 2013 Les élections présidentielles sont à nouveau remportées par ZANU-PF.

JUILLET 2016 Des manifestations se tiennent à travers le pays contre la corruption et nouvelle crise économique.

FÉVRIER 2017

Alors que Robert Mugabe fête ses 93 ans, étant le dirigeant le plus âgé du monde, sa succession pose question. Il projette de céder le pouvoir à son épouse, Grace, connue pour son goût pour le luxe et pour sa brutalité. Il écarte du parti les rivaux potentiels de cette dernière.

NOVEMBRE 2017

L'histoire se précipite... Le 4, Mugabe annonce qu'il souhaite faire de son épouse sa vice-présidence. Le lendemain, cette dernière lui cède la présidence et le surlendemain, Emmerson Mnangagwa, vice-président en place, est démis de ses fonctions. Le 15, une coup d'état en « douceur » mené par l'armée renverse Mugabe, provoquant bientôt des scènes de liesse dans le pays. Mugabe et sa femme sont placés en résidence surveillée. Trois jours plus tard, Mnangagwa prend le pouvoir et le général Constantino Chiwenga devient son Premier Ministre. Alors que Mugabe se considérait toujours comme le seul chef de la nation, il finit par démissionner le 21. Mnangagwa est désigné président intérimaire jusqu'aux prochaines élections.

JUILLET-AOÛT 2018

Une élection législative et présidentielle a lieu. La violence caractéristique des élections précédentes est absente, le taux de participation à 70 %, élevé, et un espoir général renaît. Mais cet espoir ne dure pas longtemps : suite à des manifestations au centre d'Harare à l'annonce des résultats des législatives remportées par le ZANU-PF, des militaires tirent dans la foule et six manifestants trouvent la mort. Un mois plus tard, une nouvelle crise économique frappe le pays : les stations services, les magasins et les boulangeries se vident et le bond dollar perd la moitié de sa valeur contre le dollar américain. Malgré des discours positifs sur l'avenir de l'agriculture et de l'économie, le gouvernement peine à redresser le pays, d'autant que les changements climatiques et les épisodes de sécheresse réduisent drastiquement la production agricole et menacent la sécurité alimentaire des populations.

OCTOBRE 2018

Une crise économique s'installe, le pays souffre d'un manque important de devises, ce qui provoque de graves pénuries de carburant, de médicaments et de nourriture.

JANVIER 2019

L'inflation toujours croissante et l'augmentation du prix du carburant décrétée par le président, Emmerson Mnangagwa (diesel passant de 1,36 à 3,11 dollars/litre), entraînent des grèves dans tout le pays. Les manifestations sont violemment réprimées, des dizaines de morts et des centaines de blessés sont comptabilisés. Le mercredi 16 janvier, le pasteur Evan Mawarire, figure de la contestation, est arrêté.

FÉVRIER 2019

Le président lance un appel au dialogue national qui est boycotté par l'opposition dont le chef du Mouvement pour un changement démocratique (MDC) Nelson Chamisa et le porte-parole du Front patriotique national (NPF) Jealous Mawarire. Ils exigent, avant tout débat, la fin de la répression contre les citoyens.

6 SEPTEMBRE 2019

L'ancien président Robert Mugabe décède à Singapour à l'âge de 95 ans.

LES ENJEUX ACTUELS

Le Zimbabwe, devenu indépendant tardivement (en 1980), est une république. Elle a longtemps été dirigée par Robert Mugabe, également à la tête du puissant parti ZANU-PF. La situation socio-économique du pays a été florissante durant les années 1980 et 1990. Mais au début des années 2000, la réforme agraire est venue bouleverser cette situation et la politique du gouvernement a alors valu au pays des sanctions économiques internationales. Le pays s'est peu à peu enfoncé dans une terrible crise économique. Robert Mugabe a été destitué par un coup d'État en novembre 2017 et Emmerson Mnangagwa, alors son vice-président, est devenu président de la République. L'économie du Zimbabwe repose majoritairement sur trois secteurs : l'agriculture, l'exploitation minière et le tourisme. Tous trois reposent sur des ressources importantes, mais la situation économico-financière du pays demeure compliquée à redresser.

Politique

Le Zimbabwe est une république présidentielle où le président est chef d'État et chef du gouvernement. Pendant deux périodes entre 1980 et 1987 et puis entre 2009 et 2013, un Premier ministre était en poste. Suite à un coup d'État qui a renversé Robert Mugabe en novembre 2017, le président est Emmerson Mnangagwa. Un seul parti monopolise la scène politique du Zimbabwe depuis son indépendance : le Zimbabwe African National Union ou Union nationale africaine du Zimbabwe (ZANU), devenu Zimbabwe African National Union-Patriotic Front (ZANU-PF) en 1987, en s'unissant avec le Zimbabwe African People's Union (ZAPU). Le Movement for Democratic Change (MDC) fut dirigé par Morgan Tsvangirai, qui fut Premier ministre de 2009 à 2013, Nelson Chamisa se trouve à sa tête depuis le décès de ce dernier. 48 partis ont contesté l'élection législative en 2018, mais deux seuls, les MDC Alliance et ZANU-PF, ont reçu plus de 5 % des votes. En 2018, pour la première fois de l'histoire du pays, le pouvoir du ZANU-PF a été menacé aux urnes. Le MDC Alliance, avec à sa tête Nelson Chamisa, a reçu 44,3 % des votes contre 50,8 % pour ZANU-PF. Chamisa a alors contesté les résultats, mais la Cour constitutionnelle a confirmé l'élection de Mnangagwa. De nouvelles élections présidentielles doivent avoir lieu en juillet 2023, alors que le quotidien reste difficile pour beaucoup de Zimbabwéens, suite à des années de corruption et de mauvaise gouvernance...

Économie

Au lendemain de l'indépendance, l'économie du pays figurait parmi les plus florissantes du continent, le Zimbabwe était surnommé le grenier à blé de l'Afrique australe et le pays était le plus industrialisé de la sous-région, après l'Afrique du Sud. Mais dès 1987, Robert Mugabe change la tournure des choses par des décisions politiques, sociales et économiques défavorables, comme la réforme agraire de 2000, le recours à la violence et la non-acceptation du résultat des urnes lors des élections présidentielles de 2002 et de 2008. Le pays s'enfonce peu à peu dans une terrible crise économique, accompagnée d'hyperinflation, et un taux de chômage très élevé. Durant cette même période, son secteur manufacturier décline drastiquement. En janvier 2008, le taux de l'inflation annuel atteint le chiffre record de 100 580,2 % alors que le taux de chômage approche les 80 % ! Le dollar zimbabwéen ayant perdu toute sa valeur, les échanges se font de plus en plus souvent en rand sud-africain, en pula botswanais ou en dollar américain. En janvier 2009, le dollar zimbabwéen est abandonné et la monnaie officielle du Zimbabwe devient le dollar américain, ce qui permet une certaine relance de l'économie. Depuis, quelques signes optimistes attestent d'une amélioration pour l'économie du pays, que la Banque mondiale désigne comme « encore fragile ». La situation reste d'autant plus précaire qu'une pénurie de liquidité complique la vie quotidienne des Zimbabwéens.

L'économie du Zimbabwe repose principalement sur trois secteurs : l'agriculture, l'exploitation minière et le tourisme. Le PNB du pays dépend largement de la bonne santé du secteur agricole et de la situation économique internationale. Comme ni l'un ni l'autre ne sont en forme, l'économie du pays en souffre profondément. Le secteur agricole est en difficulté depuis l'expropriation des fermiers blancs de leurs terres pour des raisons politiques. Les aléas des conditions météorologiques peuvent parfois plonger le pays dans de graves crises économiques, comme ce fut le cas, par exemple, lors de certains épisodes récents de sécheresse. Le secteur minier est mis en danger par le projet qui intime aux organismes internationaux de céder la majorité de leurs actions aux Zimbabwéens. Quant au tourisme, il souffre de la mauvaise image donnée par le pays qui intimide les visiteurs. Malgré ces difficultés, le

PIB du pays a progressé après l'adoption du dollar américain. Le principal partenaire économique du pays est l'Afrique du Sud (80 % des exportations) et le montant global des exportations s'élève à quelque 2,8 milliards de dollars par an.

Les enjeux économiques du Zimbabwe sont un sujet complexe mais avec un thème commun : l'agriculture. La grande majorité des problèmes du pays provient de la réforme agraire de 2000 et la chute de la production agricole qui en découle. Les fermes enlevées à leurs anciens propriétaires ont été données à des alliés du régime qui n'avaient, en règle générale, aucune connaissance agricole, ni même l'envie d'utiliser les terres à ces fins. La majorité de ces fermes qui faisaient la richesse du pays reste donc inutilisée. L'effet domino de cette réforme a touché presque tous les secteurs économiques du pays et trouver une solution serait un grand pas vers la normalisation de l'économie nationale. Aujourd'hui, le pays se concentre sur son développement, particulièrement au niveau touristique. Le gouvernement a mis en place de nombreux projets afin de permettre une plus grande ouverture au tourisme, notamment par l'amélioration des aéroports et la multiplication des liaisons.

Agriculture

Bien que le secteur agricole ne représente que 20 % du PIB du pays, il correspond, et de loin, à l'activité économique la plus importante du Zimbabwe en faisant vivre deux tiers des habitants. Il existait deux types d'exploitations agricoles avant la réforme agraire de 2000 : les petites exploitations familiales, fonctionnant en autosuffisance et ne dégageant que de faibles bénéfices, et les grandes exploitations modernes, bien équipées, à rayonnement national, voire international. Aujourd'hui, le paysage agricole a quelque peu changé, les gros producteurs blancs ont été expropriés et les nouveaux propriétaires ne sont pas toujours aussi efficaces que les précédents. La première production agricole toutes catégories, en termes de rentabilité, est le tabac (troisième exportateur mondial). Viennent ensuite le maïs, le coton, le café, le thé, les fleurs (et plus particulièrement les proteas), le sorgho et les fruits. Le Zimbabwe cultive également la canne à sucre qui, après transformation, donne de l'éthanol (40 millions de litres) qui vient enrichir le carburant automobile. Sans oublier l'élevage, qui compte des grands cheptels de bovins (plus de 5 millions de têtes), de caprins (plus de 3 millions de têtes) et d'ovins (plusieurs milliers de têtes). Véritable ossature économique du pays, le secteur agricole est pourtant fortement dépendant des conditions climatiques. La saison des pluies, qui s'étend de novembre à mars, rythme aussi bien la vie des fermiers que celle des hommes d'affaires. La réforme agraire entreprise par le gouvernement en 2000 n'a fait que fragiliser le secteur.

Exploitation minière

Le sous-sol zimbabwéen renferme une multitude de métaux en tout genre (or, platine, cuivre, chromite de fer, nickel, minerai de fer, argent, amiante…) ainsi qu'une quarantaine de pierres précieuses et semi-précieuses (rubis, diamant, émeraude, saphir…). La présence de fer, de cuivre et d'or est connue vraisemblablement depuis le début du Ier millénaire et leur exploitation remonte au moins au XIe siècle. Figurant aux premiers rangs des producteurs d'or, le Zimbabwe abrite environ 450 mines de ce précieux métal. Le pays possède également des mines de charbon (couvertes et découvertes) dont les réserves sont évaluées à 30 000 millions de tonnes, de quoi approvisionner encore quelque temps la gigantesque centrale électrique située près de Hwange.

Tourisme

Depuis l'indépendance, le tourisme au Zimbabwe n'en finit plus de décoller et de s'ouvrir au monde. Les chutes Victoria, les parcs nationaux de Hwange et de Matusadona, les monts Matopos, Great Zimbabwe et le lac Kariba font partie des sites les plus fréquentés par les touristes, qui viennent principalement d'Afrique du Sud, d'Angleterre, des États-Unis, d'Australie et d'Europe continentale. Mais le tourisme a gravement souffert de la réforme agraire du gouvernement Mugabe en 2000, puis des élections frauduleuses de 2007, qui ont entraîné le pays dans un chaos économique. Depuis 2010-2011, les professionnels du tourisme constatent avec enthousiasme la reprise des affaires. Beaucoup d'efforts sont faits pour développer ce secteur. Ainsi, ces dernières années, des travaux ont permis d'améliorer considérablement les aéroports d'Harare et de Victoria Falls. La grande majorité des touristes reste, par contre, autour de cette dernière ville et il est plutôt rare d'en croiser ailleurs dans le pays.

© NGONI TAKAWIRA - ISTOCKPHOTO.COM

Culture de maïs.

DÉCOUVRIR

ARCHITECTURE

Encore peu connu, le patrimoine architectural du Zimbabwe est pourtant fascinant ! Saviez-vous que le pays abrite les vestiges d'une des plus grandes civilisations africaines après celle des pharaons ? Les sites du Grand Zimbabwe et de Khami sont les chefs-d'œuvre d'une architecture de pierre pensée par les Shona. Zimbabwe signifie d'ailleurs « maison de pierre ». D'autres riches cultures y ont laissé leur empreinte, telle celle des Ndebele et leurs superbes maisons peintes. De l'époque coloniale, le pays a conservé une architecture typique aux accents résolument éclectiques. À l'indépendance, le pays se tourne vers le néovernaculaire, symbole de son identité retrouvée. Mais très vite, il fait face à des défis urbains et démographiques qu'il peine aujourd'hui encore à juguler. Des défis qui stimulent pourtant l'inventivité d'architectes contemporains soucieux de dessiner les contours d'un Zimbabwe toujours plus créatif et durable !

Architecture de légende

Le monument national du **Grand Zimbabwe** ★★★★ (p.154) est sans doute le plus célèbre site du pays. Cette cité médiévale, qui a prospéré entre 1100 et 1450, était alors la capitale du vaste empire shona. C'est là que s'est développée l'une des plus grandes civilisations africaines après celles des pharaons et que beaucoup ont surnommé « la civilisation de pierre ». Le terme Zimbabwe lui-même signifie d'ailleurs « maison de pierre ». Les Shona possédaient une technique bien particulière de travail de la pierre : ils la plongeaient dans un feu très chaud, puis versaient de l'eau dessus afin de pouvoir la rendre plus facilement taillable. Voilà qui explique la qualité des assemblages réalisés sans l'aide d'aucun mortier. Les murs épais possédaient ainsi des assises parfaitement travaillées et lisses. Pour s'assurer de la stabilité de l'ensemble, les Shona optaient parfois pour des structures à larges bases et s'affinant progressivement vers le sommet. Le site du Grand Zimbabwe se compose de trois grandes zones. Le roi et ses conseillers résidaient dans la ville haute où d'impressionnants murs de granit définissaient deux enclos distincts desservis par une série de passages étroits parfois couverts. L'enclos ouest est la résidence royale proprement dite, tandis que l'enclos est représente le lieu le plus sacré du site. Voyez ses six grands poteaux en stéatite (plus connue sous le nom de « pierre à savon ») surmontés d'oiseaux. Devenus les emblèmes du pays, ces oiseaux sculptés jouaient alors le rôle de messagers entre les hommes et les dieux. En contrebas de cette acropole se situe le grand enclos. De plan elliptique, il abrite notamment une série d'habitations en pisé (mélange de sable granitique et d'argile) appelées *daga*, un espace communautaire relié par un passage à une étonnante tour conique, et différents espaces familiaux, eux-mêmes délimités par des murs de pierre, se composant généralement de deux huttes d'habitation et d'une cuisine organisées autour d'une cour. Il semblerait que ce grand enclos ait été conçu pour loger les différentes épouses du roi. Les princes et nobles étaient regroupés dans le complexe de la vallée où l'on peut encore voir des habitations en pisé isolées les unes des autres par des murs en pierre sèche qui affichent un superbe travail décoratif fondé notamment sur les motifs de chevrons et de damiers.

Si le site du Grand Zimbabwe illustre l'idée d'une architecture pensée comme une extension de l'environnement naturel, les ruines de Khami (**Khami Ruins** ★★ (p.172)), elles, témoignent de l'avènement d'une architecture pensée pour modeler et modifier l'environnement. Capitale du royaume de Butua gérée par la dynastie shona des Torwa, Khami a supplanté le Grand Zimbabwe au XVIe siècle. Les deux sites partagent de nombreuses caractéristiques communes, notamment en matière d'organisation spatiale. La résidence du chef (mambo) se trouve sur une colline, surplombant ainsi les huttes en pisé entourées de murs de granit dévolues à la population, tandis que de nombreux passages et galeries couvertes relient les différents espaces. La technique des murs en pierre sèche est toujours employée, mais cette fois-ci les murs ne sont plus simplement utilisés pour délimiter les espaces, mais aussi pour les modeler. Le site de Khami introduit en effet la notion de murs de soutènement qui permettent la création de séries de plateformes et terrasses complexes. Éléments architecturaux phares, ces murs ont fait l'objet de toutes les attentions décoratives. Une richesse ornementale que l'on retrouve dans le « Cluster des Dzimbabwes » de Naletale, non loin de la cité de Gweru, qui a prospéré entre les XVIe et XVIIIe siècles. Le site central y

© EVENFH - STOCK.ADOBE.COM

The Great Zimbabwe.

est celui de Naletale avec son mur elliptique de 60 m de diamètre richement décoré de motifs à chevrons, cordelettes, damiers, doubles chevrons et d'inserts de pierres colorées. Autour de lui gravitent des sites satellites, comme celui de Nsalansala qui a la particularité de présenter des décorations sur les faces intérieures et extérieures de ses murs. De la présence portugaise de l'époque, il ne reste que très peu de traces. À Dambarare, Masape et Luanze se devinent les *feiras* composées alors de maisons de brique fortifiées entourées de murs de terre et de fossés. Les Portugais y établirent également des missions dont les églises en brique étaient les éléments centraux.

Richesses vernaculaires

Entourées d'une clôture végétale protectrice, les huttes du peuple san en forme de dôme se composent d'un cadre de fins branchages sur lequel est posé un revêtement d'herbes et de roseaux. Cette volonté de privilégier les matériaux naturels et locaux dans des constructions simples et fonctionnelles se retrouve dans l'ensemble de l'architecture rurale traditionnelle. La plupart des villages se composent de huttes circulaires organisées autour d'un espace central communautaire. Chaque hutte possède une fonction précise (cuisine, lavage, couchage...) Ces huttes peuvent être réalisées selon un système de revêtement en boue ou argile disposé sur un cadre en branchages ou en briques séchées au soleil, et possèdent le plus souvent un toit en chaume conique. Aujourd'hui, il n'est pas rare de voir se côtoyer huttes circulaires et maisons de béton rectangulaires au toit de tôle ondulée. Les huttes de stockage, elles, sont toujours réalisées en matériaux naturels. Beaucoup de greniers sont réalisés sur pilotis pour protéger les denrées. Lorsque l'activité agricole bat son plein, des structures sur pilotis aux allures d'appentis sont construites à proximité des champs pour loger les travailleurs. Autre élément phare de ces villages : l'enclos à bétail ou kraal. Ce mot d'origine afrikaans désignait d'ailleurs à l'origine les villages de forme circulaire, organisés selon une hiérarchie spatiale et sociale très stricte et protégés par des remparts d'épines en forme de palissades. Chez les Ndebele, certains kraals étaient dits « royaux ». De plan ovale et entourés de palissades de robustes poteaux, ils revêtaient alors un caractère militaire et stratégique. Mais si les Ndebele sont aujourd'hui connus dans le monde entier, c'est pour la richesse des formes et couleurs de leur habitat traditionnel. Les hommes sont en charge de la construction : charpente de bois, toiture de chaume, murs d'argile et de boue. La maison est le plus souvent rectangulaire avec une cour en façade et un mur d'enceinte protecteur. Une pièce extérieure, sorte de petit pavillon, est réservée à la cuisine et au lavage. Les femmes, elles, se chargent de la décoration, c'est-à-dire de l'identité même de la maison.

© VADIM_N - SHUTTERSTOCK.COM

Huttes traditionnelles à Matobo.

Avant les années 1960, les femmes travaillaient essentiellement avec des pigments naturels d'où des couleurs plutôt brunes ou ocrées, mais aussi avec de la suie et du calcaire blanc de chaux pour tracer lignes et motifs en noir et blanc. Avec la découverte des peintures acryliques et vinyliques, les maisons se sont parées de couleurs éclatantes. Au départ, seuls les motifs géométriques étaient privilégiés, puis progressivement les femmes ont incorporé des éléments figuratifs. Symboles d'identité, ces peintures murales ont aussi longtemps été utilisées comme expression d'une résistance culturelle aux différentes oppressions subies par les Ndebele.

Époque coloniale

Les villes d'Harare et de Bulawayo conservent un urbanisme tracé au cordeau typique de la période coloniale. À l'époque de sa création, Bulawayo s'était d'ailleurs vu dotée de larges avenues pour permettre aux chariots tractés par des bœufs de prendre les virages à 90 degrés dans les croisements. En matière architecturale, l'éclectisme est de rigueur. La basilique de l'Immaculée-Conception de Bulawayo reprend les grands codes gothiques avec ses arches pointues, ses colonnes élancées menant à un très haut plafond couvert d'une étonnante charpente en bois. Tours crénelées, baies géminées en ogive, massive sobriété, la cathédrale du Sacré-Cœur d'Harare se fait, elle, résolument gothico-romane. Une mode *revival* très victorienne, comme celle des espaces verts et autres jardins botaniques, à l'image de ceux d'Harare. Les bâtiments officiels, eux, se font davantage néo-Renaissance avec leurs loggias et arcades, ou néoclassique avec la sobriété de leurs lignes tout en symétrie. Un classicisme qui triomphe dans le style édouardien souvent adopté pour les hôtels de ville et autres « palais » civils couronnés de frontons et balustrades et aux façades rythmées de colonnes. On le retrouve aussi dans les hôtels, comme **The Victoria Falls Hotel** (p.202), l'un des fleurons de l'architecture impériale, avec ses murs d'une blancheur éclatante. Nous voilà bien loin des teintes rosées de l'improbable **Leopard Rock Hotel** (p.143), aux allures de château avec ses fondations de pierre, ses tourelles et ses grands escaliers aux élégants garde-corps qui fit chavirer le cœur de la reine Élisabeth ! En parallèle de cette vague historicisante, se développe une architecture mêlée d'ingénierie, comme le montrent les marchés, gares et autres centres culturels qui font la part belle aux plans ouverts baignés de lumière naturelle *via* des structures en verre portées par des charpentes métalliques. C'est notamment le cas dans la très belle Galerie nationale d'Harare. En matière résidentielle, qu'il s'agisse des maisons cossues de ville ou des grandes maisons au cœur des plantations, ces dernières témoignent toutes d'une adaptation des codes européens à la réalité du climat local : toits à quatre pans, espace aménagé entre plafond et toit pour favoriser la ventilation naturelle, fondations en briques ou en pierres, colonnades ou vérandas tout autour de la maison… En matière de décor, elles alternent entre le style Cape Dutch venu d'Afrique du Sud (pignons tout en courbe, murs blanchis à la chaux, toiture de chaume), le style néoclassique (colonnes, frontons), et le *revival* victorien. Activités minières et industrielles ont modifié le pays de manière considérable : défrichage des zones de brousse, irrigation des terres arides, création d'infrastructures routières et ferroviaires… Le barrage sur le lac Kariba avec ses 128 m de haut, 579 m de long et son mur à arches doubles, a permis la création d'un des plus grands réservoirs artificiels du monde. Autre prouesse technique : le Birchenough Bridge sur la rivière Sabi. Ses 1 500 t d'acier réparties sur une seule portée de 330 m de long impressionnent. Mais ces réalisations ne doivent pas faire oublier que tout cet essor industriel était entièrement basé sur un système d'exploitation et de ségrégation. Les populations autochtones étaient envoyées dans les Tribal Trust Lands, zones inhospitalières sans infrastructures et aux habitations précaires, tandis que les « Blancs » prospéraient dans d'agréables cités arborées et autres quartiers huppés. Les banlieues chics d'Harare ont d'ailleurs conservé leurs noms britanniques (Avondale, Belgravia…). Voilà qui explique la difficile relation entretenue par les habitants avec ce patrimoine colonial.

Depuis 1980

À la suite de son indépendance, le Zimbabwe connaît une migration massive des zones rurales vers les zones urbaines, notamment dans la capitale. Mais le manque de logement entraîne la prolifération des bidonvilles. Mais voilà qui n'intéresse que très peu le nouveau gouvernement dont l'objectif est surtout de financer d'imposantes réalisations symboles de puissance. La première d'entre elle est le National Heroes Acre (p.103), site de rassemblement et de commémoration. Terrasses aux murs de soutènement en granit incurvés et décorés de motifs à chevrons, moulages d'oiseaux du Zimbabwe émaillés de bronze, formes et volumes géométriques, tout est fait pour rappeler les grandes heures de la « civilisation de pierre ». Un retour à la tradition qui connaît un véritable essor dans les années 1990 où le gouvernement veut asseoir toujours plus sa puissance. La Reserve Bank of Zimbabwe en est le parfait exemple. Cette tour aux murs en granit poli gravées d'images d'un Zimbabwe rural a été imaginée sur le modèle des silos à grains aux toits coniques de la culture shona. Avec leurs bases larges s'affinant progressivement vers le sommet, ces silos stockaient les réserves pendant les périodes de sécheresse. Autre bâtiment phare de l'époque : le nouveau terminal de l'aéroport d'Harare aux fenêtres disposées horizontalement selon des motifs à chevrons, sa tour de contrôle rappelant la tour conique du Grand Zimbabwe et ses couloirs extérieurs évoquant les couloirs et passages couverts des grands sites de pierre du pays. D'imposantes réalisations qui ne masquent pas les problèmes liés à l'explosion démographique. À Harare, les bidonvilles ne cessent de croître. Une situation qui pousse Robert Mugabe à décider, en 2005, leur démolition pure et simple, mettant des centaines de milliers de personne à la rue ou les contraignant à vivre dans des camps temporaires, sorte de nouveaux bidonvilles. Il faut attendre 2010 pour que le projet de rénovation des bidonvilles d'Harare voie le jour. Le premier à faire l'objet d'une réhabilitation est celui de Dzivarasekwa. Les habitants y ont été formés à la plomberie et à la maçonnerie, ont participé à la construction de maisons, à l'installation d'infrastructures sanitaires, à l'asphaltage des routes, mais aussi à la mise en place de solutions écologiques telles que le tri des déchets ou l'éclairage à énergie solaire. Loin des structures sans âme de béton et de verre, aujourd'hui, de nombreux projets offrent une approche originale et novatrice de l'architecture, à l'image de l'Eastgate Center. Conçu par Mike Pearce, ce centre commercial est un parfait exemple de l'architecture biomimétique. Il a été conçu sur le modèle des termitières dont les milliers de petits trous assurent une ventilation naturelle constante et le maintien d'un climat stable. Écoefficient, le bâtiment ne possède aucun système de climatisation et consomme ainsi 90 % d'énergie en moins. Autre très belle réalisation : le centre d'interprétation du parc de Mapungubwe. Imaginé par Peter Rich, il impressionne par ses structures en dômes et arches recouvertes de pierre locale. Au Zimbabwe, innovation semble souvent rimer avec sobriété, comme le prouve l'étonnante Rising Star School d'Hopley (un district d'Harare). 600 000 briques ont été disposées par des maçons locaux, sans recours à des outils technologiques poussés et sans présence sur site de sources d'eau et d'électricité pérennes… une vraie prouesse ! Entre aspect massif et filigrané, ce bâtiment tout en jeux d'ombres et d'ouvertures offre une architecture sans ostentation. Parmi les autres réalisations contemporaines, notons également la très belle Arches Gallery at Aberfoyle avec son toit incurvé, ses fenêtre à claire-voie et son balcon en porte-à-faux avec vue panoramique, ou bien encore l'incroyable Gota Dam Residence, sublime villa construite en porte-à-faux sur un rocher et dont les volumes de granit, de bois et de verre semblent flotter sur les eaux du réservoir. Impressionnant !

BEAUX-ARTS

Connu comme un vivier artistique, le Zimbabwe fait honneur à sa réputation. Depuis près d'un siècle, la sculpture shona renouvelle le genre. Le travail de la pierre atteint dans ce pays d'Afrique subsaharienne une inventivité rarissime. La serpentine confère aux œuvres une grâce particulière. Dès les années 1970, les artistes zimbabwéens ont fait retentir leur créativité sur la scène de l'art international. S'il est vrai que le pays manque d'institutions d'envergure, les œuvres zimbabwéennes sont désormais visibles dans les plus grandes collections du monde. De nos jours, les artistes du Zimbabwe combinent les modes d'expression ; la peinture, la photo, le graphisme fusionnent pour donner du sens à un monde en devenir. Entre légendes ancestrales et messages politiques, les artistes d'aujourd'hui affirment haut et fort leurs convictions. Et les amateurs et collectionneurs du monde accourent à Harare pour les dénicher !

Origines

Les premières traces d'expression artistique concernent la poterie et l'art pariétal. Datées de l'âge de pierre, elles sont l'œuvre des San, un peuple de chasseurs-cueilleurs. Les parois des grottes sont recouvertes de dessins aux thèmes et techniques variés, incluant des incisions. Animaux, figures humaines et scènes mystiques sont représentés dans des tons brun, ocre, rouge, jaune et blanc.

Dans la pure tradition africaine, l'art du Zimbabwe touche tous les aspects du quotidien. En plus des objets usuels, les masques, tambours, textiles mais aussi les tatouages sont ornés de perles, de plumes, de motifs figuratifs et abstraits. Le chevron et l'oiseau Zimbabwe s'imposent dans le champ lexical, et sont couramment sculptés dans la pierre. Repris en architecture, l'oiseau inspiré de l'aigle bateleur des savanes deviendra l'emblème national.

Débuts de l'ère moderne

Au XIXe siècle, la culture autochtone se retrouve piétinée par les missionnaires chrétiens. Dès leur arrivée, ceux-ci imposent la destruction de tout ce qui est contraire à leurs croyances. Tout objet spirituel, en particulier les masques et les statuettes votives, est voué à disparaître.

Le bâton sacré, sculpté et surmonté d'un pommeau en or, séduit les chercheurs d'or. Symbole de l'autorité, cette icône de la culture zimbabwéenne est l'attribut du médium ou chef de tribu.

Petit à petit, l'immense majorité des productions du Zimbabwe est destinée aux touristes et à la population blanche locale.

Inversement, les Européens qui visitent le Zimbabwe au XIXe siècle aiment peindre des vues du pays à rapporter chez eux. Les artistes britanniques peignent des scènes de chasse au Zimbabwe lors d'une expédition menée par le missionnaire David Livingstone entre 1858 et 1861.

L'indépendance

Les guérillas nationalistes des années 1970 sont marquées par toutes sortes d'atrocités. À ceux qui sont accusés de collaborer avec les forces en place, on coud les lèvres. Le gouvernement blanc commande alors des photographies publiées en livret de propagande sous le titre « Anatomy of Terror ».

À la même période, la minorité blanche se plaît à peindre la faune et la flore locales. En plus d'éviter les sujets qui fâchent, ces œuvres offrent des instantanés d'une époque.

Peu d'artistes noirs sont reconnus avant 1980. Signalons tout de même le peintre Kingsley Sambo (1932-1977) et le sculpteur figuratif Joseph Ndandarika. Ces artistes se forment dans les centres catholiques auprès du missionnaire John Groeber.

Thomas Mukarobgwa (1924-1999), peintre et sculpteur né à Nyanga, a travaillé presque toute sa vie dans les galeries d'art. Sa rencontre avec Frank McEwen, alors jeune directeur de la National Gallery of Zimbabwe, est déterminante. En plus de le recruter, McEwen lui fournit du matériel et l'invite à s'inscrire à l'école artistique qu'il ouvre dans le sous-sol du musée. C'est ainsi qu'il débute en peinture ; quatre de ses toiles entreront au MoMA. Les paysages et légendes du Zimbabwe restent au cœur de sa thématique. Son style se caractérise par sa palette vive et la simplicité de la composition.

La National Gallery participe au lancement de nombreux artistes, notamment par le biais de l'exposition annuelle d'art contemporain « Zimbabwe Heritage ».

© VLADISLAV T. JIROUSEK - SHUTTERSTOCK.COM

Art préhistorique dans les grottes du parc national de Matopos.

DÉCOUVRIR

Sculpture shona

La sculpture shona, qui tire son nom de la principale tribu du Zimbabwe, est l'un des plus importants mouvements artistiques africains du XXe siècle. Les principaux thèmes illustrés reprennent la mythologie shona, dont la métamorphose humain-animal. Par tradition, la pierre de prédilection des sculpteurs est la stéatite. Avec le temps, les dimensions des sculptures augmentent pour satisfaire les collectionneurs blancs.

Jairos Jiri (1921-1982), surnommé Baba ou père, a grandement favorisé l'essor de la sculpture shona. Par le biais de l'association Jairos Jiri, il entreprend d'enseigner aux personnes porteuses de handicaps des compétences artistiques (peinture, sculpture, vannerie, orfèvrerie, etc.). Le centre Jiri, le premier du genre en Afrique, assure dès les années 1960 la promotion des artistes à l'international.

À l'origine, les ouvriers des mines cherchaient un exutoire à leurs émotions. Les premiers artistes de cette mouvance se nomment Henry Munyaradzi, Fanizani Akuda, Nicholas Mukomberanwa, John Takawira, Bernhard Takawira, Bernhard Matemera et Edward Chiwawa.

En 1957, quand Frank McEwen prend la direction de la galerie nationale d'Harare, les artistes shona ont enfin un lieu où travailler et exposer. McEwen organise pour eux des expositions collectives en France et au Royaume-Uni.

On ne manquera pas aussi de visiter The Shona Sculpture Gallery (p.103) à Harare.

Nicholas Mukomberanwa

Parmi les premiers étudiants de l'école de l'actuelle galerie nationale, le sculpteur Nicholas Mukomberanwa (1940-2000) commence par le dessin. Officier de police en Afrique du Sud entre 1962-1976, ce séjour marque son style de manière déterminante.

Suite à sa rencontre avec Franck McEwen en 1962, il se tourne vers la sculpture. Le conservateur lui offre un espace au sein de la Workshop School du musée et le matériel nécessaire au travail de la pierre.

En 1976, Nicholas quitte la police pour devenir sculpteur professionnel. Il connaît un succès retentissant en Afrique du Sud. Grâce aux ventes de ses œuvres, Mukomberanwa se lance dans l'agriculture et délègue aux membres de sa famille certaines tâches dans la réalisation de ses sculptures. Son style unique s'aiguise au fil de ses expositions à travers le monde. Car ce pionnier de la sculpture contemporaine shona multiplie les innovations. Il joue avec les textures et les couleurs tout en préservant un style méditatif.

En 1993, il expose au Chapungu Sculpture Park à Harare. Ses œuvres sont intégrées aux collections les plus prestigieuses, tel au MoMA de New York, au British Museum de Londres et bien sûr à la National Gallery of Zimbabwe à Harare.

Ses sept enfants sont aussi sculpteurs.

Chapungu et la sculpture contemporaine

Le Chapungu Sculpture Park (p.113), créé à l'initiative de Roy Guthrie dans les années 1970, devient rapidement le centre de la sculpture zimbabwéenne. Roy Guthrie commence par fonder une modeste galerie destinée à promouvoir la sculpture. Bien vite, son projet s'étale sur plusieurs hectares.

Ce village de la sculpture abrite des expositions internationales qui attirent les touristes. Malheureusement, le déclin du tourisme a un impact sur la fréquentation du lieu. Malgré tout, les jeunes artistes continuent de trouver leur place au sein de la propriété.

Seconde génération

Tapfuma Gutsa, né à Harare en 1956, explore les moyens d'expression. Il commence par la photographie, jusqu'à sa rencontre avec le sculpteur Cornelius Manguma, qui le sensibilise au travail de la pierre. Il part dans les années 1980 étudier à Londres. Dès lors, il proposera un regard personnel sur la culture africaine à travers le prisme de la culture européenne.

Gutsa est le premier à introduire dans ses sculptures et installations le bois, le fer et toutes sortes de matières organiques.

En 2003, il condamne avec d'autres artistes le régime de Mugabe. En 2007, il fait partie des plasticiens sélectionnés pour participer à l'exposition du Victoria and Albert Museum de Londres, « Uncomfortable Truths: The Shadow of Slave Trading on Contemporary Art » (ou Vérités dérangeantes : l'ombre de la traite des esclaves sur l'art contemporain).

Primé par la Galerie nationale du Zimbabwe, il participe à la Biennale de Venise en 2011. Dans ses installations, les thèmes de la sculpture shona restent présents comme dans *Genesis*, conservé à la National Gallery of Zimbabwe.

La sculptrice Agnes Nyanhongo, née à 1960, s'illustre dans la représentation de femmes dignes, débordantes de vitalité.

C'est par la photographie que Calvin Dondo, né en 1963 en Rhodésie, analyse la société contemporaine, en particulier en milieu urbain. Commissaire du Mois de la photographie à Harare, il met sa notoriété au profit de la jeune photographie.

Peinture

Plus discrète sur la scène culturelle, la peinture est néanmoins portée par des talents exceptionnels. La plupart des peintres pratiquent d'autres disciplines en parallèle. Certains font couler de l'encre à leurs dépens, comme Owen Maseko, né en 1975, et incarcéré le lendemain du vernissage de son exposition « Sibathontisele » (National Gallery à Bulawayo, 2010). Constituée de trois installations et de douze peintures, l'exposition alertait sur les massacres subis par la population ndebele, sous la dictature de Robert Mugabe. Outre leur teneur politique, ses toiles à dominante rouge sont d'une force expressionniste stupéfiante.

Tapiwa Chapo, sculpteur et peintre, voue un culte à la matière. Dans la tradition de la culture shona, il fait jaillir des émotions et des formes de la serpentine, une pierre semi-précieuse. Pour peindre, il détourne la technique du batik en s'appropriant les teintures végétales.

Wallen Mapondera, né en 1985 au Zimbabwe, s'est établi en Afrique du Sud. À Paris, il expose à la galerie Mitterrand son travail multifacettes. Peinture, dessin, installation et sculpture sont associés pour produire des sculptures murales inspirées d'un jeu d'enfants, le chikokoko. Son message ? Apporter du plaisir et de la joie !

Art public

Bien que l'art public soit prohibé au Zimbabwe, certaines peintures murales ou statues sont tolérées par les autorités. Plus les règles sont strictes, plus les artistes de rue clament leur besoin de liberté. Quand l'espace public fait office de tribune politique, il s'expose à la controverse, voire à des peines de prison. Plus étonnant, la population s'est insurgée en 2010 quand le gouvernement a commandé deux statues de Joshua Nkomo à des artistes nord-coréens.

Basil Matsika préfère se détourner des thèmes sociaux ou politiques. Ses fresques colorées se déploient à Mbare, l'un plus anciens quartiers d'Harare. En célébrant musiciens et footballeurs, il espère transmettre de l'espoir dans un quartier rongé par le crime. Le long de Matapi Road, les héros nationaux peints sur les murs font un pied de nez à la pauvreté.

MUSIQUES ET SCÈNES

Lorsqu'on pense au Zimbabwe, on imagine tout de suite les sublimes chutes Victoria. Merveille de la nature, il est vrai que ce fascinant spectacle semble voler la vedette à… tout le reste dans le pays. Pourtant, s'il y a beaucoup à voir dans le pays, il y a au moins tout autant à écouter. À commencer par le *mbira*, instrument phare employé dans toutes les cérémonies traditionnelles. Le son de ce piano à pouce est tellement emblématique du Zimbabwe que les jeunes générations ne manquent jamais de le glisser dans leurs productions par fierté chauvine. Autre grande spécialité du pays, le *sungurua* est au Zimbabwe ce que la rumba est au Congo, l'esthétique reine, mère de beaucoup d'autres. Entre afro-jazz et « zim-dancehall », le Zimbabwe témoigne à chaque nouvelle génération de sa créativité et sa capacité à ne jamais s'éloigner de la tradition dans son cheminement vers la modernité.

Les musiques et danses traditionnelles

Il y a au Zimbabwe à peu près autant de genres musicaux que de groupes ethniques (une vingtaine). Cela étant dit, le territoire est largement occupé par les deux principaux groupes ethniques du pays : les Shona et les Ndebele.

Chez ces derniers, on trouve une grande tradition vocale, partagée avec certaines ethnies d'Afrique du Sud, l'*imbube*, chorale masculine *a capella*. Sinon, la plupart du temps, les musiques et danses traditionnelles du Zimbabwe sont connectées à la spiritualité. C'est ce qu'on remarque au travers de rituels comme le *mhande* des Karanga ou l'*iHosana* des Ndebele, des danses rituelles d'invocation de la pluie. Toujours au sein du peuple ndebele, un autre exemple pertinent est la musique traditionnelle sacrée *isitshikitsha seZangoma*, pratiquée par les guérisseurs.

Justement pièce maîtresse de nombreux rituels religieux, le *mbira* est l'instrument emblématique du pays. Ce piano à pouces composé de touches métalliques fixées à un bloc en bois carré peut, selon les modèles, posséder une seule rangée de cinq à huit touches quand d'autres peuvent dépasser les cinquante touches. Parmi ces différents formats, celui nommé *nyunga nyunga* est le plus courant.

Outil privilégié pour communiquer avec les esprits, le *mbira* est par exemple nécessaire pour demander à ces derniers d'apporter la pluie en cas de sécheresse ou de la stopper en cas d'inondation.

L'instrument connaît quelques grands noms, comme Mbira DzeNharira, groupe passé maître dans l'utilisation de l'instrument, ou Thomas Mapfumo, célèbre pour avoir créé la musique chimurenga, genre basé sur la tradition shona *mbira*, mais jouée avec des instruments électriques modernes et accompagnés de textes engagés.

L'autre instrument important du pays est le marimba, xylophone constitué d'un cadre de bois posé sur une série de gourdes servant à amplifier le son et à rendre sa tonalité plus grave.

Les danses traditionnelles occupent toujours une place importante au cœur de la société zimbabwéenne. Les deux plus importantes et caractéristiques sont Jerusarema et Muchongoyo. La première est un pilier de la culture shona et se distingue par sa polyrythmie et ses mouvements circulaires, ses acrobaties et ses répétitions très importantes. Elle est essentiellement exécutée lors de célébrations, comme les mariages ou les funérailles. Dans ce dernier cas, elle est importante, car employée pour faire sortir les morts et les emmener dans le monde des esprits.

La danse Muchongoyo est quant à elle un élément important de la culture ndau. Si elle est traditionnellement exécutée dans le cadre de la préparation d'une guerre – ou après celle-ci –, elle peut également servir d'exercice d'entraînement militaire.

Dans l'ensemble, la danse est ici un moyen d'exprimer sa spiritualité. Par exemple, la danse Mbira, accompagnée de l'instrument homonyme, est souvent utilisée pour inciter les esprits à sortir, par l'intermédiaire de médiums, et à communiquer avec les gens. La danse Dinhe possède aussi une destination religieuse et s'exécute pour instaurer une communication entre les esprits et les gens. Autrement, on croise des pratiques comme la danse Mbakumba, polyrythmique et traditionnellement exécutée après la récolte, mais plutôt employée aujourd'hui à des fins de divertissement.

Le pays propose au moins deux festivals prestigieux de musique et danse traditionnelles : le festival Jikinya et le Chibuku Neshamwari. Le premier présente une grande variété de danses et est organisé pour les écoles primaires tandis que le second est une grande compétition nationale.

Sinon, animé par une dimension plus touristique, des spectacles de danse folklorique sont aussi proposés par des lieux comme le Victoria Falls Hotel ou le restaurant Boma (p.204) (tous deux aux chutes Victoria).

DÉCOUVRIR

© ANDREA AIGNER - STOCK.ADOBE.COM

Le mbira, instrument traditionnel du pays.

La musique populaire

Si vous cherchez le genre le plus populaire du Zimbabwe, vous trouverez le *sungura*. Ce pilier de la culture nationale est caractérisé par des chansons longues, au tempo rapide, gorgées d'énergie. On dit que le *sungura* est issu du mariage entre le *kanindo* (forme de rumba originaire du Kenya et de Tanzanie) et la rumba congolaise. Apparu dans les années 1950, à une époque où l'identité nationale était en formation, le genre ne devient populaire qu'au début des années 1980, sous l'impulsion d'Ephraim Joe et son groupe, les Sungura Boys. Après leur séparation, durant la décennie suivante, les Khiama Boys s'imposent comme les héritiers naturels des Sungura Boys. Le bassiste de ce groupe, Alick Macheso, va devenir par la suite une grande star du Zimbabwe. Déjà en tant que roi du *sungura*, genre dans lequel on perçoit toujours énormément son influence, puis en tant que « créateur » de danses, comme le *bhorodhero*, très grand succès dans le pays. Très prolifique, il est l'auteur de nombreux succès commerciaux dont *Simbaradzo*, toujours l'album record des ventes au Zimbabwe.

Parmi les autres artistes très populaires, citons Chiwoniso Maraire, chanteuse zimbabwéenne née aux États-Unis (1976-2013), célèbre pour son expertise de l'instrument national, le *mbira*, et plus récemment, la grande vedette afro-beat actuelle Jah Prayzah, qui invite souvent les esthétiques zimbabwéennes, comme la polyrythmie de la danse Mbakumba ou le *mbira*, dans ses tubes.

Afro-jazz

Le jazz zimbabwéen, souvent appelé « afro-jazz », est basé sur le *kwela* – musique des *townships* de Johannesburg, imprégnée du swing américain et jouée principalement au *pennywhistle*, fameuse petite flûte à bec métallique – tout en plongeant ses racines dans la tradition musicale locale. Un des artistes contemporains les plus aimés et connus du pays, Oliver Mtukudzi (1952-2019), a beaucoup œuvré à propager l'afro-jazz auprès des différentes générations de musiciens, notamment en fondant le Pakare Paye Centre. Mais s'il a été aussi influent sur les différentes générations de musiciens, c'est peut-être parce que cette véritable légende zimbabwéenne de l'afro-jazz était un compositeur plus engagé qu'on ne voulait bien le dire, certains de ses tubes accusaient, par exemple, directement l'ancien régime de Mugabe. Ou peut-être était-ce parce que beaucoup de ses titres accueillaient à bras ouverts les musiques traditionnelles du Zimbabwe, comme *Tozeza baba*, influencé par les sonorités chinyambera et dinhe. Quoi qu'il en soit, il demeure une icône.

Dans son orbite, on trouve aujourd'hui des artistes comme Dudu Manhenga, la diva du Zimbabwe, qui chante des textes souvent engagés en ndebele sur des rythmes afro jazz qui combinent tradition et modernité, Jeys Marabini, et sa fusion d'afro-jazz et d'imbube ou encore Victor Kunonga, assez nouveau dans le paysage musical mais déjà très apprécié. Il est l'auteur de *Maidarirei*, l'un des titres afro-jazz les plus populaires du pays.

Les musiques actuelles

Le gros succès du moment (depuis longtemps) au Zimbabwe, c'est le « zimdancehall ». Mot-valise constitué de « Zimbabwe » et « dancehall », le mot désigne, sans surprise, la version locale du ragga.

Le genre émerge dans le courant des années 1990, mais ne commence à rencontrer un vrai succès qu'en 2005 avec les premiers albums de Winky D, le pionnier du zimdancehall. Né Wallace Chirumiko, ce personnage haut en couleur est autant adoré pour sa musique que pour son attitude un brin belliqueuse. Il est d'ailleurs tout sauf rare qu'il se retrouve dans une querelle avec un des grands noms du genre comme Freeman HKD ou Killer T.

LITTÉRATURE

La Rhodésie du Sud, ancienne colonie britannique, devenue Zimbabwe en 1980, aura connu un XXe siècle pour le moins agité, c'est pourtant lui qui vit émerger une véritable littérature nationale. Celle-ci était enfin métissée, tout autant dans la langue – le shona finissant par s'octroyer une vraie place vis-à-vis de l'anglais – que dans l'origine des écrivains. Durant longtemps, effectivement, seuls les Blancs bénéficiaient de l'accès à la scolarité, même si certains s'en offusquaient ouvertement à l'instar de Doris Lessing, prix Nobel de littérature 2007, qui toujours critiqua la ségrégation à laquelle elle avait assisté durant ses longues années de jeunesse rhodésienne. De ce pays meurtri de bien des façons émergent aujourd'hui des voix qui ne mâchent pas non plus leurs mots, et c'est dans ce créneau très précis – celui de la contestation – que continue de s'affirmer une nouvelle génération qui commence à bénéficier d'un écho à l'international.

Colonie britannique et premiers écrits

L'on se doute bien qu'un pays qui compte seize langues nationales (reconnues par la Constitution de 2013) n'est pas resté muet, et l'on sait aussi l'importance de la tradition orale sur le continent africain. Pour autant, le Zimbabwe semble avoir moins suscité de collectes de contes, de récits de voyage ou de témoignages que certains autres pays africains, à l'exception notable des écrits du missionnaire anglican Arthur Shearly Cripps (1869-1952) qui entra en conflit avec la British South Africa Company, prenant le parti des autochtones qui l'adoptèrent en lui donnant un nom shona, « Mpandi », soit « celui qui marche comme le tonnerre ». Outre sa poésie (*Titaia and Other Poems* en 1900, *The Black Christ* en 1902, *Lyra evangelistica* en 1909) et ses romans (*The Brooding Earth* en 1911, *Bay-Tree Country* en 1913, *A Martyr's Heir* en 1915), il publia en 1927 l'essai *An Africa for Africans: A Plea on Behalf of Territorial Segregation Areas and Their Freedom in a Southern African Colony* qui ne laissait planer aucun doute sur ses convictions profondes. Toujours est-il que ces textes précurseurs confirment qu'il faut se résoudre à faire coïncider l'apparition de la littérature zimbabwéenne avec le XXe siècle, et considérer – sans surprise – que l'une des pionnières était d'origine anglaise, sans que cela n'ôte rien ni à son engagement contre l'apartheid, ni à son grand talent auréolé par le prix Nobel de littérature en 2007. De fait, Doris Lessing était née en Iran en 1919 mais alors qu'elle n'avait que six ans, ses parents s'installèrent en Rhodésie du Sud dans une ferme, au grand dam de la mère qui rêvait sans doute d'un train de vie quelque plus luxueux. Leur fille suivit l'école catholique jusqu'à ses 13 ans, quitta la maison familiale deux ans plus tard pour se faire nourrice, continua à s'instruire grâce à son employeur qui l'initia à la politique et à la sociologie. À 18 ans, elle se maria, à 24, divorça, laissant la garde de ses deux enfants à leur père.

Après un second mariage tout aussi fugace, et une nouvelle grossesse, Doris Lessing quittera en 1949 la Rhodésie du Sud pour Londres, emmenant avec elle son fils cadet. Cette liberté – rare pour l'époque – sera entérinée par sa liberté de pensée : tour à tour communiste et féministe, elle se fera aussi militante, tant contre les armes nucléaires que contre le racisme, ce qui lui vaudra – l'information sera rendue publique en 2015 – pas moins de vingt années de surveillance constante par les services de renseignements britanniques. Sa carrière littéraire est à son image : précoce, foisonnante (plus de cinquante romans !), engagée. Dès son adolescence, elle vend des nouvelles à des magazines, puis bifurque vers le format long et publie en 1950 un premier roman remarqué : *The Grass Is Singing*, disponible chez J'ai lu sous le titre *Vaincue par la brousse*. Dans celui-ci, elle dresse le portrait sans complaisance de la Rhodésie coloniale des années 1940 : une Blanche y est tuée par son domestique noir qu'elle harcelait continuellement. Après cette première partie de carrière volontiers politique, Doris Lessing se tourne vers le roman psychologique dont le fleuron est *Le Carnet d'or* qui campe une jeune romancière en prise avec le syndrome de la page blanche. Enfin, à partir des années 1970, influencée par le soufisme qui désormais l'inspire, elle verse dans la science-fiction, plus précisément dans la dystopie avec le cycle *Canopus dans Argo* repris en français par les belles éditions La Volte. Elle décédera à l'âge honorable de 94 ans à Londres.

Les premiers écrivains zimbabwéens

Tandis que Doris Lessing construit son œuvre sur le continent européen, ses homologues et contemporains africains commencent eux aussi à publier durant la période qui s'étend des années 1950 aux années 1970.

Parmi eux figure Lawrence Vambe (1917-2017), journaliste et militant contre le colonialisme, qui rédige deux essais : *Un peuple malade : le Zimbabwe avant et après Rhodes* (1972) et *De la Rhodésie au Zimbabwe* (1976). À ses côtés, le prolixe Ndabaningi Sithole fut l'un des membres fondateurs du Zimbabwe African National Union (ZANU), ce qui lui valut d'être emprisonné de 1964 à 1974, décennie durant laquelle ses textes sortaient clandestinement de la geôle où il était enfermé.

Archiviste de l'Indépendance, l'histoire – actuelle et passée – fut sa principale source d'inspiration, tant dans ses essais (*African Nationalism*) que dans ses romans, tels que *The Polygamist*, *Obed Mutezo*, et surtout *Ama Ndebele ka Mzilikaki* publié en langue ndebele aux États-Unis (éditions Longmans, Green & Co) en 1956, repris par le Bureau de la littérature de Rhodésie l'année suivante sous le titre *Umvukela wama Ndebele*. Il y évoquait la révolte de 1896 de l'ethnie ndebele à laquelle il était lié par sa mère.

Tout aussi prolifique et tout autant engagé, Stanlake JWT Samkange (1922-1988) s'est d'abord investi dans la création du Nyatsime College, première école dispensant un enseignement aux Noirs ouverte en 1962. Pourtant, sa désillusion quant à une possible égalité entre les peuples le fera changer d'orientation, il se destinera au journalisme, déménagera en Indiana, commencera à y écrire, lui aussi, des romans historiques (en anglais), à l'instar de *On Trial for My Country* (1966) décrivant la conquête de la Rhodésie par les Européens. Dans ce texte – qui fut censuré –, il imaginait que Cecil Rhodes (gouverneur britannique à qui la colonie devait son nom) et Lobengula (roi des Ndebele) avaient à rendre des comptes devant leurs ancêtres, le premier ayant à démontrer qu'il s'était montré juste et honnête, le second à expliquer pourquoi il avait perdu sa terre. Enfin, la littérature en shona prit son envol grâce à Salomon Mutswairo qui signa en 1957 *Feso*, premier roman dans cette langue dans lequel il usait des codes, chant et narration, de la tradition orale. Cet ouvrage, politique bien que se déroulant avant la colonisation, sera interdit trois ans après sa publication. En 1957, également, Bernard Chidzero donnera à lire *Nzvengamutsvairo*, aussi en shona, roman s'intéressant à la condition des travailleurs dans les fermes rhodésiennes.

Indépendances et postcolonisation

De l'indépendance de la Rhodésie autoproclamée en 1965 par le gouvernement blanc de Ian Smith au Zimbabwe indépendant de 1980, sans minorer les difficiles années de la postdécolonisation, la seconde partie du XXe siècle est délicate mais engendre de nouvelles générations d'écrivains qui n'hésitent plus à puiser dans les différentes langues tout en continuant à s'inspirer du combat pour la liberté, comme le feront Edmund Zivanai Chipamaunga, premier ambassadeur zimbabwéen aux États-Unis de 1982 à 1985, dans *A Fighter for Freedom* (1983), *Chains of Freedom* (1998), *Feeding Freedom* (2000) et *New Roots* (2018), et encore Wilson Katiyo (1947-2003) qui suivra le destin d'un garçon victime de la ségrégation puis exilé en Angleterre dans *A Son of the Soil* (1976) suivi de *Going to Heaven* en 1979.

Si certains auteurs sont encore d'origine européenne – il faudrait tout au moins citer Alexander McCall Smith né à Bulawayo en 1948, installé en Écosse depuis 1984, qui a connu un incroyable succès avec ses séries policières –, la majorité est d'origine africaine et fait désormais porter sa voix à l'échelle mondiale. L'un des premiers que nous avons la chance de pouvoir découvrir en français est Charles Mungoshi (1947-2019) avec *Et ainsi passent les jours* traduit du shona aux éditions L'Harmattan. Ce titre n'est qu'un modeste aperçu de son travail protéiforme, qu'il rédigea également en anglais et lui valut le Noma Awards en 1992 ainsi que le Commonwealth Writers Prize à deux reprises (1988 et 1998). Les œuvres de ses contemporains nous demeureront pas contre plus difficilement accessibles, que ce soit la poésie de Samuel Chimsoro (*Smoke and Flames* en 1978, *Dama Rekutanga* en 1990), les livres notamment pour enfants de Barbara Makhalisa (de *Qilindini* en 1974 à *Giya Giya* en 1990), les nouvelles de Musaemura Bonas Zimunya (*Nightshift* en 1993) ou celles de Stanley Nyamfukudza (recueils *Aftermaths* et *If God Was a Woman*) qui a pourtant marqué la vie intellectuelle zimbabwéenne avec *The Non-Believer's Journey* (1980) portant à nouveau sur la lutte contre le colonialisme. Il faudrait enfin évoquer celles et ceux qui ont pratiqué la scène pour faire porter leur poésie, à l'image de Freedom Nyamubaya, décédée en 2015, qui a tourné dans plusieurs festivals en Afrique et sur d'autres continents, où elle se produisait lors de performances militantes et féministes.

Une nouvelle génération, très féminine

Néanmoins, les choses changent, d'une part parce que le style des écrivains s'est affermi, donnant à leur histoire une portée universelle reconnue par les éditeurs étrangers, d'autre part parce que la situation au Zimbabwe a évolué : certains auteurs (pour ne pas dire autrices) sont désormais nés après l'ère Mugabe et ont sur le passé un regard différent de celui de leurs aînés. Prendre la mesure de la richesse de la littérature zimbabwéenne est donc facilité par le nombre de traductions en constante augmentation. Il sera ainsi possible de revivre la colonisation puis la lutte pour l'indépendance avec *Soleil noir* (en version numérique chez Vents d'ailleurs) de Dambudzo Marechera, et surtout avec les très forts romans de Chenjerai Hove (1956-2015) parus par Actes Sud : *Ossuaire*, *Ombres* et *Ancêtres*. La voix des femmes et les problématiques féminines se font elles aussi entendre, grâce à Tsitsi Dangarembga (*À fleur de peau*, École des Loisirs), Nozipo Maraire (*Souviens-toi, Zenzele*, chez Albin Michel) et surtout Yvonne Vera (1964-2005) dont deux des cinq romans sont au catalogue de chez Fayard : *Papillon brûle* et *Les Vierges de pierre*. Ils ne font pas mystère des drames parsemant la route pour la liberté empruntée par ses concitoyennes. Autre voix importante, celle d'Alexandra Fuller, née en 1969 en Angleterre mais qui a été élevée en Rhodésie devenu Zimbabwe : son autobiographique *Larmes de pierre* (Le Livre de Poche), où elle ne dissimule ni l'alcoolisme de sa mère ou le racisme de son père, ni la violence des guerres qui ont déchiré le continent africain, a reçu le Winifred Holtby Prize et a été salué par le *New York Times*. Enfin, la relève est d'ores et déjà assurée par Petina Gappah (*Le Livre de Memory* au Livre de Poche, *Hors des ténèbres, une lumière éclatante* chez Lattès), NoViolet Bulawayo qui évoque la diaspora dans *Il nous faut de nouveaux noms* (Gallimard), et Novuyo Rosa Tshuma, née en 1988 qui, dans son premier roman *La Maison en pierre* (Actes Sud, 2022), interroge l'histoire récente.

TOP 10

LECTURE

La longue histoire qui a entremêlé l'ancienne Rhodésie du Nord à l'Angleterre n'a pas eu raison de la littérature zimbabwéenne. Au contraire – et d'autant plus depuis l'indépendance acquise en 1980 –, les écrivains n'en finissent pas de faire porter leur voix, pour se souvenir de ce qui a été, pour décrire ce qui est et pour espérer ce qui adviendra.

LA NUIT EST LEUR ROYAUME

Sept activistes ont disparu. La cousine de l'un d'entre eux les pense enfermés dans la prison de Chikurubi, mais ils n'y sont pas.
Wessel Ebersohn, *éditions Rivages.*

LE LION, LE SANGLIER ET LE RENARD

© ÉDITIONS ACTES SUD

Un joli conte, pour les enfants à partir de trois ans, qui illustre l'adage voulant qu'il ne faut pas mordre la main qui nourrit.
Ignatiana Shonedza, *éditions L'Harmattan.*

ZIMBABWE : ART, SYMBOLE ET SENS

© 5 CONTINENTS ÉDITIONS

Dans cet ouvrage richement illustré, les auteurs confirment à quel point l'art fait partie intégrante de la vie des Zimbabwéens.
Gillian Atherstone et Duncan Wylie, *5 continents éditions.*

LES ENFANTS DE LA VIOLENCE

Dans cette trilogie tout particulièrement, l'auteure s'inspire largement de son enfance passée au Zimbabwe, alors Rhodésie du Sud.
Doris Lessing, *éditions Albin Michel.*

LA MAISON EN PIERRE

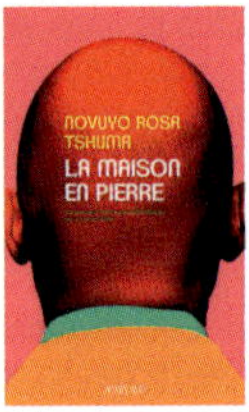

© ÉDITIONS ACTES SUD

Tandis que le Zimbabwe est secoué par de violentes manifestations, Bukhosi, 17 ans, disparaît.
Novuyo Rosa Tshuma, *éditions Actes Sud.*

LE LIVRE DE MEMORY

© ÉDITIONS LE LIVRE DE POCHE

Accusée du meurtre de son protecteur, Memory raconte sa vie, depuis son enfance où elle a été vendue à un Blanc, Lloyd Hendricks.
Petina Gappah, *éditions Le Livre de Poche.*

LARMES DE PIERRE

Une enfance sans espoir, entre l'alcoolisme de la mère, le racisme du père, le viol que subit sa sœur et les guerres qui ravagent l'Afrique australe.
Alexandra Fuller, *éditions Le Livre de Poche.*

LE MEILLEUR COIFFEUR D'HARARE

© ÉDITIONS ZOÉ

Un homme qui se fait coiffeur pour dames ? On n'a jamais vu ça, surtout pas Vimbai, qui va s'amouracher du nouveau venu, Dumi.
Tendai Huchu, *éditions Zoé.*

SUR LES ROUTES D'AFRIQUE

© ÉDITIONS LACOUR-OLLÉ

Bolo aux noix de cajou, vindaye de poisson ou catapiana de palourdes, des recettes gourmandes du Mozambique, d'Afrique du Sud et du Zimbabwe.
Pierrette Chalendar, *éditions Lacour-Ollé.*

LES DOUZE PORTES DANS LA MAISON DU SERGENT GORDON

Un roman écrit à rebours par un écrivain qui, du fait de sa double ascendance, connaît parfaitement la Rhodésie devenue Zimbabwe.
George Makana Clark, *éditions Anne Carrière.*

A L'ÉCRAN

L'industrie cinématographique du Zimbabwe s'est développée sous la censure pendant la première moitié du XXe siècle, avec l'aide très contrôlée du colon britannique. Depuis l'indépendance, le cinéma a petit à petit construit son identité, grâce à des collaborations avec l'industrie allemande du septième art, et des talents locaux comme les réalisatrices Tsitsi Dangarembga, Rumbi Katedza, le cinéaste d'animation Roger Hawkins ou encore l'acteur Lucian Msamati, récemment vu dans la série *Game of Thrones*. Le cinéma, autant d'art et essai que plus grand public, est désormais installé dans la culture des classes aisées du pays. Les films internationaux et américains y sont appréciés, même si le nombre de salles n'a fait que baisser depuis les années 1980. Aujourd'hui, de nouvelles initiatives comme le Zimbabwe International Film Festival contribuent à la diffusion du septième art zimbabwéen et à sa notoriété au-delà des frontières.

Personnalités du cinéma zimbabwéen contemporain

Tsitsi Dangarembga. Après avoir quitté prématurément ses études à Cambridge, lassée par le racisme ambiant, Tsitsi Dangarembga revient dans son Zimbabwe natal pour poursuivre une formation de médecine à l'université du Zimbabwe. Parallèlement, elle développe sa plume et suit des cours de théâtre, s'impliquant également dans la compagnie Zambuko. En 1991, alors que sa carrière d'écrivaine s'étoffe, elle scénarise son premier film, *Neria*, du réalisateur Godwin Mawuru. Le film, un portrait cru et réaliste des conditions de vie de la population des banlieues d'Harare à l'époque, fait un tabac auprès du public zimbabwéen. Il reste aujourd'hui encore le film le plus rentable de l'histoire du pays, et sa bande-son, chantée par Oliver Mtukudzi, l'une des mélodies les plus célèbres du Zimbabwe.

Après ce succès, Dangarembga passe elle-même derrière la caméra en 1994 avec *The Great Beauty Conspiracy*, premier d'une longue série de courts-métrages engagés qu'elle réalise, scénarise ou produit. Son premier long-métrage, *Everyone's Child,* traverse les frontières et tourne dans de nombreux festivals africains et européens. Depuis, elle poursuit sa carrière entre littérature et cinéma, avec des succès au cinéma comme *I Want a Wedding Dress*, sélectionné au FESPACO. Tsitsi Dangarembga est également à l'initiative du Women's Film Festival de Harare et s'implique activement dans la promotion des réalisatrices zimbabwéennes.

Rumbi Katedza. Cinéaste formée entre Harare, Londres et le Canada, Rumbi Katedza travaille dans la télévision et la radio avant de se lancer dans la réalisation. Cette productrice aguerrie a également été directrice du Zimbabwe International Film Festival de 2004 à 2006. Elle fait partie des nombreux artistes à militer pour plus de soutien institutionnel au cinéma national. Une situation qui ne l'a pas empêchée de réaliser son premier long métrage, *Playing Warriors*, en 2011. Un film pour lequel elle a reçu de nombreux prix, dont celui de meilleure réalisatrice au Shungu Namutitiwa Festival, en Zambie voisine. Ses courts-métrages font également le tour des festivals nationaux et internationaux, à l'instar d'*Asylum* (2008), récompensé au Royaume-Uni et en Italie. Elle se consacre désormais à la production documentaire, tout en poursuivant ses conférences et son soutien à la production zimbabwéenne.

Roger Hawkins. Parcours atypique que celui de Roger Hawkins. Alors qu'il évolue tranquillement dans une carrière de professeur de mathématiques, il décide de démissionner pour se consacrer aux arts. Ce natif d'Harare débute son parcours audiovisuel à la télévision, avant de se consacrer à la réalisation d'animation. Son premier film, qui est également le premier long-métrage d'animation à avoir été entièrement réalisé sur le continent africain, s'intitule *The Legend of the Sky Kingdom*, et sort en 2003 après quatre années de travail intensif. Le film raconte l'histoire de trois orphelins esclaves d'un empereur machiavélique, et de leur quête pour s'évader de la mine où ils sont enfermés pour atteindre le royaume du Ciel. Réalisé en *stop-motion* par une petite équipe de quinze personnes, les animateurs se sont inspirés de l'esthétique en fil de fer des artistes africains populaires pour créer un style unique, la *junkmation*, animation de déchets et de matériaux de récupération. Une œuvre à l'esthétique atypique, qui fit le tour du monde à sa sortie.

© ULDIS ZILE - ISTOCKPHOTO.COM

Les chutes Victoria ont servi de décor à de nombreux films.

▶ **Lucian Msamati.** Né de parents tanzaniens et élevé à Harare, Lucian Msamati y réalise toute sa scolarité. Déjà passionné par le théâtre, il fait partie des fondateurs de la Over the Edge Theatre Company, l'une des plus célèbres du pays, connue pour ses adaptations de Shakespeare novatrices et pour ses mises en scène subtiles des mythes africains populaires. Même si sa carrière est principalement théâtrale, Lucian Msamati est apparu dans de nombreuses séries télévisées anglaises comme *Luther,* la très populaire série *L'Agence n° 1 des dames détectives* (2008-2009), mais aussi plus récemment les succès internationaux que sont *Game of Thrones* ou *His Dark Materials*, deux œuvres de fantasy produites par HBO.

Quelques tournages notoires au Zimbabwe

Amateurs de séries B et de films d'aventures passés de mode, vous allez être ravis. Car au nord du Zimbabwe se trouve un haut lieu du tourisme national, les chutes Victoria, qui ont accueilli de nombreuses productions au cours du XXe siècle. À la fin des années 1950, c'est le réalisateur George Marshall, qui a fait ses armes à Hollywood avec Laurel et Hardy, qui y tourne *Duel dans la jungle* (1954), un récit mettant en scène Dana Andrews, célèbre acteur de séries B britanniques dans le rôle d'un détective privé. Pas des plus intéressants, mais tout de même représentatif d'une frange importante du cinéma hollywoodien de cette période, et qui mérite qu'on s'y attarde le temps d'une découverte.

C'est également le cas de cette autre pépite de série B, peut-être plus connue car produite par Chuck Norris. *Allan Quatermain et la cité de l'or perdu*, sorti en 1987, met également en scène les chutes Victoria et la région frontalière luxuriante qui entoure les chutes. Si le réalisateur – Gary Nelson – est assez peu connu, on retrouve cependant au casting les grands noms de Richard Chamberlain (*La Tour infernale*), Sharon Stone (*Basic Instinct*) et James Earl Jones (*À la poursuite d'Octobre rouge*), réunis dans ce film qui n'aurait pas pu naître ailleurs que dans les années 1980. À mi-chemin entre *Indiana Jones* et *Crocodile Dundee*, la saga *Allan Quatermain* vous a peut-être déjà fait vibrer. Si ce n'est pas le cas, foncez découvrir ce condensé d'aventures à la limite du ridicule, aux scènes d'action tout de même assez impressionnantes. Dans le pire des cas, vous aurez de belles anecdotes à raconter lors de votre visite des chutes.

Voir du cinéma au Zimbabwe

C'est à Harare que vous trouverez les plus belles salles du pays, même si de nombreuses villes possèdent également des *drive-in*, où d'autres complexes plus petits. Rendez-vous au Ster-Kinekor pour profiter des dernières productions hollywoodiennes. Enfin, si vous souhaitez vous imprégner au mieux du cinéma national, calculez votre séjour pour découvrir le Zimbabwe International Film Festival, qui se déroule dans la capitale depuis 1998.

POPULATION

La population du Zimbabwe s'élève à environ 15 750 000 habitants (2022). Elle croît de 1,60 % par an. C'est un pays très jeune, puisque l'âge moyen se situe entre 18 et 19 ans. L'indice de fécondité est d'environ 4 enfants par femme. La population demeure surtout rurale, même si la portion habitant dans les villes tend à augmenter. Elle est actuellement de 38,4 %. Cette population urbaine se concentre surtout dans les deux plus grandes agglomérations du pays : Harare (3 500 000 habitants) et Bulawayo (1 200 000 habitants). La densité humaine est de 38 personnes au kilomètre carré, mais elle demeure très disparate selon les régions du pays. Plus de 99 % de la population est composée de Noirs africains, principalement de Shona (82 %) et de Ndebele (14 %). On retrouve également des Tonga, le long du Zambèze. On retrouve aussi quelques Blancs, descendants de colons, mais leur nombre tend à régresser depuis de nombreuses années.

Une nation cosmopolite

Deux ethnies africaines prédominent au Zimbabwe : les Shona, dont les ancêtres sont des colons de langue bantoue, arrivés en Afrique australe et orientale au début du millénaire, et les Ndebele, qui se sont installés au sud du pays (Matabeleland) dans la seconde moitié du XIXe siècle, sous la pression des guerriers zoulous du roi Shaka. Hormis ces groupes ethniques majoritaires, 5 % de la population zimbabwéenne appartiennent à diverses communautés. Certaines sont très localisées, comme les Tonga, vivant au bord du Zambèze, les Hlengwe ou Shangaan du Lowveld et les Venda de l'extrême sud du pays. D'autres ne possèdent pas d'unité géographique : on trouve des Européens, des Asiatiques ainsi que des métis.

L'une des seize langues officielles est l'anglais, compris et parlé par toutes les couches de la population (sauf celle des zones rurales reculées). C'est la langue qui est enseignée à l'école, utilisée par la majorité des médias ainsi que par les policiers, les chauffeurs de taxi, les pompistes et les hôteliers. Les deux autres langues officielles les plus utilisées par les locaux sont le shona (67 %) et le ndebele (16 %). Cette dernière est surtout parlée dans le Matabeleland, ainsi qu'à l'ouest du pays (notamment à Bulawayo) ; c'est une langue récente, créée il y a moins de deux siècles et dérivée du zoulou. Le shona est une langue beaucoup plus ancienne, surtout parlée dans le centre de l'est du pays ; elle se divise en six dialectes majeurs (le kalanga, le karanga, le zezuru, le manyika, le ndau et le korekore), eux-mêmes subdivisés en une trentaine de dialectes moins importants. Le zezuru est considéré comme une langue prestigieuse puisque c'est celle que la radio et les habitants noirs d'Harare utilisent. On parle aussi beaucoup le tonga (langue à part) dans le Nord (où vivent les Tonga, le peuple du fleuve). Le chilapalapa est encore sporadiquement utilisé dans certaines entreprises ou sur certaines exploitations rurales : mélange composite de mots ndebele, anglais, shona et afrikaans, c'est un dialecte très relâché, sans véritable grammaire (il contient de nombreux verbes mais on ne les conjugue qu'à l'impératif !). Surtout utilisée entre employeurs et employés avant l'indépendance, c'est une langue de moins en moins parlée, car elle est directement liée à l'époque de l'exploitation coloniale.

Au début des années 1960, la communauté blanche représentait au moins 5 % de la population du pays, mais avec les violences liées à l'indépendance, cette proportion aura chuté autour de 2 % vingt ans plus tard. Deux décennies plus tard, elle était ramenée entre 0,2 et 0,3 % de la population, du fait des répercussions de la réforme agraire et de la situation économico-financière du pays, beaucoup ayant émigré vers l'Afrique du Sud, l'Australie, la Nouvelle-Zélande, le Canada et le Royaume-Uni.

Les Shona

Agriculteurs et maîtres dans les techniques de la fonderie, les Bantous s'installèrent, au début du premier millénaire, dans le Highveld, le Middleveld et dans la région des Eastern Highlands ; ils donnèrent naissance aux Shona, l'ethnie la plus importante du Zimbabwe. Le terme « shona » proviendrait de la contraction d'une phrase zouloue, *eshona langa*, signifiant « ouest » ou, plus exactement, « où le soleil se couche ». La majorité de la communauté habite dans le Mashonaland, la région du Zimbabwe qui s'étend du Zambèze jusqu'à Gweru. Les Shona vivent dans des huttes traditionnelles dont la structure varie selon les régions. Les Shona considèrent qu'ils tiennent leurs terres directement de leur dieu, Mwari.

Le lien qui les unit à la terre vient de la totale dépendance de ce peuple vis-à-vis de son territoire, depuis des générations. Empreints de mysticisme, ils respectent profondément l'esprit de leurs ancêtres, ou Mudzimu. Les Shona considèrent que ces derniers sont responsables, au même titre que Mwari, de l'infortune, de la maladie ou encore de la mort de tel ou tel membre de la communauté au comportement incorrect. La magie tient également une place prépondérante dans la culture shona. Les membres de la communauté reconnaissent ainsi des pouvoirs surnaturels aux sorciers, ou N'anga. Ces derniers prédisent l'avenir, protègent contre les esprits diaboliques ou guérissent les maladies à l'aide de dés (hakata) faits d'os, de coquillages ou de fèves. Le maïs, le millet, l'igname, le riz et le tabac constituent les principales cultures de la communauté shona ; ils complètent leur alimentation grâce à la chasse et à la pêche. La mise en terre des semences ainsi que les récoltes donnent lieu à des cérémonies traditionnelles, dédiées aux esprits. Le chef de la communauté shona est autonome. Il est consulté pour toutes les affaires touchant à la sorcellerie et aux meurtres, et possède le pouvoir d'infliger la peine capitale à l'un de ses sujets. Dans certaines communautés, il était d'usage d'étrangler le roi lorsqu'il devenait infirme ou trop vieux pour régner.

Les Ndebele

Ndebele signifie « ceux aux longs boucliers » ; cette appellation leur aurait été donnée par le peuple sotho. Les Ndebele constituent la deuxième ethnie du Zimbabwe (25 % de la population). Ils sont originaires du nord du Zoulouland et ont envahi le sud du Zimbabwe (le Matabeleland) aux alentours de 1820, à la suite d'un conflit opposant Mzilikazi (leader ndebele) à Shaka (roi zoulou). À la fois agriculteurs et éleveurs de bétail, ils consacrent une partie de leur terre à la culture du maïs, du sorgho, des patates douces et des fèves et le reste aux pâturages. Du temps de la royauté, le roi (inkosi) possédait les pleins pouvoirs et certaines offenses comme l'inceste, la trahison ou encore la sorcellerie étaient punies par la mort. Les castes supérieures consacraient leur temps à la chasse et aux affaires militaires. Quelle que soit leur origine sociale, les Ndebele croient en Unkulu ukulu, l'être suprême créateur du monde. Ils sont convaincus d'une vie après la mort et respectent les esprits de leurs ancêtres, Amandlozi. Ce sont également de grands mystiques ; ils consultent régulièrement le sorcier du village et suivent généralement ses conseils. La tenue traditionnelle du guerrier ndebele est constituée d'un kilt en peau de singe, d'un manteau et d'un bouclier dont les motifs caractéristiques indiquent le rang et le régiment de son propriétaire.

Les Tonga

Les Tonga sont les habitants de la vallée du Zambèze. On ne connaît pas leur origine exacte, ni quand et comment ils parvinrent dans cette partie de l'actuel Zimbabwe. Aucune légende ou histoire ne fait allusion à d'éventuels mouvements de population, comme si les Tonga s'étaient trouvés liés au fleuve depuis la nuit des temps… Peu de recherches ont de fait été entreprises sur cette tribu dont seules quelques traditions sont parvenues jusqu'aux oreilles des plus intéressés. On sait par exemple que les Tonga fument régulièrement la òdagga (marijuana), les hommes dans de grandes pipes en terre, les femmes dans des calebasses (incelwa). On sait également que les femmes, pour des raisons esthétiques, aimaient autrefois se percer le nez, les oreilles et les lèvres, à l'aide d'épines plus ou moins larges. Une autre coutume, beaucoup plus troublante, consistait à s'arracher les six dents de devant avant la puberté ; les théories foisonnent quant à cette tradition, mais la tendance majoritaire serait qu'il s'agissait d'une façon de s'enlaidir pour ne pas être emporté comme esclave par les tribus plus puissantes. La plupart de ces coutumes, comme celle de tuer l'enfant arrivé en deuxième position lorsqu'on accouchait de jumeaux, disparurent complètement à partir des années 1960. À cette époque en effet, le célèbre barrage de Kariba a été achevé et on décida de délocaliser les Tonga, de la vallée du Zambèze vers des terres plus intérieures. C'est ainsi que 50 000 personnes furent arrachées au sol de leur enfance et déplacées vers l'actuelle Zambie ou l'actuelle zone occidentale du lac. Essentiellement pêcheurs à l'origine, les Tonga se trouvèrent contraints de devenir agriculteurs, de surcroît sur des terres beaucoup moins fertiles que leurs plaines ancestrales inondées du Zambèze. La colère des anthropologues n'y fit rien, et cette délocalisation tragique suscita même (époque coloniale oblige !) beaucoup moins l'intérêt des foules et journalistes que la campagne de sauvetage d'animaux entreprise par Fothergill… Les Tonga furent pourtant obligés de quitter leurs maisons, leurs bases de pêche (et de survie), leurs proches vivant de l'autre côté du fleuve, leurs défunts, etc. La vie, alors, devint terrible pour les membres de cette tribu, dont les coutumes, les cérémonies, les savoirs avaient été depuis toujours basés sur la proximité du fleuve. Aujourd'hui, les Tonga sont l'une des populations rurales les plus pauvres du Zimbabwe. Comme pour les Khoisan du Kalahari, qui vivent à peu près la même situation, des projets ont été mis en place pour secourir cette tribu. À Binga par exemple, on développe le tourisme culturel et on favorise l'artisanat local. Des centaines de Tonga sont ainsi employés par des coopératives de *craft*, qui leur commandent de superbes paniers tressés.

SOCIÉTÉ

La société zimbabwéenne chemine entre traditions et modernité. Elle demeure conditionnée par ses croyances et sa culture profondément africaine, mais aussi anglo-saxonne. Les premières années de l'indépendance ont été assez glorieuses. Le pays était alors souvent montré en exemple, pour son système de santé ou celui de l'éducation. Hélas, ces secteurs ont vu leurs moyens grandement décliner ces deux dernières décennies, alors que le pays s'enfonçait dans la crise économique. Au niveau de la santé, le pays doit faire face au délitement des hôpitaux, à la survenue d'épidémies et à la persistance du VIH et du paludisme. L'éducation reste une priorité, mais les enseignants, comme la plupart des fonctionnaires, touchent des salaires de plus en plus dérisoires dans un contexte d'hyperinflation. Si la place des femmes dans cette société a progressé, celles-ci continuent de souffrir de disparités, voire de violences.

Santé

Dans les années 1980-1990, le système de santé du Zimbabwe se classait parmi les plus performants du continent, mais il n'a cessé de se délabrer depuis le début des années 2000 et la crise permanente dans laquelle le pays s'est enfoncé. Ces dernières années, cette situation a entraîné une réduction des budgets de la santé. Ce secteur est confronté à de nombreux défis : pénurie de personnel qualifié, infrastructures vétustes et mal équipées, manque de médicaments et de produits essentiels. La défaillance du système a été exacerbée par des crises humanitaires telles que les épidémies de choléra et de rougeole ou par la persistance du VIH. Au cours des cinq dernières années, ce sont les plus pauvres du pays qui ont le plus souffert, avec une baisse de 40 % de la couverture des soins de santé. Le VIH, la tuberculose et le paludisme sont les trois principales menaces pour la santé auxquelles sont confrontés les Zimbabwéens. Ces maladies contribuent significativement à la mortalité, infantile notamment. Chaque année, un enfant sur onze au Zimbabwe meurt avant son cinquième anniversaire. Le paludisme se montre particulièrement sévère dans les provinces de l'Est. Le Zimbabwe a été et demeure l'un des pays les plus touchés par le VIH. Il demeure la principale cause de décès au Zimbabwe, avec un minimum de 19,4 % des décès en 2019 attribués au VIH. En 2021, 6 800 jeunes (âgés de 15 à 24 ans) ont été nouvellement infectés par le VIH. Il s'agit du groupe d'âge le plus vulnérable et les relations sexuelles non protégées figurent en tête des causes des nouvelles infections au VIH dans ce groupe d'âge. Le Zimbabwe est classé parmi les vingt-deux pays les plus touchés par la tuberculose. Outre ces maladies, il faut mentionner d'autres problèmes de santé majeurs : la malnutrition chronique dont souffre plus d'un tiers des enfants du pays, les maladies diarrhéiques et les problèmes de santé touchant les femmes enceintes et les nouveau-nés.

Éducation

Comme le secteur de la santé, celui de l'éducation a constitué une priorité pour le gouvernement au lendemain de l'indépendance. Le principe était de lutter contre l'analphabétisme et d'offrir une éducation gratuite et équitable à tous. Pour ce faire, on a construit beaucoup d'établissements primaires, mais surtout secondaires, et on a fait venir, provisoirement, des enseignants de pays étrangers (Royaume-Uni, Australie, Canada…). On a pratiqué le *hot-seating*, c'est-à-dire que des cours étaient donnés à une partie des élèves le matin et à une autre partie l'après-midi. Pour répondre à la demande, accrue du fait de l'afflux de réfugiés issus du Mozambique voisin, la formation locale d'enseignants a été promue. Dans les années 1990, l'enseignement primaire était presque universel et la moitié de la population avait terminé le cycle secondaire.

À l'image de la santé et de beaucoup de secteurs qui nécessitent un investissement lourd de l'État, l'éducation a énormément souffert de la crise économique dans laquelle le pays a sombré au début des années 2000. Beaucoup d'établissements ont même dû fermer lors de la crise de 2008-2009. La situation s'est depuis améliorée, sans toutefois revenir à la situation des années 1980-1990. Le personnel enseignant est peu payé et sa situation s'aggrave du fait de l'inflation galopante. Aujourd'hui, le système éducatif comprend treize années d'école primaire et secondaire. L'année scolaire se déroule de janvier à décembre. Elle comprend trois trimestres, totalisant quarante semaines, avec un mois de vacances entre chaque trimestre.

La place des femmes

La Constitution du Zimbabwe prévoit une égalité entre les hommes et les femmes. Pour autant, en pratique, ces dernières souffrent de disparités à bien des égards et nombreuses sont celles qui subissent encore des violences. Les femmes continuent de souffrir d'une culture patriarcale et parfois religieuse tenace, qui tend à les considérer comme inférieures à l'homme. Elles ne sont que rarement consultées dans la prise de décisions et elles doivent respecter les désirs des hommes. On leur enseigne souvent qu'elles doivent répondre favorablement aux avances sexuelles de leur mari. Les femmes zimbabwéennes font face à des difficultés culturelles et sociales dans leur vie professionnelle, ce qui influe sur leur niveau de scolarité, leur perfectionnement professionnel et leur avancement. Les femmes représentaient également la majorité des emplois peu qualifiés, comme 70 % de la main-d'œuvre agricole. Des efforts de l'État ont permis de réduire la différence de scolarisation entre les garçons et les filles. On relève, aujourd'hui, un taux d'inscription en écoles secondaires de 50,5 % de garçons, contre 49,5 % de filles. Par contre, le Zimbabwe connaît toujours des taux élevés de violences domestiques et sexuelles. Ainsi, 21 viols sont signalés chaque jour. Comme tous les viols ne sont pas signalés, le nombre réel est probablement plus élevé. Le nombre de viols signalés a augmenté de 42 % entre 2010 et 2016. De toutes les violences faites aux filles et aux femmes signalées au Zimbabwe, 78 % ont été infligées par leur conjoint, leur père ou leur partenaire. Malgré ce contexte, la femme au Zimbabwe est présente dans presque tous les corps de métiers. On la retrouve dans les forces de l'ordre, la réglementation de la circulation, parmi les rangers des parcs nationaux, dans le gouvernement, dans le tourisme, à la tête de plusieurs grandes entreprises. En zone rurale, elle est également dynamique, entre la culture de jardins pour les besoins de la famille et le commerce local ou avec les pays voisins. Elle est artiste sculptrice comme Agnes Nyanhongo qui taille la pierre avec une touche féminine très séduisante et dont l'objectif est de contribuer à la valorisation de la femme dans la société zimbabwéenne. Elle est musicienne comme Edith WeUtonga et Dudu Manhenga, dont les chants ne laissent personne indifférent. Leurs voix transportent le Zimbabwe dans un monde de musique et de créativité. Citadine ou rurale, artiste ou femme d'affaires, toutes œuvrent pour une meilleure représentation des femmes dans la société zimbabwéenne d'aujourd'hui.

RELIGIONS

Le christianisme apporté par les colons britanniques, au milieu du XIXe siècle, est la religion majoritaire au Zimbabwe. C'est la religion officielle, mais la Constitution autorise la liberté de culte. Le christianisme réunit autour de 80 % des croyants. Néanmoins, une grande majorité d'entre eux relèvent du syncrétisme, c'est-à-dire d'un mélange de religion traditionnelle et d'animisme. Au Zimbabwe, comme dans la plupart des pays d'Afrique australe d'ailleurs, la population partage ainsi sa foi entre le christianisme et le culte des ancêtres, qui demeure extrêmement présent. Ce mélange spirituel donne lieu à une multitude d'églises. Il n'est pas rare d'assister à des cérémonies religieuses au bord des routes ou autour de sites naturels. Les autres religions traditionnelles (islam, bouddhisme, hindouisme, judaïsme) réunissent autour de 4 % de croyants. Enfin, on relève autour de 8 % de personnes sans religion.

Les anciennes religions africaines

Les populations bantoues, qui ont envahi l'Afrique australe depuis l'est et le centre du continent, ont amené avec elles leurs croyances, celles-ci reposant sur l'existence d'un dieu créateur. Pendant notre Moyen Âge, alors que le Great Zimbabwe connaît son apogée, les Shona croient ainsi en Mwari. Cette divinité figure également au panthéons des Ndebele. Le culte de Mwari persiste jusqu'à la fin du XIXe siècle. Les croyants utilisent alors les services de médiums pour communiquer avec cette divinité.

L'arrivée du christianisme

Le pasteur Robert Moffat ouvre la première mission chrétienne au Zimbabwe, non loin de Bulawayo, au milieu du XIXe siècle. L'explorateur David Livingstone demande alors au gouvernement britannique de soutenir les missions chrétiennes. Quelques décennies plus tard, la mission chrétienne d'Afrique centrale établit au Zimbabwe ses premières missions. De nos jours, différents groupes religieux (catholiques et protestants) continuent d'y envoyer des missionnaires.

Le syncrétisme

Le pentecôtisme et les Églises apostoliques africaines voient le jour dans les années 1920. Ils ont connu un important développement jusqu'à aujourd'hui. Mais le pays héberge d'autres groupes religieux, tels que l'Église de Sion, les témoins de Jéhovah, les mormons ou bien encore les vapostori. Certains de ces groupes organisent des cérémonies dans la nature. Tous les ans, voire plusieurs fois par an si le besoin s'en fait sentir, les membres des familles vont faire des offrandes aux midzimu ou leur demander conseil par le biais de médiums, les seules personnes, avec les sorciers, habilitées à entrer en communication avec l'au-delà. En cas de catastrophe naturelle ou d'agression extérieure, ce sont les esprits des ancêtres qu'on consulte et qu'on invoque, bien plus que le Dieu des chrétiens. Lorsqu'une personne souffre de maux graves ou soudains, on attribue ce malheur aux mauvais esprits et on tente d'entrer en communication avec les midzimu afin d'identifier et d'apaiser l'ancêtre mécontent d'abord par le biais d'un médium, avant de conduire le malade à la clinique. Ces pratiques, qui se font secrètement ou dans l'intimité d'une famille ou d'une communauté, sont très rarement montrées aux touristes. Cependant, on peut très fréquemment assister à des messes ou à des prières chrétiennes en plein air même si les Zimbabwéens ont conservé leurs croyances ancestrales. Les membres de l'Église apostolique sont ainsi facilement reconnaissables aux tuniques blanches qu'ils portent pendant leurs assemblées. Ces dernières ont surtout lieu en fin de semaine, à la campagne ou en plein centre-ville (dans les parcs ou sur les terrains nus), et vous avez donc toutes les chances de les apercevoir.

Les autres grandes religions

Parallèlement au christianisme, le judaïsme, le bouddhisme, l'hindouisme et l'islam comptent quelques milliers de fidèles dans le pays. La communauté musulmane est constituée en grande partie d'immigrants d'Asie du Sud et de Zimbabwéens. Des mosquées ont été érigées dans les principales villes du pays.

QUE RAPPORTER

Comme dans de nombreux pays africains, l'artisanat zimbabwéen est varié : tissus multicolores, paniers en osier, poteries, objets en bois, instruments de musique, sculptures, bijoux, etc. Il y en a pour tous les goûts ! Les lieux hautement fréquentés par les touristes sont évidemment les endroits les plus convoités par les marchands d'objets artisanaux (*craft*, en anglais). Ainsi, aux chutes Victoria, en plus des innombrables boutiques de souvenirs, vous pourrez vous balader au milieu d'un grand marché d'artisanat local. Harare et Bulawayo ne sont pas en reste. Vous y trouverez des boutiques et marchés d'artisanat. On retrouve de l'artisanat à vendre dans d'autres lieux touristiques, voire le long de certaines routes. L'artisanat est majoritairement produit localement et les artisans reçoivent directement une partie de la vente. La qualité peut être très variable, mais il y a un véritable savoir-faire.

Tissus

Dès le XIIIe siècle, le coton sauvage est utilisé pour confectionner des vêtements à l'aide de métiers à tisser. Mais cette pratique disparaît progressivement lorsque les marchands arabes et portugais importent des tissus en provenance d'Inde et d'Europe. L'écorce de certains arbres, assouplie puis vrillée en fils ou en cordes, permet de réaliser une toile un peu rêche. Cette matière, une fois teintée, sert à confectionner des tapis, des vêtements, des carquois ou encore des outres dans lesquelles sont stockées céréales et provisions, avant d'être suspendues aux arbres, à l'abri des animaux. Enfin, vous pourrez trouver dans les magasins chics de Harare de superbes batiks en cotons, teints et décorés à l'aide de tampons de pomme de terre.

Paniers d'osier

Il existe des paniers en tout genre et de toute taille. Réalisés à l'aide de jonc, de feuilles de palmier, de roseaux, d'herbe ou encore de sisal, ils servent (du moins à l'origine) à stocker des céréales ou à trier les grains. D'autres, plus élancés et plus profonds, sont utilisés par les pêcheurs comme épuisettes. Dans certains endroits (par exemple Matopos), des groupes spécialisés confectionnent de la vannerie à plein temps et réalisent également des tapis, des couvre-chefs, etc.

Armes et outils agricoles

L'exploitation des mines de fer et le travail de fonderie ont été introduits par les Bantous, il y a plusieurs milliers d'années. Depuis toujours, les Nyanja (qui vivent dans le sud-ouest du pays, le long du fleuve Save) sont considérés comme les spécialistes de la métallurgie, les meilleurs forgerons et maréchaux-ferrants du pays. Les armes et les outils agricoles étaient fabriqués à partir de fer chauffé plusieurs fois dans un four jusqu'à ce qu'il soit pur et suffisamment malléable pour être façonné au marteau. Avec les couteaux et les lances pour la guerre, les houes, utilisées pour travailler la terre, étaient les outils les plus communément fabriqués. La houe (*badza*) était et demeure toujours l'outil agricole universel. C'est une lame de fer, généralement courbe et aiguisée, fixée sur un manche en bois. Les lances sont courtes (*assegais*) pour les poignards ndebele, longues et élancées pour ceux des Shona. Les boucliers sont faits à partir de cuir de bœuf, traité pour le rendre souple et résistant, puis tendu sur une structure de bois. Les motifs dessinés sur les boucliers ndebele indiquent le régiment et le rang de son propriétaire. Une gamme variée de poignards à lame d'acier est également produite. Le manche de bois ainsi que le fourreau sont généralement décorés. Face à la compétition industrielle, cette forme d'artisanat a progressivement disparu : seuls quelques articles ont survécu, plus simples, ils sont généralement réservés aux touristes.

Poteries

La poterie est un art vieux de plusieurs milliers d'années. C'est un savoir-faire transmis de génération en génération, de mère en fille. L'argile est séchée, réduite en poudre puis mélangée à l'eau. Les pots, modelés avec différents outils, sont confectionnés sur une base plane. La surface est finalement polie avec un galet lisse. Après séchage au soleil, les pots sont cuits dans un trou recouvert d'herbes brûlées, de brindilles ou même de bouse de vache. Quelques heures plus tard, les pots sont sortis et rendus étanches à l'aide de jus de maïs ou de bouse de vache. Enfin ils sont décorés, souvent à l'aide de dessins géométriques. La taille et la forme de ces pots sont les mêmes depuis des centaines d'années. Ces récipients permettent de stocker

Vente de statuettes près des Chutes Victoria.

les grains, de recueillir de l'eau, de faire fermenter la bière, de cuisiner les viandes ou encore de faire cailler le lait.

Objets en bois

Si les marchés regorgent de sculptures en bois en tout genre, représentant tantôt des mammifères, tantôt des figures emblématiques de la mythologie shona, tantôt des bustes africains, il est difficile de trouver des objets de bois sculptés à usage courant dans la société traditionnelle. Le patriarche a souvent son propre tabouret et son repose-tête : véritable trésor de famille, cet objet est transmis de père en fils. On peut également trouver des bâtons de marche, joliment sculptés, possédant aussi une signification religieuse. Évitez cependant d'acheter de trop gros objets dans cette matière, car vous participeriez au déboisement du Zimbabwe.

Instruments de musique

La plupart des communautés utilisent des instruments traditionnels pour leur musique religieuse et leurs danses. Les célébrations majeures mettent en scène une large gamme de percussions, tel le mbira ou le marimba, combinés à des instruments plus modernes comme la guitare ou le saxophone. Le mbira est une sorte de piano composé de touches métalliques fixées à un bloc en bois carré. Certains instruments possèdent une seule rangée de cinq à huit touches, d'autres comportent plusieurs rangées pouvant dépasser cinquante touches. Le mbira est quelquefois muni d'une gourde qui sert alors d'amplificateur. Le marimba est un xylophone constitué d'un cadre de bois posé sur une série de gourdes servant à amplifier et à rendre la résonance plus grave. Le plus commun des tambours est cylindrique, étroit à sa base et recouvert d'une peau de vache, de zèbre ou d'éléphant. Il existe également des tambours à mains et à pieds. Enfin, des hochets sont réalisés à l'aide de cosses séchées. Attachés aux chevilles des danseurs, ils leur permettent de rythmer leur mouvement.

Précautions à prendre

Nous ne saurions trop vous conseiller d'éviter les produits d'origine animale : peaux, objets en cornes, plumes, os… Les sculptures en bois peuvent contribuer au déboisement de certaines forêts du pays. Il faut donc s'assurer de l'espèce utilisée et de sa provenance. Enfin, pensez au retour en avion : quatre paniers en osier, huit statuettes en bois, cinq sculptures en pierre, un batik, ajoutés aux trois tee-shirts achetés le premier jour poseront sûrement quelques problèmes de poids lors de l'enregistrement de vos bagages ! Aussi, avant de succomber à l'attrait irrésistible de tel ou tel objet, assurez-vous de pouvoir le rapporter à bon port.

SPORTS ET LOISIRS

Comme sur tout le continent, le football est très populaire aux quatre coins du pays malgré les résultats moroses de l'équipe nationale. Héritage britannique oblige, le rugby et le cricket comptent aussi de nombreux adeptes. Quant aux loisirs et autres activités sportives, c'est évidemment le safari qui remporte la palme touristique. À pied, en voiture, en canoë, à cheval, tout est possible au Zimbabwe pour approcher au plus près la faune locale. Sinon, les amateurs de sensations fortes pourront s'essayer au rafting dans les méandres de l'impétueux fleuve Zambèze, pendant que d'autres chercheront des coins plus tranquilles pour sortir leur canne à pêche. Le grand frisson sera pour ceux qui auront le courage de se jeter, élastique au pied, face aux chutes Victoria. Il sera alors temps de vivre quelques moments plus tranquilles de farniente au bord des piscines des hôtels ou sur un green de golf, un club à la main.

Football et rugby, passions locales

Comme dans beaucoup de pays africains, le football est le sport national et les grandes affiches de Coupe d'Europe et du championnat anglais sont très suivies par les locaux. En 2022, l'équipe nationale a été suspendue par la FIFA pour cause « d'ingérences gouvernementales » dans la gestion de la Fédération. Avant cela, les Warriors, le surnom des joueurs zimbabwéens, n'ont pas connu beaucoup de succès. Jamais qualifiés pour une Coupe du monde, ils ont néanmoins réussi à s'inviter dans le tableau final de la Coupe d'Afrique des nations (CAN), mais sans jamais franchir le premier tour.

Ancienne colonie britannique et par proximité de l'Afrique du Sud, le rugby et le cricket sont aussi des sports populaires. Tandis que l'équipe de rugby se fait battre régulièrement par les grandes nations du ballon ovale, elle demeure une des quatre équipes africaines avec la Namibie, la Côte d'Ivoire et l'Afrique du Sud qui se sont un jour qualifiés pour la Coupe du monde (en 1987 et en 1991 pour le Zimbabwe).

Le safari, l'activité reine

Le safari est évidemment l'activité reine d'un voyage dans le pays où l'on se presse pour découvrir la grande faune africaine. Au Zimbabwe, cette activité touristique se décline de différentes manières : *game drive* (safari en voiture), *game walk* (safari à pied, souvent avec un guide armé), *canoe safari* ou bien encore *horseback safari* (safari à cheval). Bref, les options sont multiples et vous permettront de vivre des expériences uniques.

Un grand choix d'activités

Hormis le safari, d'autres activités sont possibles au Zimbabwe. Des randonnées pédestres et équestres, mais aussi du canoë-kayak et du rafting et, pour les plus courageux, de la tyrolienne au-dessus de la gorge de Batoka et, surtout, un saut à l'élastique depuis le pont qui surplombe les **Victoria Falls** ★★★★ (p.187) à 110 m de haut. Des chutes que beaucoup de chanceux survolent en hélicoptère. Un spectacle grandiose en perspective !

Les bords du fleuve Zambèze accueillent aussi quelques pêcheurs qui veulent taquiner le poisson et des ornithologues jumelles autour du cou.

Enfin, le Zimbabwe est aussi le paradis des golfeurs et compte des terrains de renommée internationale comme le **Leopard Rock Golf Club** (p.144) ou le **Royal Harare Golf Club** (p.114).

Envie d'une baignade ?

Le Zimbabwe ne possède aucune ouverture sur la mer. Contrairement à ses voisins désertiques, tels le Botswana et la Namibie, il jouit cependant d'un grand nombre de cours d'eau et de lacs de barrage, disséminés aux quatre coins du pays. Le nord se révèle particulièrement gâté, avec le Zambèze déchaîné à l'ouest (où se situent les chutes Victoria), dompté à l'est (là où sommeille le **lac Kariba** ★★ (p.224)). Malheureusement pour les voyageurs cherchant à faire trempette, la majorité des plans d'eau du Zimbabwe sont conseillés pour tout (pêche, canotage, croisière...) sauf pour la baignade ! Ils grouillent en effet d'hippopotames et de crocodiles et leurs rives sont infestées par la bilharziose : de bonnes raisons de choisir l'onde javellisée des piscines ! À moins de pratiquer le *swimming watching*, qui consiste simplement à faire trempette dans un endroit (sans bilharziose, de préférence au milieu du Zambèze, là où l'eau est vive et filtrée par les joncs) pendant qu'un guide obligeant surveille qu'aucune « mâchoire » ne pointe à l'horizon. Surtout pratiqué lors des safaris en canoë-kayak, le *swimming watching* fait les délices de la plupart des touristes. Les accros des bains en eau douce trouveront également leur bonheur dans les torrents, les rivières et les trous d'eau paradisiaques (et ô combien rafraîchissants !) des montagnes de l'Est (Eastern Highlands). Sinon, la majeure partie des logements touristiques du Zimbabwe offrent piscine et loisirs pour des pauses farniente salvatrices.

GASTRONOMIE

Logé au creux de l'Afrique australe, le Zimbabwe possède une cuisine plutôt méconnue mais qui ne manque pas d'intérêt. On y retrouve les classiques préparations à base de pâte de féculents – maïs, manioc, igname, sorgho, millet, etc. – communes à bien des pays d'Afrique, qui servent à accompagner une multitude de plats en sauce. Viande, volaille et poissons sont associés à une multitude de légumes pour créer des plats en sauce que l'on savoure quotidiennement. On retrouvera l'influence afrikaner venue son grand voisin sud-africain où les viandes grillées et les barbecues sont communs. Les plus courageux testeront les insectes qui font partie intégrante de la gastronomie zimbabwéenne. Les desserts sont assez simples mais on compensera avec une belle diversité de fruits tropicaux, sans oublier une importante variété de boissons – alcoolisées ou non –, dont des bières de qualité. La production de vin, encore modeste, est en plein essor.

Produits caractéristiques

Typique des pays d'Afrique centrale et australe, la cuisine zimbabwéenne fait un usage généreux de féculents qui sont le plus souvent réduits en pâtes denses et nourrissantes, généralement à base de maïs mais aussi de manioc ou d'igname. Le maïs est la céréale de base mais on citera également le mil, le sorgho, le riz et le blé, même si ces dernières se retrouvent en moindre quantité dans la cuisine traditionnelle zimbabwéenne et surtout dans les spécialités britanniques laissées par les colons. Le *mielie meal*, sorte de semoule de maïs grossière proche de la polenta mais plus blanche, sert de base à de nombreuses spécialités dans la région. Côté légumes on retiendra patate douce, tomate, chou, oignon, haricot, concombre et carotte. La *gem squash* est une petite courge ronde à la peau vert foncé et fondante en bouche.

Malgré sa proximité avec le Mozambique – ancienne colonie du Portugal –, connu pour son amour du piment, le Zimbabwe ne possède pas une cuisine très piquante, même si elle ne manque pas de saveurs. On notera un emploi abondant de cacahuètes, influence portugaise oblige. Les champignons sauvages – *hohwa* ou *amakhowa* – sont cultivés sous terre par les termites et poussent ainsi sur les termitières. Ces champignons savoureux peuvent être légèrement poêlés et servis en accompagnement.

Il existe également diverses spécialités de viande : ragoûts d'impala, steaks d'autruche ou de koudou, travers de phacochère, queue de crocodile. On retrouvera toutefois ces plats le plus souvent servis dans les *lodges* et camps de brousse ou dans les restaurants huppés des grandes villes, pour des touristes en soif de sensations. En réalité, les locaux mangeront plus souvent du poulet, du bœuf et du porc.

Sans oublier les spécialités à base de poisson, surtout proposées dans le nord-ouest et l'est du pays : brème (poisson d'eau douce à la chair très fine), truite (dont la fameuse truite d'Inyanga, systématiquement servie dans les Eastern Highlands), kapentas (petits poissons du lac Kariba que l'on déguste frits).

Traditionnellement on tend plutôt à manger avec les mains au Zimbabwe, même si dans la plupart des restaurants on trouvera des couverts, surtout dans les établissements internationaux. On retrouve un découpage des repas en trois parties – petit déjeuner, déjeuner et dîner – issu de la présence britannique. Le thé dans l'après-midi est apprécié.

Les classiques de la cuisine zimbabwéenne

Le plat national zimbabwéen est la *sadza*, aussi connue sous le nom d'*isitshwala*. Riche en glucides et très nourrissante, cette pâte est fabriquée avec de la farine de maïs cuite dans de l'eau chaude, en la faisant mijoter jusqu'à ce qu'elle épaississe. Une fois la texture désirée atteinte, on roule la pâte obtenue en boule avant de la consommer avec divers plats en sauce. Elle peut être confectionnée à partir d'autres céréales telles que le sorgho et le millet. L'igname – également appelé *madhumbe* ou *magogoya* – est préparé de multiples manières, le plus souvent bouilli et consommé au petit déjeuner ou en accompagnement. On le retrouve plutôt frit au déjeuner ou au dîner. Il peut être également réduit en poudre pour faire du pain. Plat complet, le *mupunga unedovi* se compose de riz à grains longs et de beurre de cacahuète. On sert le tout généralement avec de la viande. Le *dovi* est un ragoût de cacahuètes à base de gombo et de légumes (carottes, pommes de terre, etc.) avec parfois de la viande (poulet, chèvre ou agneau).

On notera une multitude de plats en sauce à base de légumes feuilles, comme le *muboora*, composé de feuilles de citrouille hachées et mijotées avec des tomates, des oignons et autres condiments.

Le *mufushwa wenyevhe* ou *ulude* contient des feuilles séchées de chou shona, une plante souvent considérée comme un mauvaise herbe que l'on apprécie toutefois pour son goût acidulé et légèrement amer. Riche en fer, vitamines A, C, calcium et phosphore, les feuilles sont réhydratées et mijotent avec du beurre de cacahuète. Le très nourrissant *mutakura*, ou *mangai*, est un mélange de cacahuètes, maïs et haricots. Très nutritif, il peut être consommé au déjeuner ou au dîner, avec ou sans viande, voire au petit déjeuner. Les grains de maïs grillés, ou *mhandire*, sont des snacks appréciés.

D'origine sud-africaine, la *boerewors* est une saucisse de bœuf dont le nom vient de l'afrikaans, langue issue du néerlandais, que l'on associe aux premiers colons débarqués dans la région du Cap et dont la culture s'est répandue en Afrique australe. Composée de viande de bœuf grossièrement hachée parfumée de noix de muscade, poivre et coriandre, elle est très appréciée au barbecue. Autre plat d'origine afrikaans, prisé pour sa durabilité, le *biltong* est un type de viande séchée (bœuf, autruche, antilope, etc.) découpée en fines lanières et marinée dans un mélange de poivre noir, de coriandre, de sucre, de sel et de bicarbonate avant de faire sécher le tout au soleil.

Parmi les plats d'abats les plus appréciés, citons le *zvikanganwahama*, un ragoût de gésier avec tomate et petits légumes. Le pied de bœuf ou *mazondo* se prépare sous forme de ragoût qui nécessite une très longue cuisson. La viande mijote ainsi avec oignons et tomates pour créer un plat riche et délicieux. Les tripes (*matumbu* ou *ezanga phakathi*) sont cuites avec un mélange tomate-oignon. Le *zvinyenze* se prépare en enroulant les intestins autour des tripes avant de faire mijoter le tout. Ces plats sont le plus souvent consommés avec de la *sadza* au déjeuner, ainsi qu'avec, généralement, une bière glacée.

Si le pays ne possède pas de côtes, il existe de nombreux lacs et rivières et on apprécie tout particulièrement les *matemba* ou *kapenta*. Semblables à de petits anchois, ils sont séchés et salés au soleil, puis réhydratés lors de la préparation. Ils sont si petits qu'ils se mangent tels quels, souvent frits avec quelques condiments. Les plus aventureux testeront les insectes, qui font partie du régime alimentaire des différentes ethnies qui composent le Zimbabwe depuis des millénaires. Criquets ou termites sont nettoyés et frits puis consommés en accompagnement ou sous forme de snack. Très populaires, les vers mopane (*madora* ou *mancimbi*) sont en réalité des chenilles qui se nourrissent des feuilles de l'arbre mopane. Une fois récoltées, ces chenilles sont vidées et consommées directement ou séchées au soleil. Si elles sont séchées, elles doivent être bouillies pour ramollir. On peut alors les faire frire ou cuire en ragoût, le tout étant servi avec de la *sadza*.

Desserts et boissons

La notion de dessert au Zimbabwe n'est pas la même qu'en Europe, et on retrouvera des préparations sucrées plutôt servies au petit déjeuner ou alors sous forme d'encas pour prendre le thé, mais pas forcément en fin de repas comme chez nous. On notera ainsi le *bota* ou *iyambazi*, qui ressemble légèrement au *sadza* mais qui est plus crémeux, à la manière d'un porridge. On l'aromatise souvent avec du beurre de cacahuète, du sel et du sucre. C'est un plat servi communément, notamment pour le petit déjeuner. Le *chimodho* ou *mupotohayi* est un pain de maïs également servi au petit déjeuner avec beurre et confiture.

Le lait caillé (*hodzeko* ou *maasi*) peut être servi avec des plats salés, en accompagnement, ou avec du miel et du sorgho en collation. Il est considéré comme une excellente source de protéines et fournit également des graisses et des bactéries très bénéfiques pour la flore intestinale. On notera aussi l'*umxhanxa*, une soupe sucrée de pastèque sauvage et de maïs, et le pudding à la citrouille ou *nhopi*, à base de purée de citrouille, de courge d'eau et de beurre de cacahuète. On ajoute parfois un peu de crème fraîche et un soupçon de cannelle. Les bonbons *mapopo* sont simplement des dés de papaye séchés et sucrés.

Si le Zimbabwe est un producteur de café et de thé, il réserve ses meilleurs lots pour l'exportation et ne sert sur place des boissons d'une qualité plutôt moyenne. C'est le cas également du cacao, bien souvent un succédané de qualité médiocre, dilué dans de l'eau bouillante. Le thé reste par contre très populaire dans le pays, colonisation britannique oblige. Si l'eau du robinet est techniquement potable au Zimbabwe, notamment dans les grands hôtels, il est mieux par sûreté de privilégier l'eau en bouteille, d'autant que le pays ne manque pas de sources naturelles. L'autre boisson nationale est le *mazoe orange juice*, une sorte de cordial à base d'orange que l'on trouve dans tous les supermarchés et *bottle stores*, à côté d'excellents jus de mangues, goyaves, papayes, fruits de la passion, litchis, etc. On y trouve également le *shandy*, sorte de bière très légère au gingembre, semblable au panaché, à partir de laquelle on fabrique quelques cocktails détonants (tels le Club Special Shandy ou le délicieux Rock Shandy).

On trouve tous les alcools forts au Zimbabwe, du whisky au gin, en passant par le brandy et la vodka. La bière est très largement consommée. Parmi les marques nationales, on retrouvera la Bohlinger's et la Zambezi Lager, alors que la Castle, la Lion et l'Eagle Lager viennent d'Afrique du Sud. Celle qui est fabriquée artisanalement par les autochtones s'appelle la *chibuku*, et ne se boit ou ne s'achète que dans les halles à bières ou *shebeens* (bar sans licence) des *townships*. Généralement servie dans un seau que l'on se passe de l'un à l'autre, elle est fabriquée à l'aide de levure, de millet et de sorgho et possède un goût fermenté plutôt acidulé qui peut être un peu déstabilisant. On notera une petite production locale de vin dont la qualité reste encore variable, mais qui est en plein développement. On retrouvera par contre d'excellents crus venus d'Afrique du Sud.

AGENDA

Le Zimbabwe est un carrefour de l'art : de la sculpture, de la peinture, de la teinture, du théâtre, de la musique, voire du sport... La destination est incontournable dans ces domaines aussi bien sur le plan régional qu'international. Parmi les événements artistiques organisés par le pays, se trouve le grand rendez-vous Harare International Festival of the Arts (HIFA), qui rassemble chanteurs et musiciens des quatre coins du monde. Malheureusement, il semble que, suite à l'épidémie de Covid, cet événement soit actuellement suspendu. Entre autres événements marquants, citons la foire internationale du Zimbabwe, le marathon des chutes Victoria, la Zimbabwe Fashion Week, le festival de Mbira, le Zimbabwe Jazz Festival ou bien encore le Vic Falls Carnival. À ces événements, s'ajoutent différentes célébrations nationales : fête de l'Indépendance, jour de l'Armée, jour des Héros, fête de l'Unification.

FESTIVAL DE LA FRANCOPHONIE

www.afzim.org

Chaque année pendant plusieurs jours à la mi-mars.

Le festival de la francophonie du Zimbabwe, organisé par l'Alliance française, en partenariat avec les ambassades de France, de Suisse et du Canada et le consulat de Belgique, est un petit événement en soi pour ce pays anglophone. De nombreux événements sont organisés à Harare et Bulawayo : concerts, projections de films, animations, conférences. Pendant environ une semaine, de nombreux artistes francophones sont invités pour faire vibrer la langue française.

MARATHON DES CHUTES VICTORIA

www.vicfallsmarathon.com

Début juillet.

Cette course a vu le jour en 2005, à l'initiative du tour-opérateur Wild Frontiers. Au début, l'événement est demeuré assez confidentiel. Ces derniéres années, ce sont plus de 2 500 coureurs, issus d'une quarantaine de pays, qui participent à ce marathon qui se déroule à Victoria Falls. Marathon, le semi-marathon, relais. Les départs sont donnés dans la ville et rapidement, les coureurs traversent le pont qui enjambe le Zambèze, pour faire un brève incursion en Zambie.

FÊTE DE L'INDÉPENDANCE

18 avril.

C'est aussi la fête nationale. Le 18 avril 1980, l'ancienne Rhodésie du Sud devenait le Zimbabwe. Cette accession à l'autonomie faisait suite à une dizaine d'années de guérilla, où des mouvements de rébellion noirs cherchait à renverser le régime en place, grandement favorable à la communauté blanche. Suite aux accords de Lancaster (décembre 1979), un cessez-le-feu a été promu et des élections organisées (février 1980). Celles-ci furent remportées par le parti nationaliste de Robert Mugabe (le ZANU-PF), celui-ci étant alors nommé Premier ministre.

JOUR DES HÉROS

Le deuxième lundi du mois d'août.

Le Zimbabwe Heroes' Day est un jour déclaré férié pour rendre hommage aux Zimbabwéens qui se sont battus pendant la guerre d'indépendance du pays. Du milieu des années 1960 à la fin des années 1970, des mouvements noirs ont lutté contre le gouvernement ségrégationniste blanc de Rhodésie. La lutte s'est radicalisée au début des années 1970 et le pays a été le théâtre d'une guérilla qui aura duré pas loin de dix ans. Ce conflit aura coûté la vie plus de 10 000 guérilleros noirs, autour de 500 militaires (blancs ou noirs) et près de 8 000 civils (dont environ 500 blancs).

petit futé
Zimbabwe
VERSION NUMÉRIQUE OFFERTE
COUNTRY GUIDE

ZIMBABWE MBIRA FESTIVAL

HARARE

✆ +263 712 216 054

En septembre.

Mbira fait référence à un instrument de musique typique d'Afrique subsaharienne, composé d'une caisse de résonance en bois sur laquelle sont fixées des lames métalliques, que le musicien fait vibrer. Le Zimbabwe Mbira Festival est un festival de musique traditionnelle qui se déroule en plein air, au sein de Mukivisi Woodland, réserve naturelle localisée dans les faubourgs à l'est d'Harare. Entre concerts, jeux et scène ouverte, c'est une journée haute en couleur et en échanges, qui promeut une approche réellement authentique de la culture zimbabwéenne.

FOIRE INTERNATIONALE DU ZIMBABWE

BULAWAYO

www.zitf.co.zw

Fin avril.

La foire commerciale internationale du Zimbabwe (ou Zimbabwe International Trade Fair) est l'une des plus grandes foires commerciales interrégionales au sud du Sahara. C'est une exposition annuelle et multisectorielle, qui se déroule sur quelques jours à Bulawayo. Elle regroupe ainsi des exposants issus de l'agriculture, de la construction, de l'éducation, de la finance, des nouvelles technologies, de l'industrie, du tourisme ou bien encore de l'édition.

THE ZIMBABWE JAZZ FESTIVAL

www.afzim.org

En octobre.

Le Zimbabwe Jazz Festival organisé par le Zimbabwe Jazz Community Trust (ZJCT) met en lumière les meilleurs musiciens de jazz du pays. Il propose plusieurs concerts, où l'on peut écouter différents genres de jazz, comme le jazz fusion afro. Les amateurs trouveront leur bonheur. La première édition en 2016 fut un vrai succès, le ZJCT met tout en œuvre pour pérenniser cet événement. Il est conseillé de vérifier la date exacte du prochain festival sur le site de l'Alliance française.

VIC FALLS CARNIVAL

VICTORIA FALLS

www.vicfallscarnival.com

3 jours de festival : 1 et 2 jours à 50 USD, 3 jours à 75 USD.

Créé en 2011, le festival de Victoria Falls pour célébrer la nouvelle année est devenu célèbre. Se déroulant sur trois jours, il accueille des touristes étrangers comme des Zimbabwéens. Le premier jour est dédié au carnaval en tant que tel, mais avant de rejoindre la grande scène qui se situe dans le parc, les festivaliers sont invités à prendre le train qui se transforme en discothèque pour l'occasion. Le deuxième soir, toute la ville se revêt de lumière. Le dernier soir, est le plus festif : des animations et des concerts se déroulent jusqu'au bout de la nuit !

FÊTE DE L'UNIFICATION

Le 22 décembre.

Le National Unity Day est un jour férié qui commémore l'accord d'union des deux partis politiques du pays, l'Union du peuple africain du Zimbabwe (ZAPU) et l'Union nationale africaine du Zimbabwe (ZANU), en fait, deux mouvements de libération du pays. En effet, à l'indépendance du pays en 1980, les deux partis se sont affrontés sur la scène politique mais leurs désaccords se sont parfois terminés par de violents combats. C'est le 22 décembre 1987 que les dirigeants ont signé la fusion des deux partis pour mettre fin aux affrontements.

PASSPORT

PROVINCE DE HARARE

C'est souvent par Harare que vous arriverez au Zimbabwe et donc souvent de là que vous partirez à la découverte du pays et de ses espaces sauvages. La capitale vaut, néanmoins, elle-même le détour avec ses lieux de sorties : galeries, restaurants, cafés, jardins, musées et autres monuments. Dès qu'on s'éloigne à quelques kilomètres de la ville, on peut découvrir de très pittoresques paysages, notamment du fait des reliefs et des plans d'eau qui entourent la ville. Différents sites aux alentours d'Harare permettent des sorties à la journée ou le temps d'un week-end. Ainsi, on peut découvrir quelques petites réserves publiques (Chivero, Manyame, Ewanrigg) ou privées (Imire, Savanna…) qui peuvent parfois donner un avant-goût de la faune qu'on découvrira dans les grands parcs du pays. On pourra également découvrir certains sites rocheux, dont certains hébergent des peintures rupestres (Epworth, Domboshawa, Ngomokurira…).

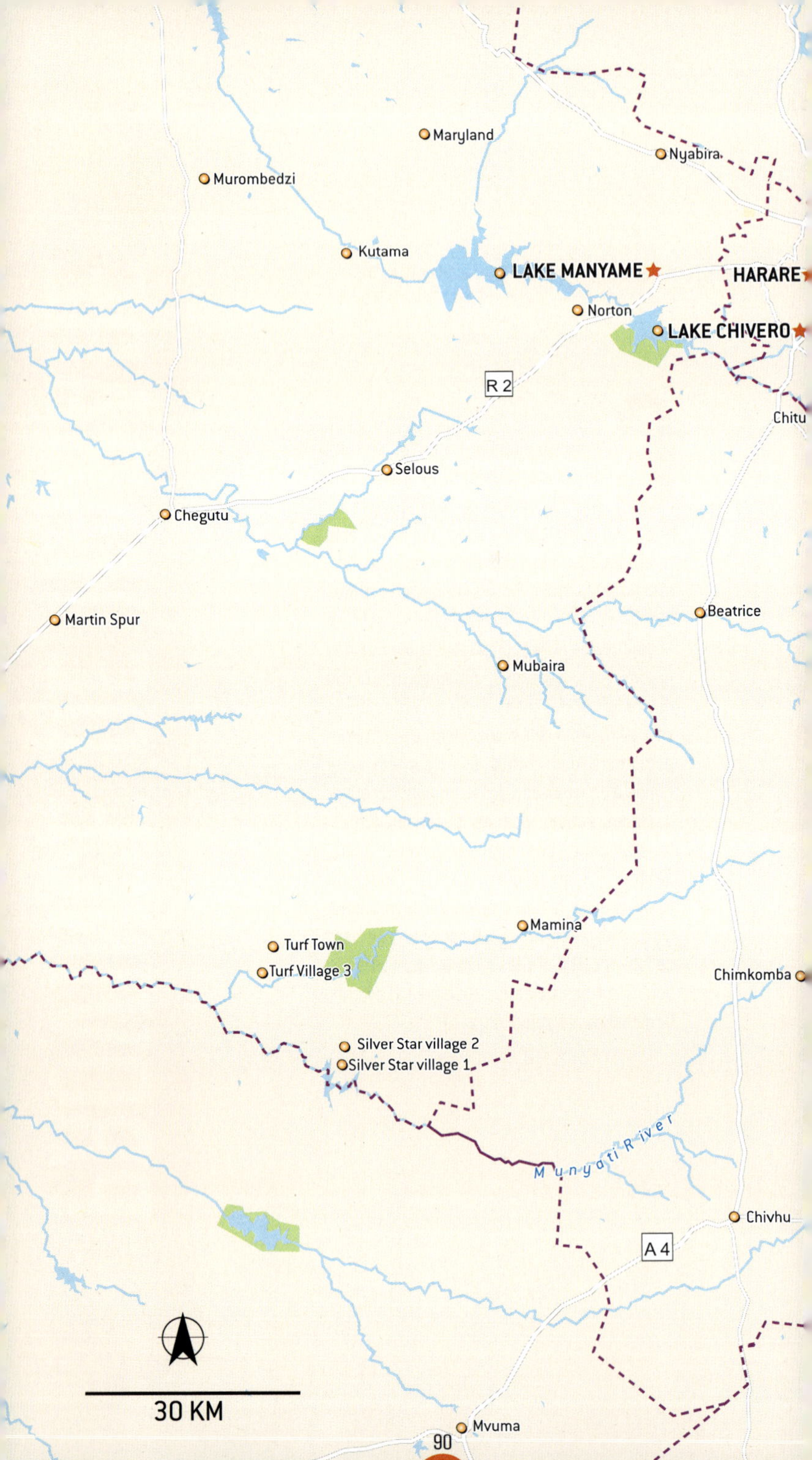
Maryland
Nyabira
Murombedzi
Kutama
LAKE MANYAME
HARARE
Norton
LAKE CHIVERO
R 2
Chitu
Selous
Chegutu
Beatrice
Martin Spur
Mubaira
Mamina
Turf Town
Turf Village 3
Chimkomba
Silver Star village 2
Silver Star village 1
Munyati River
Chivhu
A 4
30 KM
Mvuma

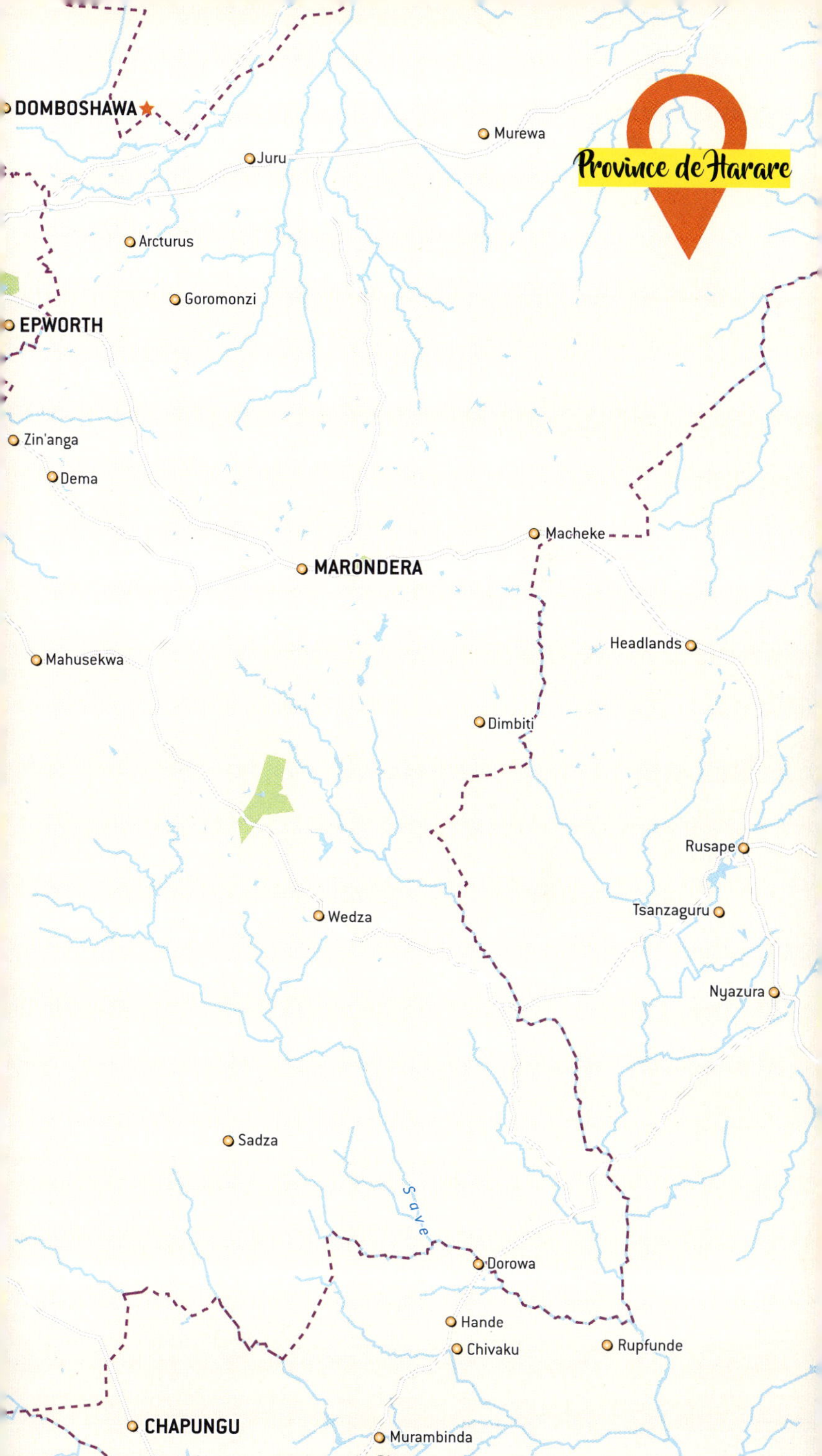
Province de Harare
DOMBOSHAWA
Murewa
Juru
Arcturus
Goromonzi
EPWORTH
Zin'anga
Dema
Macheke
MARONDERA
Headlands
Mahusekwa
Dimbiti
Rusape
Tsanzaguru
Wedza
Nyazura
Sadza
Save
Dorowa
Hande
Chivaku
Rupfunde
CHAPUNGU
Murambinda

HARARE

© GERALDMASHONGA - ISTOCKPHOTO.COM

Située à 1 470 m d'altitude, la capitale du Zimbabwe rassemble toutes les caractéristiques d'une ville moderne : immeubles aux façades de verre, rues entières de boutiques, quartiers des affaires aux hommes en costume-cravate, larges avenues embouteillées aux heures de pointe, grands parcs verdoyants… Harare est dotée de toutes les infrastructures touristiques nécessaires : des hébergements de toutes catégories (dont de très grands hôtels 5 étoiles), des restaurants, des pubs, des cinémas, mais aussi des centres sportifs, des golfs, des hippodromes, des piscines, des musées et galeries d'art. Malgré son grand nombre de quartiers huppés et calmes, Harare n'est pas dénuée d'une certaine atmosphère et d'une petite touche de couleur locale. Une multitude de vendeurs de rue égaye la ville, avec des stands de fruits, de bonbons ou de babioles en tout genre qui assaillent les trottoirs et les carrefours.

Harare

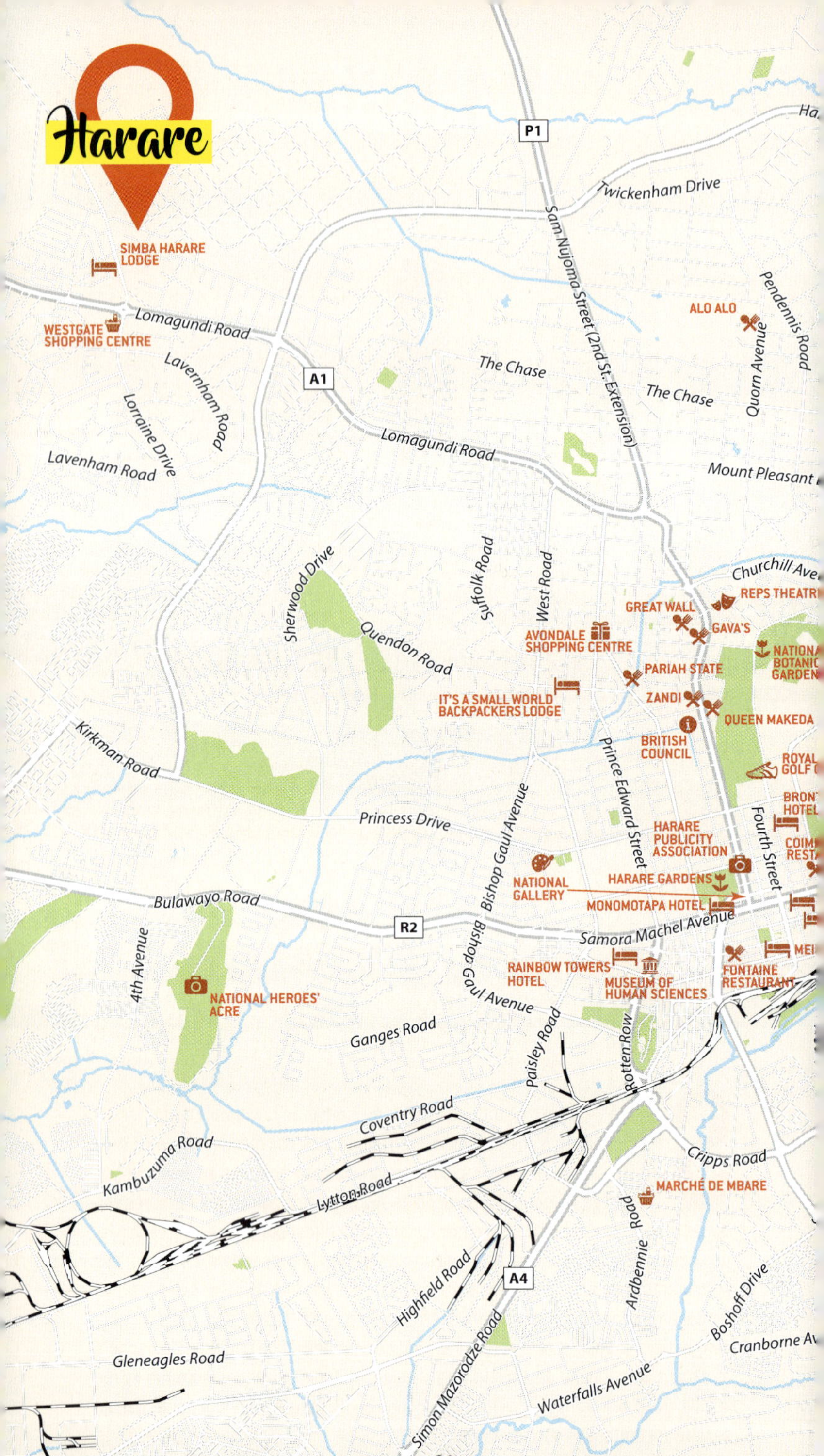
SIMBA HARARE LODGE
WESTGATE SHOPPING CENTRE
Lomagundi Road
Lavernham Road
Lorraine Drive
Lavenham Road
A1
P1
Twickenham Drive
Sam Nujoma Street (2nd St. Extension)
The Chase
The Chase
ALO ALO
Quorn Avenue
Pendennis Road
Mount Pleasant
Lomagundi Road
Churchill Ave
REPS THEATR
GREAT WALL
GAVA'S
NATIONA BOTANIC GARDEN
AVONDALE SHOPPING CENTRE
PARIAH STATE
ZANDI
QUEEN MAKEDA
IT'S A SMALL WORLD BACKPACKERS LODGE
BRITISH COUNCIL
ROYAL GOLF
Sherwood Drive
Quendon Road
Suffolk Road
West Road
Prince Edward Street
Kirkman Road
Princess Drive
Bishop Gaul Avenue
BRONT HOTEL
HARARE PUBLICITY ASSOCIATION
COIM REST
Fourth Street
NATIONAL GALLERY
HARARE GARDENS
MONOMOTAPA HOTEL
Bulawayo Road
R2
Samora Machel Avenue
MEI
4th Avenue
NATIONAL HEROES' ACRE
Bishop Gaul Avenue
RAINBOW TOWERS HOTEL
MUSEUM OF HUMAN SCIENCES
FONTAINE RESTAURANT
Ganges Road
Paisley Road
Rotten Row
Coventry Road
Kambuzuma Road
Lytton Road
Cripps Road
MARCHÉ DE MBARE
Ardbennie Road
Highfield Road
A4
Boshoff Drive
Cranborne Av
Gleneagles Road
Simon Mazorodze Road
Waterfalls Avenue

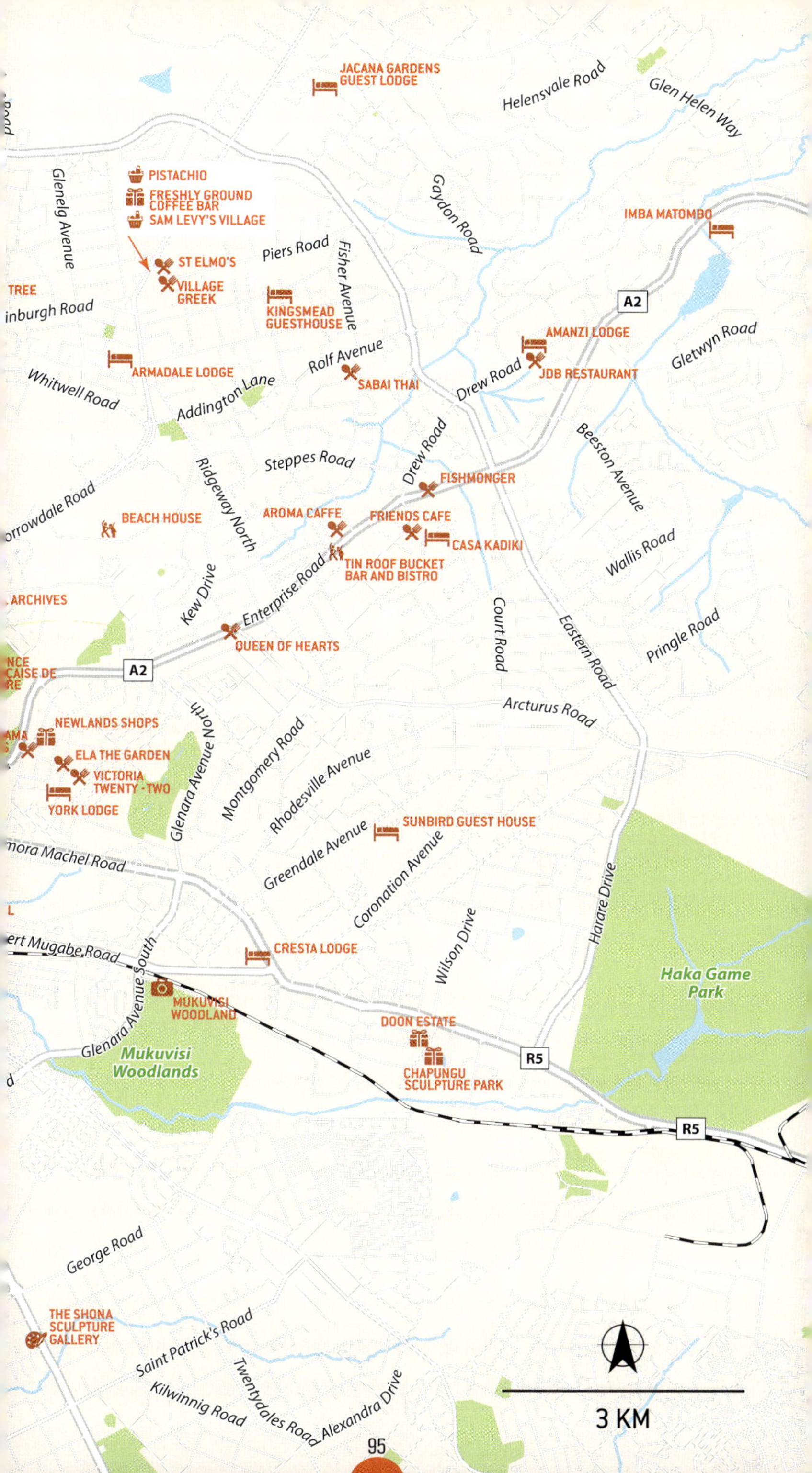
JACANA GARDENS GUEST LODGE
Helensvale Road
Glen Helen Way
PISTACHIO
FRESHLY GROUND COFFEE BAR
SAM LEVY'S VILLAGE
Glenelg Avenue
Gaydon Road
IMBA MATOMBO
Piers Road
Fisher Avenue
ST ELMO'S
VILLAGE GREEK
TREE
inburgh Road
KINGSMEAD GUESTHOUSE
A2
AMANZI LODGE
Gletwyn Road
Rolf Avenue
Drew Road
JDB RESTAURANT
ARMADALE LODGE
Whitwell Road
Addington Lane
SABAI THAI
Beeston Avenue
Drew Road
Steppes Road
Ridgeway North
FISHMONGER
orrowdale Road
BEACH HOUSE
AROMA CAFFE
FRIENDS CAFE
CASA KADIKI
Wallis Road
TIN ROOF BUCKET BAR AND BISTRO
Enterprise Road
Kew Drive
ARCHIVES
Court Road
Eastern Road
Pringle Road
QUEEN OF HEARTS
A2
Arcturus Road
NEWLANDS SHOPS
ELA THE GARDEN
VICTORIA TWENTY - TWO
YORK LODGE
Glenara Avenue North
Montgomery Road
Rhodesville Avenue
SUNBIRD GUEST HOUSE
Greendale Avenue
Coronation Avenue
Harare Drive
mora Machel Road
Wilson Drive
ert Mugabe Road
CRESTA LODGE
Glenara Avenue South
Haka Game Park
MUKUVISI WOODLAND
DOON ESTATE
Mukuvisi Woodlands
CHAPUNGU SCULPTURE PARK
R5
R5
George Road
THE SHONA SCULPTURE GALLERY
Saint Patrick's Road
Kilwinnig Road
Twentydales Road
Alexandra Drive
3 KM

SE REPÉRER SE DÉPLACER

L'aéroport international d'Harare se trouve quotidiennement desservi par des vols internes en provenance de Bulawayo et de Victoria Falls. Toutes les villes principales du pays sont desservies en bus. Les compagnies vont et viennent régulièrement et les horaires changent : le mieux est donc de se rendre à la gare routière la plus proche pour se renseigner. Certaines compagnies d'autocar évitent les gares routières et effectuent les départs de leurs bureaux. Les kombis à destination d'autres villes partent des gares routières, ou ailleurs en ville selon la destination. Les Zimbabwéens prennent régulièrement les kombis et se feront un plaisir de vous indiquer le bon point de départ. Harare, qui est au cœur d'un réseau routier bien développé, est le point de jonction de cinq nationales desservant les principaux sites touristiques du pays ainsi que les grandes agglomérations des pays limitrophes.

AÉROPORT INTERNATIONAL ROBERT GABRIEL MUGABE

Airport road
✆ +263 242 585 073
Taxi entre l'aéroport et le centre-ville entre 20 et 25 USD.

L'aéroport de Harare, qui a pris le nom de l'ancien chef l'Etat en 2017, dispose de nombreux services : cafés, agences de voyages et de locations, banques… Sa piste, qui mesure 4 725 m, est l'une des plus longues du continent. Le terminal pour les vols internationaux, ouvert en 1999, se trouve à côté de l'ancien qui accueille maintenant les vols internes. Les navettes des hôtels ou des taxis assurent la liaison de l'aéroport jusqu'au centre et jusque dans la banlieue d'Harare.

AIR ZIMBABWE

Harare International Airport
✆ +263 242 575 111
www.airzimbabwe.aero
Harare-Bulawayo à partir de 140 USD et Harare-Victoria Falls à partir de 165 USD l'aller simple.

Air Zimbabwe est la compagnie aérienne nationale du Zimbabwe. Elle appartient entièrement au gouvernement du Zimbabwe et a été fondée en 1967. Elle relie également Johannesburg en Afrique du Sud et Dar es-Salaam, en Tanzanie. Outre l'aéroport d'Harare, la compagnie a des bureaux dans le centre ville d'Harare, mais aussi à Bulawayo et Victoria Falls. Air Zimbabwe offre des liaisons hebdomadaires entre Harare, Bulawayo et Victoria Falls. Il faut tout de même se renseigner à l'avance, car la compagnie fait souvent face à des difficultés.

FASTJET

9 Phillips Avenue
✆ +263 867 700 6060
www.fastjet.com
Harare-Bulawayo à partir de 112 USD aller simple. Harare-Victoria Falls à partir de 163 USD l'aller simple.

Opérationnelle au Zimbabwe depuis 2015, cette compagnie aérienne sud-africaine assure deux fois par jour la liaison entre Harare et Victoria Falls et une à deux fois par jour la liaison entre Harare et Bulawayo. Elle assure, par ailleurs, quatre fois par jour la liaison Harare-Johannesburg. Depuis peu, elle assure également une fois par jour la liaison entre la capitale zimbabwéenne et Kariba Town. Fast Jet dispose de bureaux dans les aéroports et centres-ville d'Harare, Bulawayo et Victoria Falls. Ses services sont généralement fiables.

EAGLE LINER

9 Rudland Avenue
✆ +263 776 466 806
www.eaglelinercoaches.co.zw
Harare-Bulawayo, trois fois par jour, 25 USD. Harare-Beitbridge, quatre fois par semaine, 25 USD.

Cette compagnie, basée à Harare et créée en 2011, assure les liaisons Harare-Bulawayo (trois fois par jour) et Harare-Beitbridge (les lundis, mardis, jeudis et vendredis) avec des cars confortables. Les cars pour Beitbridge traversent la frontière jusqu'à Musina en Afrique du Sud. Les départs et arrivées ainsi que les ventes de billets se font depuis le bureau de la compagnie à Belvedere, pas loin du centre-ville. Il est également possible d'acheter les billets à Bulawayo, Gweru, Kwekwe, Kadoma, Marondera et Bindura, villes desservies par les bus.

EXTRA CITY

120 Samora Machel Avenue
✆ +263 775 205 200

Harare-Bulawayo à 20 USD, Bulawayo-Victoria Falls à 15 USD, Harare-Victoria Falls à 30 USD.

Créée en 2000, Extra City s'est tourné dans le transport de personnes en 2011 pour devenir l'une des plus importantes compagnies de bus du pays. Elle assure plusieurs liaisons quotidiennes entre Harare et Bulawayo (avec des arrêts à Chegutu, Kadoma, Kwekwe et Gweru). Deux bus par jour continuent à Victoria Falls (avec des arrêts à Lupane et Hwange). Les achats de billets et les départs se font du bureau d'Extra City, pas loin du centre-ville. La compagnie dispose bien évidemment de bureaux à Bulawayo et Victoria Falls. Le service est généralement fiable.

KING LION COACHES

Cnr Robert Mugabe Way & 5th Street
✆ +263 772 635 472
www.kinglioncoaches.co.zw

Harare-Lusaka à 20 USD, Gweru-Lusaka à 25 USD.

Cette compagnie nationale, créée en 2013, assure des trajets entre Harare (gare routière Roadport) et Lusaka en Zambie, tous les jours et entre Gweru (gare routière Kudzanai) et Lusaka, quatre fois par semaine. Entre Harare et Gweru, elle dessert Chegutu, Kadoma et Kwekwe. Entre Harare et Lusaka, côté Zimbabwe, elle dessert Karoi, Chinoy et Chirundu. Les deux capitales sont reliées deux fois par jour (un départ le matin et un départ le midi d'Harare). Gweru n'est par contre relié à Lusaka qu'une fois par jour. Les bus sont bien équipés et le service plutôt fiable.

KARIBA FERRIES

Simon Mazorodze Road
✆ +263 242 614 162
www.karibaferries.com

145 USD par adulte, 75 USD par enfant, pension complète. Compter 150 USD par véhicule.

La traversée de Kariba à Mlibizi dure 22 heures. Le voyageur peut admirer les paysages et les activités des pêcheurs. Un bar à bord vous permettra de regarder le coucher du soleil spectaculaire boisson fraîche en main, et un arrêt en fin d'après-midi donne le temps de se dégourdir les jambes. Les sièges s'inclinent pour passer la nuit soit en salle, soit sous les étoiles. C'est non seulement un voyage inoubliable, mais c'est aussi la seule option confortable pour se déplacer entre Kariba et la région des chutes Victoria sans faire le grand détour par Bulawayo.

IMPALA

40 Chiremba Road
✆ +263 242 742 420
https://impala.co.zw/

Impala Car Rental est une compagnie zimbabwéenne, fiable, en pleine expansion. Loueur de voitures avec ou sans chauffeur, elle offre également des services de transfert et de transport de personnes. Il est possible de louer toutes sortes de véhicules : berlines, minibus, pickup, SUV... Outre l'agence d'Hillside, une représentation existe au niveau de l'aéroport d'Harare, de celui de Victoria Falls, mais aussi dans le centre-ville de Bulawayo. Il est néanmoins possible d'envisager de rendre le véhicule dans d'autres villes du pays.

LED TRAVEL & TOURS

6 Fereday Drive
✆ +263 4 778 831

Établi depuis 2004, Led Travel & Tours est une agence de location de voitures, mais également une agence de voyages qui offre un service de réservation d'hôtels, de vente de billets d'avion, de transports de personnes et propose des circuits touristiques à la découverte des incontournables de la destination. Outre le bureau du centre d'Harare, Led Travels dispose également de représentations dans les aéroports d'Harare, de Victoria Falls et de Bulawayo, ainsi que dans les centres-ville de Victoria Falls et de Bulawayo. Led Travels est aussi présent à Lusaka.

SHUTTLE DIRECT

✆ +263 4 701 491
www.shuttledirectzim.com

Transfert de l'aéroport en ville : à partir de 40 USD pour 3 pers., puis 6 USD par pers. supplémentaire, jusqu'à 7 pers.

Compagnie zimbabwéenne, créée en 2010, Shuttle Direct assure des transferts vers l'aéroport, mais aussi autour de la capitale, voire dans le reste du pays. Ses services sont disponibles 24h/24, 7j/7. L'équipe se montre assez professionnelle et réactive. Les véhicules sont confortables et le service est de bonne qualité. Il est possible de demander une estimation et de réserver en ligne. Avant de faire appel à cette compagnie, il vaut mieux demander d'abord à votre hôtel les conditions de leur transfert, parfois gratuit ou à moindre coût.

À VOIR / À FAIRE

Comme la plupart des villes africaines, Harare ne se distingue guère par la multitude de ses monuments. On y trouve cependant quelques beaux bâtiments historiques (Cecil House, Market Hall, la cathédrale anglicane, l'hôtel de ville, le Parliament Building, etc.), ainsi que de rares musées, dont le Museum of Human Sciences, et des galeries d'art (National Gallery, Gallery Delta, Shona Sculpture Gallery…), qui peuvent être vraiment attrayants. Des musées plus intéressants pourront être visités, ailleurs dans le pays, notamment à Bulawayo, ou dans les Eastern Highlands. À Harare, il est également possible de flâner dans de beaux parcs et jardins : Harare Gardens, Mukuvisi Woodlands (qui permet de découvrir une partie de la grande faune de savane, sans quitter la ville), ou National Botanical gardens. Par contre, il ne vous faudra pas très longtemps pour vous évader de la capitale et vous retrouver en brousse.

ALLIANCE FRANÇAISE DE HARARE

328 Herbert Chitepo Avenue
✆ +263 242 704 795
https://www.harare.alliance.org.za/
Ouvert du mardi au jeudi de 8h30 à 18h, le vendredi de 8h30 à 17h et le samedi de 8h30 à 13h30.

L'Alliance française de Harare se consacre à la promotion de la langue française et des artistes locaux et français à travers des festivals, des concerts, des conférences, des expositions et des projections de films. Les cours de français s'adressent à tous. L'Alliance met aussi à disposition une vaste bibliothèque. Elle participe notamment à l'animation culturelle du pays en appuyant certains événements, dont le célèbre festival de Jazz ou la Semaine de la francophonie.

BRITISH COUNCIL

16 Cork Road
✆ +263 242 701 658
www.britishcouncil.co.zw
Bureau d'information ouvert du mardi au vendredi de 9h à 17h et samedi jusqu'à 13h.

Le British Council est l'organisation internationale du Royaume-Uni pour l'éducation et les relations culturelles. Les principaux domaines d'activité sont la promotion des arts, de l'éducation et de la langue anglaise. Il met à disposition des formations en présentiel ou en ligne et un centre d'informations. Il organise des événements culturels en partenariat avec des artistes locaux mais aussi internationaux. Le site Internet renseigne les spectacles et les expositions à l'affiche. Il dispose également d'une représentation à Bulawayo.

SURVEYOR'S GENERAL OFFICE

35 Samora Machel Avenue

Les bureaux et la « boutique » du Surveyor's General (sorte d'IGN zimbabwéen) sont en plein centre d'Harare. C'est ici que vous pouvez trouver quelques bonnes cartes du Zimbabwe, même si elles ne sont parfois pas très récentes : plans de Harare et d'autres grandes villes comme Bulawayo, cartes nationale, régionale et de certains parcs nationaux (Hwange, Nyanga, Mana Pools…), voire des cartes topographiques à différentes échelles. On y trouve aussi un atlas du pays bien détaillé.

ZIMBABWE PARKS AND WILDLIFE MANAGEMENT AUTHORITY

A l'angle de Sandringham et de Borrowdale Road.
✆ +263 242 706 077
www.zimparks.org
Ouvert du lundi au vendredi, de 8h à 18h30.

Zimparks (pour Zimbabwe, Parks & Wildlife Management Authority) est une agence gouvernementale qui gère les parcs nationaux, mais aussi les parcs récréatifs, les jardins botaniques, les zones de safaris et les sanctuaires. Agence incontournable pour avoir des renseignements sur les aires protégées du pays, elle propose aussi de nombreux hébergements (campings, *lodges*, chalets…). Le site Internet est très bien fourni, les réservations peuvent se faire en ligne ou sur place.

ZIMBABWE TOURISM AUTHORITY

55 Samora Machel Avenue
✆ +263 242 758 712
www.zimbabwetourism.net
Ouvert en semaine de 8h à 16h45.

Tel que mentionné sur son site Internet, ZTA est responsable de la promotion, de la planification et du développement du tourisme. Son slogan s'adapte parfaitement au Zimbabwe : *Zimbabwe World of Wonders*, ce qui signifie « Zimbabwe, un monde de merveilles ». Peu d'informations sur place, mais le site Internet est très bien renseigné. Outre le siège à Harare, ZTA dispose de représentations à Mutare, Bulawayo, Kariba, Victoria Falls, Gweru, Beitbridge et Chiredzi.

INSPIRATION AFRICA ZIMBABWE

✆ +263 77 234 0485
www.inspirationafrica.travel

Cette agence de voyages francophone et anglophone réceptive vous prépare un séjour de A à Z et s'adapte pour trouver le bon endroit pour passer le bon moment. Elle est spécialisée dans les séjours à la carte en famille et entre amis ou encore dans le tourisme d'affaires. Elle concocte également des mariages ou voyages de noces inoubliables. Si vous souhaitez faire une croisière safari sur le lac Kariba, l'agence sélectionne et prépare le *houseboat* qui correspondra à vos attentes.

ARMADILLO TRAVEL AND TOURS

81 King George Road
✆ +263 776 873 735
Ouvert du lundi au jeudi de 8h à 16h30 et le vendredi de 8h à 16h.

Petite agence zimbabwéenne très dynamique depuis 1997, elle propose divers services : réservations de transports et d'hébergements, organisation de circuits à travers le pays, elle s'adapte aux envies et aux budgets des clients... Les Eastern Highlands est un de leurs secteurs de prédilection, mais Armadillo opère dans bien d'autres régions du Zimbabwe, en particulier à Victoria Falls et propose souvent quelques bons plans en termes d'hébergements.

JOEL TRAVEL AND TOURS

24 Frank Johnson Avenue
✆ +263 242 796 621
www.joeltravel.co.zw

Bien réputée, Joel Travel & Tours est une agence de voyages et un tour-opérateur purement zimbabwéen, qui organise des visites de villes (Harare et Bulawayo) et des tours dans tout le pays, allant de Victoria Falls au Great Zimbabwe, en passant par Hwange National Park, les Matopos, le lac Kariba, ou bien encore les Eastern Highlands. Les activités de l'agence de voyages tournent autour de la location de voiture, des transferts, de la réservation d'hébergements et de titres de transports et de la vente de circuits organisés.

EXPERIENCE AFRICA SAFARIS

194 Baines Avenue
✆ +263 242 790 850
www.experienceafricasafaris.com

Debbie, la directrice d'Experience Africa Safaris, propose des séjours exclusifs et sur mesure. Grande passionnée du Zimbabwe et des safaris, elle met un point d'honneur à partager son expérience au service des voyageurs. D'une grande écoute et d'une incroyable disponibilité, elle concocte des voyages à la hauteur des espérances de chacun et sait dénicher les meilleures adresses et activités, toujours hors des sentiers battus. Une agence hautement recommandée.

LED TRAVEL & TOURS

6 Fereday Drive
✆ +263 4 778 831

Établi depuis 2004, Led Travel & Tours est une agence de location de voitures, mais également une agence de voyages qui offre un service de réservation d'hôtels, de vente de billets d'avion, de transports de personnes et propose des circuits touristiques à la découverte des incontournables de la destination. Outre le bureau du centre d'Harare, Led Travels dispose également de représentations dans les aéroports d'Harare, de Victoria Falls et de Bulawayo, ainsi que dans les centres-ville de Victoria Falls et de Bulawayo. Led Travels est aussi présent à Lusaka.

NYATI TRAVEL & TOURS

29 Rhodesville Avenue
✆ +263 242 495 804
www.nyati-travel.com

Créé en 1991 par deux professeurs néerlandais, tombés amoureux du pays, Nyati Travel & Tours propose de visiter les plus beaux endroits du Zimbabwe, accompagné d'un guide expérimenté à la rencontre de la faune et de la flore africaines. Au programme, des circuits dans tout le pays (chutes Victoria, lac Kariba, Hwange National Park, Matopos, Eastern Highlands, Gonarezhou, etc.). Des minibus, des 4x4 et des petites citadines peuvent être loués à la journée, avec ou sans chauffeur. Il est aussi possible de procéder à la réservation de billets d'avion.

OFF2AFRICA

25 Shortheath Rd
✆ +263 772 147 631
www.off2africa.travel

Off2Africa a été créé par Beck Edwards en 2001. La compagnie est codirigée par Olivier, un Français revenu vivre au Zimbabwe en 2017. Spécialiste des voyages en Afrique de l'Est et australe, au Zimbabwe en particulier, la compagnie propose des voyages à travers le pays : Hwange, Matopos, Eastern Highlands, Gonarezhou… Elle propose également différents thèmes de voyage : en famille, en lune de miel ou tout seul, à cheval, à pied ou encore en voiture, pour les amoureux des oiseaux, de la photographie ou des sensations plus extrêmes…

ROCKSHADE

113 Samora Machel Avenue
✆ +263 242 701 803
www.rockshade.co.zw

Cette agence propose des locations de voitures, la mise à disposition de cars, des transferts, des réservations d'activités et des tours organisés à une distance raisonnable de la capitale : Bally Vaughan et Mbizi Game Park, Snake Park, lac Chivero et le sanctuaire d'oiseaux Kuimbashiri. Elle organise aussi des circuits plus éloignés : Hwange, Victoria Falls, Kariba, Great Zimbabwe et Eastern Highlands. Rockshade propose également des voyages au Botswana et en Zambie. La compagnie dispose également d'un bureau à Victoria Falls.

SASANA TOURS & SAFARIS

✆ +263 242 575 431

www.sasana.co.zw

Sasana est un un tour-opérateur local lié à l'agence de location de voitures Avis. Cette agence propose des packages tout inclus en organisant toutes les prestations sur place (transport, hébergement, guide local francophone), mais aussi la réservation d'hébergements, de billets d'avion, d'activités, de locations de voiture, etc. Sasana propose aussi de petits circuits bien ficelés autour de la capitale (*city tour*, Mukuvisi, Domboshawa, Imire Game Park...). Les séjours peuvent être conçus entièrement sur mesure selon les attentes et les envies de chacun.

SIKILIZA

✆ +263 242 861 286

www.sikiliza.net

Sikiliza organise des safaris dans tout le pays. L'équipe est francophone, mais parle aussi l'anglais ainsi que l'italien. Installée depuis une vingtaine d'années à Harare, elle connaît également l'Afrique australe (Botswana, Malawi, Mozambique, Namibie et Zambie), mais aussi orientale (Ouganda). Vous pouvez combiner plusieurs destinations dans votre voyage. Sikiliza vous organise ou vous oriente, selon vos envies et votre budget, pour un voyage sur mesure : escapades originales, romantiques, aventureuses, vacances en famille ou en solo...

SATS

27 Wembley Crescent Eastlea

✆ +263 477 6840

www.victoriafallssats.côm

Southern Africa Touring Service est un tour-opérateur situé à Harare. Fondé en 1994, SATS s'est construit une certaine réputation au Zimbabwe ainsi qu'au Botswana où il opère également. SATS se spécialise dans la création de packages et propose une véritable immersion au Zimbabwe et dans le reste de l'Afrique australe. Ce tour-opérateur organise aussi des voyages sur mesure, en personnalisant totalement l'itinéraire et les prestations fournies. L'agence possède une large flotte de véhicules (4 x 4, minibus...). Bon accueil de Martin et Gordon.

TRAVEL PORTFOLIO

Arundel Village mount Pleasant

✆ +263 772 412 993

www.travelportfolio.co.zw

Travel Portfolio est une agence de voyages locale spécialisée dans la création sur mesure et l'organisation de séjours au Zimbabwe et dans la sous-région (Zambie, Botswana, Afrique du Sud). Cette agence nouvellement créée, menée par la dynamique Hayley Idensohn, propose un large panel d'hôtels, d'activités et de circuits. Agence sérieuse capable d'organiser un voyage authentique et sur mesure. À noter : Travel Portfolio est également en mesure d'organiser des circuits sur le thème de l'ornithologie, ou encore des séjours « incentives » pour les entreprises.

WILD GOATRAVEL

170 The Chase

✆ +263 785 416 735

https://www.wildgoatravel.com/

Wild Goatravel, qui est une émanation de Far and Wide, avec qui il partage les bureaux à Harare, est un jeune et dynamique tour-opérateur tourné sur le Zimbabwe, mais aussi les pays voisins. Il cherche à proposer des voyages permettant de vivre des expériences uniques, tout en favorisant des projets de conservation de la nature. Au Zimbabwe, Wild Goatravel propose une sélection de très beaux séjours. Sur le site où sont implantés ses bureaux, le groupement Far and Wide/Wild Goatravel est en passe de proposer des activités sportives : parc aventure, mur d'escalade...

AFRICA UNITY SQUARE

Au croisement de Jason Moyo Avenue et Sam Nujoma Street.

Ce petit parc de 2 ha est un havre de verdure au milieu d'Harare. Il est envahi autour de la pause de midi par les citadins aspirant à se reposer et déjeuner à l'ombre des arbres. Situé au cœur du centre-ville, il est en permanence bordé d'un petit marché artisanal et d'un marché aux fleurs et abrite la Publicity Association de Harare. Il était auparavant nommé Cecil Square, non en hommage à Rhodes, mais à Robert Cecil, Premier ministre britannique lors de la constitution de Fort Salisbury. Ses allées étaient alors disposées selon le drapeau britannique.

HARARE GARDENS

Park Lane

Entrée gratuite. Le parc est toujours ouvert mais est déconseillé en soirée.

© GERALDMASHONGA - ISTOCKPHOTO.COM

Ce parc s'étend au nord du centre-ville, où il forme un havre de verdure qui mériterait d'être entretenu. Relativement calme, c'est un lieu que les habitants affectionnent et où ils viennent volontiers pique-niquer le week-end, manger au petit restaurant ou faire une petite sieste après le déjeuner en semaine. Un terrain de jeux pour les enfants et une piscine y ont été également construits. Un kiosque à musique accueille de temps en temps des petits orchestres, et des troupes locales se produisent à l'occasion dans le théâtre à ciel ouvert.

MUSEUM OF HUMAN SCIENCES

Burnett way

✆ + 263 242 751 797

www.nmmz.co.zw

Ouvert tous les jours de 9h à 17h. Entrée à 10 USD pour les adultes, 5 USD pour les enfants.

Moins intéressant et complet que celui de Bulawayo qui est le plus grand et le plus beau du genre dans la région, le musée des Sciences humaines d'Harare se concentre principalement sur l'archéologie et l'ethnographie. La première partie explore le rôle des sorciers dans la tradition zimbabwéenne. Une large section est consacrée à l'évolution humaine : âge de pierre, art rupestre, âge de fer dont le développement du commerce. Une autre partie est un diaporama de la faune et de la flore régionale détaillant les modes de vie, les différents habitats, etc.

NATIONAL BOTANICAL GARDENS

Fifth Street

Ouvert tous les jours de 9h à 17h. Entrée à 2 USD et parking à 3 USD. Herbier. Restaurant.

Le jardin botanique national est un lieu agréable de promenade et de détente. Il a été créé en 1902. S'étendant sur 7 km², la moitié des jardins sont consacrés aux plantes indigènes des forêts du Zimbabwe et comprennent la plupart des 750 espèces présentes dans le pays. D'autres sections contiennent des plantes typiques du continent africain, notamment des espèces rares et menacées, ainsi que des espèces exotiques. Il héberge également l'herbier national.

NATIONAL GALLERY ★★

20 Julius Nyerere Way

✆ +263 242 704 666

www.nationalgallery.co.zw

Ouvert du mardi au dimanche, de 9h à 17h. Boutique de souvenirs, cafeteria avec wi-fi. Entrée à 1 USD.

La National Gallery de Harare fut créée en 1957, à partir d'une collection d'œuvres européennes auxquelles furent ajoutées des œuvres africaines. Les sculptures sont exposées à l'intérieur et dans les jardins ; des peintures et une multitude d'objets d'art africain se trouvent au rez-de-chaussée et à l'étage. La visite est aussi intéressante qu'instructive, en ce qu'elle révèle certains aspects méconnus des traditions africaines. La galerie organise aussi de nombreux ateliers, films, conférences et accueille des expositions temporaires tout au long de l'année.

EWANRIGG BOTANICAL GARDEN ★

Christian Road
✆ +263 772 572 044
www.zimparks.org
Ouvert de 8h à 17h tous les jours. Entrée au parc : 10 USD par personne.

Les très beaux jardins d'Ewanrigg furent à l'origine élaborés par le botaniste Harold Christian qui, à la fin du XIXe siècle, fit construire une ferme à cet endroit. A sa mort, les terres furent cédées à l'Etat, qui en fit un jardin public. Ce dernier rassemble plus de 57 variétés d'aloès, ainsi que de nombreuses autres plantes et fleurs, tels que fuchsias, bambous, cactées, cycas… A une demi-heure du centre-ville, vous aurez la possibilité de pique-niquer sur le site.

MUKUVISI WOODLAND ★

Hillside Road ✆ +263 242 747 111
www.mukuvisiwoodland.co.zw
Ouvert TLJ de 8h à 17h. Entrée à 5 USD pour les adultes, 4 USD pour les enfants et gratuit pour les moins de 4 ans.

Le Mukuvisi Woodland est un sanctuaire d'environ 270 ha, composé d'une belle forêt et d'une réserve animalière. Celle-ci abrite plusieurs variétés d'antilopes, ainsi que des zèbres, des girafes et des crocodiles. Une immense volière a également été aménagée non loin d'une terrasse panoramique, d'un centre de conférence et d'une aire de jeu pour les enfants. Le Mukuvisi Woodland se trouve être le quartier général d'une demi-douzaine d'autres d'associations environnementales. C'est une excursion agréable à faire en famille, à deux pas du centre-ville de Harare.

NATIONAL ARCHIVES

Borrowdale Road
✆ +263 242 792 741
www.archives.gov.zw
Ouvert en semaine de 7h45 à 13h et 14h et 16h45. Entrée archives à 2 USD et salle de lecture à 1 USD.

Fondées en 1935 par le gouvernement rhodésien, les archives nationales rassemblent plus de 4 000 livres et 30 000 photographies et coupures de journaux sur le Zimbabwe pré-colonial, colonial et moderne. Il est sous la supervision du ministère en charge des Affaires internes et du Patrimoine culturel. Les employés peuvent facilement vous aider dans vos recherches. Pour les passionnés d'histoire, une belle salle de lecture est accessible sous présentation d'une pièce d'identité. Il est également possible d'effectuer des reprographies.

NATIONAL HEROES' ACRE ★

Bulawayo Road
www.nmmz.co.zw
Ouvert tous les jours de 8h à 17h. Entrée du musée entre 5 USD et 10 USD.

Ce site érigé un an après l'indépendance en 1981 a été conçu avec l'appui de la Corée du Nord. Il est considéré avec respect par les gens du pays. Il est centré autour d'un monument mortuaire, érigé en mémoire des 25 000 Zimbabwéens morts lors de la guerre civile pour l'indépendance. Il se trouve au cœur d'une forêt de 57 ha, tout en haut d'une colline dominant la capitale. Un petit musée est présent à l'entrée, il est consacré à la lutte anticoloniale en mettant en lumière des photographies, des documents et autres accessoires de la guerre et de l'indépendance.

THE SHONA SCULPTURE GALLERY ★

20 Airport Road
✆ +263 242 571 110
www.shonasculpture.gallery
Ouvert tous les jours de 9h à 17h.

Cette galerie, qui a ouvert ses portes en 2016, est spécialisée dans la sculpture sur pierre. Elle regroupe des œuvres d'artistes contemporains, ainsi que des œuvres authentiques plus anciennes qui ont fait la réputation de l'art shona. Les plus grandes sculptures sont exposées dans un magnifique jardin et celles de taille inférieure sont présentées sous une véranda. Amateurs, collectionneurs ou simples curieux seront conquis par les pièces uniques exposées.

SE LOGER

Pour se loger, il y a, à Harare, assez peu d'adresses bon marché. Il est vrai que les *backpackers* ne sont plus, comme durant les années 1990, légion au Zimbabwe. Par contre, les hébergements confortables, voire carrément luxueux, et de fait beaucoup moins abordables sont beaucoup plus communs. Il peut s'agir de grands hôtels, souvent assez centraux, ou de pensions et autres *lodges*, situés dans les faubourgs, au sein de vastes propriétés, aux beaux jardins impeccablement entretenus. La décoration intérieure est généralement tout aussi soignée et les chambres disposent généralement de nombreux équipements : air conditionné, minibar, bouilloire, salle de bains privative, accès Internet… Les petits déjeuners sont bien souvent inclus aux prix des nuitées. Beaucoup d'établissements disposent de restaurants ou assurent la restauration. Comme la plupart du temps au Zimbabwe, le personnel y est souvent très souriant et professionnel.

HARARE

IT'S A SMALL WORLD BACKPACKERS LODGE €

25 Ridge Road
✆ +263 242 335 176
www.smallworldlodge.com
Camping à 20 USD. Caravane jusqu'à 4 pers. à 25 USD. Dortoirs à 12 USD par pers. Chambres entre 20 USD et 40 USD.

C'est le *backpackers* de Harare, où des jeunes et moins jeunes du monde entier se croisent dans une ambiance amicale autour du bar avec son salon attaché ou dans la cuisine commune ouverte à tous. Dans le jardin se trouvent une petite piscine et une grande paillote et le service est sympathique. Quant au quartier, c'est l'un des plus sympas de la ville, avec les commerces et restaurants du centre commercial d'Avondale à 10 minutes de marche du *lodge*.

SIMBA HARARE LODGE €

New Adyllin Westgate Stand 522
✆ +263 774 647 549
Chambres doubles entre 20 et 50 USD, petit déjeuner inclus.

Une maison agréable, reconvertie en *guesthouse*. L'ambiance est familiale, on s'y sent comme à la maison ! Le lieu est composé d'une piscine, d'une terrasse ombragée, d'un grand salon et d'une cuisine commune. Les chambres aux lits doubles, jumeaux, triples ou encore familiale (chambres mitoyennes) ont toutes leur salle de bains privée avec douche ou baignoire. Le personnel se montre accueillant et chaleureux. Accès Internet gratuit. Une adresse agréable et un bon plan pour les petits budgets, même si un peu éloignée du centre-ville.

BRONTE HOTEL €€

132 Baines Avenue
✆ +263 242 707 522
www.brontehotel.com
Chambre standard : simple à partir de 120 USD, double à 145 USD, petit déjeuner inclus.

Le Bronte Hotel est bien connu à Harare. C'est un superbe bâtiment colonial encerclant un havre de verdure et de palmiers. On se sent vite hors de la capitale lorsque l'on flâne autour de la piscine dans ce jardin fleuri, qui invite à se détendre. Les chambres avec leur petit balcon présentent aussi un certain charme. Deux restaurants sont accessibles au sein de l'hôtel : le Palm's, qui propose les petits déjeuners et des buffets sur sa jolie terrasse donnant sur le jardin et Emmanuel's, plus haut de gamme avec ses nappes blanches et son atmosphère élégante.

CASA KADIKI €€

15 Shortheath Road
✆ +263 772 260 531
www.casakadiki.co.zw
Chambre simple à 70 USD et chambre double à 90 USD sans petit déjeuner. 50 % pour les enfants de moins de 12 ans.

Casa Kadiki figure parmi les *guesthouses* les plus séduisantes des environs de Harare. Situé dans un grand jardin où figurent petites boutiques et cafés, on y trouve une petite piscine, des belles chambres chaudement décorées dans des tons et des styles différents. Certaines chambres sont climatisées et les plus confortables possèdent un bain à remous. Elles sont toutes bien équipées et certaines disposent même de kitchenettes, mais plusieurs restaurants se trouvent dans le quartier. L'accueil est à l'image de cet endroit : chaleureux.

CRESTA LODGE €€

Samora Machel Avenue
✆ +263 242 487 006
www.crestahotels.com
171 chambres. Chambre standard simple à 140 USD, double à 180 USD, petit déjeuner inclus.

Cet établissement entièrement rénové en 2015 est probablement le meilleur hôtel de la chaîne Cresta au Zimbabwe. Situé dans un coin très calme, proche du centre ville, il bénéficie d'un grand jardin arboré, d'une piscine qui appelle à la détente et d'un business center. Du coffee shop connecté au mobilier ultra design, la nouvelle décoration lui donne un air très contemporain, l'accueil zimbabwéen en plus ! Quant aux chambres, elles ont toutes adopté le format *king size* et salle de bains avec douche/baignoire. Un beau standing à des prix corrects.

CRESTA OASIS HOTEL €€

124 Nelson Mandela Avenue
✆ +263 242 790 861
www.crestahotels.com
Chambre simple à 80 USD (99 USD en B&B) et double à 99 USD (120 USD en B&B).

Cet hôtel vieillissant respecte les standards internationaux. Le personnel est reconnu pour sa sympathie et sa cuisine est appréciable. A cela s'ajoutent un bar, une piscine et une terrasse. Le Cresta Oasis fait partie des établissements corrects au prix du centre-ville. Il ne présente, par contre, pas de charme particulier. Son intérêt tient plutôt à sa localisation très centrale, à son confort et à la qualité de ses services. Les chambres sont spacieuses et bien équipées (TV satellite, air conditionné, internet, coffre, minibar…).

HOLIDAY INN €€

Samora Machel Avenue
✆ + 263 242 251 200
www.ihg.com
Chambre simple à 225 USD, chambre double à 278 USD, petit déjeuner compris.

L'hôtel Holiday Inn de Harare offre un service à la hauteur de la chaîne à qui il appartient. Les chambres moquettées sont équipées d'une salle de bains, d'un bureau, d'un téléphone, d'une télévision, d'un accès Internet, et d'un service de thé et café. Une large piscine extérieure, un centre de remise en forme, des restaurants à la carte ou au buffet, un centre d'affaires, pour vos loisirs, vos détentes et vos besoins en bureautique. L'hôtel ne présente pas de charme particulier, il est juste central, spacieux, bien équipé et confortable.

IMBA MATOMBO €€

3 Albert Glen Close
✆ +263 783 186 458
www.imbamatombo.com
Chambre simple à 90 USD, chambre double à 120 USD, petit déjeuner compris. Plats au restaurant autour de 15 USD.

Imba Matombo (qui en shona signifie « maison de pierre ») est un lieu exclusif et isolé perché sur une colline au cœur de Glen Lorne, dont la vue donne sur les collines de Domboshawa et la forêt de Gletwyn. Toutes les chambres sont grandes et tout confort avec balcon. Imba Matombo dispose d'un vaste et beau jardin, d'un court de tennis, d'une belle piscine extérieure et une salle de gym ainsi qu'une table de billard pour les moins sportifs. Accueil sympathique et professionnel et restaurant abordable. Très bon rapport qualité-prix.

JACANA GARDENS GUEST LODGE €€

14 Jacana Drive ✆ +263 779 715 297
www.jacana-gardens.com
Chambre simple à 95 USD, chambre double à 130 USD, petit déjeuner compris. Bungalow simple à 115 USD, double à 150 USD.

Cette sympathique et belle demeure, transformée en maison d'hôtes, offre deux options au voyageur : des chambres bien agencées dans la maison principale avec un salon commun, ou des petits appartements avec cuisine et salon privé dans une maisonnette annexe. Le jardin est calme, agréable et parsemé de sculptures d'animaux et contient une petite piscine. Les chambres sont bien équipées (minibars, Internet, bouilloire, coffre…). Des repas légers sont disponibles sur demande à midi.

RAINBOW TOWERS HOTEL €€

1 Pennefather Avenue ✆ +263 242 772 633
305 chambres. Chambres standards à partir de 70 USD.

Voici un hôtel qui a fait dans le grandiose lors de sa construction, ce qui le classe parmi les plus grands hôtels d'affaires de la capitale. Le hall d'entrée est immense avec des boutiques, cinq lieux de restauration et de rafraîchissement, une salle de gym, un sauna, un court de tennis, un salon de beauté, un *business center*, des bureaux... Les chambres sont confortables, avec parfois des vues superbes. Reste que la qualité de l'établissement n'est pas toujours aussi bonne que la qualité de son emplacement mais le rapport qualité-prix est plus que correct.

Victoria Falls Rainbow Hotel

or **Victoria Falls Rainbow Hotel** located only 5 minutes from the actual "Falls"!

South Africa: Tel: +27 11 463 6004 /4470 | Email: res@rtgrsa.co.za
Zimbabwe: Tel: +263 242 772633-9 | Email: reservations@rtg.co.zw

www.rtgafrica.com

RAINBOW TOURISM GROUP LTD

SUNBIRD GUEST HOUSE €€

23 Moulsham Road
✆ +263 779 871 316
www.sunbirdguesthouse.net
Chambre simple à partir de 75 USD, double à 90 USD. Petit déjeuner compris. Autres repas sur commande.

Cette *guesthouse* offre 6 chambres et 2 appartements de très bon standing pour un prix très attractif à seulement un quart d'heure du centre-ville. Les appartements disposent d'une kitchenette, d'une télé, de l'air conditionné, du Wifi et d'une salle de bains. Les chambres disposent d'une télé, du Wifi et d'une salle de bains. À l'extérieur, un très joli jardin entoure une belle petite piscine. Le personnel est en plus très attentionné. Il est également possible de louer un 4 x 4 ou d'organiser des transferts. Une superbe adresse !

KINGSMEAD GUESTHOUSE €€€

78 Kingsmead Road East
✆ +263 242 883 892
www.kingsmeadguesthouse.com
Compter 160 USD pour une chambre simple et 210 USD pour une chambre double. Petit déjeuner inclus.

Kingsmead Guesthouse a des allures de pavillon à l'américaine, avec une décoration très soignée et un service de qualité. Des chambres fleuries, colorées, spacieuses et très bien équipées (minibar, télé satellite, bouilloire, salle de bains…), un salon commun et un joli jardin avec piscine. Dans cette atmosphère impeccable, le personnel est très attentif aux hôtes. Situé près du centre-ville d'Harare, cet hôtel est une alternative relaxante aux grosses structures hôtelières de la ville. Il est possible d'organiser des transferts vers l'aéroport.

AMANZI LODGE €€€

1 Masasa Lane
✆ +263 242 499 257
www.amanzi.co.zw
Chambre simple à partir de 205 USD, chambre double à partir de 250 USD, petit déjeuner compris.

Amanzi Lodge est la rencontre du beau, du bien-être et de la tradition africaine, dans un havre de paix. Ces luxueuses chambres éparpillées dans le jardin splendide ont tout le confort nécessaire. Pour se détendre en massage, il y a le centre de remise en forme, qui propose également des soins beautés à la carte. Les lieux disposent aussi d'une piscine, d'une salle de gym et d'un court de tennis. Pour découvrir l'un des meilleurs restaurants du même nom, le lodge met en place des transferts gratuits. Séjourner au Amanzi est un luxe hautement recommandé.

MEIKLES HOTEL €€€

Jason Moyo Avenue
✆ +263 242 707 721
www.meikleshotel.com
Chambre standard simple à 220 USD, double à 240 USD. Chambre de luxe simple à 285 USD, double à 310 USD.

Ouvert en 1915, le Meikles est une véritable institution dans le paysage hôtelier du pays. Il s'est évidemment offert quelques liftings depuis 100 ans, mais il garde une une atmosphère classieuse et un charme désuet. Avec ses 312 chambres au cœur d'Harare, le standing est annoncé dès le hall de réception, entre la moquette et le marbre, le charme de l'ancien et le design contemporain. Une combinaison qui fonctionne parfaitement. À votre disposition : salle de gym, piscine, salon de thé, bar à cocktail, restaurant gastronomique, bistro…

ARMADALE LODGE €€€

9 Armadale Road
✆ +263 242 882 781
www.armadalelodge.com
Compter 165 USD la nuit en chambre simple et 225 USD pour une chambre double.

Construit en 1904, cet hôtel a su conserver son charme d'époque. Armadale Boutique Lodge offre un service personnalisé et très attentionné. Les chambres sont spacieuses et confortables, idéales pour se relaxer après une journée bien remplie. Elles sont aussi bien équipées et décorées avec soin. Un restaurant traditionnel propose une cuisine de qualité pour faire découvrir à ses hôtes les spécialités culinaires du Zimbabwe. Armadale propose également des services comme les transferts aéroport ou la location de voiture. Une bonne adresse pour un séjour à Harare.

YORK LODGE €€€

1 York Avenue
✆ +263 242 776 239
www.yorklodge.com
Chambre simple à 193 USD, chambre double à 242 USD, petit déjeuner compris. Dîner à 35 USD.

Une belle maison transformée en hôtel, un jardin luxuriant, un calme reposant et un personnel aux petits soins : le York Lodge est situé dans le quartier résidentiel de Newlands. Les belles chambres sont décorées avec le plus grand soin. La maison propose un dîner qui peut faire de l'ombre aux tables gastronomiques et de la petite restauration pendant la journée. Les petits déjeuners sont aussi mémorables. De plus, deux piscines et une salle de gym extérieure sont mis à disposition par l'établissement pour le plus grand bonheur des clients.

SE RÉGALER

On retrouve à Harare une multitude d'options pour se sustenter. Outre les nombreux fast-foods et autres restaurants populaires, pour beaucoup d'origine sud-africaine, qui fleurissent le long des grandes artères et dans les centres commerciaux, on retrouve des salons de thé, des cafés-restaurants ou des restaurants beaucoup plus gastronomiques. Quelques-uns servent une cuisine typiquement zimbabwéenne, beaucoup une cuisine occidentale. On retrouve également beaucoup de restaurants plus exotiques, servant une cuisine indienne, chinoise, thaïlandaise, éthiopienne... À l'image de certaines pensions et d'hôtels, beaucoup de ces restaurants sont situées dans les faubourgs et disposent de grands jardins, où il fait bon traîner à table. Il faut mentionner quelques bonnes tables, bien réputées, qu'il convient de réserver à l'avance, surtout durant les week-ends. Il est à noter qu'il n'est pas rare de dîner assez tôt. *So British*...

Plat composé de sadza, viande et légumes.

ALO ALO €€

10 Forest Road
✆ +263 242 369 198
www.aloalorestaurantzim.com
Ouvert tous les jours de 9h à 22h, les dimanches et lundis jusqu'à 14h30. Compter entre 16 et 20 USD pour un plat.

Le restaurant Alo Alo est idéal pour le dîner. L'intérieur est assez rustique mais agréable. Il est préférable de réserver dans le jardin. L'ambiance est tamisée à la bougie sur leur grande terrasse. Les menus du jour sont disponibles avec deux ou trois plats. La carte, variée, propose une cuisine européenne. Les assiettes sont copieuses et présentées avec soin. Ouvert chaque matin, les petits déjeuners y sont prisés également, avec des muffins et milkshakes faits maison. Il est également possible d'acheter des plats à emporter.

AROMA CAFFE €€

167 Enterprise Road
✆ +263 772 235 693
https://aromacaffeharare.business.site
Ouvert du lundi au samedi de 7h30 à 16h30. Plat aux alentours de 14 USD.

La réputation de ce restaurant n'a pas faibli suite à son déménagement en juillet 2018. Les gourmets de cuisine italienne sont toujours au rendez-vous. Les produits frais, les plats du jour, les petites attentions du chef et les prix abordables font de cette adresse un lieu très appréciable. Antipasti, lasagnes, raviolis, spaghettis, filletto, grochetti, accompagnés de mille et une sauces… Un festival de pâtes à tomber. L'établissement propose également de délicieux *breakfasts*, des sandwiches, des paninis, des salades, des wraps…

COIMBRA RESTAURANT €€

61 Selous Avenue
✆ +263 242 700 237
Ouvert du mardi au dimanche, de 11h à 21h30. Compter 20 USD pour un repas.

Cuisine portugaise, spécialiste pour ses poulets savoureux et copieux. Le poulet piri-piri est d'ailleurs chaudement recommandé, servi plus ou moins pimenté selon votre préférence, avec des frites, du pain et des sauces. Coimbra propose également des plats de poissons, des soupes, des salades, des steaks et T-bones et quelques desserts (mousse au chocolat, crème caramel, pudding…). L'intérieur est simple, mais bien tenu. Le restaurant peut accueillir jusqu'à 200 personnes. L'atmosphère est décontractée et le service accueillant.

ELA THE GARDEN €

15 York Avenue
✆ +263 774 893 711
Ouvert du mardi au vendredi de 11h à 20h. Dimanche de 11h à 18h.

Cuisine italienne, grecque, mexicaine et japonaise. Un restaurant de fusion grecque pour les végétaliens, végétariens, sans gluten et les amateurs de viande. À titre d'exemple, on peut commander des lasagnes végétariennes, une moussaka, un cordon bleu de poulet… Il est également possible de composer son propre burger. Des repas délicieux et abordables pour tout le monde. La scène donne aux musiciens locaux une chance de se produire la plupart des week-ends. Beaucoup de nourriture amusante et délicieuse dans un environnement très détendu !

FISHMONGER €€

197 Enterprise Road
✆ +263 242 308 164
Ouvert du mercredi au samedi pour le déjeuner et le dîner, dimanche pour le déjeuner uniquement.

Les amateurs de poissons (brème, tilapia…), de crustacés (crevettes) ou de mollusques (moules, calamars…) seront ravis de cette adresse. Par contre, on peut regretter le peu d'options végétariennes. Les denrées sont directement importées du Mozambique, du Cap ou même d'Ecosse. Le chef décline ses mets selon plusieurs spécialités : asiatiques, japonaises ou plus européennes comme la sole meunière, la paella ou encore le *fish and chips*. Une belle carte de vins (rouges, rosés, blancs ou pétillants) et un cadre accueillant accompagnent le tout.

LA FONTAINE RESTAURANT €€€

Jason Moyo Avenue
✆ +263 242 707 721
https://www.meikleshotel.com/
Repas aux alentours de 45 USD. Ouvert en semaine de 12h30 à 14h30 et de 18h à 22h30, samedi et dimanche : dîner uniquement.

Il s'agit du restaurant du grand hôtel Meikles dont la première salle a été ouverte en 1958. Il propose une cuisine gastronomique à tendance française et spécialisée en grillades. Cet établissement reste une institution dans la capitale, surtout depuis les rénovations de 2013. L'ambiance chic est mise à l'honneur : la décoration, le service et les assiettes sont impeccables, la carte des vins est très appréciable. On y sert de délicieux plats de viande ou de poisson qui mêlent influences africaines, occidentales et asiatiques.

FRIENDS CAFE €

15 Shortheath Road
✆ + 263 778 808 388
www.friendscafe-harare.com
Ouvert en semaine de 8h à 17h, le samedi 8h à 15h, le dimanche de 8h à 14h. Takeaways.

Le cadre de ce café est très sympathique avec son beau jardin, ses petites tables et tabourets en pin, sa décoration jeune… Petits déjeuners, hamburgers, sandwichs grillés, wraps, *buddha bowls*, salades, frites, etc. La carte propose notamment beaucoup d'options végétariennes. On trouve également des boissons chaudes, des milkshakes, des smoothies et autres boissons fraîches… Le tout est toujours très savoureux, le service souriant et l'atmosphère, comme son nom l'indique, amicale. L'établissement propose également des plats à emporter.

GAVA'S €

East road ✆ +263 772 381 863
www.gavas.co.zw
Ouvert tous les jours de 11h à 22h. Plat entre 6 USD et 15 USD, boisson à 2 USD. Paiement par carte accepté.

Le Gava's propose des plats typiquement zimbabwéens, ils sont principalement à base de viande (en sauce ou grillé) et de *sadza*. La cuisine est classique mais toujours très bonne et les assiettes sont généreuses. Le restaurant donne sur un immense jardin occupé par de nombreuses tables de pique-nique ombragées par des chapiteaux. L'ambiance est conviviale et en musique, les amateurs du coin sont nombreux. A noter que tous les dimanches de 13h à 17h un concert est organisé et permet aux jeunes étoiles montantes de se produire sur scène.

GREAT WALL €€

94 East Road
✆ +263 242 334 149
Ouvert tous les jours de 11h à 15h et de 18h à 21h30. Compter en moyenne entre 15 USD et 20 USD pour le plat.

L'ambiance sobre avec l'art chinois sur les murs sous une grande paillote africaine peut paraître incongru, mais le résultat est agréable. Le service est très soigné et les assiettes sont généreuses. La spécialité de la maison est la cuisine style Sichuan, mais les amateurs de tous les plats chinois peuvent trouver leur bonheur parmi le très grand choix de soupes, d'entrées, de plats de viande, de poissons et fruits de mer et de plats végétariens, accompagnés de riz ou de nouilles. Une zone de jeux pour enfants permet aux petits de se défouler dehors.

JDB RESTAURANT €€€

1 Masasa Lane ✆ +263 788 793 400
https://restaurantjdb.com/
Du mardi au samedi dîner, du mardi au vendredi déjeuner, dimanche et lundi fermé. Plats entre 11 USD à 65 USD.

JDB pour Johannes de Bruijn. Situé à l'Amanzi Lodge, c'est une expérience gastronomique contemporaine d'un chef primé. Johannes est né au Zimbabwe, mais a poursuivi ses études en Afrique du Sud où il a ensuite dirigé des restaurants avant de revenir au pays. Sa nourriture est incroyable et l'attention aux détails est unique au Zimbabwe. Des accords de vin sont disponibles avec votre repas, ainsi que des menus végétaliens, végétariens et sans gluten. Le menu change selon les saisons et toutes les quelques semaines. Les réservations en ligne sont un *must*.

PARIAH STATE €€

King George Road
✆ +263 242 332 535
Ouvert de 7h à 22h du dimanche au mardi et de 7h à minuit les autres jours. Plats de 7 à 24 USD.

Pizzas, burgers, *fish and chips*, wraps, sandwiches et planches dans une ambiance animée. Une terrasse avec vue sur le parking pour ceux qui veulent manger avec moins de décibels. Bonnes pizzas et planches copieuses : le kilo d'ailes de poulet est loin d'être la plus grande ! Ce restaurant fait aussi bar, il est bien achalandé et offre, entre autres, des cocktails et une grande sélection de whiskys. Un des quatre restaurants à Harare – les autres se trouvent à Borrowdale, Belgravia et Pomona. Il y en a également un à Victoria Falls.

QUEEN MAKEDA €€

3 Lanark Road
✆ +263 773 045 001
Plat entre 10 et 15 USD, café éthiopien à 1 USD. Ouvert tous les jours de 12h à 21h, sauf le dimanche de 8h à 15h.

Dans une belle maison bourgeoise, ce restaurant éthiopien à la décoration raffinée propose une cuisine typique. Il est conseillé de commander différents plats et de les partager autour de la galette éthiopienne, couramment appelée *injera*. L'ambiance est intimiste et la restauratrice originaire du pays pourra facilement vous conseiller selon vos goûts. Le menu propose des plats à base de bœuf, de poulet et de mouton, mais les végétariens trouveront quelques plats adaptés à leur régime. Le café éthiopien est un délice. Une chouette adresse.

QUEEN OF HEARTS €€

1 Hurworth road
✆ +263 771 929 914
https://queenofhearts.co.zw/
Ouvert lundi de 7h à 17h, mardi à samedi de 7h à 21h, dimanche de 12h à 17h.

Ce restaurant entouré d'un vaste jardin et de quelques petites boutiques est un lieu joliment décoré par ses plantes suspendues et ses différents luminaires. Côté restaurant, la carte est variée : cuisine tandoori, burgers, salade grecque, quiches, grillades, sushis, pizzas... C'est un des rendez-vous de la capitale, on y vient en famille, entre amis, l'ambiance est décontractée. Il permet aux parents de passer quelques heures de détente pendant que les enfants s'amusent dans le jardin clôturé. De nombreux concerts et événements y sont organisés.

SABAI THAI €

4 Stokesay Close
✆ +263 776 743 775
Ouvert du mardi au dimanche de midi à 20h30 ou 21h le week-end. Nourriture thaïlandaise abordable et authentique.

Soupes, entrées, salades, spécialités à base de canard, de poisson, currys, plats végétariens..., le tout aromatisé de lait de coco, de citronnelle, de piment... Sabai Thai saura émoustiller vos papilles. Les serveurs sont très attentionnés et souriants et l'ambiance excellente. Sabai Thai est le meilleur endroit à Harare pour manger de la nourriture thaïlandaise. Situé dans une pépinière, il y a une ambiance très nature sur la partie avant. À l'arrière, il y a plus de tables et un bar contemporain pour ceux qui veulent profiter du repas de manière plus festive.

ST ELMO'S €

Sam Levy's Village
✆ +263 242 886 959
Ouvert tous les jours de 10h45 à 21h. Compter de 10 USD à 25 USD, pizza classique : 15 USD environ.

Cette pizzeria s'est déjà forgé une bonne réputation dans le secteur, avec ses pizzas cuites au feu de bois face à vous, ses grillades, ses *pastas* italiennes. Il y a aussi quelques options végétariennes. Située dans le centre commercial Sam Levy's Village, juste en face du cinéma 3D. Sur place ou à emporter, cet établissement est réputé être constant dans la qualité de ses pizzas. Possibilité de se faire livrer ou de prendre une pizza à emporter. Le service est rapide, efficace et souriant. Les portions sont copieuses. Une chouette adresse.

VICTORIA TWENTY - TWO €€€

22 Victoria Drive
✆ +263 242 776 429
www.victoria22.com
Ouvert du lundi au vendredi midi et soir, le samedi ouvert pour le dîner uniquement. Repas : environ 45 USD.

Dans une grande maison coloniale à l'intérieur boisé, le Victoria Twenty-Two est au niveau gastronomique la meilleure table de la capitale. Le chef concocte une cuisine plutôt européenne. C'est le rendez-vous des grandes personnalités et des gourmets. Une terrasse extérieure est face à la piscine. Le service est impeccable et les tables parfaitement dressées. La carte alléchante est variée et change régulièrement. Il y a aussi un bar à vin et à tapas populaire et cosmopolite à côté du restaurant principal, plus décontracté, mais toujours aussi classe.

VILLAGE GREEK €

Sam Levy's Village
✆ +263 242 850 666
Ouvert tous les jours de 11h à 21h. Kebabs et pitas autour de 7 USD, gril et poisson autour de 20 USD.

Dips, kebabs, salades, moussaka, plats végétariens... The Village Greek propose un peu de tout. Mangez à l'intérieur ou en terrasse, prenez un kebab à emporter, un plat de poisson mariné ou un grand plat de *mezze* à partager entre amis. Alors que le décor est plutôt fast-food et la vue de la terrasse sur le parking n'est pas la plus romantique, ce restaurant satisfera les amateurs de nourriture méditerranéenne, pour tous budgets. Sur quelques étagères sont proposés à la vente des produits grecs – chocolat, huile d'olive, café, etc.

CHEZ ZANDI €€

8 Lanark Road
✆ +263 778 952 992
Ouvert de 10h à 23h30 tous les jours. Petit déjeuner à 7,50 USD, plats traditionnels de 9 à 17 USD.

Ce bistrot et bar à vin, qui a initialement été ouvert à l'Alliance française en 2015, propose une carte variée, allant de la cuisine zimbabwéenne aux salades, des burgers aux steaks, en passant par les pizzas et les plats végétariens. Le couscous et la soupe vietnamienne ajoutent à la nature internationale de la carte. Il y a également un bon choix de boissons et il est possible d'y prendre le petit déjeuner. L'établissement dispose d'un chouette jardin, où se produisent régulièrement des musiciens zimbabwéens (les jeudi soir et dimanche après-midi).

FAIRE UNE PAUSE

Harare ne manque pas d'endroits pour prendre le thé à une heure toute anglaise ou boire quelques bières à une heure plus tardive. Il y a peu de bars, au sens où on pourrait l'entendre dans l'Hexagone, mais des établissements qui offrent le breuvage et le couvert. Certains de ces établissements ressemblent à des salons de thé. Beaucoup se situent dans des zones commerciales, telles celle de Sam Levy's. Certains de ces établissements proposent quelques délices sucrés et constituent de petites institutions dans la capitale. D'autres ressemblent davantage à des clubs, aux soirées animées et proposant régulièrement de la musique *live*. Certains de ces endroits sont particulièrement prisés des noctambules zimbabwéens. La bière pression est encore assez rare au Zimbabwe, même si elle a tendance à se développer ces dernières années. Les bières servies sont zimbabwéennes, régionales (sud-africaines, namibiennes…) ou européennes.

FRESHLY GROUND COFFEE BAR

Sam Levy's Village
✆ +263 73 166 0554
Thé et café à partir de 2 USD. Ouvert tous les jours de la semaine 7h à 17h, le samedi et le dimanche de 7h à 16h.

Au cœur de Sam Levy's, un petit salon de thé/snack avec un décor classique sur le thème du café. Quelques canapés, une connexion wifi qui permet de pouvoir travailler avec un espresso… Pour les locaux, c'est l'un des meilleurs de la capitale. L'établissement propose un grand choix de thés et cafés de milkshakes, ainsi que divers pâtisseries, sandwichs faits maison, de bons petits déjeuners, des wraps, des burgers… De quoi faire une chouette pause lors d'une journée shopping.

THE VANILLA MOON

8 Seagrave Road
✆ +263 242 333 394
Ouvert du lundi au samedi de 8h à 17h et le dimanche de 8h30 à 15h.

The Vanilla Moon est une maison qui a été transformée en coffee-shop. L'établissement est convivial et le jardin est fort apprécié par les familles. On y déguste de bons cafés et autres boissons chaudes, mais aussi des délices sucrés, dont gaufres, pancakes, brownies… On peut également venir y prendre des petits déjeuners sucrés ou salés, mais aussi des déjeuners simples mais savoureux : burgers, fish and chips, poulet frites, côtes de porc ou bien encore sushis. Parfois, de petits concerts sont organisés dans le jardin.

PISTACHIO

19 Sam Levy's Village
✆ +263 774 280 507
Plats et salades de 10 à 20 USD. Ouvert tous les jours de 7h30 à 16h et le samedi jusqu'à 15h. Fermé le dimanche.

Ce café-restaurant ouvert sur une terrasse, au cœur du centre commercial Sam Levy's, est une petite institution. Il a ouvert en 2012. Son décor vert et blanc annonce une carte très « green ». Si vous cherchez du frais et du fait-maison, sur le pouce, vous êtes au bon endroit. La vitrine du Pistachio propose des wraps végétariens, de bons burgers, des sandwichs toastés ou encore une dizaine de petits déjeuners à la carte. Bon choix de cafés, jus de fruits frais et milkshakes différents. Un endroit sympa pour grignoter des produits de qualité.

VELDEMEERS

✆ +263 786 525 579
7 USD pour une salade et 11 USD pour un plat. Ouvert en semaine de 8h à 17h, le samedi de 8h à 13h. Fermé le dimanche.

Ce Belge installé depuis des années est le pâtissier de la capitale, mais Veldemeers n'est pas qu'une pâtisserie. De bons petit déjeuner sont proposés, ainsi qu'une variété de plats européens : sandwiches, salades, pâtes, burgers, etc. y sont proposés le midi, ainsi que des tapas en soirée. La terrasse est un bon endroit où se poser pendant l'été et le feu réchauffe les clients quand il fait froid. Un lieu qui a du charme, et du goût, d'autant que le service est chaleureux. La chocolaterie Veldemeers est dans le même centre commercial, en face du café.

(SE) FAIRE PLAISIR

Harare est un lieu idéal pour faire quelques emplettes avant le départ. On y retrouve quelques grands complexes commerciaux, comme Avondale, Sam Levy's, Westgate ou bien encore le tout récent Highland Park. Ces centres commerciaux hébergent des grandes surfaces pour beaucoup sud-africaines, une multitude de magasins, des stations-service, des restaurants, des cafés, des banques, voire des salles de cinéma… L'artisanat, que l'on trouve à la capitale, est significativement moins cher qu'à Victoria Falls et pas plus cher qu'à Bulawayo, et l'on trouve une multitude de jolies boutiques et de petits marchés proposant des produits originaux et de l'artisanat de qualité. Ceux du centre-ville sont en majorité concentrés autour de l'hôtel Meikles et le long de First Street. Certaines boutiques se trouvent aussi dans les faubourgs huppés de la capitale. Voici quelques adresses intéressantes où épuiser vos derniers dollars.

SAM LEVY'S VILLAGE

Borrowdale Road

Ce « village » est *the* centre commercial d'Harare, se présentant sous la forme d'une rue londonienne. Projet fou de Sam Levy, un Zimbabwéen excentrique, cet ensemble se compose d'une rue piétonne bordée de maisons d'architecture anglaise ; ces dernières abritent une multitude de boutiques proprettes, ainsi qu'un cinéma et quelques *fast-foods* et restaurants. Le voyageur ne trouvera rien d'authentiquement zimbabwéen ici, mais le regroupement de restaurants et de magasins peut être utile. Un chouette endroit pour faire du shopping et flâner.

MARCHÉ DE MBARE

Chaminuka Street

Mbare Musika en Shona, le plus grand marché de Harare se trouve dans le quartier de Mbare, un des plus vieux *townships* de la capitale. Tout peut être acheté ici : bijoux pas chers, produits de cuisine chinois, fruits et légumes, paniers et sculptures de production locale, vaisselles, vêtements, chaussures… Le labyrinthe du marché de Mbare est rempli de monde et se trouve aussi à proximité de la gare routière du même nom. Le quartier est pauvre et les *pickpockets* s'y rassemblent, alors allez-y avec un minimum de valeurs sur vous et restez vigilant.

CHAPUNGU SCULPTURE PARK

1 Harrow Road

✆ +263 774 894 027

Ouvert du lundi au samedi de 9h à 16h30.

Chapungu a été fondé par Roy Guthrie dans les années 1970. Il été internationalement réputé pour ses sculptures et a permis de développer l'art shona. Ce lieu de création rassemble encore une vingtaine d'artistes qui travaillent différents styles de pierre. Ici, toutes les œuvres sont signées et sont vendues à des prix relativement élevés. Vous trouverez toutes sortes de pierres, et de toutes tailles. Les sculpteurs sont souvent présents, n'hésitez pas à parler avec eux, ils vous feront partager leur art, car derrière chacune de leur œuvre se trouve une histoire.

WESTGATE SHOPPING CENTRE

Lorraine Drive

✆ +263 242 332 255

Situé au nord-ouest de la ville, sur la route de Chinoyi, Westgate, le plus grand centre commercial du Zimbabwe, rassemble les supermarchés Pick N Pay et Bon Marché, des magasins de tout genre (bricolage, vêtements, chaussures, librairies, etc.), des banques, un cybercafé, un cinéma, un centre de fitness, des pharmacies, des agences immobilières, des salons de coiffure, une station-service, des petits restaurants, des fast-foods… Le centre commercial est très apprécié des locaux. Il est ouvert tous les jours, du matin au soir.

BOUGER & BULLER

Harare regorge de grands complexes sportifs, pour beaucoup aux allures assez *British*. L'accès y est généralement réservé aux membres payant leur cotisation. Leurs vastes terrains permettent de faire son footing en toute quiétude. On retrouve également quelques piscines. Les salles de fitness fleurissent çà et là dans la capitale, parfois au sein des grands centres commerciaux. En dehors de la ville, mais sans trop s'en éloigner, il est possible de s'adonner à différentes activités de plein air : randonnée pédestre, VTT, escalade, rafting et canoë, équitation… Pour ceux qui seraient amenés à rester dans la capitale, il est possible de se rapprocher d'associations sportives ou naturalistes et de participer à des sorties (par exemple Mountain Club of Zimbabwe, Birdlife…). Les activités culturelles ne sont pas en reste. Beaucoup sont organisées par des instituts de coopération (français, britannique, allemand…).

ROYAL HARARE GOLF CLUB

Fifth Street Extension
✆ +263 242 702 927
www.royalharare.co.zw
Entre 25 USD et 40 USD pour 18 trous. Caddies à 15 USD.

Pour les amateurs de golf, voici le plus beau parcours de la capitale. Construit en 1898, le parcours n'a pas d'obstacles d'eau mais assez d'arbres et de bunkers pour être un petit défi pour les golfeurs. Le club organise des sessions pour les enfants et des cours pour tous niveaux. Un code vestimentaire est imposé et les détails peuvent être trouvés sur le site du club. Il en est de même pour les modalités pour devenir membre. Le golf dispose d'un magasin, d'un salon et d'un bar à cocktails, d'un grand parking, d'un service de restauration.

ALLIANCE FRANÇAISE DE HARARE

328 Herbert Chitepo Avenue
✆ +263 242 704 795
https://www.harare.alliance.org.za/
Ouvert du mardi au jeudi de 8h30 à 18h, le vendredi de 8h30 à 17h et le samedi de 8h30 à 13h30.

L'Alliance française de Harare se consacre à la promotion de la langue française et des artistes locaux et français à travers des festivals, des concerts, des conférences, des expositions et des projections de films. Les cours de français s'adressent à tous. L'Alliance met aussi à disposition une vaste bibliothèque. Elle participe notamment à l'animation culturelle du pays en appuyant certains événements, dont le célèbre festival de Jazz ou la Semaine de la francophonie.

BRITISH COUNCIL

16 Cork Road
✆ +263 242 701 658
www.britishcouncil.co.zw
Bureau d'information ouvert du mardi au vendredi de 9h à 17h et samedi jusqu'à 13h.

Le British Council est l'organisation internationale du Royaume-Uni pour l'éducation et les relations culturelles. Les principaux domaines d'activité sont la promotion des arts, de l'éducation et de la langue anglaise. Il met à disposition des formations en présentiel ou en ligne et un centre d'informations. Il organise des événements culturels en partenariat avec des artistes locaux mais aussi internationaux. Le site Internet renseigne les spectacles et les expositions à l'affiche. Il dispose également d'une représentation à Bulawayo.

GOETHE ZENTRUM

51 Lawson Avenue
✆ +263 242 796 836
https://goetheharare.wordpress.com/
Ouvert du lundi au jeudi de 8h à 17h (avec une pause entre 13h et 14h) et vendredi jusqu'à 13h.

Il s'agit du centre culturel allemand de Harare. Il est géré par la Zimbabwe German Society depuis 1996. Le centre favorise les échanges culturels par l'organisation d'événements : festivals, concerts, expositions, etc. Le Goethe Zentrum promeut, par ailleurs, l'enseignement de la langue allemande, ainsi que les langues officielles du Zimbabwe qui sont le shona et le ndebele. Concernant l'enseignement de l'allemand, différentes sessions (fonction notamment du niveau) sont offertes. Certaines débouchent sur des certifications.

SORTIR

La capitale zimbabwéenne n'est pas une ville où la fête se trouve à tous les coins de rue. Il y a peu de bars proprement dits et peu de boîtes de nuit. Il faut mentionner que certains restaurants se transforment en lieux plus animés, après la fermeture de la cuisine. Les bars d'hôtel peuvent aussi être une solution pour les insomniaques. Certains bars (y compris ceux des hôtels) organisent de temps en temps des concerts ; renseignez-vous par téléphone, sur les réseaux sociaux ou dans les journaux locaux, par exemple le *Herald*. Concernant les spectacles, il faut mentionner l'existence de quelques cinémas et de plus rares salles de théâtre. Par ailleurs, certains établissements de coopération (Alliance française, British Council, Goethe Zentrum…) organisent fréquemment des manifestations culturelles (voir rubrique « Bouger et buller »).

BEACH HOUSE

Borrowdale Race Course
✆ +263 777 321 124
Ouvert tous les jours de 12h à parfois tard… Grillades de 10 à 30 USD. Sushis de 7 à 16 USD.

Ouvert il y a peu, au niveau de l'hippodrome de Borrowdale, le Beach House est rapidement devenu un lieu de sortie en vogue. Il faut dire que le cadre est sympathique, avec le sable qui tapisse les lieux et les murs de briques. L'ambiance est festive, avec de fréquents concerts qui enflamment les lieux. La carte est bien fournie et de qualité. Les locaux apprécient. Vous pourrez savourer sushis, plats végés, poissons et viandes grillés… Les boissons sont loin d'être en reste et le personnel est des plus accueillants ! Alors *vamos à la playa*…

TIN ROOF BUCKET BAR AND BISTRO

178 Entreprise Road
✆ +263 242 495 874
Ouvert du mardi au samedi de 11h à 22h ou minuit et le dimanche de 11h à 16h30. Fermé le lundi.

Ce bistrot à la déco plutôt industrielle moderne possède une terrasse intérieure et extérieure, un grand bar et une scène de concert. La clientèle est de tous âges, cependant, en week-end, c'est aux alentours de 22h que la jeunesse de la capitale se retrouve et transforme le lieu en piste de danse. Le Tin Roof est l'un bar apprécié où faire la fête. Entre les bières pas chères et les tapas, les noctambules se déhanchent au rythme des concerts qui sont parfois programmés.

THE JAM TREE

40 Bargate Road
✆ +263 782 637 855
Ouvert du lundi au jeudi de 10h30 à 21h30 et du vendredi au samedi de 10h30 à 23h30.

Spécialisé dans les boissons artisanales (une centaine de vins et une quarantaine de bières sélectionnés dont huit à la pression), le Jam Tree est un lieu où il fait bon se retrouver entre amis ou en famille. La salle intérieure et la terrasse extérieure sont décorées avec goût. L'ambiance se réchauffe lors des « jam friday » où la musique *live* est au rendez-vous. Du petit déjeuner au dîner, il est possible de s'y restaurer, les plats (pizzas, burgers, grillades, salades…) ne sont pas gastronomiques, mais ils peuvent sustenter agréablement les petites faims.

REPS THEATRE

4 Maasdorp Avenue
✆ +263 242 335 850
www.reps.co.zw
Entrée entre 5 USD et 10 USD.

Reps Theatre est l'une des plus anciennes compagnies du Zimbabwe. Leur première représentation eut lieu en février 1931. Depuis, elle n'a cessé de se produire, notamment sous la direction d'Adrian Stanley (mort en 2006). Malgré les difficultés du pays, elle ne compte pas s'arrêter là ! Très populaire, la compagnie propose chaque année différentes pièces et la scène du Spotlight organise de nombreux événements : théâtre, *showman*, concert, formation... Des cours de théâtre sont proposés au enfants et aux adultes et des auditions sont régulièrement organisées.

EPWORTH

Epworth se trouve à une petite quinzaine de kilomètres à d'Harare, en direction du sud-est. C'est une des villes dortoirs de la capitale, mais le lieu est surtout connu pour ses pierres de « Domboramwarwi », qui signifie « pierres de Dieu », de gros blocs granitiques, superposés les uns sur les autres, sur lesquels s'amusent les visiteurs et les locaux. On peut même y pratiquer l'escalade, que ce soit en bloc (avec un *crash-pad*) ou avec une corde, certains de ces blocs étant assez hauts. On y vient pour visiter la petite réserve des Epworth Balancing Rocks. Des kombis partent régulièrement de la gare routière de Fourth Street au centre d'Harare.

EPWORTH BALANCING ROCKS ★

Chiremba Road

© HIROMI ITO AME - SHUTTERSTOCK.COM

Ces *Balancing Rocks* sont les plus célèbres du Zimbabwe avec ceux du parc national des monts Matopos. C'est un site géologique intéressant, figurant même sur les billets de banque émis par la Reserve Bank of Zimbabwe, les « bond notes ». Le site héberge également quelques peintures rupestres, mais pour celles-ci, mieux vaut privilégier Domboshawa. Notre conseil est d'éviter la visite complète si vous allez sur le site de Matopos, ce dernier est plus impressionnant. Par contre, le site peut agréablement offrir une demi-journée d'évasion aux portes de la capitale.

MARONDERA

Marondera est une ville située à 67 km d'Harare, elle appartient à la province du Mashonaland oriental, où le climat agréable est favorable à la culture. Sur la route, des étals de fruits et légumes frais font de l'œil aux passagers. Sa population a été estimée à environ 70 000 habitants en 2011. Ce grand centre industriel du tabac a beaucoup souffert de la réforme agraire de 2000, qui a exproprié les fermiers blancs des terres de cette région, où ils vivaient depuis plus d'un siècle. On y trouve des stations-essence, des magasins et de la petite restauration. Sa proximité avec Harare, à moins d'une heure de route, fait de Marondera une ville-carrefour où l'on ne fait que passer.

GOSHO PARK

Mutare Road

✆ +263 652 323 599

https://peterhousegroup.co.zw/

Accès au parc : 5 USD par voiture, 5 USD par adulte et 3 USD par enfant. Camping 10 USD par personne.

Gosho Park est une petite réserve, située à proximité des écoles Springvale et Peterhouse. Elle est gérée par le groupe éducatif Peterhouse. Pour y parvenir, depuis le centre de Marondera, il faut rouler quelques kilomètres en direction de Mutare. L'entrée se trouve alors à gauche de la route. On peut y camper dans un environnement très préservé et il y a une multitude d'activités à faire : randonnée, escalade, VTT, découverte de la grande faune (girafes, zèbres, différentes antilopes...). Le park héberge également le Festival of Music-Food-Wine.

IMIRE SAFARI RANCH

Bridge Road ✆ +263 772 522 201

www.imire.co.zw

Excursion à la journée à 80 USD par adulte. Pension complète avec activités à 190 USD par adulte. Enfant : moitié prix.

Imire se trouve à 110 km de Harare. En 1972, les propriétaires du ranch décidèrent de transformer une partie de leurs terres agricoles en réserve. Ils clôturèrent une zone de 2 000 ha et accueillirent progressivement des espèces telles que des girafes, des buffles, des éléphants, des zèbres, diverses antilopes et surtout des rhinocéros noirs. De nos jours, environ 3 500 ha sont désormais clôturés et des restaurants et des *rondavels* ont été construits pour les voyageurs. Les excursions à la journée sont possibles pour ceux qui ne veulent pas passer la nuit.

SAVANNA CAMP

Entre Harare et Marondera, sur la gauche, juste après Melfort. ✆ +263 719 933 288
www.savanna-camp.com/
Visite à la journée : 10 USD par adulte. Camping : 20 USD par adulte. Enfant : 50 %. Tente (4 personnes) : 65 à 80 USD.

Cette réserve privée s'étend sur 500 ha, à quelques dizaines de kilomètres d'Harare. Pour autant, on se sent déjà en brousse. La réserve héberge de nombreux animaux : girafe, zèbre, damalisque, impala, éland, gnou... Il est possible de découvrir le site en voiture, en vélo ou à pied. Des canoës sont même à louer. Différentes activités sont proposées : randonnées, pêche, canoë... Côté hébergement, il est possible de venir avec sa tente et de la planter sur place. Depuis peu, un camp de toile a également été ouvert. Un bon moyen de s'évader de la capitale.

LAKE CHIVERO ★★

Le lac Chivero, anciennement lac MacIlwaine, du nom de l'un des fondateurs du Soil and Water Conservation Movement, est un lac de barrage. Long de 400 m, le mur du barrage retient 250 000 millions de litres d'eau et couvre une superficie de 2 630 ha. Il est la principale source d'eau de la capitale. Cependant, le lac Chivero en tant que *recreational park* est aussi destiné aux citadins de la capitale qui aiment y venir se délasser le week-end. Sur la rive nord sont installés quelques petits ports, bars, hôtels et terrains privés, alors que sur la rive sud, une réserve animalière a été aménagée. On y trouve des girafes, des zèbres, différentes espèces d'antilopes, des autruches, des crocodiles, mais aussi des rhinocéros ! C'est aussi un paradis d'oiseaux : cigognes à bec ouvert, barbicans, guêpiers, buses, foulques, cormorans, colombes, ombrettes, jacanas, martins-pêcheurs, hérons cendré, hérons goliath, pygargues, choucadors, rolliers à longs brins, pour n'en citer que quelques-uns. On peut aussi découvrir quelques belles peintures rupestres dans la zone de pique-nique Bushman's Point. Autres activités possibles : safaris équestres au sud, location de bateaux et de canoës au nord, ou encore la visite de Kuimba Shiri Bird Park.

Transports

Il est nécessaire d'avoir une voiture et il est conseillé de s'équiper d'un 4x4 en saison des pluies. Depuis Harare, en prenant la direction de Bulawayo, le lac est accessible après une trentaine de kilomètres. Un panneau indique le lac Chivero sur la gauche.

LOGEMENTS ZIMPARKS €

✆ +263 774 544 112
www.zimparks.org
Chalets entre 45 et 60 USD et lodges entre 75 et 86 USD. Camping à 10 USD par personne.

Les autorités des parcs nationaux du Zimbabwe ont mis à la disposition des voyageurs quelques *lodges* et chalets bien équipés, avec eau chaude (la plupart du temps). Il est conseillé de les réserver à l'avance au bureau central Zimparks, à Harare. Ces logements peuvent être prisés, notamment les week-ends. Il est également possible de camper (au Msasa Camping Site), voire simplement de venir pique-niquer. Les activités du parc sont essentiellement axées sur les safaris, pêches, croisières, canoës, randonnées pédestres et équestres.

HUNYANI HILLS HOTEL €€

✆ +263 779 755 479
Chambre double avec petit déjeuner à 55 USD, chambre familiale avec petit déjeuner à 105 USD.

Plus qu'à un hôtel, le Hunyani Hills Hotel ressemble davantage à un *lodge*, avec ses chalets éparpillés dans son grand jardin arboré. Les chambres, qui disposent de salle de bain et ventilateur, sont correctes. Cette adresse offre un espace *beach*, ouvert sur le lac Chivero, pour les piques-niques et une aire de jeux pour les plus petits. L'endroit tente de plus en plus de se spécialiser dans les manifestations : conférences, mariages. L'établissement organise chaque année au mois de juillet pendant trois jours un festival de musique électronique.

KUIMBA SHIRI €€

✆ +263 772 226 635
http://kuimbashiribirdpark.com/
Camping à 15 USD par personne. 8 chalets à partir de 60 USD.

Kuimba Shiri est situé sur un site en pleine nature au bord du lac Chivero, c'est aussi un « bird park », un centre de réhabilitation et d'éducation à la conservation des oiseaux. L'établissement dispose de chambres doubles et familiales, avec cuisine équipée ou non, ainsi que d'emplacements de camping. Même si la décoration et l'aménagement sont assez sommaires, sa situation au bord du lac lui confère un cadre charmant, qui permet de s'adonner à un large choix d'activités : pêche, randonnée équestre, balade en bateau, accessibles également en visite à la journée.

LAKE MANYAME ★

Dans un style similaire à celui de Lake Chivero, le lac Manyame est une réserve centrée autour d'un lac de barrage. Cependant, il est moins développé et fréquenté. Il se trouve à 76 km à l'ouest d'Harare et occupe une superficie totale de 11 200 ha. La partie terrestre de la réserve héberge des espèces telles que koudous, hippotragues noirs, cobes à croissant, céphalophes, ourébis, potamochères, phacochères, babouins, vervets, porcs-épics… Le parc abrite une variété particulière d'arbres qui lui confèrent une atmosphère unique. Les activités sont nombreuses, on y vient principalement pour pêcher, naviguer et faire des safaris à pied.

DOMBOSHAWA ET NGOMAKURIRA ROCK PAINTINGS ★

Ouvert de 6h à 18h tous les jours. Entrée : 10 USD pour les adultes et 5 USD pour les enfants.

Dans un paysage assez lunaire, semblable à celui d'Epworth, se dressent des rochers et de très belles peintures des khoïsan, vieilles de plusieurs milliers d'années, représentant le plus souvent des scènes de chasse. Le pays détient des milliers de peintures rupestres, ce passage sera donc très intéressant pour les amateurs. Plus au nord d'autres peintures rupestres ornent les rochers de Ngomakurira. Sur ce site, il est également possible de pratiquer l'escalade.

DOMBOSHAWA ★

Ce village, au milieu des blocs granitiques, est situé à environ 30 km au nord d'Harare. Domboshawa signifie « pierre rouge ». On y trouve des peintures rupestres datant de 6 000 ans. Pour s'y rendre, les kombis partent de la gare routière de Fourth Street à Harare. Ils peuvent vous déposer au croisement de Domboshawa Rock Road et l'entrée de la petite réserve se trouve à moins de 1 km à pied. Non loin du site de Domboshawa, se situe le site de Ngomokurira (une autre réserve gérée par le National Museum and Monuments). Ce site est également constitué de rochers granitiques et hébergent des peintures rupestres plus modestes.

CHAPUNGU

À moins de 10 km du centre-ville d'Harare, sur la route de Mutare, le lieu est réputé pour ses artistes sculpteurs qui travaillent sur place, dans le Chapungu Sculpture Park. Beaucoup de sculptures shona et d'artisanat y sont à vendre. Vous trouverez toutes sortes de pierres, de toutes tailles. Les artistes sont souvent présents, n'hésitez pas à parler avec eux, ils vous feront partager leur art, car derrière chacune de leur œuvre se trouve une histoire dans la forme et dans la pierre. Non loin de là, l'on peut également visiter le Haka Game Park, petite réserve animalière, qui héberge également une ancienne carrière qui permet de pratiquer l'escalade.

Domboshawa.

CENTRE

Le centre du Zimbabwe est constitué d'un haut plateau culminant à 1 500 m au-dessus du niveau de la mer. Bénéficiant d'un climat agréable toute l'année, c'est un endroit propice à l'agriculture et à l'élevage, où la protection de l'environnement ne fait pas partie des préoccupations majeures. Aucune grande zone protégée ne s'y trouve et on n'y relève aucune attraction véritablement touristique. Car le centre du Zimbabwe est plutôt le cœur industriel, commercial et minier du pays, un vaste territoire riche en minerais, où s'alignent entreprises et grandes agglomérations. Au sud-ouest de la capitale, s'étendent les Midlands : une province rurale et minière, parsemée de quelques villes agréables. C'est une région qu'il vous faudra, par contre, traverser pour relier la capitale à Bulawayo, la seconde ville du pays et les grands sites touristiques de l'ouest du pays. Vous pourrez, alors, vous arrêter dans quelques petites réserves.

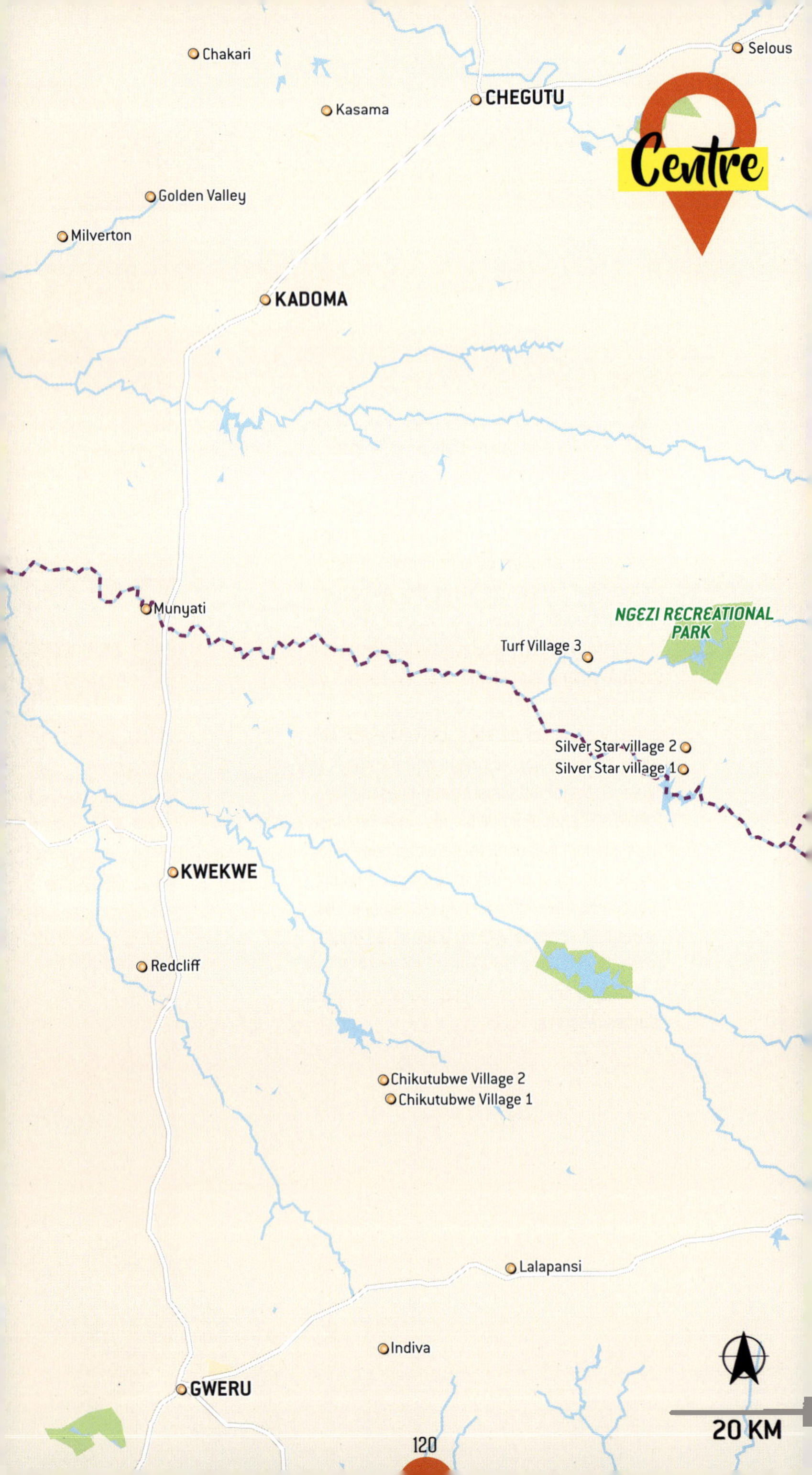
Chakari
Selous
Kasama
CHEGUTU
Centre
Golden Valley
Milverton
KADOMA
Munyati
NGEZI RECREATIONAL PARK
Turf Village 3
Silver Star village 2
Silver Star village 1
KWEKWE
Redcliff
Chikutubwe Village 2
Chikutubwe Village 1
Lalapansi
Indiva
GWERU
20 KM

CHEGUTU

De son ancien nom Hartley, Chegutu est une petite ville située à environ 120 km de Harare, avec des stations-service, des banques, des pharmacies, des supermarchés, un bureau de poste... Tout le centre-ville est concentré sur la Highway, qui porte également le nom de Queen Street, où s'alignent restaurants et bars. Tous les bus entre Bulawayo et Harare s'arrêtent ici. Pour ceux qui veulent aller entre le nord et le sud du pays sans passer par Harare, des kombis pour Chinhoyi attendent leurs passagers devant la station service Engen sur la route principale. Il y a au nord-ouest de la ville quelques aires protégées, telles que Hartley Safari Area.

PAMUZINDA SAFARI LODGE €€€

Près du village de Selous, à 82 km d'Harare direction Chegutu. ✆ +263 868 800 2309
www.zambezicruisesafaris.com

Chambres à partir de 109 USD par personne, petit déjeuner compris. Game drive : 25 USD, bush walk et canoë 20 USD.

Le Pamuzinda est un endroit idéal pour des vacances en famille. Un restaurant ouvert sur une grande piscine, des transats entre ombre et soleil disposés autour... De grandes chambres confortables, avec un balcon, donnent sur la rivière ou des jardins privés. L'endroit est calme et agréable. Dans l'immense réserve du domaine, vous pourrez voir des lions dans un enclos sécurisé, et des éléphants. Vous pourrez d'ailleurs approcher ces pachydermes. Les safaris en voiture et les balades en pleine nature sont aussi au rendez-vous.

CHENGETA SAFARI LODGE €€

A5 Road
✆ +263 772 573 022
www.zambezicruisesafaris.com

Chambre simple à 103 USD, chambre double à 158 USD, petit déjeuner compris.

Dans la même lignée et tout à côté du Pamuzinda Safari Lodge, le Chengeta est plus abordable et détient également beaucoup d'atouts. A moins de deux heures d'Harare, c'est un hôtel familial en bois et au toit de chaume, avec une piscine et 16 lodges disposés dans le jardin derrière le restaurant, et un *lodge* familial pour 5 personnes. Des activités comme le safari en voiture et des balades à cheval vous sont proposées dans leur réserve, et des lions vivants peuvent être approchés dans l'enclos sécurisé du domaine. Vous serez donc sûrs d'en voir !

KADOMA

Fondée au XIXe siècle, Kadoma s'est d'abord appelée Gatooma, jusqu'en 1982. Au XXe siècle, Gatooma était une petite ville agréable, envahie par les chercheurs d'or. Depuis que les activités minières des environs ont un peu décliné au profit de l'industrie du coton, la ville fait plutôt grise mine. Bien que son économie tourne aujourd'hui au ralenti, c'est toujours la première grande ville sur l'axe Harare-Bulawayo. La nationale A5 constitue l'artère principale de la ville, à mi-distance (environ 150 km) entre Harare et Gweru. Tous les kombis, les *chicken bus* et les cars qui circulent entre Bulawayo et Harare s'arrêtent à Kadoma.

KADOMA HOTEL & CONFERENCE CENTRE €€

Eiffel Flats Rd
✆ +263 242 757 090
https://rtgafrica.com

147 chambres. Chambre à partir de 140 USD.

Un grand complexe hôtelier avec des salles de conférences, des chambres standards, des *lodges*, des villas, deux restaurants, un bar à cocktail et un bar de nuit, une grande piscine, une aire de jeux pour les enfants, un terrain de volley, etc., tout cela en plein centre-ville. Il y a également un grand jardin, où s'ébattent des paons. Les chambres sont confortables et bien équipées : accès Internet, télé satellite, minibar, bouilloire, salle de bains.

KWEKWE

Kwekwe, dont le nom vient du coassement des grenouilles de la rivière éponyme, est la ville minière par excellence : une métropole bâtie par les prospecteurs au temps de la fièvre de l'or et érigée, pour ainsi dire, au milieu des filons. Cela fait mille ans que l'on extrait ce métal précieux dans les environs : les tribus dominantes en faisaient le commerce et c'est ce minerai qui, au XVIe siècle, attira les premiers Européens (des Portugais) vers ces terres intérieures de l'Afrique australe. à la fin du XIXe siècle, après la défaite de Lobengula, une véritable fièvre s'empara de la région et les chercheurs britanniques se mirent à affluer. La première mine moderne fut celle de Globe et Phoenix. Aujourd'hui, elle n'est quasiment plus exploitée, comme la plupart de celles qui furent construites par la suite. La prospection de l'or a été remplacée par de nouvelles activités minières telles que l'extraction du chrome et du cuivre. Toutefois, on peut encore apercevoir, au nord-est de la ville, quelques chercheuses d'or shona assises au bord des rivières de la région. Munies de tamis en bois artisanaux, ces femmes filtrent les eaux avec l'espoir de trouver quelques paillettes aurifères...

Transports

Le trajet en voiture depuis Harare se fait sans encombre car la route est en bon état. La gare routière au centre-ville accueille tous les chicken bus qui font la route entre Harare et Bulawayo. Comme dans les autres villes sur cette route, on peut aussi y trouver des bus avec pour destination Victoria Falls.

KING SOLOMON GOLDEN MILE HOTEL €€

89 Cardinal Close

✆ +263 552 523 713

https://goldenmilehotel.co.zw/

Chambre double à partir de 95 USD, 110 USD en B&B.

Les 53 chambres de cet hôtel ont été entièrement rénovées depuis l'arrivée des nouveaux propriétaires en 2016. Le bâtiment ne paie pas de mine vu de la route, mais une fois rentré on est dans l'hôtel le plus haut de gamme de la ville. Les chambres, légèrement décorées à l'africaine, sont confortables et bien équipées. Pour la détente, l'hôtel propose une piscine extérieure à côté de laquelle se trouvent un bar en plein air et un casino. Deux restaurants sont également sur place.

NGEZI RECREATIONAL PARK

Le parc de loisirs de Ngezi s'étend sur 6 326 ha, dont 573 sont occupés par le lac. Il est artificiel, c'est un lac de barrage qui a été construit en 1945 pour approvisionner la centrale de Munyati. Les paysages autour du lac sont formés de marais, de plaines vallonnées et de forêts de msasas. Le parc est soumis à des écarts de température saisonniers élevés, le climat est généralement chaud et sec en été et il peut être très froid en hiver. Néanmoins, c'est une zone de loisirs idéale pour les activités nautiques et de pêche. Les safaris sont moins conseillés, même si on peut apercevoir quelques antilopes et des hippopotames.

ASHKELDA GUEST HOUSE €

20 Central Street

✆ +263 552 522 364

Chambres doubles de 40 à 60 USD. Petit déjeuner à 10 USD. Dîner à 12 USD.

Cette charmante et très paisible petite maison d'hôte, dirigée par Kenneth Halkier, est située à deux pas du centre-ville. Elle tire son nom du mélange des prénoms des enfants de Kenneth. L'ambiance est, il est vrai, familiale et chaleureuse. Des repas (petits déjeuners, dîners) peuvent être préparés à la demande. La cuisine est, là aussi, comme à la maison. L'établissement dispose également d'un bar. Les 10 chambres sont bien équipées et propres. Elles sont entourées d'un jardin bien entretenu. Très bon rapport qualité/prix.

LOGEMENTS ZIMPARKS €

https://www.zimparks.org.zw/

Chalet et lodges de 50 USD à 95 USD selon la taille. Camping : 10 USD par personne.

Zimparks met à disposition plusieurs terrains de camping et des chalets tout équipés :

- **Chalet**. Quatre chalets entièrement équipés sont présents sur le site Armchair, avec cuisine, linge de maison, eau chaude et électricité.
- **Camping**. Les différents sites de camping se trouve à Mitchell's Point, à Storey's Point, à Hammond's Point et à Ventura's Point. A l'exception du site Quarry, qui dispose de blocs sanitaires, les autres sites ne disposent que de toilettes. Le site caravaning est à Mitchell's Point. Chacun des sites dispose d'une zone pour barbecue.

GWERU

Gweru est la plus grande ville des Midlands et l'une des cinq plus importantes du Zimbabwe. Elle a été édifiée en 1894 pour servir de relais entre Harare et Bulawayo : six hôtels s'y bâtissent rapidement et Gweru devient le site de prédilection des prospecteurs d'or. La première banque ouvre ses portes en 1896, suivie en 1898 par le Stock Exchange (la bourse), qui se trouve encore dans le centre aujourd'hui. En 1902, la voie de chemin de fer arrive jusqu'à cette partie des Midlands et Gweru connaît alors un essor important. Jusqu'à la fin des années 1930, elle sert de point de ravitaillement, de commerce et d'échange pour tous les ranchs et les fermes établis dans la région. En 1939, un second boom se produit : la compagnie de chaussures Bata décide en effet d'aller implanter une usine à Gweru, et la ville se met à prospérer davantage. Aujourd'hui, Gweru est une ville active mais qui ne présente pas un énorme intérêt touristique. Pour autant, l'on trouve autour de Gweru quelques ruines intéressantes à visiter, ainsi que l'Antelope Park.

Transports

Les chicken bus qui suivent la route Harare-Bulawayo partent régulièrement de la gare routière Kudzanai au centre ville. Vous pouvez aussi y trouver des bus avec pour destination Victoria Falls, voire pour la Zambie. Les cars de la compagnie City Link partent du parking du Chicken Inn au croisement de Boundary Road et la route de Harare, au nord du centre-ville et d'autres compagnies de cars partent aussi de l'intersection de Robert Mugabe Road et Ninth Avenue, devant Chicken Slice.

CENTRE

BOGGIE'S CLOCK TOWER

Cette grande horloge de pierre blanche fut édifiée en 1937 par Jeanne Boggie, à la mémoire de son mari, le major Boggie, et de tous les pionniers. Elle se dresse à la jonction des deux axes principaux de Gweru, Main Street et Robert Mugabe Way. Pendant des années, les aiguilles de ses quatre cadrans ont été arrêtées sur 10h50. La légende raconte que l'horloge n'a plus fonctionné le jour où, après l'indépendance, on décida de retirer les restes du major Boggie de la tour… Depuis, un horloger est passé par là et a su convaincre le mécanisme capricieux de redémarrer.

MILITARY MUSEUM

Lobengula Avenue

Ouvert de 10h à 17h. Prix d'entrée 10 USD.

Gweru possède un grand centre d'entraînement pour les forces aériennes du pays. La ville abrite aussi un Musée militaire qui est le seul de cette nature au Zimbabwe. Le musée a ouvert ses portes au public le 24 janvier 1974 sous le nom de Midlands Museum, qui a été changé pour le nom actuel en 1985. Il abrite différentes galeries avec des expositions sur le domaine militaire, l'aviation et la police. La galerie de l'armée illustre le développement de l'équipement militaire à partir du XVIe siècle de la période coloniale à la guerre de libération.

RUINES DE DANANGOMBE ★

Les ruines de Danangombe, ou Dhlo Dhlo, présentent un ouvrage de pierres et de petites murailles, bien moins conservé que les ruines de Naletale. On y voit tout de même des beaux exemples d'emplacements des structures de huttes circulaires, caractéristiques de l'habitat de l'époque. La visite guidée des lieux permet également d'admirer des spécimens d'euphorbes, ces plantes qui ressemblent parfois aux cactus. Le site est inaccessible en transports en commun, mais quelques *kombis* peuvent vous déposer à Fort Rixon, à 12 km des ruines.

RUINES DE ZINJANJA ★

Les ruines de Regina, ou de Zinjanja, se trouvent au sud de celles de Naletale, à une centaine de kilomètres de Gweru. C'est une version plus petite des monuments de Danangombe et de Naletale, mais également d'une partie de l'État de Torwa, qui a succédé au Grand Zimbabwe à la fin du XVe siècle. Zinjanja aurait alors constitué une importante cité. Sur le site, on découvre plusieurs terrasses de pierres et des restes de murs, qui laissent deviner l'emplacement des habitats Torwa, le peuple qui occupait Zinjanja à l'époque de l'empire du Zimbabwe.

RUINES DE NALETALE ★★

A partir de Gweru, empruntez la nationale 5 vers Bulawayo et tournez à gauche au niveau de Daisyfield, les ruines sont alors indiquées. A partir de Bulawayo, prendre la direction de Gweru et tournez à droite à Shangani, puis suivez les panneaux.

Les ruines de Naletale sont bien conservées. Elles sont situées tout en haut d'une colline de granit, offrant de belles vues sur les alentours. Les fortifications sont sans doute inachevées et la structure d'ensemble n'est pas très large, mais Naletale possède sans aucun doute les plus beaux murs décorés parmi les 300 ruines que l'on trouve dans tout le Zimbabwe : chevrons, damiers, dentelles, cordons et en plus, des inserts en pierre de fer à bandes d'un brun rougeâtre, qui mettent en évidence les sections supérieures et inférieures des murs. Ces derniers sont surmontés de six tourelles soulignées chacune par une pièce de granit verticale.

Histoire. Le déclin du Great Zimbabwe entraîna la prospérité de l'Etat de Torwa qui prit de l'importance et la capitale Danangombe fut construite au XVIe siècle. C'est au XVIIe siècle que la capitale fut déplacée à Naletale. Cet Etat de Torwa prospéra entre 1450 et 1693. Mais la richesse de la région provoqua leur perte, les Rozvi arrivèrent du nord-est pour les envahir. Les Rozvi ont utilisé Naletale comme base de leur pouvoir, mais pour des raisons agricoles, commerciales et de guerre, leur économie déclina progressivement à la fin du XVIIIe siècle. Les fouilles effectuées en 1963 ont révélé des pots brisés, semblables à ceux trouvés à Khami et à Danangombe, souvent colorés de couleurs vives avec des motifs complexes, de la porcelaine blanche, des sites de productions de clous en fer, de bracelets en cuivre torsadés, des têtes de lance et des pipes à fumer en stéatite.

ANTELOPE PARK €€

A environ 8 km en sortant de Gweru. Prendre la route principale direction Bulawayo, piste à droite au panneau. ✆ +263 772 609 541

www.antelopepark.co.zw

Camping à 10 USD par pers. Tente : en single 60 USD, en double 90 USD.

Antelope Park offre une large gamme d'hébergements. Du camping à côté du lac aux grandes maisons pour groupes en passant par les chambres standard avec salle de bains commune, il y en a pour tous les goûts et tous les budgets. Les activités à faire sur place ne sont pas moins nombreuses : safaris en voiture, à pied ou à dos de cheval, marche avec les éléphants… L'ambiance est conviviale, le personnel est aux petits soins et le site tout confort est propice à la détente et à la découverte. Antelope Park est une belle étape sur la route entre Harare et Bulawayo.

FAIRMILE MOTEL €€

Bulawayo Road

✆ +263 542 224 144

Chambres entre 90 et 160 USD, petit déjeuner compris.

Situé au sud de la ville, sur la route de Bulawayo, cet hôtel, qui fait partie depuis quelques années de la petite chaîne Regency Hotels, a récemment été entièrement rénové. Les 52 chambres sont confortables et bien équipées (air conditionné, salle de bains, bouilloire, télé satellite…). Dans le grand jardin, une aire de jeux pour enfants a été installée et la piscine ravira les clients pendant les jours d'été. Un restaurant et un bar se trouvent également sur place. L'hôtel est légèrement excentré du centre-ville sur la route de Bulawayo. Accès Internet gratuit.

TRANQUILITY GUEST LODGE €

55 Steedman Road

✆ +263 542 220 327

www.tranquilityguestlodge.com

Chambres entre 25 et 50 USD. Petit déjeuner à 10 USD.

Situé au nord du centre-ville, dans un quartier dénommé Athelone, cet établissement propose une variété de chambres : certaines disposent de leur propre salle de bains, d'autres en partagent. De petits réfrigérateurs se trouvent dans certaines chambres. La décoration n'a semble-t-il pas été une grande priorité pour les propriétaires, mais le Tranquility est une bonne option pour les voyageurs à petit budget et le quartier, comme le laisse supposer le nom du *lodge*, est calme. L'établissement peut également préparer des repas à la demande. Accès Internet gratuit.

THE VILLAGE LODGE €€

Harare Road

✆ +263 542 231 760

www.thevillagelodges.com

Chambres entre 90 et 210 USD. Petit déjeuner compris.

Localisé au nord de Gweru, sur la route d'Harare, cet établissement propose des logements séparés en petites structures en briques rouges et toit traditionnel en chaume. Les chambres standards sont spacieuses et chaleureuses et équipées de tout le nécessaire. Le restaurant, le Bonanza, est ouvert au public tous les jours et propose des plats européens en plus d'être le seul établissement à Gweru à proposer des plats chinois. L'établissement dispose également d'un bar. L'environnement est paisible et agréable. Accès Internet gratuit.

PASSPORT

EST

L'est du Zimbabwe, appelé Eastern Highlands : « hautes terres orientales », se démarque de tout le reste du pays. Les paysages sont loin de l'image d'Épinal des vastes territoires sauvages du reste du pays (plaines infinies, où déambulent de grands troupeaux d'herbivores, étendues de savane ondulante et dorée, baobabs centenaires, arbres parasols découpant leurs branchages sur un ciel orangé…). Rien de ce que l'Afrique australe représente traditionnellement dans les esprits des voyageurs ne se retrouve dans cette partie du Zimbabwe, inadaptée aux activités de safari. Le Manicaland (comme on appelle cette province orientale), composé d'une vaste chaîne montagneuse partagée avec le Mozambique, sur plus de 300 km, recèle pourtant des paysages superbes et très contrastés. Panoramas somptueux, forêts tropicales, plantations de thé et de café, jardins botaniques, lacs, torrents, chutes d'eau, c'est un lieu idéal de randonnée et de détente.

Tombo
Catandica
Bomo
Chinyudze
TROUTBECK
NYANGA
Headlands
INYANGA NATIONAL PARK
MONT NYANGANI
Honde
JULIASDALE
Hauna
RUSAPE
VALLÉE DE LA HONDE
Mutasa
Mavonde
Watsomba
Nyazura
MOZAMBIQUE
PENALONGA
Old Mutare
MUTARE
Garuso
Arda Transau
Chicó
MONTS BVUMBA
Canhaúfe
Zimunya
Piki Village
Rupfunde
RÉSERVE FORESTIÈRE DE CHIRINDA
Muromo
Sussundenga
Mudawose
Munhinga
Chakohwa
Muzokomba
NYANYADZI HOT SPRINGS
Hotsprings
CHIMANIMANI NATIONAL PARK
Nyanyadzi
CHIMANIMANI
Gudyanga
Est
BIRCHENOUGH BRIDGE
RÉSERVES FORESTIÈRES DE HARONI ET DE RUSITU
Tanganda Halt
Mutema
CHIPINGE
Save
MOZAMBIQUE
30 KM

PAGES

●● L'EST

RUSAPE

Cette ville industrielle n'est pas la plus agréable du Zimbabwe, mais c'est un carrefour assez important dans l'est du pays. Les routes d'Harare, Mutare et Nyanga se rencontrent à Rusape et les voyageurs qui tournent dans les Eastern Highlands passeront par ici. La ville est aussi le point de départ le plus pratique pour les peintures rupestres de Diana's Vow. D'Harare, il faut prendre la direction de Marondera puis de Macheke et suivre les panneaux indiquant Rusape. Tous les bus entre Harare et Mutare s'arrêtent à Rusape. Les kombis pour Nyanga et Juliasdale partent de la gare routière Evergreen à quelque 800 m de la gare routière principale.

DIANA'S VOW ★★

De l'intersection de la route Harare-Mutare, prenez la route pour Nyanga. Après un kilomètre, tournez à gauche en suivant le panneau et tournez à droite 29 km plus tard pour le parking.

Entrée : 10 USD par adulte et 4 USD par enfant. Ouvert tous les jours de 6h à 18h.

Un des sites de peintures rupestres les plus intéressants du pays datant d'environ deux mille ans. Plusieurs théories tentent d'expliquer la scène sur cette peinture. Aucune n'est acceptée à l'unanimité. Deux théories avancées pendant l'époque coloniale parlent de l'enterrement d'un roi et d'une cérémonie sociale, mais la majorité parlent d'une cérémonie de transe pour communiquer avec les dieux khoïsan autour d'une antilope noire. La personne en transe entrerait dans le monde des dieux pour demander la paix, la pluie ou la fin d'une épidémie.

PENALONGA

Niché au bord de l'ancienne route panoramique menant à Nyanga, dans une petite cuvette entourée de collines, le village de Penalonga ressemble à un comptoir commercial oublié. Pourtant, l'industrie minière à l'origine de cette minuscule ville est toujours en activité actuellement. Le village fondé en 1895 fut en effet le premier site à être mis en place dans la région pour la prospection de l'or. Ce minerai entraîna une véritable ruée dans cette partie du Zimbabwe au début des années 1920 et quasiment jusqu'à l'épuisement des filons dans les années 1960. En 1968 toutefois, un nouveau gisement fut découvert et la mine reprit doucement son activité.

LA ROCHELLE BOTANICAL GARDENS ★

✆ +263 202 422 250

www.larochellecentre.com

Dans la vallée d'Imbeza, au sud de Penalonga, se trouve le jardin botanique de l'hôtel La Rochelle, réputé pour être un des plus beaux jardins botaniques du pays. Ici on plante des fleurs du monde entier et les visiteurs peuvent admirer la grande collection d'orchidées rares. Les jardiniers n'ont pas de quoi chômer. Leur travail est, du reste, admirable. Un endroit apprécié des habitants de Mutare, qui viennent volontiers y pique-niquer le dimanche.

LA ROCHELLE COUNTRY HOUSE €€

Imbeza Valley Road

✆ +263 202 422 250

www.larochellecentre.com

Chambre simple à partir de 100 USD en B&B, chambre double à partir de 160 USD en B&B.

Construit dans les années 1940 par un Anglais, Sir Stephen Courtald et sa femme italienne Virginia, ce mini-château est au cœur de 40 hectares de nature et de jardins. Si le château dégage un petit air familier pour les visiteurs français, c'est parce son architecture est basée sur le château des aïeux huguenots de Sir Stephen à La Rochelle en France. La grande maison coloniale dispose de chambres finement décorées, entre bois verni et draps fleuris. Une adresse très romantique.

JULIASDALE

Juliasdale est bien connu au Zimbabwe. En arrivant, on se demande bien pourquoi. Le village, à quelques kilomètres du parc national de Nyanga, comprend une station-service, un hôtel, un petit magasin, une église… et rien de plus. En revanche, la région est d'une grande beauté et de nombreux hôtels et maisons d'hôte se trouvent alentour. Elle attire des marcheurs, des ornithologues, ou bien encore des pêcheurs à la mouche. Juliasdale est situé à 75 km à l'est de Rusape, la route est bien signalée. Des taxis brousse partent de Juliasdale à Rusape, Nyanga et Mutare, et quelques *chicken bus* passent sur leur trajet entre Nyanga et Harare.

BRONDESBURY PARK HOTEL €€

Juliasdale Road

+263 782 707 837

www.redapplehotels.co.zw

Tarifs haute saison : chambre simple à 120 USD, double à 140 USD. Basse saison : simple à 100 USD, double à 120 USD.

Le Brondesbury a rouvert en septembre 2022, après une fermeture de vingt-deux ans. Il y a encore pas mal à faire pour le remettre à flot, surtout au niveau des extérieurs et des chalets. Comme son nom l'indique, l'hôtel est situé dans un grand parc, qui s'étend sur 22 ha. Pour le moment, la réfection s'est surtout concentrée sur les intérieurs du bâtiment principal. L'hôtel garde néanmoins un charme assez *British* et désuet, avec son bar, son grand salon donnant sur le jardin, ses chambres d'époque… Certaines bénéficient d'un salon personnel.

MONTCLAIR HOTEL & CASINO €€

+263 262 082 441

www.montclair.co.zw

Chambre simple à 200 USD, double à 250 USD, familiale à 300 USD, petit déjeuner compris.

C'est le plus grand hôtel du coin avec 85 chambres au confort 3-étoiles. Son casino a une réputation internationale, comptant plus de 100 machines à sous, de quoi combler les noctambules et amateurs du genre. De nombreuses activités sont au programme : tennis, golf, belle piscine, ping-pong, gymnastique, squash, équitation, volley-ball, randonnée… Et pour le soir : fléchettes, billard et casino. Une petite rénovation serait la bienvenue mais les prix sont raisonnables. Comme beaucoup d'endroits dans la région, la vue de la terrasse arrière est à couper le souffle.

PINE TREE INN €€

Susurumba Drive

+263 782 146 966

www.pinetreenyanga.com/

Chambre simple à 120 USD, chambre double à 140 USD, petit déjeuner compris.

L'atmosphère est chaleureuse au Pine Tree Inn, mais l'endroit date un peu. L'établissement est en revanche confortable, propre et facile d'accès. Les treize chambres, décorées à l'anglaise avec la fameuse literie à fleurs, offrent toutes une jolie vue sur les montagnes environnantes, tandis que les salles communes se composent d'un bar, d'un salon, d'une salle à manger pour le restaurant de l'hôtel, et d'une terrasse. Deux chambres sont communicantes pour en faire une chambre familiale. Le jardin est bien soigné et paisible.

YORK COTTAGES €€

Juliasdale Road

+263 772 100 674

Comptez 110 USD le cottage (4 personnes au maximum).

Le camp de York a été construit par la Commission forestière et appartient maintenant à Allied Timbers, une compagnie privée. Etabli sur la York Forest Estate (un territoire de 1 455 ha), York est constitué de six cottages de bois, semblables à nos chalets de montagne. Chaque unité se compose de deux jolies chambres à l'étage, d'une salle commune au rez-de-chaussée (cuisine entièrement équipée, salle à manger, salon agrémenté d'une cheminée, salle de bains) et d'une grande terrasse-balcon avec barbecue donnant sur les monts Nyanga.

BLUE HAZE COTTAGES €

Juliasdale Road

+263 772 662 695

www.bluehaze.co.zw

Tarifs : 50 USD par personne (si seul), 40 USD par personne (si à deux), 30 USD par personne (à partir de trois).

Les cinq cottages du Blue Haze sont éparpillés sur une propriété de pas moins de 65 ha, des collines couvertes de forêts d'où émergent d'importants dômes de granit. Chacun de ces cottages a sa propre personnalité et sa propre intimité. D'une capacité d'une à quatre chambres, ils sont entièrement équipés en *self-catering* et dotés d'une cheminée (le bois est fourni). Des sentiers à l'intérieur de la propriété permettent de rejoindre de beaux points de vue. Une aire de jeux est à disposition pour les petits, ainsi qu'un bar pour les plus grands. Une chouette halte.

FROGGY FARM KIOSK

A 5 km de Juliasdale dans la direction de Rusape.

+263 773 820 874

Pizza de 10 à 12 USD, burgers autour de 7 USD. Ouvert tous les jours.

Pas loin de Juliasdale, au bord de la route, se trouve une petite cabane étonnante tenue par un producteur zimbabwéen, qui vend des produits divers, de la confiture aux sirops en passant par les sauces et les tomates séchées. Une petite échoppe sans prétention, mais qui vend des produits de bonne qualité. Le lieu s'est étoffé d'un petit restaurant rustique, mais fort sympathique. Les pizzas particulièrement délicieuses sont cuites au feu de bois. On mange face aux cultures. Cela peut constituer une halte bienvenue et champêtre, avant de rejoindre Nyanga.

TROUTBECK ★

Le village de Troutbeck comprend rien de plus qu'un hôtel, une station-service, une église, une école et quelques maisons, mais les visiteurs y viennent surtout pour l'hôtel – le complexe touristique de Troutbeck est la concrétisation un peu folle des fantasmes d'un Irlandais nostalgique. Atteint d'un terrible mal du pays, Robert McIlwaine eut l'idée de recréer l'atmosphère de son Irlande natale sur cette parcelle africaine. Devenu propriétaire d'un petit bout de montagne situé à 2 000 m d'altitude, au nord de l'actuel parc de Nyanga, il fit recouvrir les collines de milliers de conifères, de lacs artificiels et bâtit une grande auberge. Depuis, le paysage s'apparente plus à l'Irlande en plein été qu'à l'Afrique australe ! Aujourd'hui, l'ensemble du complexe est passé dans les mains de grandes chaînes hôtelières tout en conservant son charme d'antan. À Troutbeck, on raconte que le feu de la cheminée centrale a été entretenu sans interruption depuis la création de l'auberge en 1951. Les arbres, plantés par les premiers clients, ont quant à eux atteint une taille raisonnable, tandis que les lacs du Connemara sont devenus inaccessibles au grand public. La petite église du village, St Catherine in the Downs (Sainte-Catherine-des-Collines), vaut également le détour, tout comme le panorama du World's View : un site dominant tout le nord du Zimbabwe.
Troutbeck se trouve à 17 km de Nyanga. De Nyanga, roulez 3 km en direction de Juliasdale et tournez à gauche à la bifurcation. La route traverse une petite portion du parc de Nyanga.

Troutbeck.

WORLD'S VIEW ★

Empruntez la route panoramique qui se trouve au niveau de la Troutbeck Inn. A 7 km à pied de l'hôtel ou environ 10 minutes en voiture.
Entrée 3 USD (adulte) et 2 USD (enfant).
A ne pas confondre avec le site du même nom à Matopos, cette « vue du monde » est un site dominant de grands précipices et offrant un beau panorama sur le nord du Zimbabwe, et notamment sur les lacs Connemara, du moins si la météo le permet, les brouillards étant fréquents. C'est aussi le point le plus élevé du pays accessible en voiture. Des tables d'orientation sont disposées à même le garde-fou. Le site est agrémenté de plantations et de sculptures. Un autre point de vue également situé dans les environs porte le nom de Eagle's View.

GLENDERMERE COTTAGE €

Connemara Lakeside
✆ +263 772 287 429
Tarifs : 100 USD pour le cottage plus 5 USD par personne.
On pourrait en effet se croire au bord d'un lac irlandais… Il y a en fait deux cottages. Le chalet principal dispose de trois chambres avec lits jumeaux, d'une salle de bains et d'une cuisine entièrement équipée, d'un salon et d'une spacieuse salle à manger dotée d'une cheminée. La terrasse offre une belle vue sur le lac. Le chalet attenant offre une chambre pour deux personnes (lits superposés), une salle de bains, une kitchenette et une cheminée. Le linge de maison est fourni. Le gardien peut s'occuper de la vaisselle, des lits et du feu.

TROUTBECK RESORT €€€

1 Nyamaropa Road
✆ +263 772 437 386
www.africansunhotels.com
Chambres simples à partir de 217 USD et doubles à partir de 260 USD, petit déjeuner compris.
Troutbeck Resort ressemble à nos hôtels de golf à l'occidentale : une ambiance feutrée en pleine nature très conviviale. L'établissement est très prisé et ravira les amateurs. Certaines chambres avec cheminée ont vue sur le lac et le parcours de 18 trous : privilégiez ce côté car elles disposent d'un balcon. Elles offrent une salle de bains privée, chauffage et climatisation, le nécessaire pour le thé ou café, téléphone et télévision. Le salon central se trouve dans une très jolie verrière et les environs sont paisibles et verdoyants.

WIND AND THE RAIN €

✆ +263 778 393 777

Entre 140 et 180 USD par chalet (selon la période). Réservation minimale de 2 à 3 nuits (selon la période).

Situés sur une ferme en activité de 7,6 ha, deux chalets peuvent accueillir 6 personnes chacun, avec salon, cuisine et salle de bains dans chaque chalet. Générateur de secours. Idéal pour les promenades et le VTT. Un restaurant rustique, The Packshed, est situé sur la propriété, offrant des repas simples et des rafraîchissements. Il est possible de faire des balades dans la propriété, qui offre des points de vue magnifiques, ou d'utiliser le cottage comme un camp de base pour partir à la découverte du parc national de Nyanga.

NYANGA

Nyanga est une petite ville nichée au creux d'une vallée. Située à quelques kilomètres au nord-ouest du parc du même nom, elle possède une station-service, un bureau de poste, un hôpital, un poste de police, des épiceries et des banques. La ville elle-même est agréable, mais comme partout dans cette région, l'intérêt touristique se trouve aux alentours. Nyanga se trouve à une vingtaine de kilomètres au nord de Juliasdale. Des bus relient quotidiennement Harare ou Mutare à Rusape. À partir de là, possibilité de prendre un autre bus ou, plus souvent, un taxi collectif pour Nyanga. Quelques bus font le trajet direct de Mbare Musika à Harare jusqu'à Nyanga.

VILLAGE INN €€

238 Fisherman's loop

✆ +263 772 658 558

https://www.thevillageinnhotel.net

Chambre simple à partir de 65 USD, double à 90 USD, petit déjeuner compris. Plat à 13 USD, repas à 20 USD.

Le Village Inn est un petit hôtel simple et tranquille aux allures de pension de famille. On y loge dans des chambres claires, spacieuses et irréprochables. Elles donnent sur des jardins bien tenus, ou sur l'une des infrastructures ludiques du lieu : aire de jeu pour enfants, court de tennis ou grande piscine. Pour se restaurer, on y trouve une grande salle à manger un peu vieillote et un bar lounge pour se détendre. Les repas, notamment les petits déjeuners, sont délicieux et le personnel est des plus accueillants. Accès Internet gratuit.

NYANGA NATIONAL PARK ★★★

Situé à trois heures de route au sud-est d'Harare, le parc national de Nyanga est l'un des lieux de prédilection des habitants de la capitale, qui viennent s'y adonner à la pêche à la truite, à l'escalade, à l'équitation, au canoë (les lacs de barrage sont nombreux) ou tout simplement à la promenade. D'une altitude s'échelonnant entre 2 000 et 2 593 m (avec le mont Nyangani, plus haut sommet du Zimbabwe), le parc de Nyanga étend ses forêts de pins et ses monts rocailleux sur plus de 47 000 ha. Dans ce haut lieu de randonnée pédestre, il faut dire que les curiosités naturelles ou historiques ne manquent pas, donnant un but à chaque balade : plans d'eau, cascades, sommets, points de vue, vestiges et ruines de forts et de villages...

La zone occidentale du parc était autrefois le domaine privé de Cecil Rhodes. Il l'a acquise dans le but de cultiver des pommes et d'élever des moutons. Il a passé les dernières années de sa vie dans sa ferme près du barrage de Rhodes.

En tant que legs de Cecil Rhodes, le parc créé en 1926 fut l'un des premiers parcs nationaux à être déclarés dans le pays. Établi sous le nom de parc national de Rhodes Inyanga, il intègre aujourd'hui l'ancien parc national des chutes Mtarazi. Les limites du parc se sont agrandies à plusieurs reprises : la taille du parc a presque doublé avec l'achat de la plupart des fermes d'Inyanga et de Kwaraguza à la fin des années 1990. L'acquisition de la ferme Nyazengu en 2000, anciennement enclave dans le parc, a achevé la protection de la zone.

La végétation de Nyanga fait partie de la mosaïque de forêts-prairies d'altitude. On y trouve en particulier des msasa, des cyprès de Mulandje, des fougères arborescentes géantes, des bruyères, des lys flamme, des aloès, des acacias noirs et des pins. Ces deux dernières espèces, qui ont été jadis introduites, font l'objet de programme d'éradication, car elles sont trop invasives.

Concernant la faune, l'attrait de ce parc, comparé à d'autres, n'est pas dû aux mammifères emblématiques. Même si elle est peu visible, on y trouve une diversité remarquable : différentes antilopes, des léopards, des hyènes, des loutres, la grenouille de la rivière Inyangani. Quelques buffles et lions ont été aperçus, ils viennent probablement des terres mozambicaines. Le parc est surtout connu pour sa population de cercopithèques à diadème. Il héberge également une avifaune remarquable.

Du côté de la topographie, la majeure partie du parc national de Nyanga repose sur un socle granitique. Les plus hautes montagnes sont composées de dolérite et de grès. Les dolérites plus dures forment des falaises et des crêtes et le contact granite-dolérite forme souvent des cascades. Par exemple, la rivière Pungwe prend sa source au pied de Nyangani et traverse le parc vers le sud avant de tomber sur 240 m. Les chutes de Mtarazi mesurent 762 m et constituent la plus haute cascade du Zimbabwe et la seconde d'Afrique. D'une manière générale, le parc est bien arrosé par de nombreux ruisseaux et rivières. Les parties centrale et orientale du parc font partie du bassin du Zambèze. Cinq barrages ont été construits : Rhodes, Mare, Gulliver, Purdon et Udu.

La partie occidentale est la plus développée du parc. Situés à quelques kilomètres de la principale entrée du parc, les bureaux des rangers et de réservation s'y sont implantés. On trouve de nombreuses curiosités : les chutes de Nyangombe et Nyangombe Swimming Pool, les deux plus importants sites archéologiques, le fort de Nyangwe et le fort de Chawomera, ainsi que les *pit structures*. Cette zone comprend également les principales installations de loisirs, telles que les cinq barrages pour les loisirs et les sports aquatiques.

Au cœur du parc national de Nyanga se trouve la réserve privée de Nyazengu et les chutes Nyazengu. Mais cette partie est surtout la zone du mont Nyangani, le plus haut sommet du pays atteignant 2 593 m.

Beaucoup moins développée, la partie australe du parc est accessible en 4 x 4 jusqu'à Pungwe View. Après ce point, la piste se dégrade et il est préférable de continuer à pied. La piste appelée *scenic road* offre des vues spectaculaires. Elle figure sur toutes les cartes du coin et longe en partie la rivière Pungwe. Pour faciliter l'observation des paysages, des promontoires ont été aménagés : Pungwe View, Honde View, Mtarazi Falls View.

Le parc national de Nyanga est très bien signalé et ne se trouve qu'à quelques kilomètres de Juliasdale, Nyanga et Troutbeck. À partir d'Harare, prenez la route nationale jusqu'à Rusape, puis bifurquez vers le parc. Cependant, il est également possible d'atteindre Nyanga par le nord en allant jusqu'à Nyamapanda (au niveau de la frontière mozambicaine), puis en suivant les pistes qui traversent les terres communales. Le trajet est alors beaucoup plus long et plus difficile (cols, défilés, collines...), mais à 60 km au nord de Nyanga, la route se trouve à nouveau bitumée et traverse des plantations de thé, de café et de coton. Pour la partie occidentale, les secteurs d'Udu, de Nyanga et de Nyangwe sont les plus directement accessibles. Situés à quelques kilomètres de la principale entrée du parc, ils regroupent le bureau des rangers et le bureau de réservation, ainsi qu'une multitude d'hébergements peu onéreux. À noter que les frais d'entrée du parc national s'appliquent seulement à ceux qui quittent la route principale.

LES FORTS DE CHAWOMERA ET DE NYANGWE ★

Parmi les très nombreuses ruines qui ont été découvertes dans le parc de Nyanga et ses environs se trouvent les vestiges, quelques murets de pierre plus ou moins hauts, de constructions bâties au sommet de collines. Leur fonction n'a pas été définie avec certitude et suscite la curiosité des chercheurs. Si la situation culminante de ces édifices semble indiquer qu'ils auraient servi de structures de défense, nombreux sont les indices qui prouvent le contraire. Les petits trous carrés, percés çà et là dans les murs et rappelant nos traditionnelles meurtrières, se révèlent trop étroits pour permettre de tirer correctement des flèches. Les grandes ouvertures pratiquées dans les murailles sont beaucoup trop nombreuses. De surcroît, la position de ces vestiges, loin de toute réserve d'eau, écarte toute possibilité de soutenir un siège durable, ce qui, pour un bâtiment visant à la défense, est tout de même un comble ! La théorie la plus communément admise serait donc que ces forts servaient de postes d'observation ou de points stratégiques à partir desquels on envoyait des messages : en guise de porte-voix, les hommes de l'époque utilisaient des cornes de koudou, dont les sons annonciateurs se répercutaient dans les vallées en contrebas. Le fort de Nyangwe est le plus large et le mieux préservé. Il se situe à un peu plus de 1 km de la route de Mare Dam. Chawomera est un peu moins préservé, mais sa situation isolée en fait un endroit fort paisible.

HONDE VIEW ★★

Situé dans la partie sud du parc national de Nyanga, entre les chutes Pungwe et Mtarazi, le point de vue de Honde View est situé au bord d'un escarpement vertigineux. Il offre un impressionnant panorama sur les gorges et les chutes de la Pungwe, mais également, quelques centaines de mètre en contrebas, sur la vallée de la Honde, le village de Hauna, les plantations de thé et de café et, plus loin, les étendues mozambicaines. Il est recommandé de se garer à Pungwe view et d'emprunter à pied le chemin reliant les deux points de vue.

NYANGOMBE FALLS ★

Les jolies chutes de Nyangombe ne se trouvent pas à l'intérieur du parc, mais juste à la lisière de celui-ci, à environ 3 km du lac de barrage d'Udu. À partir du parking, il faut marcher quelques centaines de mètres le long d'un sentier pentu. Ces cascades, assez petites mais très jolies, dévalent d'abord une série de larges rochers en terrasse, avant de se précipiter dans une gorge plutôt étroite et peu profonde. Les rochers la bordant sont particulièrement glissants et quelques personnes se sont tuées pour avoir voulu observer l'eau de trop près.

MTARAZI FALLS VIEW ★★

Pour admirer les chutes Mtarazi, les plus hautes du Zimbabwe et les secondes d'Afrique, il existe un point de vue. Il est conseillé de venir à pied depuis Pungwe view. Les chutes valent le détour : elles tombent le long d'une falaise sur 762 m, avant de disparaître dans une véritable forêt primaire, en contrebas. En 2017, Far and Wide a inauguré deux nouvelles installations au-dessus des chutes : un pont suspendu de 90 m de long et la tyrolienne l'une des plus hautes du monde de 400 m de long. Adrénaline assurée ! L'accès est possible tous les jours de 9h à 16h.

NYANGOMBE SWIMMING POOL ★

À 2 km de l'office des parcs nationaux et à deux pas des cottages Zimparks de Nyanga et du Mare Caravan Park, la rivière Nyangombe forme de petits rapides et une piscine naturelle que bordent quelques pelouses et une plage de sable fin dénommée Brighton Beach. Aménagé en site de pique-nique et de *braai* et de baignade, l'endroit dispose de sanitaires et de cabines pour se changer. Il faut noter que l'eau, très fraîche, est exempte de bilharziose. Un très chouette endroit pour faire une pause repas ou se relaxer entre deux balades.

Nyangombe Falls.

NYAZENGU NATURE RESERVE

La réserve privée de Nyazengu de 1 250 ha qui s'étend au pied du mont Nyangani est accessible à partir du parking aménagé au départ des chemins de randonnée (une route de gravier précédée d'un panneau affichant « *No Entry* » mène à la section privée, 5 km plus loin). Les paysages sont similaires à ceux du parc dans lequel elle se fond, entouré de chemins de promenade balisés, mais certains mènent à des piscines naturelles creusées dans l'ambre ou à de jolies cascades, telles les Nyazengu Falls, impressionnantes chutes de 90 mètres.

PUNGWE VIEW ★★

Sans passer par la partie orientale du parc, il est possible d'atteindre en voiture l'impressionnant point de vue de Pungwe afin de contempler ces superbes gorges et d'apercevoir le haut des chutes du même nom, avant que celles-ci ne s'engloutissent dans la végétation, 240 mètres plus bas. Pour ce faire, il faut, à partir de Juliasdale, emprunter la route en direction de Mutare et tourner à gauche au bout de 11 km. Depuis Pungwe View, vous pouvez emprunter à pied un sentier sur 7 km et admirer le point de vue de la Honde et des chutes de Mtarazi.

LES PIT STRUCTURES ★

Les Pit Structures ou « fosses enclos » sont des sortes de fosses de 2 m de profondeur et de 4 à 6 m de diamètre, dont on ne connaît pas avec certitude la véritable origine. Si on a pu estimer qu'elles avaient été creusées dans le courant du XVIe siècle, les analyses concernant leur utilisation ne concordent guère. Se référant à l'ancien nom de *Slave Pits* (« fosses à esclaves ») donné aux fosses, certains supposent qu'elles servaient à détenir des prisonniers ; cependant, aucun archéologue n'a trouvé trace de ces tribus assujetties. Des historiens croient, quant à eux, qu'il s'agirait plutôt de représentations symboliques de la matrice d'Astarte, déesse phénicienne de la fertilité, tandis que des chercheurs, beaucoup plus réalistes, y verraient des sortes de réservoirs pour stocker le grain… Le mystère de ces trous dans lesquels on pénétrait par des tunnels étroits n'a pas été complètement résolu. Une théorie revient assez souvent et semble être aujourd'hui l'hypothèse la plus probable : ces fosses servaient en réalité d'enclos pour le petit bétail, enclos dont on bloquait l'entrée et la sortie probablement à l'aide de pieux. Des fosses, entourées de huttes traditionnelles aux toits de chaume touchant quasiment terre (structure la plus stable pour résister au vent), ont d'ailleurs été reconstruites dans les environs de Nyanga Dam afin de permettre aux touristes d'apprécier cette architecture originale. Les véritables Pit Structures sont, elles, disséminées dans tout le parc, seules ou par petits groupes de 5 à 12 fosses.

RHODES HOTEL MUSEUM ★

A côté du Rhodes Nyanga Hotel
✆ +263 775 960 221
Ouvert de 9h à 13h et de 14h30 à 17h30, tous les jours sauf le lundi. Entrée : 3 USD (adulte) et 2 USD (enfant).

Le site aujourd'hui occupé par le parc national de Nyanga fut jadis la résidence personnelle de Cecil Rhodes. On y trouve encore son cottage, situé au cœur de jardins à l'anglaise et de jolis bosquets, bordant un petit lac auquel Rhodes donna autrefois son nom. Dans les anciennes écuries, un musée a été aménagé et rassemble quelques objets ayant appartenu au colon. Certains faits de sa vie sont également rappelés, tandis que des panneaux sont parallèlement consacrés à la deuxième guerre de libération, aux héros de guerre zimbabwéens et à l'histoire de la région.

RUINES DE NYAHOKWE ★

A partir de Nyanga, roulez vers le nord pendant 7 km, puis tournez à gauche au panneau, à droite 3 km plus loin puis encore à droite 3,5 km après en suivant les panneaux. Tournez à droite 1 km plus loin pour arriver aux ruines.

Les ruines de Nyahokwe, situées au nord-est du site de Ziwa et au nord du parc de Nyanga, sont très similaires aux autres vestiges découverts dans les environs. Elles s'en distinguent toutefois par l'existence de 80 petites cavités. Selon les archéologues, ces cavités auraient servi à concasser des roches ferrugineuses, des vestiges de fours ont d'ailleurs été retrouvés. Ceci laisse supposer que les populations locales pratiquaient la fonderie et fabriquaient divers ustensiles en fer, destinés aux travaux domestiques ainsi qu'aux échanges commerciaux.

RUINES DE ZIWA ★★

A partir de Nyanga, roulez vers le nord pendant 7 km, puis tournez à gauche au panneau, à droite 3 km plus tard puis encore à droite 3,5 km après en suivant les panneaux. 4 km plus tard prenez à droite à l'embranchement et tournez à droite 4 km plus tard.

Les ruines de Ziwa (anciennement ruines de Van Niekerk, du nom de leur découvreur) se trouvent au nord-ouest du parc national de Nyanga et s'étendent sur plus de 80 km. Très retirées et peu restaurées, elles se composent d'enceintes et de murets de pierre, d'anciennes plates-formes d'habitation, ainsi que de terrasses pour l'agriculture, éparpillés sur plusieurs milliers d'hectares. Si l'ensemble paraît au départ très confus, une structure générale se dessine au bout d'un certain temps d'observation et de déambulation. Quelques guides locaux offrent d'ailleurs leurs services et attendent les curieux dans un petit musée (le Ziwa Site Museum), situé à proximité de la barrière d'entrée menant aux vestiges.

Les quelques recherches effectuées sur le site semblent indiquer que les bâtisseurs de cet ensemble (XVIIe-XVIIIe s.) auraient appartenu à la communauté agricole karanga. Cette hypothèse de l'existence d'une puissante civilisation ayant étendu son empire sur ce vaste territoire zimbabwéen est des plus tentantes, mais elle est néanmoins trop idéaliste. En réalité, ces constructions semblent être le fait de quelques groupes d'agriculteurs changeant d'emplacement tous les quatre ou cinq ans, au fur et à mesure de l'épuisement des sols. L'impressionnante quantité de murets et de terrasses serait ainsi la conséquence de deux siècles de migrations et de constructions successives. Suite à l'effondrement d'un pont en route pour les ruines, un véhicule tout-terrain est nécessaire pour y accéder.

FAR & WIDE

✆ +263 262 083 010

www.farandwide.co.zw

Activités de 20 USD à 110 USD par personne.

Cet opérateur organise des excursions dans le parc : des sorties nature, des randonnées, du *rafting*, la Skywalk et la Skyline... La plupart des activités se passent autour de Mutarazi Cottages. Il peut louer les services de guides et de porteurs. Il est aussi à l'origine du *Touraco Trail*, le sentier le plus beau et le plus difficile du pays. Enfin Far & Wide est à l'initiative de deux événements majeurs : la Sky Run, une course à pied qui s'étale entre 32 et 106 km et le Mountain and Rivers Festival, qui mêle activités de plein air, de relaxation, des concerts…

LOGEMENTS ZIMPARKS €

www.zimparks.org.zw

Chalets pour 2 pers. à partir de 60 USD, pour 4 pers. à partir de 85 USD. Camping : 10 USD par pers.

Comme dans la majorité des autres zones protégées, Zimparks met à la disposition des voyageurs à petit budget de jolis cottages et chalets familiaux entièrement équipés avec une ou deux chambres, et une cuisine. C'est le cas à Udu Dam, où les cabanes bordent le lac, à Nyanga Dam où les Rhodes Cottages dominent une petite vallée et à Mare. Au total une quarantaine de logements en bordure des lacs, pouvant accueillir jusqu'à 6 personnes chacun. On peut s'enregistrer sur place pour Nyanga Dam et Mare, mais il faut le faire au bureau du parc pour Udu Dam.

MARE CARAVAN PARK €

Près de l'office central du parc

Ce grand terrain se trouvant à proximité des bureaux des parcs nationaux, offre des emplacements pour camping-cars et pour tentes avec la possibilité de faire un barbecue. Il y a aussi un bloc sanitaire. Le lac de Mare Dam est une rareté au Zimbabwe – il n'y a pas de bilharziose, alors on peut se laisser tenter par une baignade sans danger. Il y a, bien évidemment, de nombreuses visites et randonnées à faire autour : forts de Nyangwe et Chawomera, *pit structures*, Rhodes Nyanga Historical Exhibition, Nyangombe Swimming Pool, etc.

MUTARAZI COTTAGES €

✆ + 263 292 083 010

www.farandwide.co.zw

Nuitée en cottage à 50 USD par personne. 120 USD pour le cottage entier.

Établis au niveau de la base de Far and Wide, ces trois jolis cottages, construits sur deux niveaux, sont fort bien équipés. Outre le nécessaire de cuisine, six couchages, deux salles de bains et une cheminée (le bois est fourni), chaque cottage est doté d'un sauna. Ils sont idéalement situés aux portes du parc et à seulement 2 km des chutes de Mutarazi. La vue sur les montagnes environnantes est fabuleuse. Non loin des cottages, des cabanes plus basiques peuvent accueillir des groupes plus importants. Il est également possible de camper.

PAMUSHANA COTTAGE €

✆ +263 262 083 010
www.farandwide.co.zw
Nuitée au cottage : 50 USD par personne. Le cottage entier : minimum 120 USD.

Non loin de Pungwe Falls et de Honde View, cette maison, nichée dans une clairière au cœur des montagnes, ne dispose pas moins de trois chambres, de huit couchages, de deux salles de bains, de deux cheminées (bois fourni), d'une cuisine entièrement équipée, d'un braai… L'intérieur est à la fois soigné et rustique. Le cadre est somptueux et la vue spectaculaire. Le cottage fait notamment face au mont Nyangani, point culminant du pays. C'est là encore une très bonne base pour partir à la découverte du parc national et de ses merveilles.

PUNGWE DRIFT COTTAGES €€

✆ + 263 292 083 010
www.farandwide.co.zw
La nuitée en chalet à 40 USD par personne et le chalet à partir de 100 USD.

Il s'agit de l'un des camps de Far & Wide. Ici, les cottages d'une capacité de 4 à 6 personnes, sont construits sur deux niveaux en pleine nature et en bord de la rivière Pungwe. Ici, pas d'électricité, on s'éclaire à la bougie ou à la lanterne. L'accent est mis sur un retour à la simplicité et à la nature. Ici, on vient se ressourcer et profiter de la rivière, des montagnes et de la vie sauvage. Il faut prévoir la nourriture et l'eau, car il n'y a pas de restaurant sur place, mais les visiteurs peuvent utiliser la cuisine commune.

SKYDECK MOUNTAIN RETREAT €€€

✆ +263 262 083 010 - www.farandwide.co.zw
Pension complète et activités entre 300 et 450 USD par personne, selon les options d'hébergement choisies.

Skydeck, composé d'une vaste demeure, et Skydeck Villas, composé de trois maisons pouvant chacune accueillir un couple, constituent une complexe luxueux au cœur des montagnes. Ouvert en 2019, la dernière création de Far and Wide est des plus confortables et romantiques. Outre, là encore, la beauté du cadre, l'aménagement très soigné et la conception des bâtiments permettent aux visiteurs d'avoir une grande intimité, tout en pouvant admirer la nature. On peut ainsi, de son lit, de son bain à remous ou de sa douche extérieure, admirer les montagnes. Royal…

MONT NYANGANI

C'est le plus haut sommet de tout le Zimbabwe. Chapeauté d'un dôme plat et nu s'arrondissant à 2 593 m au-dessus du niveau de la mer, il s'élève tout doucement de la plaine et semble à peine plus haut que les montagnes alentour. La banalité de son aspect général n'en réduit pas pour autant l'incroyable pouvoir de fascination qu'il exerce sur la population locale. Investi d'une importante signification religieuse aux yeux des Shona, le mont Nyangani est un lieu sacré que l'on se doit d'approcher avec respect. Son ascension est ainsi considérée comme sacrilège et rares sont les Zimbabwéens qui osent s'aventurer en ces lieux. Malgré tous les tabous pesant sur ses rondeurs, le mont Nyangani constitue pourtant un lieu privilégié de randonnée matinale. La balade jusqu'au sommet est accessible aux moins sportifs et peut s'effectuer en deux heures. On démarre à 2 000 m d'altitude et on ne gravit que les derniers 600 m de dénivelé. Le chemin est bien fléché à partir du parking, situé une dizaine de kilomètres à l'est du lac de Nyangwe. Néanmoins, comme les conditions climatiques sont souvent mauvaises, il est recommandé de se signaler aux bureaux du parc avant le départ. À Nyangani, le brouillard peut se lever de façon brutale et le vent se mettre à souffler violemment alors qu'on s'y attend le moins. Ne pas s'écarter pas du sentier balisé est une règle impérative. Pour y accéder, prenez la piste qui quitte la route principale en direction de Rhodes Nyanga Hotel, prenez la première à gauche puis la première à droite. Au bout de 5 km, serrez à droite à l'embranchement et le parking se trouve 10 km plus loin.

VALLÉE DE LA HONDE

À partir de Juliasdale, emprunter la nationale en direction de Mutare ; après environ 25 km, la route se scinde en deux : quitter la nationale et tourner à gauche en direction de Hauna ; la route se met alors à zigzaguer et à descendre fortement. En moins de 20 km, on se retrouve 1 500 m plus bas, sans avoir oublié d'admirer la vallée de la Honde au passage. Celle-ci se déroule en contrebas et se parcourt très facilement. Pour les voyageurs sans véhicule, des taxis partagés qui remontent la vallée de la Honde jusqu'à Aberfoyle Lodge peuvent se trouver à Nyanga.

La vallée de la Honde s'étire sur plus de 40 km entre la chaîne montagneuse de Nyanga et les collines mozambicaines. Haut lieu de combats très meurtriers pendant la guerre pour l'indépendance, cette partie reculée du Zimbabwe pâtit d'une mauvaise réputation et reçoit très rarement la visite des touristes. Jouissant d'un climat particulièrement humide, la vallée de la Honde est pourtant un véritable paradis botanique et ornithologique. Ici, quand la terre n'est pas occupée par de jolies forêts égayées de torrents, elle resplendit du vert tendre des plantations de thé et de café. Considérée comme l'une des régions les plus fertiles de tout le Zimbabwe, la vallée de la Honde est en effet le lieu d'innombrables cultures, qui lui donnent un air particulièrement opulent : coton, riz, bananes, tomates, mangues, canne à sucre… autant de denrées que les locaux font pousser dès leur plus jeune âge (il n'est pas rare que des enfants de moins de dix ans mettent la main à l'ouvrage), profitant de l'eau en abondance.

MUTARE ★

Le nom Mutare signifie « morceau de métal » et fait référence aux filons d'or découverts il y a environ cent ans dans le village de Penalonga, situé à 17 km au nord de l'agglomération. La ville a été déplacée en 1896 pour se rapprocher du chemin de fer. Petite ville minière implantée par les colons et portant à l'origine le nom d'Umtali, Mutare est la cinquième ville du pays, avec une population estimée à 200 000 habitants. Aujourd'hui, c'est un lieu agréable et tranquille dans un joli cadre montagnard. Les rues du centre-ville, bordées de jacarandas, possèdent tout le nécessaire pour un voyageur et une bonne gamme d'hébergements. Pour ceux qui arrivent du Mozambique, Mutare est une très bonne introduction au pays.

À partir d'Harare, empruntez la nationale A3 qui mène directement à Mutare en traversant successivement les villes de Marondera et Rusape. Distance approximative : 265 km. À partir de Nyanga, roulez jusqu'à Juliasdale, puis continuez vers le sud en direction de Mutare (et accessoirement des villages de Mutasa, Bonzo et Watsomba). Quelques kilomètres après Bonzo, la route se scinde en deux, mais les voies, bitumées et de longueurs égales, mènent toutes deux à Mutare. Celle se trouvant plus à l'est passe néanmoins à proximité des chutes d'Odzani et traverse le village de Penalonga.

La gare routière principale de Mutare se trouve dans le quartier de Sakubva, un peu excentré du centre-ville. D'ici, *chicken bus* et kombis partent pour, entre autres, Harare, Bulawayo, Chipinge, Chimanimani et Chiredzi.

ABERFOYLE LODGE €€€

Honde Valley Road
✆ +263 780 935 345
www.aberfoylelodge.com
Pension complète à partir de 150 USD par personne.

L'Aberfoyle Lodge est la vraie bonne adresse de la région. Une quinzaine de chalets luxueux parsemés dans des jardins verdoyants, avec un panorama qui accompagnera parfaitement vos petits déjeuners. Les chambres ont été entièrement rénovées en 2015, avec goût. L'équipe est adorable et propose plusieurs loisirs maison, très sympathiques : un parcours de golf de 9 trous, tennis de table, squash, bar, salle de billards, salon de télévision, piscine… Pour les escapades dans les environs, elles peuvent être organisées à partir du club et le choix est également vaste.

MUTARE MUSEUM ★

Aerodrome Road
✆ +263 202 063 005
www.nmmz.co.zw
Entrée à 10 USD pur un adulte, 4 USD pour un enfant. Ouvert tous les jours de 8h à 17h.

Le musée de Mutare est l'un des quatre musées nationaux du pays. Malgré les problèmes financiers auxquels fait face l'administration, celui-ci est bien tenu. Les collections permanentes sont intéressantes et variées. L'exposition des véhicules contient des vieilles voitures et locomotives et le plus vieux tracteur du Zimbabwe. Une autre exposition contient de vieux canons, pistolets et épées. D'autres expositions se concentrent sur la province du Manicaland et explorent son histoire ethnologique remontant à l'âge de pierre, et son histoire naturelle.

EST

ANN BRUCE BACKPACKERS €

99 Fourth Street

✆ +263 202 063 569

15 USD par nuit en dortoir, chambres single à 20 et 25 USD. Camping à 10 USD par personne, petit déjeuner à 5 USD.

Cette petite auberge accueillante est un bon *backpackers* à taille humaine. Treize lits sont partagés entre des dortoirs de trois et quatre lits et deux chambres à deux lits simples. Le petit jardin a de la place pour deux tentes. Le quartier est calme, mais à seulement deux pas du centre-ville. Une cuisine toute équipée est disponible, mais le gaz pour les plaques et le four est payant. La propriétaire habite sur place et elle est disponible pour répondre à toutes les questions ; de même, le personnel est très souriant et serviable.

MUNICIPAL CAMPING AND CARAVAN PARK €

Harare Road

✆ +263 773 201 449

Camping à 10 USD par personne.

Implanté dans un cadre agréable, il se trouve malheureusement à proximité de la nationale relativement bruyante. La distance du centre-ville pourrait en décourager certains, mais des *kombis* peuvent se trouver au bord de la route. Le camping semble être un peu à l'abandon, mais il y a l'eau chaude et l'électricité, et les toilettes et douches fonctionnent bien. Plantez la tente aussi loin de la route que possible pour avoir une nuit un peu plus calme.

HOLIDAY INN €€

Aerodrome Road

✆ +263 202 064 431

www.africansunhotels.com

Chambre simple à 225 USD, chambre double à 278 USD, petit déjeuner compris.

Le plus grand hôtel de Mutare n'a rien d'individuel mais présente tous les éléments de la chaîne Holiday Inn. En face de la grande réception bien tenue se trouvent les ascenseurs qui mènent aux étages. Les couloirs revêtus de moquette conduisent à des chambres tout confort aux couleurs orangées et motifs jaunes et verts. Correctement équipées de tout le nécessaire, elles se présentent généralement avec un ou deux lits doubles et une salle de bains. Le restaurant Hotsprings et le casino incitent la clientèle à une pause-déjeuner ou une pause ludique.

MANICA SKYVIEW HOTEL €€

7th Avenue

✆ + 263 202 066 101

http://manicaskyview.co.zw/

Chambre simple à partir de 75 USD et double à partir de 95 USD.

Anciennement le Mountview Hotel, cet hôtel, à 10 minutes à pied du centre-ville, a été entièrement rénové avant d'ouvrir en juin 2018. Les chambres, revêtues de parquet ou de moquette, possèdent une salle de bains, un balcon, un nécessaire à thé ou café et un salon pour les chambres exécutives. Une piscine se trouve dans le jardin et des concerts de jazz ont lieu tous les vendredis et samedis soirs. Le bâtiment, un grand immeuble, n'a pas de charme particulier, mais le service est professionnel et souriant. Un bon rapport qualité-prix.

MUSANGANO LODGE €€

Champion Mine Road ✆ +263 772 119 447

www.musangano.com

Lodge avec cuisine à 152 USD pour deux pers., chaque pers. supplémentaire à 42 USD. Petit déjeuner compris.

Musangano Lodge propose des chalets pour 2 personnes et des *lodges* pour 6 personnes, avec petite cuisine pour se sentir comme à la maison, mais au cœur de la forêt ! Tous les logements sont très bien décorés. Les terrasses en pleine nature invitent à la détente et offrent un beau panorama. Une piscine pour se rafraîchir se situe à côté de la réception. Musangano dispose également de chemins de promenade dans les bois, dédiés à l'observation de la flore et des oiseaux. Sur le beau terrain de camping dans la forêt, des sanitaires et barbecues sont à disposition.

NANDO'S €

32 Second Ave

✆ +263 73 120 0948

www.nandos.com

Restauration rapide spécialisée en poulet. Comptez 4 USD pour 1/4 de poulet. Boisson à partir de 1 USD.

Poulet rôti, grillé ou croustillant avec des frites, entrées, salades, *burgers* de poulet, ailes de poulet… Vous l'aurez compris, Nando's aime la volaille et spécialement le poulet. Pas de panique pour les végétariens, la maison ne les a pas oubliés et leur propose le *Portuguese Salad* et le *Vegetarian Buger*. Les repas peuvent être très pimentés, mais heureusement qu'un « Periomètre » permet de choisir le niveau de piment souhaité, et il semblerait que ce *fast-food* s'inspire de la cuisine portugaise. Cette chaîne est bien implantée dans le pays.

EST

HALFWAY BISTRO €

Nationale A3

Ouvert tous les jours.

Comme son nom l'indique, le Halfway Bistro se trouve à mi-chemin entre Harare et Mutare (avant la ville de Rusape en direction de Mutare). Un grand bâtiment blanc sur la droite abritant un jardin, un bar, une supérette, un restaurant et une petite boutique avec toutes sortes d'antiquités locales. Construit en 1891, c'est la seule vraie halte où vous trouverez de quoi vous restaurer en route, ou vous reposer. Possibilité de s'asseoir déjeuner dans le jardin. Le snack propose des poulets grillés, des frites, des sandwichs et autres snacks pour moins de 10 USD.

ZIMBO'S CAFE €

29 First Street

✆ +263 782 895 200

Ouvert tous les jours de 8h à 16h30. Plat entre 5 USD et 14 USD.

Ce restaurant, qui a ouvert en 2013, a su créer un belle atmosphère par sa décoration moderne sortie tout droit d'un catalogue suédois, qui dénote dans le paysage de Mutare. *British breakfast*, café *latte ou choco-latte*, gaufres, crêpes, glaces, l'endroit est idéal pour un goûter ou une pause gourmande mais parfait aussi pour un déjeuner. Steak frites ou salades composées, on y va avec plaisir. Les locaux apprécient également les plats traditionnels qui sont proposés. Les burgers sont aussi particulièrement réputés et l'équipe est charmante.

CAFE 1 ELEVEN €€

111 Second Street

✆ +263 202 062 255

Du lundi au jeudi de 8h30 à 17h, vendredi et samedi de 8h30 à 21h. Fermé le dimanche.

Anciennement Green Coucal Café, ce restaurant café a été repris en 2015 par la nouvelle propriétaire, fort accueillante. On y trouve des belles tables dans un cadre relaxant ouvert sur le jardin en été. Ce café bien réputé des résidents de Mutare attire les clients avec un petit déjeuner, un repas léger ou complet, ou juste un café, un thé, un jus frais, une glace ou un gâteau. Bien qu'il serve beaucoup de bœuf et de poulet, l'établissement apporte une attention particulière aux végétariens. Une bonne adresse dans un cadre agréable, pas loin du centre-ville.

MONTS BVUMBA ★★★

À une petite trentaine de kilomètres au sud-est de Mutare se développe un ensemble de hautes collines, ponctuées de vallées luxuriantes. Bénéficiant d'une pluviométrie plus élevée, mais aussi de températures un peu plus fraîches que la moyenne, ces hautes terres, dont certaines s'élèvent à 1 800 m d'altitude, sont connues sous le nom de monts Bvumba (ou Vumba), terme shona qui signifie les monts de la brume. C'est une appellation qui peut parfois trouver tout son sens. On y trouve toutes les espèces d'arbres, de buissons, de fleurs, d'oiseaux et d'animaux endémiques de la région et dans deux réserves botaniques on découvre des jardins et des forêts aux espèces importées. Le tout s'entrelace ou s'ordonne de façon charmante, formant un bouquet de couleurs digne de la palette d'un peintre. Les sentiers serpentent entre les arbres et les petits cours d'eau font la farandole autour des fougères arborescentes. Des points de vue invitent à la contemplation tandis qu'un lac, réfléchit les buissons de fleurs et les arbres alentour. Vous l'aurez compris, les monts Bvumba sont un havre de verdure tropicale dans un pays majoritairement composé de savane.

À partir de Mutare, prenez Bvumba Road, vers le sud-est. Après environ 15 km, les monts offrent leurs sous-bois de part et d'autre de la route ; la route traverse la Vumba jusqu'au Leopard Rock Hotel. Les taxis collectifs partent de derrière Choppies Supermarket à Mutare et vont également jusqu'au Leopard Rock Hotel.

LE JARDIN BOTANIQUE DE BVUMBA ★★

Bvumba Road

www.zimparks.org

Ouvert tous les jours de 8h à 17h. Entrée à 10 USD.

Incontournable pour tous ceux qui aiment la nature, le jardin est aussi populaire pour les amateurs de botanique. Ponctué d'un réseau de sentiers, de cours d'eau et d'un petit lac, il est doté d'orchidées, d'hortensias, de bégonias, d'aloès, pour ne citer que ces espèces florales. En plus de la réserve botanique de 42 hectares, le parc de 159 hectares permet facilement des balades à la journée. Le jardin mérite d'autant plus de s'arrêter qu'il offre de beaux sites de pique-nique.

EST

RÉSERVE BOTANIQUE DE LA FORÊT DE BUNGA ★★

www.zimparks.org

Ouvert tous les jours de 6h à 18h.

Avec ses 40 ha, cette réserve est plus petite que le jardin botanique de Bvumba, mais elle abrite une variété de plantes endémiques et diverses espèces d'oiseaux. Elle comporte des sentiers, des cours d'eau naturels et des vues majestueuses. Le caméléon pygmée de Marshall est présent, de même que plusieurs oiseaux à aire de répartition restreinte, notamment le rouge-gorge de Swynnerton, le Bulbul montagnard, l'Apalis de Chirinda et l'Elminie à queue frangée.

BETHEL LODGE €

Essex road

✆ +263 773 446 781

60 USD la chambre double avec salle de bains.

Non loin d'Eden Lodge, ce cottage est fait pour les petits budgets cherchant un confort sommaire et propre, tout en se relaxant au milieu de la nature. Cette grande maison jaune entourée de son jardin verdoyant est un endroit accueillant. L'établissement ne dispose que de cinq chambres doubles, dont trois avec la salle de bains à l'intérieur. Leur ameublement et leur décoration sont simples, mais soignés. Comme l'endroit est calme, vous aurez souvent le choix de votre chambre. Dépourvu de restaurant, deux cuisines sont mises à disposition.

HIVU HOLIDAY COTTAGES €

Bvumba Road

✆ +263 202 066 858

www.visitvumba.com

Camping à 10 USD par pers. Chambre : 30 USD par pers. Dortoir : 20 USD par pers.

Hivu est un hébergement bon marché très convenable et bien indiqué. Idéalement situé sur Bvumba Road, à quelques kilomètres de Bunga Botanical Reserve, cet hébergement permet de profiter d'une vue magique sur le Mozambique, tout en offrant le choix de loger en camping, en chambre ou en chalet familial. La randonnée à cheval est l'activité phare de l'établissement. Hivu dispose aussi d'une pépinière, d'un point de vente de produits locaux, d'un salon de thé et d'un parc de jeux (trampoline, minigolf, ping-pong, volley, toboggan…).

MADRUGADA COTTAGES €

Freshwater Road ✆ +263 712 630 698

www.bvumbamadrugadamagic.com

Prix par personne pour les cottages : 30 USD en self-catering, 50 USD en B&B et 75 USD en demi-pension.

Parvenir ici se mérite un peu, mais vous vous trouverez dans un lieu magique. Roger, le maître des lieux, est un personnage attachant. Au sein de cette « retraite », il vous proposera toutes sortes d'activités relaxantes : aromathérapie, méditation, yoga, sauna… Les deux cottages peuvent accueillir jusqu'à 4 et 8 personnes. Ils disposent d'une superbe vue sur les montagnes et sont entièrement équipés, même d'une télé satellite et d'un Wifi, au cas où vous n'arriviez pas à déconnecter… Il y a également trois logements « backpacker », au confort plus sommaire.

EDEN LODGE €€

Freshwater Road

✆ +263 734 396 666

www.elg.co.zw

Chambre simple à 80 USD, chambre double à 100 USD, petit déjeuner compris. Au restaurant : environ 20 USD le repas.

Depuis le panneau, il faut s'enfoncer sur une petite route en pleine forêt pendant 3 km avant d'atteindre le lodge. L'établissement est correct, sans prétention, avec des belles chambres et des logements parfaits pour une famille de quatre personnes, comportant un lit double et deux petits lits superposés. Il est assez prisé par la clientèle locale lors des vacances scolaires, il est préférable de réserver en avance. Des balades à cheval, en VTT et des sorties pêches sont proposées. Possibilité de se restaurer dans la salle de restaurant *Fog and Crog*.

FOREST HILLS RESORT €€

Sur Bvumba road, prendre à gauche au niveau de Bvumba Botanical Gardens.

✆ +263 712 779 530

www.foresthillsresort.co.zw

Chambre standard à 90 USD, chambre exécutive à 120 USD, petit déjeuner compris.

On emprunte une piste assez pentue pour venir à Forest Hills qui se trouve après le jardin botanique. Même si les prix sont assez élevés par rapport aux équipements des chambres, elles restent confortables et le lieu dispose d'une grande piscine et d'une superbe vue sur la forêt environnante. Demandez à réserver une chambre avec balcon pour profiter de la vue. Les chalets conviennent plus particulièrement aux familles. La carte des plats et des boissons est bien fournie. Quelques activités sont proposées : randonnée, équitation, pêche...

INN ON THE VUMBA €€

Bvumba Road

+263 782 147 748

Chambre simple à partir de 70 USD, chambre double à partir de 90 USD, petit déjeuner compris.

À moins de 10 km du centre de Mutare, Inn On The Vumba n'est pas dans les Monts Bvumba proprement dit – l'hôtel le plus proche de Mutare garde quand même une ambiance de campagne. Il comprend 17 chambres et 2 cottages pour les familles (4 personnes), dans un style typiquement anglais. Les chambres sont simples mais assez confortables. Au-delà de son beau panorama sur les collines, Inn on the Vumba offre une piscine, une aire de jeux pour les enfants, un pub, un salon et un restaurant. C'est aussi une bonne base pour partir en balade dans les monts Bvumba.

KING'S COURTYARD €€

Laurenceville Road

+263 772 291 303

Chambre simple à 75 USD, chambre double à 120 USD, petit déjeuner compris.

Le King's Courtyard a ouvert en 2020. Il se situe dans une grande propriété vallonée et couverte de forêts. On y trouve même des chutes d'eau. L'endroit est très préservé et offre de belles opportunités de balades. Les dix chambres ne présentent pas de charme particulier, mais elles sont bien tenues et bien équipées (salle de bains privative, bouilloire, Wifi, télé satellite...). L'hôtel dispose d'une piscine, d'une salle de fitness, d'un spa et d'une aire de jeux pour les enfants. Différentes activités sont proposées : randonnées, VTT, jeux de société...

SELDOMSEEN HOLIDAY COTTAGES €€

Nyamheni Road

+263 712 610 388

www.seldomseen.co.zw

Chalet à 36 USD par pers. Camping à 10 USD par pers.

Seldomseen, en plein cœur de la forêt de Bvumba, possède trois cottages tout équipés et confortables, ainsi qu'un camping. Le lieu se veut convivial et appelle à la découverte de la forêt et de son avifaune. Votre guide se fera un plaisir de parcourir les pistes pour dénicher les plus beaux spécimens. Il n'est pas nécessaire d'être un ornithologue dans l'âme pour venir. Tout amateur de la nature pourra se laisser charmer par les balades en forêt et la quiétude du lieu.

SMALL WORLD LODGE €€

Essex Road

+263 776 986 381

www.smallworldlodge.com

Camping à 10 USD par personne. Chambres entre 25 et 60 USD.

Cet établissement offre trois types d'hébergement : le camping, les chambres avec deux lits simples ou un lit double dans la maison principale et 4 chalets convenables pour 4 personnes, en famille ou entre amis. Pour plus de confort, il faut choisir la chambre Queen ou la chambre King (la meilleure) à l'intérieur de l'établissement, toutes deux spacieuses, propres et donnant sur le jardin. Un service de restauration est parfois disponible sur demande, mais mieux vaut apporter son repas et utiliser la cuisine commune. Le personnel est fort sympathique.

WHITE HORSE INN €€

Laurenceville Road

+263 715 938 388

www.whitehorseinn.co.zw

Chambre simple à partir de 70 USD, chambre double à partir de 110 USD, petit déjeuner compris.

C'est l'un des premiers établissements quand on vient de Mutare. Cette maison, devenue hôtel en 1964, a tout pour séduire. L'Auberge du Cheval blanc est située au cœur d'un écrin de verdure, préservé de tout voisinage. Certes, les chambres sont parfois un peu désuètes, mais l'ensemble est très agréable. Réputé pour son excellente cuisine familiale, le restaurant change sa carte chaque semaine. Une jolie terrasse extérieure avec piscine mosaïque en contrebas, le tout fondu dans la forêt. Lounge avec cheminée, bar et télévision.

LEOPARD ROCK HOTEL €€€

Eggardon Road

+263 202 060 115

www.leopardrockhotel.com

Chambre double à partir de 130 USD, petit déjeuner compris.

La route qui mène à l'hôtel permet déjà d'admirer le paysage, mais c'est l'arrivée qui est remarquable. Bien que les chambres soient plutôt classiques, le hall d'entrée éclairé par un luminaire digne des plus grands châteaux s'ouvrant sur une immense verrière laisse le visiteur ébahi. Cependant ici, c'est le panorama qui est à couper le souffle. Une piscine qui est au cœur du jardin vallonné donne sur un terrain de golf réputé comme l'un des plus beaux au monde. Leopard Rock a de quoi séduire le voyageur. D'ailleurs, en 1953, la reine Elizabeth vint y séjourner.

TONY'S COFFEE SHOP

Bvumba Road
✆ +263 712 349 356
tonyscoffeeshop.weebly.com
Ouvert tous les jours de 10h à 17h sauf les lundis et mardis.

Situé au bord de la route, non loin du Bunga Forest Botanical Garden, cette institution est bien connue des locaux et visiteurs de passage. Tony Robinson est une légende en matière de gâteaux faits maison ! Ils sont délicieux et très gourmands. Il a d'ailleurs reçu plusieurs prix. Il propose aussi plus d'une centaine de thés à la carte et des cafés avec liqueurs au choix et crème maison. Un salon ouvert sur un jardin fleuri permet de déguster ces gourmandises. Le service est soigné et généreux. C'est l'adresse incontournable du *tea time* à Bvumba.

HIVU NURSERY AND SHOP

Bvumba Road
✆ +263 202 066 858
www.visitvumba.com
Ouvert tous les jours de 8h à 17h. Petit déjeuner de 6 à 12 USD, snacks et plats entre 6 et 12 USD.

Cet établissement touristique possède une jolie pépinière de différentes plantes intérieures ou extérieures et de décorations florales. On y trouve des orchidées, cactus, fougères, palmiers, rosiers... Il est possible d'acheter toutes sortes de plantes indigènes ou exotiques. De plus, à l'intérieur, des produits locaux sont mis en vente : jus de fruit, café, thé, miel et quelques objets artisanaux. Un salon de thé, disposant de tables à l'étage du magasin ou dans le jardin, permet de manger sur le pouce ou de se relaxer autour d'une boisson chaude.

LEOPARD ROCK GOLF CLUB

Eggardon Road
✆ +263 202 060 115
40 USD le parcours de 18 trous, 25 USD les 9 trous. Location des clubs à 25 USD.

Le golf de Leopard Rock, ouvert en 1993 et conçu par Peter Matkovich, a été classé en 2013 parmi les 10 meilleurs golfs d'Afrique (CNN Travel). Ce parcours de 18 trous offre des vues spectaculaires sur la forêt des monts Bvumba et le lac Chikamba. Il présente des trous difficiles avec de nombreux obstacles, ravins et bunkers. Certains sont assez fameux pour les spécialistes. L'accès au golf est un peu moins cher pour les résidents de l'hôtel. Il est également possible de louer du matériel. Le complexe héberge également des terrains de tennis et de squash.

VALLÉE DE LA BURMA

Située au sud-est des monts Bvumba, la vallée de la Burma commence à environ 25 km au sud de Mutare. C'est une vallée fertile et bien arrosée, qui a été utilisée par les colons pour la culture du tabac et la production de fruits. Elle héberge toujours d'importantes exploitations agricoles. Pour y accéder, prenez la direction de Bvumba, puis suivez la route principale en ignorant précisément l'embranchement pour les monts Bvumba. Une voie bitumée sillonne toute la vallée en contournant les montagnes et rejoint la vallée de l'Essex qui, elle, n'est parcourue que de pistes. Des bus relient la vallée à la gare routière Sakubva à Mutare.

VALLÉE DE L'ESSEX

La vallée de l'Essex se situe au nord des monts Bvumba. Elle est, elle aussi, particulièrement verdoyante et bien arrosée et elle présente de somptueux panoramas. Elle offre de belles randonnées, dont certaines peuvent se faire sur plusieurs jours. La vallée regorge de rivières, de cascades... Pour accéder plus rapidement à la vallée de l'Essex (sans avoir à faire le tour des montagnes par le sud et par l'ouest), prenez la Bvumba Road de Mutare pendant environ 18 km, puis tournez à gauche au panneau indiquant Essex Valley. La route fait alors place à des pistes sinueuses traversant de jolis paysages montagneux, avant de plonger dans la vallée.

CHIMANIMANI ★

Chimanimani désigne à la fois une chaîne de montagnes, un parc national et un village situé à 148 km au sud-est de Mutare. C'est un véritable havre de paix, un écrin dans les montagnes environnantes. Historiquement, Chimanimani a été créée en 1892 par deux frères, appelés Thomas et Dunbar Moodie. Le nom de Chimanimani a fait verser beaucoup d'encre : le village a changé plusieurs fois de nom, passant de Melsetter à Mandidzudzure pour revenir au terme initial de Chimanimani. À l'origine, le terme de *Tshimanimani*, qui signifie « serrer ensemble » dans la langue manyika, décrit la gorge étroite à travers laquelle la rivière Musapa force le passage. Côté tourisme, le village a connu de longues années sans réelles activités touristiques. Aujourd'hui, il renaît de ses cendres grâce au nouveau dynamisme de la Chimanimani Tourist Association : les visiteurs sont accueillis comme des invités, des jeunes guides ont été formés, les bâtiments sont mieux entretenus, les rues sont beaucoup plus propres et les chiens errants ont été stérilisés. Facilement accessible, Chimanimani rassemble quelques magasins, un bureau de poste, une station-service et une banque. Pour les voyageurs, c'est le point de départ pour des expéditions dans les environs ainsi que dans le parc national, et l'offre d'hébergements est variée. Chimanimani a, par contre, énormément souffert du cyclone Idai, qui a touché la région en en mars 2019. Près de 170 personnes y ont ainsi péri dans les inondations.

CHIMANIMANI TOURIST ASSOCIATION

À côté de l'hôtel Chimanimani.
✆ +263 772 101 283
www.chimanimani.com

Auparavant, l'association assurait une permanence au sein de son centre d'informations. Les visiteurs étaient accueillis par des jeunes formés à cet effet et pouvaient trouver de la documentation sur les différentes activités à faire dans les environs, les hébergements et les différents guides du coin. Faute de financement, cette permanence n'est plus assurée, mais l'association reste joignable par téléphone ou e-mail. Son site Internet est bien fourni.

FAMBA FAMBA B&B €

Tilbury Road
✆ +263 772 101 283
Nuitée à 20 USD par adulte et 10 USD par enfant. Petit déjeuner à 10 USD.

Le Famba Famba B&B, à deux pas du village, sur un petit coteau, se compose de deux maisons, disposant chacune d'une chambre double et d'une chambre twin. L'intérieur est un peu d'époque, mais cela ne manque pas de charme. Les deux bâtisses sont nichées dans un joli jardin. On est bien à la campagne. Tempie, la propriétaire, qui possède aussi *the farmhouse*, habite à deux pas et saura vous mettre à l'aise et vous aiguiller sur les activités et les balades dans la région. Le matin, avant de partir randonnée, *full English breakfast* du terroir…

THE FARMHOUSE €

Tilbury Road
✆ +263 772 101 283
www.chimanifarmhouse.com
Camping à 10 USD par adulte et 5 USD par enfant. Nuitée à 20 USD par adulte et 10 USD par enfant.

The Farmhouse est la solution bon marché et familiale à Chimanimani. Dans cette propriété, vous y trouverez tous les animaux de la ferme. A l'intérieur de cette maison toute équipée, se trouvent trois chambres, pouvant accueillir jusqu'à 7 personnes. Pour plus d'intimité, le Penny's Palace est un chalet idéal pour un couple et leurs enfants. Il est entièrement équipé. L'intérieur rétro et le cadre très champêtre forment un voyage en soi pour les grands et les petits. Début 2023, un joli petit camping a ouvert au milieu des pâtures.

Les alentours du village de Chimanimani.

EST

THE STONEHOUSE €

Tilbury Road

✆ +263 781 080 071

Chambres doubles entre 35 et 50 USD. Petit déjeuner entre 5 et 8 USD.

Cette maison spacieuse, située à la sortie du village, dans un chouette jardin, dispose de 4 chambres : 2 doubles, une twin et une suite. Elles sont simples mais bien tenues. Outre les petits déjeuners, l'on peut déjeuner ou dîner sur place, à condition de prévenir un peu à l'avance. Barbara, la gérante, est aussi la cuisinière et elle mitonne de bons petits plats maison. Elle prépare jusqu'au pain et sait s'adapter aux envies et régimes de la clientèle. La maison propose également son propre service de guidage pour partir à la découverte de la région.

FROG AND FERN COTTAGES €€

A 10 minutes du village, 4 USD en taxi. Appelez si vous arrivez après 18h.

✆ +263 775 920 440

www.thefrogandfern.com

Camping à 10 USD par personne. Chalet : 40 USD par adulte et 25 USD par enfant.

Frog and Fern, à l'accueil très chaleureux, est l'un des hébergements les plus agréables et les plus charmants du coin. C'est une excellente base pour explorer les montagnes. Il possède cinq chalets entièrement équipés pouvant accueillir chacun entre 2 et 7 personnes. L'intérieur mêlant bois et pierre est ravissant. Les murs sont décorés de toiles de Dee, l'une des propriétaires, qui est une talentueuse peintre naturaliste. Pour les campeurs, l'établissement dispose d'emplacements avec sanitaires, eau chaude, barbecue, le tout dans un beau jardin arboré.

SANDY'S DELIGHTS €

Village

✆ +263 776 737 881

Petit déjeuner autour de 8 USD. Déjeuner et dîner autour de 12 USD.

Sandy's Delights ne dispose pas de restaurant. C'est plutôt une sorte de traiteur, faisant de la restauration à la demande. Une précommande est nécessaire. Un menu varié est disponible pour le déjeuner et le dîner. Choix de currys, de ragoûts, de côtelettes et de poulet frit, le tout servi avec du riz, des pommes de terre ou de la sadza. Un petit déjeuner anglais peut également être servi. Des tartes, des plateaux de collation, des gâteaux, du pain frais et des petits pains sont également disponibles sur commande. Les végétariens peuvent aussi être satisfaits.

CHIMANIMANI NATIONAL PARK ★★★

Les montagnes de Chimanimani se sont développées il y a 1 600 millions d'années et forment plusieurs chaînes distinctes, à cheval sur le Mozambique et le Zimbabwe. Les crêtes de quartzite précambrien (du grès compressé) forment des escarpements déchiquetés qui font parfois penser à l'œuvre de quelques sculpteurs géants. On trouve facilement refuge dans des grottes bien connues et facilement accessibles le long des sentiers et des cascades. Jadis traversées par les marchands faisant le négoce entre les ports maritimes du Mozambique et les terres intérieures de la Rhodésie, les montagnes de Chimanimani ont été transformées en parc national transfrontalier. Celui-ci s'étend sur 17 110 ha, mais ne dépasse guère 7 km de large. Parmi les espèces sauvages que l'on trouve dans cette zone figurent de nombreuses antilopes comme l'éland, l'antilope noire, le guib harnaché, le céphalophe bleu et l'oréotrague. Les espèces de papillons et d'oiseaux endémiques seront appréciées par les amateurs. Le parc est considéré comme un véritable royaume pour les randonneurs, il n'est accessible qu'à pied et se compose de nombreux sentiers de balade et de trekking. Ceux-ci s'organisent autour de la rivière Bundi, qui coupe le parc en deux parties, et s'accélère parfois en torrent ou en cascade, avant de s'attarder dans l'antre doux et poli de quelques piscines naturelles... Extrêmement isolé et sauvage, le parc de Chimanimani séduira les amoureux de la nature en quête d'exclusivité.

MOUNTAIN HUT €

10 USD par personne par nuit.

Le refuge géré par Zimparks est une maison basique, construite sur une crête, mais qui permet de passer la nuit à l'abri dans un lit au cœur du parc. Le panorama est magnifique et le refuge est une bonne base pour des randonnées ou la pratique de l'escalade (blocs). Mountain Hut se trouve à 3,5 km de Mutesekwane Base Camp en suivant le sentier de Bailey's Folly, un peu plus loin en suivant celui de Banana Grove. Le refuge tombe un peu en décrépitude. Début 2023, il semble qu'un opérateur privé devait le restaurer et en assurer la gestion...

VISITE DU PARC

Bureau du parc au village.
✆ +263 773 505 301

Tarif par ranger et par jour : 5 USD. Tarif par porteur et par voyage entre le camp de base et le refuge : 10 USD.

Le protocole actuel requiert que les touristes soient accompagnés par un ranger armé. Sa présence est jugée nécessaire comme protection contre les orpailleurs clandestins qui fréquentent la chaîne de montagnes Chimanimani et il est là pour votre tranquillité d'esprit dans le cas improbable que vous croisiez l'un de ces orpailleurs. Veuillez noter que le ranger n'est pas un guide. Cependant, il connaît les différents itinéraires à tous les endroits populaires et il est en mesure de vous emmener à ceux-ci. La réservation des rangers est nécessaire au moins 24 heures avant de commencer votre randonnée. Cela se fait par le bureau des parcs nationaux dans le village de Chimanimani.

Les voyageurs peuvent louer les services des porteurs pour transporter leurs sacs à dos et leur équipement depuis le camp de base de Mutekeswane jusqu'au refuge. La montée initiale est assez raide et cette épreuve dure de 2 à 4 heures selon votre niveau de forme physique. Pour réserver des porteurs pour votre voyage, veuillez contacter Timothy au +263 779 132 068. Veuillez noter que les porteurs ne sont pas employés par les parcs, alors le paiement doit être fait directement à eux ou à Timothy et non au bureau du parc.

Si vous souhaitez louer les services d'un guide pour vous accompagner dans votre randonnée, il en existe de locaux très expérimentés. Ils connaissent les sentiers et ils ont fait de nombreuses randonnées dans les montagnes. Vous pouvez notamment contacter Collen (guide le plus expérimenté) au +263 783 254 868 ou Timothy.

MUTEKESWANE BASE CAMP €

Camping à 10 USD par personne.

C'est à Mutesekwane, le point d'entrée du parc de Chimanimani, que les frais d'entrée sont payés. Une aire de camping bien entretenue s'y trouve aussi, avec des toilettes et des douches. Il est également possible de camper à l'intérieur du parc, notamment au niveau des cavernes et auprès des ruisseaux, bien qu'il n'y ait pas de sanitaires, mais il faut se renseigner auprès des autorités du parc, qui dorénavant exigent que les visiteurs soient accompagnés par un ranger. Mutesekwane n'est pas un site idyllique, mais c'est une bonne étape avant la découverte du parc.

RÉSERVES FORESTIÈRES DE HARONI ET DE RUSITU

Les minuscules réserves d'Haroni et de Rusitu, à 60 km de Chipinge, figuraient comme les seules véritables forêts tropicales du Zimbabwe avec Chirinda. Difficiles d'accès et très rarement fréquentées par les touristes, elles étaient un véritable paradis pour les ornithologues qui venaient essayer d'y contempler quelques espèces uniques au monde (pie-grièche à casque marron, gobe-mouche de Vanga, colombe à taches bleues, etc.). Si les mammifères (autres que les rongeurs) sont plutôt rares, les oiseaux en revanche proliféraient et la forêt résonnait de leurs cris. Le temps et les crises économiques ont eu raison d'une large partie de ces deux réserves où les arbres ont été largement abattus malgré les efforts de Zimparks et les ONG locaux. Si les oiseaux y sont encore présents, ils sont beaucoup moins nombreux qu'avant. Les réserves forestières d'Haroni et de Rusitu sont uniquement accessibles en 4x4 et elles sont très mal indiquées. Si vous obtenez les renseignements souhaités, prévoyez une journée entière pour l'équipée, car la route elle-même vaut vraiment le détour. Les pistes longent en effet la section australe des chaînes de Chimanimani et traversent des vallées extrêmement verdoyantes, plantées de bananiers, de manguiers et de papayers. Leurs habitants, peu habitués aux étrangers, s'y révèlent extrêmement souriants et curieux. En somme, l'excursion vaut autant pour les opportunités de rencontrer des gens du Zimbabwe profond que pour la découverte des paysages de végétation luxuriante et de montagne.

CHIPINGE

À environ 65 km au sud-ouest du village de Chimanimani se trouve la bourgade de Chipinge. Une ville agréable dans les collines, c'est ici en 1924 que la culture du thé a commencé au Zimbabwe. Aujourd'hui, on trouve autour de la ville des plantations de thé et de café, ainsi que des exploitations forestières. La ville est aussi proche de la réserve forestière de Chirinda. Des *chicken bus* pour Chipinge partent de la gare routière de Mbare Musika à Harare et de la gare routière de Sakubva à Mutare. De Chimanimani, il y a possibilité de trouver un kombi, mais sinon, il faut prendre un kombi pour Wengezi Junction et trouver un autre transport pour Chipinge.

RÉSERVE FORESTIÈRE DE CHIRINDA

À une trentaine de kilomètres au sud de Chipinge se trouve la forêt humide tropicale la plus australe de toute l'Afrique. Couvrant plus de 900 ha, cette forêt est située dans le secteur du mont Selinda, qui se compose de deux vastes collines rondes culminant à 1 000 m d'altitude. Pour la rejoindre, après l'hôpital Mont Selinda, suivre la piste et les panneaux de signalisation.

Faune et Flore

Au niveau géographique, la présence d'une forêt tropicale ici s'expliquerait par l'importante pluviométrie et surtout l'extraordinaire degré d'humidité dont bénéficie le mont Selinda pendant toute l'année et notamment pendant la saison sèche. Cette humidité proviendrait de plusieurs facteurs : une brume et une rosée abondante le matin, des sols d'argile rouge qui retiennent particulièrement l'eau, la présence de hautes collines retenant les masses d'air humides océaniques et une canopée suffisamment dense pour maintenir un taux d'humidité élevé à l'intérieur de la forêt. La combinaison de ces différents facteurs est de nos jours bienvenue, car Chirinda est un vestige d'une forêt très étendue qui couvrait cette région à une époque antérieure dotée d'un climat plus chaud et plus humide. C'est une forêt tropicale telle qu'on l'imagine. Elle se compose majoritairement d'arbres à feuilles persistantes, dont les branches élancées viennent former un immense dôme de verdure à 40 ou 50 m du sol. Le sous-bois est tout aussi dense et compte une multitude d'espèces de fougères et de plantes aux feuilles démesurées, que viennent caresser des lianes et de magnifiques orchidées. Les principaux arbres de la forêt sont les trois grands acajous : l'acajou rouge – le plus grand de tous les arbres de la forêt –, l'acajou brun et l'acajou blanc.

Histoire

L'histoire du lieu nous apprend que les communautés locales appellent ce coin de forêt Tshirinda ou « Refuge ». A l'origine territoire des Ndaus (qui s'y réfugièrent pour échapper aux raids meurtriers menés par les Shangaans du Mozambique), la forêt devint la propriété de la British South Africa Company à la fin du XIXe siècle. Elle passa ensuite aux mains des colons afrikaners et anglais, puis des missionnaires américains, le village bâti au milieu de la forêt s'est développé et s'organise toujours autour de cette mission de santé publique. Dans les années 1930 et 1940, elle fut placée sous le contrôle de l'Etat, aujourd'hui encore, elle est gérée par la Forestry Commission.

Tourisme

Pour les voyageurs, quelques sentiers de promenade ont été aménagés à partir d'un site de pique-nique avoisinant la mission du mont Selinda. Le plus intéressant d'entre eux traverse la vallée des Géants (partie de la forêt composée d'arbres immenses) et mène au plus grand arbre du Zimbabwe, le Big Tree, un acajou rouge de 65 m de haut et 16 m de circonférence. Contrairement à ce qu'affirment les locaux, l'arbre n'est sans doute pas plus ancien que le Christ, mais il est au moins millénaire et fait figure d'ancêtre de la forêt. Touché par la foudre il y a plusieurs années, l'acajou est dépourvu de feuilles et serait en train de mourir doucement depuis lors.

NYANYADZI HOT SPRINGS ★

À une petite centaine de kilomètres au sud de Mutare, sur la route principale menant à Masvingo, se trouve une petite station thermale d'allure vieillotte. Celle-ci a été construite à proximité de sources naturelles d'eau chaude, que les gérants de la station utilisent pour alimenter l'une des piscines. L'eau chaude a, selon les croyances locales, des vertus thérapeutiques et le visiteur doit éviter d'utiliser du savon pour éviter de fâcher les ancêtres. L'hébergement se fait dans des chalets confortables et il est aussi possible de planter sa tente sur le terrain de camping. Un restaurant propose des déjeuners buffets et des dîners à la carte.

BIRCHENOUGH BRIDGE

À l'endroit où la N9 change brusquement de direction pour s'orienter vers Chipinge au sud et Mutare au nord, se trouve la petite ville de Birchenough Bridge. Cette localité présente un intérêt limité pour le touriste, à l'exception peut-être du célèbre pont de fer, dessiné par le grand architecte Ralph Freeman, celui même qui a conçu le Harbour Bridge de Sydney. Construit dans les années 1930 pour enjamber les flots de la rivière Save, ce curieux monument mesure 330 m de long. Le pont doit son nom à Henry Birchenough, fondateur du Beit Trust qui finança sa construction et dont les cendres se trouvent, paraît-il, dans l'un des piliers.

SUD

La portion méridionale du Zimbabwe, où se situe Bulawayo, seconde ville du pays, est une région dont l'économie est tournée vers l'exploitation minière (or, nickel, chrome...), l'agriculture (élevage bovin, blé, canne à sucre, coton...), mais aussi le tourisme. Elle offre de vastes territoires sauvages accidentés, ponctués de falaises et de collines granitiques, créant de mystérieux paysages. Le Sud héberge de très belles aires protégées, pour certaines assez méconnues : parcs nationaux de Gonarezhou et des Matopos, réserve du lac Mutirikwi, Save Valley Conservancy... Celles-ci hébergent une faune impressionnante (éléphants, rhinocéros, antilopes, grands prédateurs, aigles...). Le Manicaland recèle, également, de merveilleuses richesses culturelles, telles les ruines de Great Zimbabwe et de Khami (les plus importantes d'Afrique subsaharienne), des peintures rupestres faites par les premiers chasseurs-cueilleurs de la région...

BIRCHENOUGH BRIDGE
Nyika Growth Point
MASVINGO
BULAWAYO
KHAMI RUINS
VERS CHIPINGE
LAKE MUTIRIKWI RECREATIONAL PARK
GREAT ZIMBABWE
Zvishavane
VERS SAVE VALLEY CONSERVANCY
Figtree
Jerera
Espungabera
Mashoko
MATOBO NATIONAL PARK
Filabusi
Mberengwa
Yorks
Checheche
Runde
Gwanda
Neshuro
Colleen Bawn
West Nicholson
TRIANGLE
CHIREDZI
Brunapeg Mission
GONAREZHOU NATIONAL PARK
Mwenezi
Sud
Zezani Mission
Chikombedzi
Mazunga
Swanscoe
Tshokwe
Gobojango
MOZAMBIQUE
BOTSWANA
Chicualacuala
Motlhabaneng
BEITBRIDGE
Dumisa

PAGES

Le sud-est du Zimbabwe comprend schématiquement les territoires qui s'étendent au sud de la nationale 9 reliant Birchenough Bridge (à la lisière occidentale des Eastern Highlands) à Masvingo d'une part, et à l'est de la nationale 4 reliant Masvingo à Beitbridge (poste frontière avec l'Afrique du Sud) d'autre part. L'économie de la région repose essentiellement sur l'exploitation minière (gisements d'or, de nickel, de chrome et d'amiante) et l'agriculture (élevage extensif de bovins, culture de blé, de canne à sucre et de coton). Deux types de plateaux bien distincts y sont présents : le Highveld (hautes terres) dans le tiers septentrional et le Lowveld (basses terres) dans les deux tiers méridionaux. Cette province du Zimbabwe possède de sublimes paysages : étendues de savanes ponctuées de baobabs et de balancing rocks, de lacs et de rivières (Limpopo, Save, Runde, Mwenezi) ; les reliefs sont aussi divers avec des collines de granite, des falaises, etc. La faune est aussi bien présentée que dans le reste du pays. Cette région n'est pas vraiment connue du grand public, pourtant elle recèle de nombreux trésors.

Le sud-ouest du Zimbabwe, qui correspond aux provinces du Matabeleland sud et de Bulawayo, est l'une des régions les plus visitées du pays. Très bien desservie par voies terrestre et aérienne, cette région accidentée se caractérise par d'étranges paysages rocailleux que l'érosion et de difficiles conditions climatiques ont façonnés au fil du temps : collines granitiques vieilles de 3 000 millions d'années, surplombs et kopjes rocheux, châteaux de pierres en équilibre, autant de formations d'aspect cataclysmique qui donnent au Matabeleland sud l'apparence d'un territoire quelque peu irréel. Ces éminences qui se dressent à 1 500 m d'altitude sont marquées du sceau de l'histoire et recèlent des traces et vestiges d'une présence humaine ancestrale : des peintures rupestres en surnombre, des ruines dont celles de Khami (deuxième plus grande cité de pierre après Great Zimbabwe), des tombes de chefs puissants et glorieux. Ces sites se trouvent en grande partie disséminés au cœur ou à proximité du Matobo National Park. Outre ses curiosités naturelles et archéologiques, le parc abrite une importante population de rhinocéros et possède une forte concentration de léopards et d'aigles noirs de Verreaux. Il se trouve à une quarantaine de kilomètres au sud de Bulawayo, qui est la seconde plus grande ville du pays.

MASVINGO ★

Masvingo, qui compte environ 90 000 habitants, est une ville agréable au carrefour des routes entre Mutare et Bulawayo, et entre Harare et l'Afrique du Sud. Cela, ajouté à sa proximité aux ruines de Great Zimbabwe (le nom Masvingo vient d'ailleurs du shona *rusvingo*, qui désigne un mur d'enceinte), fait de Masvingo une ville où la majorité des voyageurs passeront pendant leur périple zimbabwéen. Pourtant, la majorité des voyageurs ne s'arrête pas à Masvingo, préférant aller directement à Great Zimbabwe. Certes, la ville n'a pas beaucoup d'attractions touristiques, mais elle est agréable, avec une population accueillante, des boulevards larges bordés de bâtiments coloniaux et des marchés. Masvingo fut dans le passé l'une des plus grandes villes de Rhodésie. Tout commença en 1890 : à cette époque, les pionniers blancs de la British South Africa Company (dirigée par Frederick Courtney Selous) arrivèrent dans cette partie de la Rhodésie pour tenter d'y trouver de nouveaux filons d'or. Ils y établirent et fortifièrent un camp qu'ils appelèrent Fort Victoria, en l'honneur de leur reine (et comme le voulait la mode de l'époque !). Après quelques jours de festivités, le plus gros de la troupe poursuivit son avancée, abandonnant le fort, alors construit en terre, à un groupe d'hommes armés. Ces derniers prirent rapidement conscience de l'absence de réserves d'eau à proximité et décidèrent de bâtir un fort de briques entre les rivières Shagashe et Mucheke, à quelques kilomètres du lieu préalablement choisi. Quelques années plus tard, Fort Victoria figura comme avant-poste sur la route menant aux ruines du Mashonaland et s'érigea même, momentanément, au rang de plus grande ville de Rhodésie. Mais la guerre matabele transforma rapidement ce statut. Un raid ndebele contre Fort Victoria ayant entraîné la mort de très nombreux Shona, les colons blancs décidèrent de riposter en envahissant Bulawayo (ce qui était une excellente excuse pour faire main basse sur les troupeaux et les fermes des Ndebele et se rapprocher, par la même occasion, des secteurs aurifères du Matabeleland). Ayant trouvé dans les environs de Bulawayo des terres beaucoup plus riches en minerais précieux, les colons blancs n'eurent plus aucune raison de retourner à Fort Victoria, qui se transforma rapidement en une petite ville provinciale, rebaptisée Masvingo à l'indépendance.

Masvingo.

SERIMA MISSION ★

Masvingo Road

La mission Serima fut fondée en 1948 par un prêtre et architecte suisse, le père John Groeber. Il s'agit d'une église médiévale qui est l'un des monuments les plus étonnants du pays. En dehors du fait que le bâtiment a été construit dans l'esprit de l'architecture médiévale européenne, ce sont surtout les admirables peintures et sculptures qui surprennent le voyageur. Groeber encouragea les jeunes de la mission à décorer l'église du village. Le résultat est surprenant, tant par la précision du travail effectué que par la variété des réalisations.

ST FRANCIS CHURCH ★

Mutare Road

Ouvert et entrée libre toute l'année de 8h30 à 16h30.

Edifiée par des prisonniers de guerre italiens dans les années 1940, elle abrite les dépouilles de 71 Transalpins morts en Rhodésie. On la surnomme d'ailleurs la chapelle italienne. Elle se caractérise par son style byzantin et par ses innombrables peintures murales imitant des mosaïques. Ces dernières ont été effectuées à la main et couvrent tous les murs ainsi que le plafond. Certains considèrent que la fresque du plafond rappelle les peintures de la chapelle Sixtine. Elle a été récemment restaurée, avec l'appui de la coopération italienne.

BACKPACKERS REST €

Josiah Tongogara Avenue
✆ +263 712 726 660
Lit en dortoir à 10 USD par nuit, chambres de 15 à 35 USD.

Une auberge de jeunesse qui offre des chambres simples et doubles et des lits en dortoirs. Douches chaudes, baignoires et salle de télévision communes. Les chambres sont un peu vieillottes et la cuisine, peu équipée et pas particulièrement propre. L'accueil est cependant très sympa et l'équipe est toujours prête à aider les voyageurs. Une bonne option pour les petits budgets. La situation de l'auberge en plein centre-ville est très pratique, mais les bouchons d'oreille sont conseillés à ceux qui ont le sommeil léger. Accès Internet.

DREAMWOODS LODGE €€

1835 Clipsham Views
✆ +263 785 132 680
Chambres doubles entre 70 et 120 USD, petit déjeuner compris.

Cet hôtel, au bord de la route menant à Beitbridge, a ouvert en 2022. Il n'a pas de charme particulier, mais il peut être pratique pour une étape et il est bien tenu et bien équipé. Ainsi ses 20 chambres disposent-elles d'une salle de bains, d'une télé satellite, d'un accès Internet, d'une bouilloire et d'un miniréfrigérateur. L'hôtel met à disposition une petite piscine, un bar, un restaurant, ainsi qu'un room service. Encore une fois, rien de charmant, mais du récent, du propre, du pratique et du fonctionnel. L'équipe est sympathique.

REGENCY HOTEL CHEVRON €€

Robert Mugabe Street ✆ +263 392 262 054
www.regencyhotels.co.zw
46 chambres. Chambre simple à 70 USD, chambre double à 90 USD, petit déjeuner compris.

Situé au sud de la ville, au bord de la route qui mène à Beitbridge, l'hôtel Chevron du groupe Regency a l'avantage d'être en plein centre-ville de Masvingo. Si vous cherchez surtout le calme, cela peut aussi constituer un inconvénient. Répondant aux standards internationaux, les chambres revêtues de moquettes et équipées du confort de base sont correctes, d'autant qu'elles ont été récemment rénovées. Le restaurant de l'établissement est ouvert à tous. Deux petits bars sont également présents sur place, ainsi qu'une piscine.

LAKE MUTIRIKWI RECREATIONAL PARK ★★

Le plan d'eau de Mutirikwi (plus connu sous son ancien nom de Kyle) est le deuxième plus grand lac artificiel du Zimbabwe après Kariba. Il fut créé en 1961 afin de constituer une réserve en eau pour les villes du Lowveld (et notamment les environs d'Hippo Valley et de Triangle) où est cultivée la canne à sucre de manière intensive. Le projet, malheureusement, capota dans les années 1980 en raison de sécheresses à répétition qui entraînèrent un assèchement quasi complet du lac. Le Zimbabwe se trouva contraint d'importer une grande partie de son sucre, ce qui ne fit pas le plus grand bien aux caisses de l'État. En 1990, heureusement, les cieux redevinrent prodigues, permettant au lac et aux plantations de canne à sucre de retrouver de la vigueur. De nos jours, il est à nouveau possible de canoter sur les eaux bleues de Mutirikwi ou d'y pratiquer la pêche. En dehors de sa fonction proprement utilitaire, le lac est en effet une base de loisirs réputée, régulièrement fréquentée par la population locale. Ses rivages sont aussi variés qu'agréables (hautes collines, surplombs rocheux, petites falaises, vastes forêts…) et une réserve plutôt riche en faune borde toute la rive nord du lac (le Lake Mutirikwi Recreationnal Park, géré par Zimparks). Cette zone protégée, créée en 1960, s'étend sur 16 900 ha (dont 9 300 ha sont occupées par le lac) et abrite une impressionnante diversité d'antilopes (éland, impala, koudou, cobe à croissant, cobe des roseaux, gnou, céphalophe, guib harnaché, etc.), ainsi que des phacochères, buffles, girafes, zèbres, hippopotames, crocodiles, et même quelques rhinocéros blancs. La plupart de ces animaux ont été introduits et proviennent de la célèbre opération « Noah », qui permit à des milliers de mammifères d'échapper aux eaux montantes de Kariba. Environ 65 km de pistes parcourent la réserve et il est également possible d'y effectuer des safaris à cheval de 90 minutes. Quelques aires de pique-nique ont également été aménagées au bord du lac et permettent aux visiteurs de déjeuner, tout en observant crocodiles et hippopotames, oiseaux aquatiques et mammifères venus s'abreuver.

La rive sud de Lake Mutirikwi est accessible avec les taxis collectifs qui se trouvent en face du Pick N Pay au centre de Masvingo. La rive nord est plus difficile d'accès ; les kombis et les bus qui vont de Masvingo vers l'est peuvent vous déposer à la route principale, mais la marche sera en général plus longue.

NYUNI MOUNTAIN LODGE €

Glenlivet Road
✆ +263 772 946 619
Chambre simple à 30 USD, chambre double à 40 USD.

En pleine brousse, un chemin mouvementé conduit à cet endroit très plaisant, entouré de monts avec vue sur le lac Mutirikwi. Les chalets traditionnels peuvent être un bon choix pour qui cherche authenticité et calme. À disposition, les chambres de la villa, qui sert d'unité centrale, et des logements basiques : chambres avec deux lits simples et des sanitaires à partager. Pour ceux sans voiture, le *lodge* est à 8 km de la route principale où les *kombis* peuvent déposer à Glenlivet Road. Le *lodge* peut organiser des transferts de la route principale ou de Masvingo.

KYLE RECREATIONAL PARK LODGES €€

✆ +263 242 706 077
www.zimparks.org
10 chalets. Chalet 8 lits à 145 USD, chalet 4 lits à 115 USD, chalet 2 lits à 86 USD. Camping à 10 USD par personne.

Les lodges de Kyle Recreational Park sont gérés par Zimparks et peuvent accueillir jusqu'à huit personnes. Ils sont dotés d'une cuisine équipée, mais notez qu'aucun service de restauration n'est fourni sur place. Le parc offre également un terrain de camping et une aire de pique-nique, sur la rive nord du lac, ainsi que sur la rive sud, au niveau de Sikato Bay à 4 km de Great Zimbabwe. Ces campings et ces *lodges* sont à réserver au siège des parcs ou sur place.

ROMELDA LAKESIDE RETREAT €€

✆ +263 774 982 756
https://www.romeldaretreat.com/
Tarifs : 50-100 USD par adulte, 25-40 USD par enfant.

Camp de toile très sympathique sur les rives du lac composé de 6 tentes sur plateforme, avec salle de bains à l'arrière. Elles ont toute une vue sur le lac et se situent sur un très beau terrain arboré et bien entretenu. Le *lodge* dispose également d'un petit terrain de camping, d'une petite piscine, d'un bar et d'un restaurant. Il est possible de louer des bateaux, de pêcher ou de partir en randonnée. Un petit paradis de calme et de nature. Romelda est assez prisé des locaux les week-ends et lors des vacances scolaires. Il convient donc de réserver à l'avance.

GREAT ZIMBABWE ★★★★

Le site de Great Zimbabwe s'étend sur approximativement 80 ha, au cœur de la vallée de Mutirikwi. Il est géré par le National Museums and Monuments of Zimbabwe et a été classée site du patrimoine mondial par l'Unesco. Il constitue le plus grand monument et le plus impressionnant vestige de l'Afrique subsaharienne. Les ruines se composent d'une myriade d'enceintes et de murs de pierre, dont certains peuvent atteindre 11 m de haut et 6 m d'épaisseur. Edifiée au Moyen Âge, la cité de Great Zimbabwe abritait plus de 15 000 personnes et était sans doute la capitale d'un immense royaume s'étendant sur le Zimbabwe et les pays limitrophes (actuellement le Botswana, l'Afrique du Sud et le Mozambique). Aujourd'hui encore en très bon état de conservation, les grandes enceintes furent pendant des siècles les demeures des chefs tribaux et des souverains, qui vivaient là entourés de leurs familles. Bien plus que pour protéger, ces murailles furent érigées pour montrer la puissance, la richesse et le prestige du royaume.
Les origines de Great Zimbabwe furent longtemps le grand sujet de polémique qui enflammait les conversations des ethnologues et des archéologues impliqués dans les recherches et dans les fouilles... Pour les chercheurs, il était impensable d'attribuer la construction de structures aussi élaborées à des autochtones, qu'ils avaient toujours vu vivre dans des huttes de terre. Alors, ils allèrent chercher ailleurs les origines de la cité : certains y reconnurent la marque de la civilisation phénicienne, tandis que d'autres conclurent à la présence, aussi insoupçonnée que très ancienne, des Égyptiens ou des Hébreux dans cette partie reculée d'Afrique australe. Cependant, dans les années 1930, à la suite des travaux entrepris au début du siècle par David Randall MacIver, la Britannique Gertrude Caton-Thompson apporta les preuves scientifiques, anthropologiques, archéologiques et historiques de l'origine shona de la cité. Ces preuves ne furent toutefois admises que beaucoup plus tard (au moment de l'indépendance !), les colonisateurs blancs ayant le plus grand mal à accepter que le pays ait pu être riche et rayonnant sans leur présence. De nos jours, certains continuent à entretenir le doute et à faire planer une aura de mystère autour de la cité. Selon l'archéologue britannique Gertrude Caton-Thompson, les premiers occupants du site seraient arrivés au XIe siècle. Il s'agissait sans doute de plusieurs groupes indépendants décidés à se rassembler pour des raisons de sécurité et de pouvoir. Ils s'ins-

tallèrent en haut de la plus grande colline et y construisirent des huttes traditionnelles. La richesse et la puissance de ce regroupement d'hommes augmentant de décennie en décennie, il fut décidé de construire de grandes enceintes de pierre. C'est ainsi que le Hill Complex naquit au XIIIe siècle et servit de demeure aux rois successifs de la cité. Au XIVe siècle, le Great Zimbabwe connut son apogée et les bâtiments appelés *Great Enclosure* et *Valley Enclosure* furent érigés. La cité devint une capitale politique, religieuse et commerciale extrêmement prestigieuse, et exerça son influence à des centaines de kilomètres à la ronde. Cette puissance, en partie acquise grâce au bétail et à une bonne gestion de l'économie, était également due à une véritable maîtrise des échanges et des négoces. Bien que ne possédant aucun minerai naturel, le Great Zimbabwe devint le principal centre d'échanges d'un empire s'étendant sur 100 000 km^2, entre les fleuves Limpopo et Zambèze. De l'or et de l'ivoire furent même apportés du centre de l'Afrique australe aux côtes orientales, et de là transportés en Arabie, en Inde et sans doute même en Chine ! Au XVe siècle cependant, la cité et ses alentours se révélèrent progressivement trop petits pour le nombre d'habitants (environ 15 000 à 20 000 personnes). Affaibli par des querelles intestines et par un épuisement de ses ressources naturelles, le fabuleux empire du Great Zimbabwe déclina rapidement. Ses habitants partirent par petits groupes et allèrent s'installer un peu partout dans le pays, où l'on compte plus de 150 sites à l'architecture similaire : ruines de Khami, de Danangombe, de Naletale à l'ouest, vestiges des Eastern Highlands, etc. Au XVIe siècle, quand les Portugais arrivèrent sur le site où tant de souverains puissants avaient régné en maîtres, il était quasiment désert… La cité se trouva pourtant investie peu de temps après par la dynastie Nemanwa, qui y demeura jusqu'à la fin du XVIIIe siècle, époque à laquelle elle fut remplacée par la dynastie des Mugabe. En 1834, ceux-ci furent à leur tour délogés par les Nguni. Mais à la fin du XIXe siècle, lorsque Adam Renders (un chasseur américano-germanique) découvrit la cité, elle était en ruines. Bien que délaissée et désertée pendant la colonisation, la cité du Great Zimbabwe n'en continua pas moins à exercer un incroyable pouvoir de fascination sur les habitants du pays. Considérée comme l'âme et la fierté de la nation, elle donna son nom au pays à l'indépendance (le nom Zimbabwe viendrait de l'expression shona *dzimba dza mabwe* qui désigne « de grandes maisons de pierre »).

MUTIRIKWI LAKESHORE LODGES €

Depuis Great Zimbabwe vers le lac, à 8 km sur la gauche juste après Norma Jeane's.
✆ +263 775 748 576
Chalets : single à 37 USD, double à 62 USD.

Mutirikwi Lakeshore Lodges offre un ensemble de 14 chalets équipés indépendants à deux étages. Ils sont constitués pour la plupart d'une chambre avec lit double, de deux chambres contenant deux petits lits, d'une salle de bains et d'une cuisine. Ils sont aussi dotés d'une télé et d'un accès Internet. L'endroit, la décoration et le mobilier sont vieillissants, mais l'établissement dispose d'une piscine, d'une vue sur le lac et il est proche du Great Zimbabwe.

CLEVERS LAKEVIEW RESORT €€

Entre le Great Zimbabwe et le lac Mutirikwi. Panneau sur la route principale face au lac.
✆ +263 868 800 3933
https://clevershotelsandresorts.com/
Camping à 15 USD par pers. Lodge : 58 USD par pers. Chambres simples : 131 USD et doubles : 195 USD par pers., en B&B.

Le Clevers Lake View Resort sait varier les plaisirs de l'hébergement. Des petits budgets aux plus importants, rien n'est laissé au hasard, chaque détail a été pensé pour le confort des visiteurs. Le camping et les sanitaires sont particulièrement propres et agréables. Des chalets aux chambres d'hôtel en passant par le restaurant, la vue sur le lac est partout, le mobilier et la décoration sont d'un style purement anglais. Le soir, le chef propose un repas complet très satisfaisant.

GREAT ZIMBABWE HOTEL €€

À environ 800 m des ruines du Grand Zimbabwe.
✆ +263 867 007 458
www.africansunhotels.com
Chambre simple à partir de 188 USD et double à partir de 240 USD, petit déjeuner compris.

Ce bâtiment date de 1905. La reine Elizabeth, la princesse Diana et Nelson Mandela y ont dormi lors de leurs visites au Great Zimbabwe. Il faut dire que l'emplacement est parfait pour visiter les ruines : l'hôtel est à seulement 800 mètres de l'entrée de Great Zimbabwe, dont il organise des visites guidées. Confortables, les chambres sont bien aménagées et équipées. Le jardin est très bien entretenu et l'hôtel dispose d'un court de tennis, d'un terrain de volley et d'une piscine. Le restaurant Great Enclosure est ouvert à tous.

GREAT ZIMBABWE RUINS ★★★★

✆ +263 242 774 208

www.nmmz.co.zw/

Ouvert du lever au coucher du soleil. Entrée 15 USD pour les adultes et 8 USD pour les enfants (tarifs non résidents).

Pour accéder au site de Great Zimbabwe, depuis Masvingo, si vous n'êtes pas véhiculé, il est possible d'emprunter les taxis collectifs, qui partent en face du Pick N Pay, au centre de la ville, et peuvent vous déposer sur la route principale. Deux options se présentent alors à vous pour arriver au centre d'informations. La première est de descendre devant l'hôtel Great Zimbabwe et de marcher 1,5 km sur un sentier, la deuxième est de descendre un peu plus loin à l'entrée du parc et de marcher 1 km sur une route goudronnée. Certains *lodges* et hôtels peuvent également proposer des visites du site.

En général, il faut compter quatre à cinq heures pour faire le tour des principales curiosités du site. Trois ensembles architecturaux majeurs se visitent : Hill Complex (partie la plus ancienne de la cité, établie en haut d'une colline), Great Enclosure (où se trouve la fameuse tour conique qui figure sur toutes les brochures et cartes postales du Zimbabwe), Valley Enclosures (qui rassemble une multitude d'enceintes plus dispersées et moins impressionnantes que les précédentes). Pour compléter votre connaissance des lieux, un petit musée très instructif est à visiter à la sortie du site, et un village karanga traditionnel a été reconstruit entre Hill Complex et Valley Enclosures.

Il est possible de louer les services de guides locaux, et même vivement recommandé si vous souhaitez vraiment apprécier le mystère et la beauté des ruines. Les guides sont généralement au niveau du centre d'informations touristiques. La visite dure environ trois heures. L'un des meilleurs moments pour visiter le parc est la fin d'après-midi, pour apprécier le coucher du soleil. Quoiqu'il arrive, le lieu n'est pas envahi de touristes et il y a de grandes chances d'être seul. Si la visite des ruines vous a fasciné et donné envie d'en savoir plus, n'hésitez pas à vous procurer l'un des ouvrages du spécialiste en la matière, Peter Garlake : *Great Zimbabwe Described and Explained* (aujourd'hui le meilleur livre sur la cité médiévale) ou *Life at Great Zimbabwe* (essai moins exhaustif, mais plus facile à lire). Un petit musée sur place explique bien l'histoire de l'ancienne cité, même si quelques doutes et incertitudes persistent. Il faut ajouter que le site a été récemment restauré avec l'appui de l'Agence française de développement.

Hill Complex. Cette partie de la cité, la première sans doute à avoir été investie par les populations locales, représente un véritable tour de force architectural : plutôt que d'imposer la forme de leurs constructions à l'environnement, les bâtisseurs de l'époque ont équilibré leurs édifices à partir des rochers déjà existants. Les murs et les enceintes de pierre furent ainsi bâtis selon la configuration des surplombs rocheux et des blocs granitiques. Des failles furent par exemple transformées en couloirs d'accès, un amphithéâtre naturel devint un lieu de rituels, etc. L'ensemble se situe tout en haut d'une colline, à 80 m au-dessus de la vallée. Il abrita les souverains successifs du royaume ainsi que leurs conseillers et leurs médiums. Dans la partie orientale de Hill Complex, quelques marches mènent de fait à une place en demi-cercle, dominée par un énorme rocher. Elle a servi sans doute de palais de justice, mais surtout de centre religieux : on y a retrouvé des objets de cérémonie en bronze, ainsi que six sculptures d'oiseaux en stéatite. Trois chemins plus ou moins pentus mènent au Hill Complex, d'où l'on peut avoir des belles vues du Great Enclosure.

Great Zimbabwe Ruins.

SUD

Great Enclosure. Situé dans la vallée, au pied de la colline, cet ensemble se compose d'une enceinte de 100 m de diamètre et de 243 m de circonférence, dont les murs peuvent atteindre 11 m de hauteur et 6 m d'épaisseur. Plus grand monument de pierre de l'Afrique subsaharienne, Great Enclosure, au même titre que Hill Complex, était un palais royal dont la fonction n'était pas protectrice mais ostentatoire, il s'agissait d'étaler ses richesses et son pouvoir ! Il servait sans doute de demeure aux souveraines du royaume, ainsi qu'à leurs enfants : des perles, des bracelets, des colliers et même des paires de boucles d'oreilles en or y ont été retrouvés pendant les fouilles. Bâti un siècle et demi après le complexe de la colline, Great Enclosure représente l'apogée de la sculpture rozvi : si les murs, comme dans les autres ensembles, ont été construits à l'aide de pierres savamment entassées, ils apparaissent plus souvent décorés de motifs en chevrons et abritent surtout une haute tour conique, qui figure comme la construction la plus achevée de la maçonnerie rozvi. Cette tour, flanquée d'un bâtiment conique semblable mais beaucoup moins imposant, s'élève à 10 m de hauteur et peut être rejointe par un couloir étroit de 70 m de longueur. Depuis la découverte de la cité, elle suscite les interrogations des chercheurs qui ne sont guère parvenus encore à se mettre d'accord sur son origine et son utilisation exactes : certains y voient une représentation phallique symbolisant la fertilité ; d'autres pensent qu'elle servait d'autel lors des cérémonies initiatiques ou religieuses (en haut de la tour, une plate-forme de pierre couverte de bois carbonisé et d'os de bovin a été retrouvée) ; d'autres encore n'y voient qu'un gigantesque grenier à grains... Si aucune de ces théories n'a encore été vérifiée, la conception (ô combien romantique !) selon laquelle la tour aurait abrité le trésor royal des dynasties rozvi a quant à elle été catégoriquement démentie par quelques archéologues briseurs de rêves...

Valley Enclosures. Ce regroupement d'enceintes et de murs de pierre est le moins impressionnant du site. Sans doute servait-il à abriter les notables du royaume et non plus leurs souverains. Des plates-formes de huttes en daga y ont été retrouvées, ainsi qu'une des fameuses sculptures d'oiseaux en stéatite, aujourd'hui l'emblème national du pays. Ces ruines sont entre le Hill Complex et le Great Enclosure, mais il faut beaucoup plus d'imagination pour se représenter la grande époque.

Village Karanga reconstitué. A proximité de Valley Enclosures, un village de huttes traditionnelles a été reconstitué afin de permettre aux touristes d'apprécier l'agencement intérieur des habitations zimbabwéennes typiques (chambres d'enfants, des parents, cuisine, hutte du guérisseur, etc.). A l'époque où la cité de Great Zimbabwe était florissante,

Great Zimbabwe Ruins.

des milliers de huttes de cette sorte devaient s'entasser à l'intérieur des enceintes (pour les familles royales ou très riches) et à l'extérieur (pour les gens du peuple). De nos jours, seuls les quelques prototypes du village reconstruit ornent encore le site, tandis qu'un sorcier (sorti tout droit de l'industrie touristique ?) se propose de dire la bonne aventure en échange de quelques menus dollars.

Musée. Ouvert de 8h à 16h30. Comme la plupart des grands sites archéologiques, les ruines de Great Zimbabwe ont été largement pillées et la plupart des objets trouvés lors des fouilles sont disséminés aux quatre coins du globe. La modeste collection qui a pu être préservée se trouve aujourd'hui protégée dans un petit musée, établi à l'entrée du site. On peut y observer des outils et des armes, ainsi que quelques objets d'origine orientale, la preuve des liens commerciaux que les puissants de Great Zimbabwe entretenaient, sans doute par l'intermédiaire des marchands Swahili, non seulement avec l'Inde mais aussi probablement avec la Chine et la Perse. En dehors de ces quelques vestiges, l'intérêt principal du musée réside dans les sept oiseaux (et demi !) de stéatite qui y sont exposés : hauts d'une quarantaine de centimètres, ces étranges créatures sont devenues l'emblème du Zimbabwe et figurent sur le drapeau national, ainsi que sur les timbres et les cachets officiels du pays. Selon des ornithologues avertis, il s'agirait d'aigles pêcheurs grossièrement sculptés. Les archéologues, cependant, y voient des créatures mythologiques ayant sans doute fonction de totem ; on suppose en effet que les sculptures des volatiles étaient utilisées par les faiseurs de pluie ou représentaient les esprits des ancêtres, selon les Rozvis, les défunts se transformaient en oiseau afin de gagner le ciel. Le musée ferme à 16h30, un peu plus tôt que le reste du site.

LODGE AT THE ANCIENT CITY €€€

Après le Great Zimbabwe sur la droite.
✆ +263 392 265 120
Chambre simple à partir de 120 USD, chambre double à partir de 140 USD, petit déjeuner inclus.
C'est certainement l'un des plus beaux hôtels du pays. Il est construit tout en pierres, rappelant les ruines du Great Zimbabwe à quelques centaines de mètres de là. L'architecture est incroyable, monumentale, les espaces démesurés, la décoration parfaite. Les 19 grands chalets de granite disposent de leur propre enclos de pierres. Ici, tout semble naturel et spacieux. Même la piscine avec sa vue panoramique ou l'impressionnant bar ont été bâtis autour d'immenses blocs de pierre.

TRIANGLE

Triangle est la capitale zimbabwéenne de la canne à sucre, dont les plantations fleurissent à plusieurs kilomètres à la ronde. Le projet fut initié par un pionnier écossais, Thomas MacDougall, à la mémoire duquel un petit musée a été créé dans la ville. Cette dernière vit désormais au rythme de son entreprise anglo-américaine phare, la Sugar Industry Board, dont tous les véhicules, bâtiments et panneaux portent le logo. En somme, une bourgade agréablement verte, qui voit passer les voyageurs vers Gonarezhou ou Save Valley Conservancy.

CHIREDZI

Chiredzi ne présente pas beaucoup d'intérêt, en dehors de ses immenses plantations de canne à sucre et de sa proximité avec Gonarezhou. La ville fut créée dans les années 1960, à la suite du développement agricole de la région du Lowveld. Elle dispose d'une poste, de quelques banques, de stations-service et de magasins divers. C'est le dernier centre où s'approvisionner avant les espaces sauvages de Gonarezhou. La ville est très bien desservie en transport en commun et la gare routière voit des départs journaliers pour Masvingo, Gweru, Mutare, Harare et Bulawayo. L'aéroport de brousse de Buffalo Range, à côté de Chiredzi, reçoit des vols charters.

SAVE VALLEY CONSERVANCY ★★

En terme de paysage, la Save (prononcé « Sah-vey ») Valley Conservancy est magnifique, elle comprend des plaines rocheuses et fluviales, des forêts de mopanes, d'immenses baobabs et des bosquets d'acacias, mais aussi des peintures d'art rupestre du peuple san. Dans les années 1920, la vallée de la Save était remplie de fermes d'élevage et une zone de chasse de la faune sauvage. La surexploitation a entraîné une diminution de la fertilité des terres et la faune a été décimée. C'est en 1991 que la Save Valley Conservancy est créée par un regroupement de propriétaires terriens. Leur but était de changer le type d'exploitation de la zone par la création d'un gigantesque sanctuaire privé pour la réintroduction et la conservation de la faune sauvage et des rhinocéros en particulier. Avec le soutien de la communauté internationale, la région est très vite devenue un paradis pour les animaux en voie d'extinction. Pour leur protection, une clôture électrique de 330 km entoure la vallée de 3 200 km² (de Birchenough Bridge à Chiredzi). Le sanctuaire abrite les *big five* – lions, buffles, léopards, éléphants et rhinocéros noir et blanc – ainsi que des chiens sauvages africains, des girafes, des zèbres, de nombreuses espèces d'antilopes, des chacals, des crocodiles, des hippopotames, des hyènes tachetées et brunes, des singes, 670 espèces d'oiseaux, etc. Déjà classée plus vaste réserve privée de toute l'Afrique, la Save Conservancy est le programme de réintroduction de rhinocéros le plus réussi du continent et figure comme la zone protégée la plus prometteuse des années à venir. Malheureusement, tous ces résultats ont été compromis en 2012 lorsque des partisans du Zanu-PF et des officiels de l'armée ont obtenu des permis de chasse. Il semble que la situation se soit un peu apaisée, reste à voir ce que le gouvernement décidera à propos du devenir de cette réserve…
Plusieurs entrées au parc existent et l'entrée à prendre dépendra du *lodge* réservé. Pour ceux qui ont leur propre véhicule, un 4 x 4 est conseillé pour faire les safaris. Pour ceux sans véhicule, aucun transport en commun n'entre dans le parc, mais les *lodges* peuvent organiser des transferts. Les transferts peuvent être effectués depuis Harare. Pour faire des économies, rendez-vous à Birchenough Bridge (pour les *lodges* plus au nord) ou à Chiredzi (pour ceux au sud). Des transferts sont aussi disponibles de l'aéroport de brousse de Buffalo Range entre Triangle et Chiredzi.

SUD

Femmes de Chiredzi.

SAVE VALLEY CONSERVANCY

✆ +263 772 203 930
www.savevalleyconservancy.org
Ouvert toute l'année. 20 USD par jour et par personne.

Pour les voyageurs désirant se rendre à Save Valley Conservancy, toutes les informations sont disponibles sur le site Internet. Cette réserve privée, qui s'étend sur environ 3 400 km² et se compose en fait de différentes propriétés, propose différentes activités qui varient selon les hébergements, la période de l'année et les désirs des visiteurs : safaris en voiture ou à pied, diurne ou nocturne, pistage des rhinocéros et des éléphants, safaris ornithologique, etc. A noter que la plupart des hébergements proposent également des safaris de chasse...

MOKORE SAFARIS

7 Stable Close
✆ + 263 242 883 462
www.mokoreecosafaris.com

Fondé en 1979 et opérant dans la célèbre Savé Valley Conservancy, Mokore Safaris s'est construit une bonne réputation au Zimbabwe et au Mozambique où il opère également. Ce tour-opérateur offre des services personnalisés et il est reconnu pour la qualité de ses prestations. Sa spécialité : le safari-photo. L'accueillante et expérimentée famille Duckworth est disponible pour conseiller ses clients et les guider dans les différentes activités proposées. Mokore Safaris possède aussi deux campements, Mokore Main Camp et Majehwe Camp ainsi qu'une aire de camping.

NYEREZI SAFARIS €€

✆ +263 775 134 100
www.nyerezisafaris.com
50 USD par nuit et par personne sans pension, 150 USD en pension complète et 220 USD en all inclusive.

Hammond Ranch est le nom du lieu de l'hébergement de Nyerezi Safaris. Ce *lodge* se situe à proximité de la rivière Nyerezi qui reste asséchée une partie de l'année. Formé de différents chalets au toit de chaume, il propose de belles chambres confortables qui disposent de leur salle de bains et de leur douche extérieure. Le *lodge* se compose également d'un grand salon qui s'ouvre sur la brousse. Il peut accueillir jusqu'à 12 personnes. Les activités de safaris en voiture ou à pied sont organisées tout comme des dîners en pleine brousse et des excursions à Gonarezhou.

SANGO WILDLIFE LODGE €€€

✆ +263 780 570 313
www.sango-wildlife.com
A partir de 840 USD par personne et par nuit, en pension complète, boissons et activités incluses.

Sango est constitué de 4 chalets et 4 tentes traditionnelles luxueux et très spacieux, avec une décoration style colonial. Ils sont équipés de tout le nécessaire : minibar, terrasse privée, salle de bains, parfois doublée d'une douche à ciel ouvert. Chaque chalet possède un petit quelque chose qui fait son charme, allant de la plus belle salle de bains à la plus belle vue sur les environs. Un véritable petit paradis mais qui a un coût. Différentes activités sont proposées : pistage des rhinocéros, *game walk*, *game drive*, *birdwatching*...

BEITBRIDGE

Unique lieu de passage entre le Zimbabwe et l'Afrique du Sud, la ville frontière de Beitbridge est située au bord du fleuve Limpopo. Elle doit son nom à Alfred Beit, le créateur de la Beit Trust, qui finança le premier pont sur le Limpopo. La frontière a longtemps eu une réputation de point de passage long, difficile et corrompu, mais depuis la chute de Robert Mugabe en 2017 et l'installation de caméras chez les douaniers, la traversée est plus simple et rapide. En dehors de son caractère de ville de passage, Beitbridge ne présente pas d'autre aspect vraiment intéressant. C'est un endroit sec et souvent poussiéreux, dont les environs se déclinent en collines d'arbres rabougris et en plaines de mopanes, d'où surgit parfois un énorme baobab. Le lieu attirera toutefois l'attention des paléontologues, pour les fossiles de *Massospondylus* (dinosaure ayant vécu là il y a 200 millions d'années) qu'on y a retrouvés.
La liaison ferroviaire n'existe plus depuis 2014, mais les cars et *chicken bus* partent de Beitbridge vers Bulawayo, Masvingo, Harare et d'autres destinations en route. Pour l'Afrique du Sud, les bus depuis le Zimbabwe vont à Pretoria, Johannesburg et Le Cap. La gare routière se trouve derrière le stade, à 1,5 km de l'immigration zimbabwéenne. La frontière peut être traversée à pied et des minibus locaux partent du poste frontalier sud-africain à Musina, d'où trains et bus partent partout en Afrique du Sud. La frontière est ouverte 24h/24, 7j/7.

LION AND ELEPHANT MOTEL €€

A environ 70 km au nord de Beitbridge, en direction de Masvingo. ✆ +263 773 284 637
www.lionandelephant.co.zw
Chambre simple à 55 USD, chambre double à 75 USD. Chambre avec 4 lits : 112 USD. Camping à 20 USD.

Ce motel se situe à environ 75 km au nord de Beitbridge, sur la route d'Harare. Il se compose de quelques chalets confortables, aux toits de chaume, plantés au bord du lit à sec de la rivière Bubi (ou Bubye). Ce lodge est une bonne escale pour ceux qui font la route de ou vers l'Afrique du Sud. Il y a au total 38 chambres et parmi elles des familiales. Il est de plus possible de rajouter des lits, si vous êtes en famille ou entre amis. Le jardin arboré et bien entretenu et la nature environnante sont appréciables. Le personnel est accueillant.

GONAREZHOU NATIONAL PARK ★★★

Gonarezhou National Park est, avec Chizarira National Park, le parc national le plus reculé et le moins fréquenté de tout le Zimbabwe. Il fait partie d'une grande zone de conservation transfrontalière qui comprend aussi le parc national de Kruger en Afrique du Sud et celui de Limpopo au Mozambique. D'une superficie de 5 000 km², Gonarezhou se range en deuxième position derrière Hwange National Park dans le classement des plus grandes zones protégées du pays. Son nom vient d'une expression shona, *gona rhe zhou*, qui désigne « un endroit abritant beaucoup d'éléphants ». Les espaces qui constituent aujourd'hui le parc ont été longtemps le territoire privilégié de nombreux pachydermes et sont devenus en corollaire un haut lieu de chasse et de braconnage. Dans les années 1920, un certain Barnard (chasseur de trophées sanguinaire) y tua même le célèbre Dhlulamithi, dont les défenses, dit-on, pesaient 110 kg et furent les plus grosses jamais enregistrées en Afrique australe. Mais les éléphants ne furent pas les seuls mammifères touchés par la folie des hommes : durant des décennies, c'est toute la faune qui connut une véritable hécatombe, victime tantôt de la sécheresse, tantôt des campagnes d'éradication de la mouche tsé-tsé ou des chasses intensives. Pour mettre un frein à cette extermination quasi totale de la faune, les autorités rhodésiennes décidèrent de transformer l'endroit en réserve (en 1967), puis en parc national (en 1975). Mais la guerre civile au Mozambique compromit ce projet. Après quinze ans de paix relative, la faune de Gonarezhou se trouva à nouveau décimée par les balles meurtrières des guerriers mozambicains, ayant choisi ces territoires sauvages pour s'approvisionner en nourriture. Pendant plus de dix ans, le parc fut contraint d'interdire son accès au grand public, avant de rouvrir ses portes en 1994. De nos jours, les touristes qui s'aventurent ici sont encore peu nombreux et la faune demeure farouche et secrète. Pourtant, la tranquillité ambiante et l'aspect extrêmement sauvage des lieux valent véritablement le détour… Il est vrai que l'aire protégée se porte de mieux en mieux. En 2017, un accord de collaboration a été signée entre Zimparks et la Frankfurt Zoological Society, quant à la gestion et au développement du parc. En 2021, il a ainsi mené à la réintroduction de 29 rhinocéros noirs, alors que l'espèce avait été éradiquée du parc par les braconniers, vingt-sept ans plus tôt.

CAMPSITES GONAREZHOU CONSERVATION TRUST €

✆ +263 779 788 811

www.gonarezhou.org

Developped Campsite : 80 USD (jusqu'à 4 per.). Wilderness Campsite : 120 USD (jusqu'à 4 pers.).

Gonarezhou Conservation Trust gère dorénavant les différentes aires de camping du parc. Celles-ci se répartissent entre le nord de l'aire protégée, notamment autour de Chipinda Pools et de Chinguli, et le sud de celle-ci, en particulier autour de Mabalauta. On distingue les *developed campsites* qui disposent de plusieurs emplacements, les *exclusive campsites*, les *wilderness campsites* et les *transit campsites* (maximum deux nuits), chacun composé d'un seul emplacement, et les plateformes.

LOGEMENTS GONAREZHOU CONSERVATION TRUST €

✆ +263 779 788 811

www.gonarezhou.org

Tented camps : 140 à 160 USD pour deux. Chalets et lodges : à partir de 110 pour deux.

Comme pour les *campsites*, les hébergements en dur et les camps de toile à l'intérieur du parc sont désormais gérés par le Gonarezhou Conservation Trust, qui regroupe Zimparks et la Frankfurt Zoological Society. L'on retrouve, ainsi, des camps de toiles à Chipanda Pools et Chipale, des chalets dans les trois Managa Camps, des *lodges* à Swimuwini et les Gonarezhou Bush Camps, composés de vastes tentes, situés auprès de la fameuse falaise de Chilojo.

CHILO GORGE €€€

Au bord de la rivière Save, au bord du parc

✆ +263 774 999 059

www.chilogorge.com

De novembre à mars : 505 USD, d'avril à mai : 580 USD et de juin à octobre : 685 USD par personne et par nuit.

Le très beau mais cher lodge de Mahenye se tient à la lisière nord-est du parc de Gonarezhou, sur une île dominant la rivière Save, malheureusement à sec à cet endroit. Les huttes, faites de teck et de chaume, sont prolongées d'une terrasse de bois et décorées dans le plus pur style africain. Elles se fondent à merveille dans les immenses arbres riverains qui forment, à cet endroit, un vaste dôme de fraîcheur. Entre autres activités, le *lodge* propose des safaris en voiture et à pied, mais aussi des sorties ornithologiques et même une extraction de vin de palme.

SINGITA PAMUSHANA LODGE €€€

✆ +27 21 683 3424

www.singita.com

Chambre à partir de 2 075 USD par personne, par nuit. Tout compris (sauf champagne).

Situé en dehors du parc, ce véritable *lodge* 5-étoiles séduira à coup sûr les amoureux du luxe, mais respectueux de la nature. Etabli dans la réserve privée de Malilangwe, il offre 12 suites luxueuses et confortables, à la décoration fine, avec piscine privée. Avec de belles vues sur le barrage de Malilangwe, l'unité centrale comprend une librairie, deux piscines, un bain à remous. Le luxe s'invite également à table. Le lodge propose également des safaris photos et ornithologiques, safaris en voiture, sorties en bateau, parties de pêche...

SUD

Parc de Gonarezhou.

MATOBO NATIONAL PARK ★★★

Les monts et dômes se dressant dans le sud-ouest du Zimbabwe portent le nom de Matobo ou Matopos. Cette appellation fut donnée par le grand chef zoulou Mzilikazi qui vit dans ces éminences nues et lisses des *amatobo* ou « têtes chauves ». Comme le rapprochement était frappant et représentatif, le nom resta et il désigne aujourd'hui l'une des zones les plus pittoresques et les plus intéressantes du Zimbabwe. Il faut dire que l'endroit est marqué du sceau de l'histoire et jouit d'un profond respect de la part de tous les locaux. Peut-être est-ce dû au fait que les collines sont vieilles de plus de 3 000 millions d'années et sont ainsi dignes, comme le veut la croyance locale, d'abriter les esprits des ancêtres. Depuis toujours, un certain mystère entoure les entassements rocheux de Matobo, qui ont servi de terre d'accueil à plusieurs tribus successives. Les premiers à investir les lieux furent les San, il y a plus de 40 000 ans. Ces chasseurs-cueilleurs laissèrent la trace de leur passage en couvrant les parois des surplombs rocheux et cavernes de peintures rupestres. Dans les environs des XVe et XVIe siècles, ce furent les Torwa qui s'installèrent ; ceux-ci quittèrent le sud-est (la cité de Great Zimbabwe) et vinrent construire une nouvelle capitale, Khami, dans les collines de Matobo. À la fin du XVIe siècle, ils furent chassés des lieux par les Rozwi, qui établirent leur cité royale à Danangombe, mais firent des hauteurs de Matobo leur capitale religieuse. Ils y développèrent le culte de Mwari, qui est encore très vivace aujourd'hui.

Au XIXe siècle, Mzilikazi, contraint de quitter le Zoulouland, puis les montagnes de Magaliesberg (actuelle Afrique du Sud), traversa le fleuve Limpopo et parvint à son tour dans les collines. Grâce à ses puissants guerriers, il en délogea les Rozwi, mais il fut si impressionné par le culte de Mwari qu'il l'adopta. Le dieu fut également respecté par les colons blancs, qui, à la fin du XIXe siècle, arrivèrent à leur tour dans cette région de l'Afrique australe, sous la gouverne de Rhodes. Ce dernier établit certains accords avec Lobengula, le successeur de Mzilikazi. Cependant l'entente cordiale se transforma vite en violents conflits, qui se soldèrent par la défaite des Ndebele. Au XXe siècle, d'autres combats eurent encore lieu dans les collines, notamment entre les Blancs – qui désiraient transformer une partie de Matopos en réserve naturelle – et les Noirs – qui voulaient cultiver toutes les terres. Les Blancs l'emportèrent et la décision fut même confirmée plusieurs décennies plus tard (c'est-à-dire après l'indépendance) par le gouvernement de Mugabe. De nos jours, la partie la plus spectaculaire de Matobo est ainsi protégée et possède le statut de parc national. Celui-ci s'étend sur 43 200 ha et comprend d'impressionnants entassements de rochers, de très belles peintures rupestres, la tombe de Cecil Rhodes, une forte concentration d'aigles noirs et de léopards ainsi qu'un nombre honorable de rhinocéros blancs et noirs.

Le parc se trouve à 35 km au sud de Bulawayo et est très bien indiqué. Il y a plusieurs entrées, dont la principale se trouve au nord. Aucun transport en commun ne traverse le parc sauf les kombis qui font la route entre Bulawayo et Maphisa. Ceux-ci peuvent vous déposer aux entrées de Big Cave Camp, Farmhouse ou Amalinda Lodge. Les autres ne sont accessibles qu'en taxi ou avec un transfert organisé par les *lodges*.

Le parc national des monts Matobo est divisé en six parties :

- **The Northern Wilderness Area.** Il s'agit de la partie la mieux développée et la plus fréquentée du parc ; c'est aussi celle qui est la plus facilement accessible et la plus proche de Bulawayo. Son centre d'intérêt est la View of the World (selon les mots de Cecil Rhodes) : une colline offrant un panorama extraordinaire sur les paysages bruts et chaotiques alentour. C'est là, au cœur d'un amphithéâtre de gros rochers ronds et au sommet d'un dôme en partie couvert de lichens, que Rhodes, fasciné par la beauté des lieux, décida de se faire enterrer. Deux autres hommes importants furent également ensevelis en ces lieux : l'ami fidèle d'abord, le docteur Leander Starr Jameson, commandant de Fort Victoria et leader du raid qui déclencha la guerre des Boers une centaine d'années auparavant ; Charles Patrick John Coghlan ensuite, premier chef du gouvernement de Rhodésie du Sud. Un mémorial (Shangani River Memorial) fut également érigé sur les ordres de Rhodes, en souvenir d'Allan Wilson et de ses trente-trois soldats britanniques, anéantis par les guerriers ndebele lors d'une campagne contre Lobengula. L'ironie du sort est que les corps des colonisateurs les plus virulents reposent au sommet d'une colline sacrée appelée Malindidzimu dans la langue locale, un mot ndebele désignant la « demeure des esprits bienveillants ». Le grand chef zoulou Mzilikazi est lui-même enterré à 15 km au nord-est de la tombe de Rhodes, dans une caverne dominant une colline. À environ 5 km au nord-est de la colline où repose Rhodes, non loin de la route bitumée, se trouvent de très intéressantes peintures rupestres, du nom de White Rhino Shelter. Leur particularité est d'être des dessins au trait, contrairement à ceux des autres sites, qui sont plutôt polychromes. Cinq rhinocéros blancs et une tête de rhinocéros noir sont ainsi très nettement visibles et valent vraiment le coup d'œil. Un peu plus au nord, en dehors des limites du parc, une autre caverne (Mjelele Cave) abrite également de belles peintures rupestres investies d'une grande importance religieuse et qui font parfois l'objet de cérémonies rituelles ;

- **Togwe Wilderness Area.** Cette partie correspond à l'est du parc. C'est l'une des zones les plus sauvages et les plus reculées. Ses pistes sont assez mauvaises et nécessitent l'utilisation d'un 4 x 4. Quelques emplacements de camping ont été aménagés et deux petits lacs artificiellement créés (Togwana et Mtsheleli). De belles peintures rupestres ornent également la grotte d'Inange, située à 7 km à l'est du barrage de Togwana. Comme elle n'est pas évidente à trouver, les personnes intéressées par l'excursion (une randonnée pédestre de plusieurs heures sur des sentiers parfois escarpés) prendront soin de collecter un maximum d'informations auprès des bureaux à l'entrée du parc national ;
- **Central Wilderness Area.** La partie centrale du parc est parsemée de nombreux petits lacs de retenue, dont le plus connu et le plus fréquenté est celui de Maleme, aménagé au niveau de la rivière du même nom. C'est à proximité de ce lac que se trouvent le plus grand camping de la zone protégée, le bureau du parc ainsi que leurs chalets. Deux cavernes valent le détour : la grotte de Nswatugi, où des ossements humains anciens de plus de 35 000 ans ont été exhumés – des dessins de personnages et d'animaux en bon état de conservation sont également visibles –, et la grotte de Pomongwe, dont les peintures ont malheureusement été terriblement endommagées par un chercheur. Pour les protéger, il les avait recouvertes d'un vernis, mais le résultat fut contraire à ses attentes. Ces deux cavités sont bien signalées et sont facilement accessibles par de petits sentiers ;
- **Whovi Wilderness Area.** Toute la partie occidentale du parc est exclusivement réservée à la faune sauvage. Elle abrite une cinquantaine d'espèces de grands mammifères, parmi lesquels de nombreuses antilopes, des singes, des girafes, des zèbres, des caracals, des léopards et surtout des rhinocéros blancs et noirs ! Les nombreuses pistes aménagées dans le parc favorisent d'ailleurs la recherche, d'autant plus que certaines d'entre elles longent de petits points d'eau fréquentés par les animaux.
- **Bambata Wilderness Area.** Il s'agit d'une toute petite section située au nord de la zone voisine Whovi Wilderness Area. L'unique intérêt de cette partie est une caverne, Bambata Cave, ornée de belles peintures rupestres, dont un superbe dessin de guépard. La grotte est accessible à pied à 40 minutes de marche ou en 4 x 4, à partir de la route reliant la zone de Whovi à Bulawayo ;
- **Maleme Wilderness Area.** Cette zone couvre toute la section australe du parc. C'est la seule à avoir été maintenue complètement sauvage et à ne disposer d'aucun aménagement.

TSHABALALA GAME SANCTUARY

Matobo road © +263 773 557 492

www.zimparks.org.zw

Ouvert tous les jours de 6h à 18h. Entrée : 8 USD par adulte, 4 USD par enfant et 10 USD par véhicule.

Le sanctuaire de Tshabalala s'étend sur 11 km². C'est une étape sympathique entre Bulawayo et la parc national des Matopos. On peut le découvrir en voiture comme à pied. Il n'y a pas d'animaux dangereux. S'y ébattent zèbres, girafes, gnous, impalas, koudous… Le sanctuaire dispose de points d'eau et d'un réseau de pistes. Le sanctuaire dispose également d'aires de pique-nique. Il y a aussi à côté de l'entrée un restaurant qui sert des grillades, des burgers et des plats locaux.

CAMPINGS ZIMPARKS €

www.zimparks.org

Camping à 10 USD par personne.

Cinq sites de camping sont éparpillés dans le parc ; Maleme Dam (centre), Sandy Spruit (nord), Mtsheleli (sud-est), Togwana (est) et Mezilume (ouest). Des campings des parcs nationaux classiques, les camps sont bien tenus avec beaucoup d'ombre, des belles vues et des barbecues sur place. Le camping de Maleme Dam, qui se situe au bord du lac du même nom, demeure le mieux équipé, avec ses sanitaires. Ses emplacements sont disséminés sur les rives du lac, souvent au pied de gros blocs de granit. Les autres sites sont beaucoup plus basiques.

SUD

BIG CAVE CAMP €€

✆ +263 772 177 243
www.bigcavematopos.com
Tarifs par personne : en B&B à 155 USD, demi-pension à 185 USD, pension complète à 210 USD, tout compris à 350 USD.

Big Cave Camp est construit sur les affleurements granitiques caractéristiques du parc de Matopos. Le grand bar-salle à manger s'harmonise autour d'un grand rocher et d'un majestueux vieil arbre. Les chambres sont construites de pierre et de chaume, elles offrent de belles vues des *kopjes* environnants Différentes activités sont proposées : visite du parc, des peintures rupestres, pistage des rhinocéros blancs… Pour les visiteurs à petit budget, le camping bien équipé situé à proximité rassemble emplacements pour tentes et caravanes, ainsi que quelques *rondavels*.

© DR

© DR

LOGEMENTS ZIMPARKS €

www.zimparks.org
Chalets 2 personnes à 45 USD, chalets 4 personnes à 60 USD. Lodges entre 75 USD et 200 USD selon la taille.

Une variété de chalets et de *lodges* se trouvent autour du lac de barrage de Maleme, au centre du parc national (Black Eagle Lodge, Imbila Lodge, Rest Camp). Certains de ces hébergements peuvent accueillir jusqu'à sept personnes, certains sont rénovés. Il n'y a pas de restaurant sur place, mais un petit kiosque vend des denrées de base et tous les logements sont équipés d'une cuisine et d'un barbecue. La majorité des logements sont équipés d'une salle de bains. Les chalets les moins chers ont des sanitaires partagés et n'ont pas de vaisselle.

FARMHOUSE LODGE €€

A 48 km de Bulawayo.
✆ +263 775 568 345
www.farmhousematopos.com
Camping à 15 USD par personne. Chambre simple à 90 USD, chambre double à 150 USD, petit déjeuner inclus.

En 1996, une ancienne ferme située à l'entrée du parc, a été convertie en *lodge* restaurant. *Farmhouse*, en lisière d'un magnifique affleurement de granit, est aujourd'hui constituée de 12 chambres avec toit en chaume possédant deux lits, une salle de bains et salon, d'un restaurant, d'un *boma* traditionnel et d'une grande piscine. La zone de camping est située en haut des collines et possède une vue splendide sur les paysages environnants. Elle comprend toutes les commodités nécessaires, paillote, sanitaires mais ne dispose pas d'alimentation électrique.

AMALINDA LODGE €€€

À 45 km de Bulawayo, entrée sur la gauche.
✆ +263 292 243 954
www.amalindacollection.com
Chambre double de 486 USD à 5 559 USD par personne selon la saison, tout compris.

Ce camp surplombe les monts Matobo et s'intègre de façon admirable aux roches de granite. Ici, les architectes ont bâti ce lodge en fonction de sa nature minérale et non l'inverse, le résultat est exceptionnel. Les neuf chambres sont implantées autour des roches, ultra spacieuses et toutes uniques. Le bar, le restaurant et l'espace lounge sont eux aussi aménagés dans une grotte de granite ouverte sur le panorama. Cet endroit magique a cet autre atout d'avoir une équipe en or, avec notamment des guides très professionnels proposant des activités variées.

BULAWAYO ★★

Idéalement située à moins de 500 km d'Harare, du parc de Hwange, des chutes Victoria, de Masvingo, du Botswana, de l'Afrique du Sud et de la Zambie, Bulawayo, ville agréable et métropole charnière, est souvent préférée à la capitale par les touristes. Ses très larges avenues, ses parcs verdoyants, ses coopératives d'artisanat et son célèbre musée d'Histoire naturelle en font un lieu attrayant. Comptant de nombreux bâtiments coloniaux, Bulawayo est aussi une ville chargée d'histoire dont l'origine est liée au peuple zoulou et l'essor important aux colons blancs. La ville constitue aussi un passage obligé vers le parc national des Matopos, situé à une vingtaine de kilomètres, au sud de la ville.

Histoire

Au cours des XIXe et XXe siècles, trois Bulawayo virent successivement le jour. La première ville fut édifiée à quelques kilomètres de l'agglomération actuelle par les hommes de Lobengula, fils de Mzilikazi. Ce dernier était un chef zoulou rebelle ayant fui le régime de Shaka (roi très autoritaire) en compagnie de son clan, les Kumalos. Parvenu dans le sud-ouest de l'actuel Zimbabwe dans les années 1830, il en délogea les Rozwis et donna à sa tribu le nom de Ndebele (« ceux qui portent de longs boucliers »). A sa mort (en 1868), c'est son fils, Lobengula, qui prit sa succession. Il fit construire une ville royale qu'il appela Gubulawayo (« le lieu du massacre »), en souvenir des nombreux combats ayant eu lieu sur cette partie du territoire. En 1881, Lobengula et son peuple décidèrent de quitter la première Bulawayo, dont le sol était devenu très pauvre et le bois insuffisant. Ils se déplacèrent vers le nord et s'établirent à proximité de la rivière Umgusa. Deux maisons de pierre, quelques huttes pour le harem de Lobengula et un *kraal* constituaient le centre royal de la seconde Bulawayo. Le cœur de la cité était entouré d'une série de huttes traditionnelles. C'est là que Lobengula tenait sa cour et recevait des visiteurs, dont des Blancs de plus en plus nombreux : commerçants, missionnaires et chercheurs d'or pour la plupart… La retraite dominicale du grand chef, le *kraal* d'Umvutsha, était située à quelques kilomètres de la capitale. Au tout début des années 1890, le cœur de la cité et le kraal furent brûlés par les hommes de Cecil Rhodes, à la suite d'un malentendu. En effet, Lobengula avait dépêché certains de ses guerriers à Fort Victoria (actuel Masvingo), afin de s'entretenir de questions d'ordre territorial avec les Britanniques. Ces derniers prirent la venue des Ndebeles pour une incursion ennemie et décidèrent de riposter en attaquant le Matabeleland (il est vrai très riche en minerais précieux !). Lobengula dut s'enfuir vers le nord et mourut de maladie quelque temps après. Les colons blancs s'installèrent alors sur le site de Bulawayo et construisirent une nouvelle cité à quelques kilomètres de la précédente. Celle-ci gagna officiellement le statut de ville le 1er juin 1894. Des hôtels, des églises, des clubs, des magasins commencèrent à s'y établir et un premier journal quotidien fit son apparition, *The Chronicle*, toujours publié de nos jours. En 1897, la ligne de chemin de fer qui devait, selon le grand projet de Rhodes, relier Le Cap au Caire arriva à Bulawayo depuis l'Afrique du Sud. La ville s'agrandit et connut un essor important. Un peu plus tard, une autre voie fut mise en place entre Bulawayo et la Zambie, via Victoria Falls. La ville se développa encore pour accéder, en 1943, au statut de *city*. Par la suite, sa prospérité ne fut freinée que par de violents combats politiques dans les années 1980 et par une sécheresse très sévère au début des années 1990.

Transports

Pour accéder à Bulawayo, il y a plusieurs solutions... Par la route, Bulawayo se trouve à 439 km de Harare (nationale 5), 577 km de Mutare (nationale 9), 321 km de Beitbridge (poste frontière avec l'Afrique du Sud ; nationale 6), 280 km de Masvingo (nationale 9), 439 km de Victoria Falls (nationale 8), 520 km de Kazungula. On peut également opter pour l'avion. Air Zimbabwe relie Bulawayo à Harare et Victoria Falls, mais les jours et horaires varient. De son coté, la compagnie, plus régulière, Fastjet dessert Harare une fois à deux fois par jour. L'aéroport Joshua Mqabuko Nkomo est situé à 23 km au nord de la ville. Aucun transport en commun ne dessert l'aéroport, mais des kombis passent sur la route principale à 4,5 km du terminal. Sinon faites appel à une compagnie de transfert ou empruntez un taxi pour vous rendre dans le centre-ville. Pour relier Bulawayo, on peut, enfin, opter pour les transports en commun routiers. Les chicken bus partent dans tout le pays de la gare routière Renkini sur Sixth Avenue à l'ouest du centre-ville, à l'exception des bus de nuit pour Harare qui partent de l'intersection de Fort Street et Leopold Takawira Avenue. La majorité des cars pour Harare, Victoria Falls et l'Afrique du Sud partent de George Silundika Street entre les intersections de Fourth Street et Sixth Street.

CHIPANGALI WILDLIFE ORPHANAGE ★

Beitbridge Road
✆ +263 772 004 111
www.chipangali.com
Ouvert de 10h à 16h et fermé le lundi. Entrée à 6 USD pour les adultes, 5 USD pour les enfants.

Cette institution de 60 ha, connue dans tout le pays et sponsorisée par plusieurs grands mécènes, est un refuge pour animaux blessés, ou orphelins, dont les parents ont été tués par des braconniers. Chipangali compte des centaines d'animaux dont des espèces rares ou en voie de disparition. L'objectif du centre est de soigner et de nourrir les bêtes recueillies, puis de les relâcher dans la brousse. Un parc très intéressant, qui a malheureusement parfois tendance à ressembler à un zoo.

NATIONAL ART GALLERY ★

Joshua Nkomo Street
www.nationalgallerybyo.com
Ouvert de mardi au samedi de 9h à 17h. Prix d'entrée : 5 USD.

La galerie nationale d'art de Bulawayo (également appelée Douslin House) est une superbe demeure coloniale construite à la fin du XIXe siècle. Celle-ci hébergea d'illustres hôtes, dont Rudyard Kipling. La galerie présente des collections permanentes de peintures, sculptures, tapisseries et artisanat du Matabeleland et des expositions temporaires. Au sein des locaux, vous pouvez aussi faire un tour à la boutique artisanale Sabona qui propose cartes postales, tambours Tonga, sculptures et paniers traditionnels, ainsi qu'au *coffee shop* à l'ambiance reposante.

NATURAL HISTORY MUSEUM ★★

Leopold Takawira Avenue ✆ +263 292 250 045
www.naturalhistorymuseumzimbabwe.com
Ouvert tous les jours de 9h à 17h. Entrée à 10 USD pour les adultes, 5 USD pour les enfants (tarifs résidents).

Ce grand bâtiment circulaire, à deux étages, héberge les plus importantes collections d'Afrique australe et peut-être même de tout l'hémisphère sud ; un ensemble de dioramas superbes, reproduisant la flore des différentes régions du pays et présentant une multitude d'animaux empaillés en situation : antilope en saut, fauves dévorant leurs proies, oiseaux en vol, etc. Selon le directeur du lieu, la collection compterait plus de 75 000 animaux. Une salle est ainsi entièrement consacrée aux insectes, tandis qu'une autre présente, sous vitrines, tous les oiseaux de l'Afrique subsaharienne. Dans un hall trône le deuxième plus grand éléphant empaillé du monde : un mastodonte atteignant 3,53 m au garrot et arborant de magnifiques défenses de 40 kg chacune. Mais les hommes ne sont pas oubliés, avec une galerie des chefs (*Hall of Chiefs*) couvrant l'histoire du Zimbabwe, du guerrier zoulou Mzilikazi au Britannique Cecil Rhodes, en passant par le puissant Lobengula. D'autres sections sont consacrées à l'homme préhistorique ou à l'artisanat. Une galerie s'intéresse à la géologie du pays, ses minéraux et ses métaux. Elle présente ainsi la reconstitution d'une mine d'or, ainsi que 1 000 types de roches différentes. Les ossements de l'un des dinosaures les mieux préservés du monde (le *Syntarsus rhodesiensis*) sont également exposés. En 2018, le muséum s'est enrichi de nouvelles expositions, notamment sur l'évolution de l'homme et sur les champignons. Ce musée, l'un des plus importants et riches du continent, mérite vraiment une visite.

National Art Gallery.

RAILWAYS MUSEUM ★

Prospect Avenue
✆ +263 292 362 452
Ouvert de 8h à 17h30 du lundi au vendredi, de 8h à 16h le samedi et de 9h à 15h le dimanche. Entrée à 2 USD.

Pour les passionnés du genre, mais pas seulement, un musée du rail des plus intéressants. Aménagé en plein air, il rassemble des locomotives à vapeur (dont la plus ancienne, la *Jack Tar*, date de 1896), de vieux wagons du début du siècle, d'anciens bâtiments ferroviaires et d'autres curiosités liées au monde du chemin de fer. Il est notamment possible de visiter la voiture salon qui, en 1896, fut utilisée pour transporter la dépouille de Cecil Rhodes, du Cap aux monts Matopos. Le musée est soutenu par une équipe de volontaires.

AFRICAN WANDERER SAFARIS

37 Burnside Road
✆ +263 292 241 787

Ian est un guide chevronné du Zimbabwe, imbattable autant sur l'art rupestre des monts Matobo, que sur la faune et la flore de la région, il traque les rhinocéros blancs et noirs avec un enthousiasme et emporte agréablement le visiteur. Si vous avez une panne de vocabulaire en anglais, il saura employer quelques mots de français. L'agence propose des excursions dans le parc national des Matopos, mais aussi aux ruines de Khami ou à l'orphelinat de Chipangali. Elle propose également des visites dans le parc national de Hwange.

ECO LOGICAL SAFARIS & TRAVEL

119B Fife Street
✆ +263 292 888 790
www.ecological.co.zw

Créé en 1997, Eco Logical Safaris & Travel est une des premières et très bonnes agences de voyages de Bulawayo. Ses bureaux sont établis dans une très vieille maison de la ville. Eco Logical organise des voyages et des séjours dans la région, mais peut étendre ses activités au pays et à l'international. Cette agence permet de réserver des billets d'avion, des hébergements à travers le pays ou les pays voisins, ou bien encore des activités à Victoria Falls.

RIDE ZIMBABWE

Plot 14 Umguza Irrigation Scheme
✆ +263 772 369 294
www.ridezimbabwe.com/

Ride Zimbabwe est géré par la famille Varden. Leur spécialité c'est de faire découvrir la faune sauvage en randonnées équestres, des expériences en pleine nature sans aucun engin polluant ! Les excursions peuvent être de plusieurs jours et s'adaptent aux niveaux des cavaliers. Une forme minimale est requise, dans la mesure où les chemins parcourus sont parfois difficiles. L'hébergement se fait dans des camps confortables, parfois sous tente ou à la belle étoile. La base principale de Ride Zimbabwe est dorénavant en périphérie du parc national de Hwange.

BURKE'S PARADISE €

11 Inverleith Drive ✆ +263 292 246 481
www.burkes-paradise.com
Camping à 10 USD par personne, lit en dortoir à 15 USD, Chambre simple à 25 USD et double à 35 USD.

Situé en périphérie du centre-ville, Burke's Paradise (anciennement Backpackers Paradise), géré par Adam Burke, propose plusieurs catégories d'hébergements à des tarifs très abordables. Le site, qui s'étend sur presque 5 hectares, est un petit havre de paix et de verdure. On y trouve deux étangs, une belle piscine et toutes les commodités nécessaires pour le camping, y compris une cuisine partagée. Les chambres sont simples, mais fonctionnelles et bien tenues. L'ambiance est conviviale et familiale, en résumé, une très bonne adresse. Accès Internet gratuit.

CHOICE GUESTHOUSE AND BACKPACKERS LODGE €

7 Heyman Road
✆ +263 777 566 985
Chambre entre 35 et 50 USD.

Un des deux *backpackers* tenus par le même propriétaire à Bulawayo. Choice Backpackers est une maison convertie en auberge de jeunesse avec un grand et beau jardin, où le camping est possible loin des bruits de la ville, mais à 2 km seulement du centre. Une cuisine bien équipée permet de préparer des repas et une terrasse couverte ou des tables de pique-nique permettent de manger dehors. L'ambiance est conviviale et l'accueil sympathique. Accès Internet gratuit.

WOZANI LODGE €

39 Leander Avenue
✆ +263 292 240 905
www.wozanilodges.co.zw

Chambre simple à 75 USD, double à 90 USD, petit déjeuner compris.

Situé au sud-est de la ville, à 5 minutes du centre, ce petit *lodge* propose 17 chambres revêtues de parquet ou de moquette, pourvues de salles de bains avec douche ou baignoire, télévision satellite, accès Internet, bouilloire. La literie est soignée, les chambres et le lieu sont propres. L'agencement de l'établissement permet de garer sa voiture en lieu sûr. L'établissement dispose également d'un restaurant et d'une salle de conférence. Un bon plan pour les budgets légers qui souhaitent tout de même le confort d'une chambre d'hôtel.

HORNUNG PARK LODGE €€

79 Burnside Road
✆ +263 777 338 710
www.hornung-park-lodge.com

Chambre simple à 120 USD, chambre double à 140 USD, petit déjeuner compris.

Ce lodge confortable se trouve près de Hornung Park, d'où il tire son nom. Tranquille et agréable avec un beau jardin, les jolis chalets aux toits de chaume sont équipés de tout le nécessaire (cuisine, salle de bains, accès Internet, télé satellite). Pour les petits services, des adaptateurs européens et un service de location de films sont mis à la disposition de la clientèle. Les loisirs et installations incluent une piscine accessible à partir de tous les chalets, un court de tennis et un restaurant bar rien que pour les clients de Hornung Park Lodge.

BANFF LODGE €€

35 Leander Avenue
✆ +263 292 243 176
www.banfflodgehotel.com

24 chambres. Chambres simples à 100 USD et doubles à 150 USD, petit déjeuner compris.

Banff Lodge, en amont de Hillside Dams, à l'écart du centre-ville, offre un cadre des plus agréables : ambiance familiale, pelouse verte, palmiers et jolie piscine. Les chambres ont récemment été rénovées, elles se composent de lits doubles ou jumeaux et sont munies de mobilier ancien qui se fond dans une décoration moderne. L'établissement organise des soirées spéciales et invite parfois des groupes en live. Les restaurants ont de belles cartes alléchantes et le New Orleans, ouvert le soir, s'est forgé une réputation dans le paysage de la restauration à Bulawayo.

LALANI LODGE €€

53 Derwent Road
✆ +263 292 281 935
www.lalanihotel.co.zw

Chambre simple à 52 USD, double à 64 USD.

Établie dans de beaux bâtiments aux toits de chaume, cette petite institution propose 50 chambres confortables et bien équipées, avec moquettes, dotées soit d'un ou deux lits doubles, soit de deux lits simples. L'établissement propose également des chambres familiales. Les logements, avec salle de bain, offrent le nécessaire pour faire le thé ou le café, la télévision satellite et l'accès Internet. Le restaurant se tient sous un grand hangar à côté. Le lieu est agréable, le jardin est bien entretenu, fleuri et arboré, de nombreux mariages ont lieu ici.

HOLIDAY INN €€

Milnerton Drive
✆ +263 772 132 149

Tarifs à partir de 225 USD la chambre simple et 278 USD la chambre double, petit déjeuner compris.

Cet hôtel moderne, situé à 2 km du centre-ville, convient bien aux hommes d'affaires et conférenciers. Ici, le personnel vous accueille en costume. Les 157 chambres sont confortables et bien équipées, avec leur salle de bains, le nécessaire pour le thé et le café, la télévision stallite et la climatisation. Certaines ont une vue sur la piscine entourée d'une belle pelouse. L'hôtel dispose également de trois restaurants, d'un bar et de salles de conférence. En quelques mots, l'établissement est confortable mais très standard.

MUSKETEERS LODGE €€

42 Annabel Drive
✆ +263 292 246 343
www.themusketeerslodge.com

Chambre simple à 80 USD, double à 110 USD, petit déjeuner inclus.

Ce petit hôtel de charme, géré par deux sœurs, propose six chambres confortables et bien équipées, avec lit double ou jumeaux, baignoire ou douche, à la décoration coloniale et toute ouverte sur un très joli jardin. Un pavillon principal abrite un bar, un salon avec cheminée et la salle de restaurant, le tout dans une atmosphère familiale et raffinée. Les petits déjeuners anglais sont délicieux. Pour le dîner, le chef concocte des petits plats de qualité sur demande, il peut aussi organiser des soirées barbecue pour les petits groupes.

N1 HOTEL €€

114 Joshua Nkomo Street
+263 292 880 601
www.n1hotel.co.zw/bulawayo
Chambre à partir de 60 USD par nuit.

Situé en plein centre de la ville, cet hôtel, qui fait partie d'une petite chaîne zimbabwéenne, présente un bon rapport qualité/prix. Cet immeuble bleu et jaune contient des chambres simples et correctes avec salle de bains, ventilateur, nécessaire pour le café et le thé, télévision et Internet. De quoi passer une nuit ou deux sans se ruiner. Pas de restaurant sur place, mais des boissons sont en vente à la réception. Sa position centrale permet de toute façon de trouver de quoi manger à pied. Le bureau de la compagnie de cars Intercape se trouve à l'entrée.

SONDELA GUEST HOUSE €€

234 Leopold Takawira Avenue
+263 292 239 338
Chambre simple à 70 USD, double à 120 USD, petit déjeuner compris.

Sondela est une grande et belle maison aménagée en *guest house*, comprenant un grand jardin arboré, au calme, mais pourtant à quelques minutes à pied du centre-ville. Les propriétaires sont particulièrement accueillants et attentifs aux désirs des clients. L'ambiance est familiale et cosy ; la décoration est plutôt d'un style anglais. Pour leurs loisirs, les clients ont le choix entre la piscine, les salles de billard, de télévision, de gym, la bibliothèque, ou bien la compagnie des tortues habitant dans le jardin. Une belle adresse.

RAINBOW HOTEL €€

Josiah Tongogara Street
+263 292 881 273
www.rtgafrica.com
Tarifs à partir de 100 USD par chambre et par nuit.

Le Bulawayo Rainbow Hotel, ancien Mercure, dont l'immeuble s'élève fièrement dans le centre-ville, est l'exemple parfait de l'hébergement pour tourisme d'affaires. La décoration est soignée et classique. L'établissement dispose d'un restaurant et de deux bars, de plusieurs salles de conférence avec toutes les facilités téchnologiques. Les 181 chambres sont confortables et bien équipées. Parmi elles se trouvent des suites luxueuses. Dans le grand hall d'entrée, au rez-de-chaussée à gauche, se trouvent les bureaux de la compagnie de cars City Link.

THE EXECUTIVE GUEST LODGE €€

14 Morven Close
+263 292 240 605
Chambres à partir de 60 USD. Petit déjeuner à 15 USD.

À proximité de la route des Matopos, ce petit *lodge* se trouve dans les hauteurs du quartier de Beverly Hills, ce qui offre de jolies vues sur la ville de Bulawayo, en contrebas. Le quartier est calme et agréable, idéal pour se reposer, après un safari, ou une journée de balade dans la ville. Les chambres sont correctement équipées et sont toutes munies d'une TV avec les chaînes DSTV. Wi-Fi partout. L'accueil des propriétaires est sympathique et l'ambiance conviviale.

SUD

SETHULE LODGE €€

3 Old Gwanda Road
+263 292 246 565
www.sethulelodge.com
Chambre simple à partir de 50 USD, chambre double à partir de 70 USD.

A 7 km du centre-ville, cet établissement est implanté dans un grand et beau jardin, bien arboré. L'endroit est idéal pour se détendre au vert, à deux pas de la ville. Une équipe aux petits soins et un accueil sympathique. Les chambres sont agréables, modernes et dans un style parfois rocailleux comme pour rappeler les ruines environnantes. Elles offrent air conditionné, bouilloire, réfrigérateur, télé satellite et Internet. Piscine au cœur des lodges et bonne restauration. Une belle escale relaxante et paisible à Bulawayo avec un très bon rapport qualité-prix.

TRAVELLERS GUEST HOUSE €€

2 Banff Road +263 292 246 059
www.travellerszim.net
Chambre standard simple à 55 USD, double à 65 USD.

On arrive dans une charmante réception d'une guest house entourée d'un jardin arboré. Les chambres, qui donnent sur la piscine et le jardin, comportent des lits confortables, du parquet au sol et des salles de bains spacieuses. Une cuisine moderne équipe les lieux et permet aux visiteurs de faire comme à la maison. Possibilité de prendre son petit déjeuner dans le jardin. Si vous souhaitez avoir une salle de bains avec baignoire, demandez la chambre 13, c'est la plus grande. Un établissement très agréable avec des prix très attractifs.

CRESTA CHURCHILL HOTEL €€€

Matopos Road
✆ +263 292 244 243
www.crestahotels.com

50 chambres. Chambre simple à partir de 120 USD, chambre double à partir de 150 USD, petit déjeuner compris.

Le Cresta Churchill Hotel est situé à 7 km du centre-ville de Bulawayo, sur la route des Matopos. Il est construit de briques rouges dans un style assez classique. L'accueil et le service sont très professionnels. Les chambres sont confortables et bien équipées. Il y a une piscine au sein du patio avec quelques tables autour pour prendre un verre à ciel ouvert. Le restaurant de l'hôtel est correct bien que la décoration soit un peu austère, avec ses tables et chaises en bois massif sombre. Comme tous les Cresta Hotel du pays, c'est une valeur sûre.

NEW ORLEANS RESTAURANT €€

35 Leander Avenue
✆ +263 292 243 177

Compter autour de 14 USD pour un plat. Ouvert tous les jours. La cuisine ferme à 20h.

Le New Orleans se situe dans l'enceinte du Banff Lodge. Le mythe de la Nouvelle Orléans continue dans ce restaurant très réputé, avec des cartes et des photos reproduisant l'atmosphère de cette partie de la Louisiane, on pourrait lire sur les murs : Jackson Square, French Quarter. Les tables nappées parfois de blanc se répartissent sur deux salles communicantes, avec une ambiance légèrement différente pour chacune. La viande et le poisson dominent le menu, mais on y trouve également des pizzas, des pâtes et des plats végétariens.

DICKIES RESTAURANT €

Josiah Tongogara Road
✆ +263 775 546 896

Ouvert tous les jours de 8h à 23h30, le dimanche jusqu'à 22h. Plats autour de 4 USD.

Idéal pour se mettre au parfum culinaire du pays, ici on déguste, à la main, un plat de *sadza* avec au choix des légumes, du bœuf, du poulet ou du porc rôti, bouilli, sauté ou bien encore grillé. La décoration sympathique présente des scènes de vie africaine et des sculptures. La cuisine locale est très bien représentée par ce petit établissement orange et vert, bien apprécié par les locaux. Le restaurant est composé d'une salle avec télévision et d'une salle plus calme pour ceux qui veulent discuter. Simple et sympathique. Une chouette adresse.

ROOSTERS PUB AND GRILL €€

Hillside Road
✆ +263 778 289 011

Ouvert du mardi au samedi de 12h à 21h, le dimanche de 12h à 15h. Fermé le lundi. Compter environ 14 USD le plat.

Un lieu très sympathique pour se restaurer, dans un jardin arboré, sur une grande terrasse. Le Rooster's Pub and Grill est rapidement devenu le repaire des locaux ; l'ambiance y est bonne, tout comme les petits plats. Les grillades et les crevettes grillées sont chaudement recommandées, sinon le restaurant propose aussi de succulents burgers, tapas, sandwichs et autres plats à la carte. Le cadre et l'ambiance sont aussi la recette gagnante de ce restaurant. La terrasse avec sa vue sur le jardin est particulièrement agréable.

MUMSIE'S KITCHEN €

Thirteenth Avenue
✆ +263 8644 203 558

Ouvert du lundi au vendredi de 9h à 17h, le samedi fermeture à 16h. Plat entre 4 USD et 5 USD environ.

Situé dans le centre-ville, non loin du Railway Museum, ce restaurant, composé d'une salle intérieure et d'une cour extérieure, propose des plats typiques et des assiettes généreuses : poulet grillé, bœuf en sauce, poisson, riz, frites et la traditionnelle *sadza*. Il est particulièrement apprécié des locaux. Pour déguster le célèbre *braai*, c'est le vendredi qu'il faut venir, car le restaurant organise chaque vendredi une journée barbecue ! Mumsie's Kitchen propose également des plats à emporter. Une bonne adresse du centre-ville à petit prix.

THE CATTLEMAN STEAKHOUSE €€

117A Josiah Tongogara Street
✆ +263 781 483 711

Ouvert du mardi au vendredi et le dimanche de 12h à 14h et de 18h à 22h. Le samedi de 18h à 22h.

Amateur de bonnes viandes, vous êtes à la bonne adresse ! Dès l'entrée, les affiches de rodéo et la décoration « saloon » annoncent la couleur. Ribs, burger, T-bone, steak... vous l'aurez compris, mieux vaut ne pas être végétarien dans ce restaurant. Deux tailles d'assiettes et de prix disponibles selon votre appétit, appelés ici « Cowgirl » ou « Cattleman ». Différentes sauces (fromage, champignons, ail...) et différents accompagnements (frites, *onion rings*...) sont proposés. Après votre dîner, possibilité de s'installer au bar pour un dernier verre.

CAFE BAKU

57 Joshua Nkomo Street
✆ +263 773 887 397
Bar ouvert de la fin de matinée au soir tard, du lundi au samedi.

Dans ce petit bar très apprécié des locaux, il est bon de venir le soir boire un verre au comptoir ou sur les tables hautes. Durant la journée, la TV suspendue envoie des clips en attendant les acolytes à la nuit tombée. Très fréquenté le week-end, l'ambiance est à son apogée tous les vendredis. Bien qu'il ferme autour de minuit, la musique règne parfois jusqu'au dernier client. Une petite terrasse se trouve derrière le bar dans une rue piétonne. Si l'on y vient surtout boire un verre (ou plusieurs…), l'on peut également y manger (burger, poulet grillé…).

MZILIKAZI ART AND CRAFT CENTER

Sur la droite à la fin de Taylor Avenue.
Ouvert en semaine du lundi au vendredi aux heures ouvrables.

Etabli dans la banlieue colorée et densément peuplée du Mzilikazi, cet établissement fut créé en 1963 pour permettre aux femmes démunies de subvenir à leurs besoins. Aujourd'hui, le lieu rassemble une communauté d'artistes initiés à l'art de la sculpture, de la peinture, de la poterie, de la céramique, du batik, du tricot, sans parler des dizaines d'enfants qui suivent régulièrement des cours. Les meilleures œuvres sont exposées dans un petit musée.

INDABA BOOK CAFE

92 Josiah Tongogara Road
✆ +263 778 952 307
www.indaba.co.zw
Ouvert du lundi au vendredi de 8h à 16h et le samedi jusqu'à 14h.

Ce « book café » fréquenté par les touristes comme par les locaux est la pause parfaite pour un bon brunch. Jus de fruits frais, muffins et cakes maison pour les petites faims, ou bien petits déjeuners complets à la carte. Quiches, salades, sandwichs et d'autres plats préparés avec grand soin si l'on veut y déjeuner. C'est un endroit lumineux et sympathique en plein centre-ville. Un espace détente avec une bibliothèque est mis à disposition au fond du café, et pour une lecture plus moderne, l'accès au Wi-Fi est également proposé.

NIVEK AFRICA

Joslah Chinamano Road
✆ +263 292 883 056
www.nivekafrica.com
Ouvert du lundi au vendredi de 8h à 16h30.

Pots, plats, cendriers, tasses, plateaux, assiettes, bols, chandeliers, théière, statuettes… Le tout dans une profusion de couleurs, de motifs très africains… La réputation de Nivek Africa en matière de céramiques a dépassé les frontières du Zimbabwe. On retrouve ses productions dans la sous-région, notamment en Afrique du Sud, et même aux Etats-Unis et en Nouvelle Zélande. Idéal pour les cadeaux des grandes occasions, ou simplement pour le plaisir de *relooker* sa maison. Le catalogue de Nivek Africa est disponible sur le site web.

JAIROS JIRI

Robert Mugabe Way
✆ +263 778 684 901
Ouvert tous les jours de 9h à 17h.

Jairos Jiri est une association fondée en 1951. Son objectif premier est d'améliorer la vie des handicapés (plus particulièrement les handicapés physiques et les aveugles) en leur dispensant des cours d'artisanat ; le résultat final est exposé à la vente dans la grande boutique du même nom. On y trouve des objets en matériaux traditionnels, très intéressants et bien faits tels que les célèbres paniers de Bulawayo, des statues, des poteries, des tapisseries. L'association soutient des écoles et des centres de formation dans tous les coins du pays.

CLUB 40 FORTY

Thirteenh Avenue
✆ +263 777 736 231
Discothèque ouverte tous les jours de 18h jusqu'à l'aube.

Situé non loin du centre-ville, le Club 40 Forty est une discothèque très fréquentée de Bulawayo. Avec ses 3 bars, ses espaces VIP/lounge et sa piste de danse, elle a tout pour séduire les noctambules. Ambiance garantie, surtout le week-end ; le club ne ferme généralement ses portes qu'après le départ du dernier client. En somme, les horaires dépendent de l'ambiance. Ici, le dicton c'est : « ouvert de 18h à jamais ! » Au cas où vous voulez profiter des tumultes de la vie nocturne de Bulawayo, avant ou après le calme de la brousse…

SUD

KHAMI RUINS ★★

Si le Zimbabwe compte une multitude de ruines plus ou moins bien préservées, celles de Khami font néanmoins partie des plus belles et sont inscrites à ce titre au patrimoine mondial de l'Unesco. Situées dans la vallée du même nom, elles s'étendent sur 40 ha et sont les deuxièmes plus importantes ruines du pays après celles du site exceptionnel de Great Zimbabwe. Les murs et plateformes qui seuls subsistent aujourd'hui furent sans doute édifiés entre le XVe et le XVIIe siècles par la dynastie Torwa, un sous-groupe qui se forma à la chute de l'empire de Great Zimbabwe. Les techniques architecturales utilisées furent en effet les mêmes que celles du royaume du Sud-Est, notamment dans le choix des motifs décoratifs et dans la façon d'empiler les pierres. Comme à Great Zimbabwe, le roi de Khami habitait la plus haute enceinte, construite au sommet d'une colline. Sa demeure était entourée par les familles les plus riches et les plus puissantes du royaume dont les huttes, édifiées sur des plateformes de terre, étaient également protégées par des structures de pierre. Beaucoup plus bas et bien à l'écart se trouvaient les habitations des gens du peuple. À l'époque, les ornementations devaient être nombreuses : des dessins décoraient les façades des maisons de terre et les objets utilitaires ou rituels eux-mêmes étaient couverts de divers motifs colorés. La capitale de Khami eut toutefois un règne moins long que celui de l'empire de Great Zimbabwe. À la fin du XVIIe siècle, l'État Torwa fut de fait annexé par l'État Rozwi et la cité entièrement brûlée. Cependant, ses vestiges furent pendant plusieurs années utilisés comme centre religieux et spirituel par Lobengula. Très attaché à ce lieu, dans lequel il pratiquait ses cérémonies rituelles, le grand chef ndebele n'en révéla jamais l'existence. Ce n'est qu'à sa mort, en 1893, que des Européens découvrirent la cité, qui fut classée monument historique et ouverte au grand public bien des décennies plus tard.

Les ruines de la colline (Hill Complex) sont les plus sophistiquées et les mieux préservées. Elles se trouvent à l'extrême nord du site et comprennent l'enceinte royale, de nombreux murets de pierre, ainsi que des plateformes ayant servi à soutenir des huttes. À proximité se dresse une étrange croix dominicaine ; celle-ci n'a évidemment rien à voir avec l'État Torwa, et fut sans doute érigée par les membres d'une mission catholique portugaise. Plus au sud, d'autres ensembles plus petits rassemblent quelques curiosités intéressantes : des plateformes vlei (qui servirent sans doute de kraals à bétail), un mujejeje (une pierre produisant un bruit sonore quand on la frappe) ou encore des jeux de tsoro gravés dans la pierre (un jeu assez compliqué toujours pratiqué au Zimbabwe, qui fait partie des jeux mancala pratiqués un peu partout en Afrique). Precipice Platform (la plateforme au-dessus du précipice) vaut particulièrement le détour pour sa taille (70 m de long sur 6 m de haut) et les très belles décorations de la paroi qui la soutient. Un petit musée fournit quelques informations sur l'histoire de Khami et une brochure touristique est vendue au guichet.

Le site est ouvert tous les jours de 8h à 17h.

Les ruines de Khami se trouvent à 20 km à l'ouest de Bulawayo et sont très bien indiquées à partir d'Eleventh Avenue. Aucun transport en commun ne va au site.

SUD

© BAYAZED - SHUTTERSTOCK.COM

Khami Ruins.

OUEST

L'ouest du Zimbabwe dessine une sorte de triangle qui s'étend de Kazungula à Mlibizi, jusqu'à la lisière australe du parc de Hwange. Passage obligé et lieu de prédilection de tous les touristes, cette région rassemble les plus vastes territoires protégés du pays : ceux des petits parcs nationaux de Kazuma Pan et de Zambezi, mais aussi surtout du célèbre parc de Hwange, considéré comme l'une des zones animalières les plus riches de toute l'Afrique. Très facilement accessible, cette région attire chaque année une multitude de voyageurs en quête d'expériences sauvages. Comme les chutes Victoria ne se trouvent qu'à deux heures de route de Hwange, l'expérience de la brousse peut se doubler de celle de la grandeur et de la beauté que les cataractes symbolisent à elles seules. On consacrera donc au minimum cinq jours pour la visite de cette partie du Zimbabwe, dont les curiosités et activités sont aussi multiples qu'enthousiasmantes.

Sikaunzwe
Musokotwane
ZAMBIE
ZAMBEZI NATIONAL PARK ★★★
Livingstone
Mukuni
VICTORIA FALLS ★★★★
Zambezi
VICTORIA FALLS NATIONAL PARK ★★★★
Panda Masuie Forestry Area
A 8
A 33
KAZUMA PAN NATIONAL PARK ★★
HWANGE
Lukosi
Pandamatenga
Jenman African Camps Nantwich Camp
Robins Camp
DET
HWANGE NATIONAL PA
BOTSWANA
Makona National Pa
Korodzi
Sepako
Nekati
Manxotae
Mabole
Nata
50 KM

Ouest
Chireya
Ndengeza
Binga
Manjolo
Ndola
Saba
Lusulu
Chusya
Sichimvwali
Pashu
Zikamanus
Kamativi
Lubimbi
Kana Mission
ge Main Camp
Ngamo Forestry Area
Lupane
Village
A 8
Ngamo
GWAAI
A 8
Sawmills
Bhutabubili
Tsholotsho
Magama Mission
Ndolwane
Gambu
Gwayi River
Maitengwe
KHAMI RUINS
Bulawayo
BULAWAYO
Nkange

●● L'OUEST

L'ouest du Zimbabwe dessine une sorte de triangle qui s'étend de Kazungula à Mlibizi, jusqu'à la lisière australe du parc de Hwange. Passage obligé et lieu de prédilection de tous les touristes, cette partie du Zimbabwe rassemble les plus vastes territoires protégés du pays : ceux des petits parcs nationaux de Kazuma Pan et de Zambezi, mais aussi surtout du célèbre parc de Hwange, considéré comme l'une des zones animalières les plus riches de toute l'Afrique. Très facilement accessible par les airs ou la terre, cette section du Zimbabwe attire chaque année une multitude de voyageurs en quête d'espaces naturels et d'une connaissance plus approfondie de la faune et de la flore africaine. Il faut dire que le parc de Hwange jouit d'infrastructures relativement nombreuses et développées, permettant à toutes les catégories de curieux de s'offrir une petite plongée dans la vie sauvage… Comme les chutes Victoria (dont la réputation n'est plus à faire) ne se trouvent qu'à deux heures de route du secteur nord du parc Hwange, l'expérience de la brousse peut se doubler de celle de la grandeur et de la beauté que les cataractes zimbabwéennes symbolisent à elles seules. On consacrera donc au minimum cinq jours pour la visite de cette partie du Zimbabwe, dont les curiosités et activités sont aussi multiples qu'enthousiasmantes (safaris à pied, à cheval ou en 4x4, rafting, canoë, saut à l'élastique, croisière, etc.)

GWAAI

Gwaai se trouve à 247 km de Bulawayo sur la route nationale reliant cette dernière à Victoria Falls. C'est une de ces petites villes poussiéreuses, dont la station-service ou l'hôtel de style colonial brisent subitement la monotonie d'un grand axe routier. Située au centre d'un secteur auparavant réservé à l'élevage, elle est désormais au cœur des territoires de safaris privés. En tant qu'agglomération (ne devrait-on pas dire village ?), Gwaai présente peu d'intérêt si ce n'est celui d'être située à une distance raisonnable du parc de Hwange ou de certains *lodges* et camps. Les bus entre Bulawayo et Victoria Falls peuvent déposer les passagers à Gwaai.

DETE

Dete se trouve à une quinzaine de kilomètres de l'axe Bulawayo-Victoria Falls et à une petite vingtaine de kilomètres de Main Camp. La petite bourgade de Dete existe depuis la construction du chemin de fer. Bien qu'étant proche de Main Camp, son intérêt touristique est limité. Les voyageurs passant par là y trouveront des épiceries, un bureau de poste, une station de police, ainsi qu'une pompe à essence. Les habitants évitent de trop marcher dans le village la nuit à cause de la proximité du parc et de ses animaux sauvages. Des taxis collectifs relient Dete et Cross Dete à l'intersection avec la route principale Victoria Falls-Bulawayo.

PAINTED DOG CONSERVATION VISITOR CENTRE ★★

En face de l'aéroport du parc national de Hwange, à 20 km de Dete, 11 km de Main Camp.

✆ +263 772 162 852

www.painteddog.org

Ouvert tous les jours de 8h à 17h.

Le centre de recherche Painted Dog, à la lisière du parc, accueille les visiteurs désireux d'en apprendre davantage sur les lycaons ou chiens sauvages d'Afrique, et le parc national de Hwange. Une visite guidée du lieu est organisée par un guide expérimenté. Le centre dispose d'un petit musée mettant à l'honneur cet animal en voie de disparition. Le plus intéressant est de leur rendre visite, mais en silence pour ne pas effrayer les lycaons blessés, en convalescence dans des enclos.

HWANGE NATIONAL PARK ★★★★

L'ouest du Zimbabwe abrite la plus vaste zone protégée du pays. S'étendant sur 14 620 km² (soit la moitié de la superficie de la Belgique), elle tient son nom d'un chef rozwi, Hwange Rusumbani, qui vécut au nord du parc actuel avant de s'en trouver chassé par le guerrier zoulou Mzilikazi. Considéré comme l'un des territoires protégés abritant la plus grande variété et la plus grande densité d'animaux au monde, le parc national de Hwange est sillonné de 500 km de routes et de pistes, offrant une approche exclusive de la faune et de la flore africaines.

Le vaste territoire actuellement occupé par le parc de Hwange était à l'origine peuplé par les San, une tribu nomade vivant de la chasse et de la cueillette et sachant s'adapter aux milieux de vie les plus difficiles. Seuls capables d'évoluer et de survivre dans un environnement hostile, les San furent les uniques occupants des lieux pendant plusieurs siècles. Les autres groupes ethniques estimaient en effet cette zone beaucoup trop désertique. En dehors de quelques groupes nambya qui s'établirent au nord du parc actuel, ils préférèrent s'installer ailleurs. Au début du XIXe siècle, la situation évolua quelque peu. Sous la gouverne de chefs puissants et déterminés, les Ndebele envahirent la région et, charmés par ses vastes étendues sauvages, transformèrent certaines de ses parties en réserve de chasse royale. À l'époque, la faune, qui avait longtemps préféré les rives verdoyantes du Zambèze à ces terres intérieures arides, s'était vue obligée de se replier vers cette zone, en raison d'une pression humaine croissante. Un engrenage infernal pour les mammifères, qui se trouvèrent quasiment décimés par les expéditions de chasse intensive, menées par les rois ndebele puis par les colons blancs. Pour mettre un frein à ce massacre et parce que cette partie du pays s'était révélée peu propice à l'agriculture, on transforma en 1929 la moitié de l'extrême ouest en réserve. Le premier gardien nommé s'appelait Ted Davison ; farouche défenseur de la faune, il décida de mettre en place soixante points d'eau artificiels afin d'attirer et de sédentariser les grands troupeaux et de permettre aux mammifères en place de survivre aux saisons sèches. Cette campagne (secondée par la gestion efficace des territoires protégés) fut un succès : en 1950, Hwange fut proclamé parc national et à partir des années 1970, il fut considéré comme l'une des zones animalières les plus densément peuplées d'Afrique.

Après l'indépendance, malheureusement, les budgets attribués à la préservation de l'environnement sauvage accusèrent une baisse regrettable, dont la conséquence fut l'assèchement de nombreux plans d'eau artificiels. Les problèmes rencontrés pendant les années 1980 ont partiellement trouvé des solutions. Le parc est mieux géré et des efforts sont faits annuellement pour éviter que les pompes à eau ne s'arrêtent de fonctionner. Le parc national de Hwange jouit ainsi d'une faune particulièrement riche, lions, zèbres, girafes, buffles… Il est aussi réputé pour abriter l'une des plus grandes concentrations d'éléphants au monde : on en compterait plus de 20 000 ! Pas moins de 107 variétés de mammifères ont été par ailleurs recensées dans le parc, parmi lesquelles se trouvent les neuf espèces protégées du Zimbabwe : pangolin, lycaon, protèle, rhinocéros blanc, rhinocéros noir, hyène brune, guépard, antilope roanne et oryx. Dans la catégorie des bêtes à plumes, la réserve se distingue également par sa richesse puisqu'on y dénombre en moyenne 500 espèces d'oiseaux différentes, dont plusieurs variétés de rolliers, de calaos et de rapaces, ainsi que des spécimens aussi curieux que l'outarde, le secrétaire ou encore le gonolek rouge et noir. En ce qui concerne la flore, on note la même diversité, le biotope se révélant complètement différent d'un bout à l'autre de la zone protégée. La zone nord se distingue ainsi par ses forêts de tecks, ses bois de mopanes, ses arbustes en pagaille, ses collines ondulantes et ses affleurements rocheux. En revanche, les parties centrales et australes se caractérisent par des paysages similaires à ceux du Kalahari tout proche : vastes étendues de savane, plaines infinies, petites dépressions entourées d'arbustes, de palmiers et de dunes fossilisées… Ces immensités plates et ouvertes sont idéales pour l'observation de la faune, mais se trouvent malencontreusement situées dans une partie du parc encore non développée. Seule la région nord bénéficie en effet d'un réseau de pistes praticables et d'hébergements nombreux et confortables.

Comme trois grands camps se partagent cette zone organisée et fréquentée, il est d'usage de diviser le parc de Hwange en quatre secteurs majeurs, offrant chacun une approche différente de la brousse : Main Camp (centre-est), Sinamatella (nord-est), Robins Camp (nord-ouest), Wilderness Area (la moitié sud du parc interdite au public, autre que les clients des *lodges* privés). La moitié sud du parc est beaucoup moins développée que la moitié nord : les pistes y sont peu nombreuses et très sablonneuses, les sites de pique-nique rarissimes et les camps publics inexistants. C'est pourtant dans cette zone magnifiquement préservée que le parc affiche ses plus beaux paysages : une fois passé les traditionnelles forêts de tecks et de mopanes, la nature se déploie en plaines infinies. Là, dans ces territoires à peine explorés, les notions d'espace et de paix reprennent tout leur sens, et la brousse africaine ose enfin se montrer dans ce qu'elle a de plus farouche et de plus pur. Les mammifères, peu habitués à l'homme et aux véhicules, sont ainsi plus craintifs que dans la partie nord du parc et plus difficiles à photographier ; mais ils se détachent en grands troupeaux sur des plaines immenses et semblent être là pour vous seuls… Rares sont en effet les touristes qui osent s'aventurer dans le sud-est du parc, pourtant les

OUEST

Safari en 4x4, apéritif au coucher du soleil dans le Parc de Hwange.

pistes sont pourtant tout à fait praticables en 4 x 4. Cette section du parc (du moins, l'infime partie accessible) conviendra donc à tous les aventureux qui ont monté leur propre expédition et sont capables de vivre en autosuffisance (nourriture, eau, essence, couchage...) le temps de leur séjour.

Se loger

Secteur de Main Camp. Depuis que le Zimbabwe s'est inscrit au palmarès des grandes destinations africaines (surtout grâce aux chutes Victoria), les agences et tour-opérateurs locaux sont habités d'une frénésie créatrice : des idées de construction germent et des petits hébergements de charme se mettent à pousser çà et là au milieu de la brousse. Comme il est strictement interdit de bâtir des établissements permanents sur le territoire préservé du parc, les camps fleurissent tous à sa lisière, à une distance plus ou moins raisonnable de Main Camp ou de l'une des entrées privées (c'est-à-dire exclusivement réservées aux compagnies de safaris) de la zone protégée.

Secteur de Sinamatella. Seul le département des Parcs nationaux propose un hébergement « en dur » dans cette partie du parc que les tour-opérateurs privés n'ont pas encore envahi. On y retrouve les mêmes infrastructures qu'à Main Camp (lodges, cottages, chalets, pompe à essence, office de réservation, mais restaurant, bar, petite épicerie et boutique de souvenirs en moins), exactement aux mêmes tarifs.
Comme pour le secteur de Main Camp, le choix vous est laissé entre le « confort » du camping de Sinamatella lui-même (équipé de blocs sanitaires et situé à côté des chalets et des bungalows) ou la « rusticité » des sites de pique-nique, agencés pour 8 personnes maximum (même s'il y a souvent de la place pour au moins 10 tentes !). Les sites de Mandavu, Masuma et Shumba appartiennent à cette dernière catégorie. Les camps privés sont la version miniature des grands camps publics des parcs nationaux. Réservés à des groupes limités à 12 personnes, ils se composent d'une poignée de bungalows, supervisés par un guide professionnel à même d'informer les voyageurs sur la spécificité de la faune et la flore du secteur.

Secteur de Robins. Il est possible de camper à Robins et de bénéficier des services dévolus à l'ensemble du camp : restaurant, bar, petite épicerie, station-service.

Tourisme

Le parc de Hwange est ouvert toute l'année, mais certaines de ses pistes deviennent impraticables pendant la saison des pluies et sont interdites au grand public durant une période donnée (généralement autour de janvier et février). Cette restriction touche les secteurs de Sinamatella et Robins, ainsi que la partie sud du parc. A cette époque, les animaux ont tendance à se disperser, des flaques d'eau se forment un peu partout, invitant les mammifères à déambuler selon leur bon plaisir. La végétation gêne la visibilité à cause du feuillage dense et des hautes herbes. Ce n'est pourtant pas le spectacle qui manque, particulièrement dans le secteur nord-est, où la faune demeure abondante. Car si la saison des pluies voit reverdir la nature assoiffée, elle vient aussi apporter son lot de merveilles (pousses et eau à foison) aux jeunes antilopes qui viennent de naître. Les plaines sont ainsi sillonnées d'impala, koudous et autres, dont les cabrioles font souvent oublier les orages de fin de journée. Les animaux à plumes se révèlent également beaucoup plus nombreux car aux espèces résidentes viennent s'ajouter des flopées d'oiseaux migrateurs. Les paysages gagnent ainsi en charme, des myriades de petites fleurs des champs remplacent la savane des mois arides, même si les safaris sont beaucoup moins gratifiants. En hiver et pendant la saison sèche en général, les tendances s'inversent : la flore perd en beauté (arbres dénudés, herbe jaune et cassante, buissons rabougris...), tandis que la faune gagne en densité. Les points d'eau s'asséchant progressivement sous l'effet du soleil, les animaux sont obligés de se regrouper autour des mêmes bassins et petits lacs, qui se transforment alors en hauts lieux de safaris. Comme la végétation est beaucoup moins dense, il devient plus facile d'apercevoir les mammifères, d'autant plus qu'ils passent moins de temps à se reposer à l'ombre. Les températures sont en effet plus fraîches et les animaux n'hésitent pas à se déplacer pendant la journée, ce qui est rarement le cas en été.

Il est possible de mener différentes activités dans le parc :

Safari en voiture. Main Camp et ses environs sont célèbres pour le nombre d'animaux qui y vivent. Ici, nul besoin de faire des kilomètres pour croiser des mammifères. Certains se prélassent souvent près de la barrière d'entrée ou à quelques centaines de mètres du parc. Comme la plupart des grandes réserves africaines, la zone protégée de Hwange n'est absolument pas clôturée : les animaux y vaquent donc en toute liberté, dans une ignorance absolue des limites.

Il est ainsi fréquent d'observer des éléphants, des zèbres, des singes, des antilopes et même des lions en dehors du parc, sur la route bitumée. Le soir, des troupeaux entiers aiment venir s'y étendre parce qu'ils s'y sentent plus en sécurité (les bas-côtés de la route sont dégagés sur plusieurs mètres et offrent une bonne visibilité). Main Camp lui-même se trouve très souvent investi et abrite tous les soirs une trentaine de gnous bleus, qui semblent assimiler proximité de l'homme avec protection ; ce principe ne vaut cependant pas de façon absolue et il arrive régulièrement qu'une bande de prédateurs téméraires vienne se glisser à l'ombre des tentes ou des chalets pour s'emparer de l'un des gnous calculateurs. Les hyènes, quant à elles, sont plutôt attirées par les restes de barbecue et aiment venir fouiner dans les poubelles (qu'il est conseillé de fixer en hauteur) ou dans les chaussures odorantes des campeurs. Pendant la journée, ce sont plutôt les singes et les mangoustes qui hantent les allées, à la plus grande joie des touristes, venus spécialement pour une incursion dans le monde animal. Dans le parc lui-même, quelques bassins et plans d'eau artificiels valent véritablement le détour. C'est le cas de Nyamandhlovu Pan qui est sans doute le coin le plus fréquenté de tout le parc de Hwange en hiver. Bordé d'une plate-forme d'observation pouvant accueillir une trentaine de personnes, ce bassin, alimenté en eau pendant toute l'année, attire régulièrement un grand nombre d'animaux. A la fin de la saison sèche, le défilé est ininterrompu, les éléphants se mêlant aux zèbres et aux girafes, les koudous succédant aux hippotragues noirs et aux gnous bleus, les buffles arrivant par dizaines… Le grand ballet des hiérarchies peut alors commencer, sous l'œil éberlué des touristes : après avoir étanché sa soif, chaque troupeau, mené par un ou plusieurs leaders, cède rapidement sa place au groupe arrivé après lui ; tout se fait calmement, méthodiquement, sans véritables heurts ni anicroches, mais dans l'angoisse permanente et générale des prédateurs. Seuls les éléphants arrivent en toute quiétude, de leur démarche curieusement flottante et pataude ; les autres herbivores cèdent la place, incapables de résister au charivari des pachydermes : des petits arrosent des plus grands qui s'aspergent de boue ou de poussière, certains prennent un bain en trompetant de plaisir, d'autres aspirent des dizaines de litres d'eau… sous l'œil placide des troupeaux d'herbivores qui attendent patiemment leur tour… Ce spectacle suffit à occuper un safari tout entier et fait souvent l'unanimité des touristes établis à Main Camp. Il faut dire que Nyamandhlovu ne se trouve qu'à 16 km de la barrière d'entrée, le long de la Ten Mile Drive qui passe aussi devant le plan d'eau de Dom. L'itinéraire convient donc parfaitement aux personnes qui n'apprécient pas de rester trop longtemps en 4x4 ou en voiture, et qui, munies d'un guide des mammifères d'Afrique, d'une paire de jumelles, d'une petite glacière et d'un bon appareil photo, préfèrent attendre que les animaux commencent leur parade. Le problème est que cette idée vient à l'esprit de beaucoup, et que la plate-forme se trouve littéralement assaillie pendant les vacances scolaires (en particulier en juillet et août). Mieux vaut peut-être alors s'aventurer un peu loin, d'autant plus que les coins intéressants ne manquent pas dans les environs. Un autre circuit consiste à passer devant les plans d'eau de Bala Bala, de Tshebe Tshebe et de Tshabema puis, à la bifurcation, de tourner à gauche en direction de White Hills, avant de rejoindre la plate-forme d'observation de Guvalala et, au retour, celle de Nyamandhlovu. L'avantage de ce périple d'environ 80 km est qu'il longe différents bassins généralement fréquentés par le gibier, et qui offrent une visibilité maximale. Un troisième itinéraire peut mener à la vaste plaine découverte de Kennedy I. Dans ce cas, il faut tourner à gauche juste après la barrière d'entrée et passer successivement devant les bassins de Makwa et Sinanga. Kennedy I est un lieu paisible et assez peu fréquenté, où les safaris se révèlent souvent gratifiants. Un site de pique-nique a été implanté dans les environs et permet d'improviser une pause déjeuner, une sieste ou un thé. Au retour, il est possible de réemprunter la même piste (environ 30 km jusqu'à Main Camp), ou de fermer la boucle en passant par Kennedy II (très vaste et très intéressant plan d'eau), Ngweshla, Manga III, Manga II, Manga I, Jambile, Dopi et Caterpillar. Dans ce dernier cas, prévoyez une bonne demi-journée car la distance à parcourir est nettement supérieure (plus de 110 km) et les pistes peuvent parfois se révéler extrêmement sablonneuses ; mais, comme l'endroit est assez peu fréquenté, vous pourrez souvent jouir des plans d'eau pour vous seuls.

Safari exclusif. Les lodges et camps de luxe implantés dans les environs de Main Camp organisent safaris privés, conduits par des guides professionnels, très tôt le matin ou en fin d'après-midi. Des excursions à la journée sont aussi proposées aux acharnés qui désirent s'enfoncer plus avant dans le parc. Les safaris ont lieu dans la zone protégée, sur le même réseau de pistes que les particuliers. Comme les 4x4 d'un même camp sont souvent reliés par radio, les chances sont multipliées d'apercevoir une scène intéressante. Les guides connaissent de plus tous les bons coins du parc et savent généralement où se trouvent les grands troupeaux d'herbivores aux différentes périodes de l'année. Malheureusement, tous les camps n'ont pas le même souci d'éviter la foule et il arrive que certains guides se contentent de conduire à proximité de Main Camp, là où toutes les voitures s'agglutinent pendant les périodes scolaires...

- **Safari de nuit.** Des safaris de nuit sont proposés par certains lodges ; comme il est strictement interdit de rouler dans le parc après le coucher du soleil (sauf les nuits de pleine lune, quand le 4x4 est conduit par l'un des gardiens des parcs nationaux), ces safaris un peu particuliers ont lieu sur les petits territoires privés entourant les camps de luxe. En général, la sortie dure une heure et se déroule après le dîner. Son but est de faire découvrir aux voyageurs les animaux nocturnes, difficiles à surprendre pendant la journée : les fauves bien sûr, mais aussi les galagos, hyènes, porcs-épics, lièvres sauteurs et autres ratels, le céphalophe du Cap, les civettes, caracals et otocyons... Peu appréciés des touristes qui sont trop fatigués pour se laisser tenter par une balade sous les étoiles, ces safaris sont pourtant réellement excitants car ils proposent une approche tout à fait différente de la brousse...

- **Safari à pied.** La densité de prédateurs étant relativement élevée, il est interdit de déambuler seul dans le parc de Hwange. Pour ceux qu'une approche plus intime de la faune et de la flore intéresse, les guides des parcs nationaux organisent des marches d'une heure dans les environs de Main Camp.

Transports

Le parc de Hwange ne possède que trois entrées publiques : celles menant respectivement aux camps de Robins, Sinamatella et Main Camp. Les visiteurs qui désirent sillonner les pistes de la zone protégée du sud doivent donc traverser d'abord la partie nord du parc. Pour parvenir jusqu'au parc, outre avec son propre véhicule, les deux options possibles sont l'avion et le bus. Pour l'avion, l'aéroport se trouve à proximité de Main Camp et est desservi par des compagnies charters. Les chicken bus entre Bulawayo et Victoria Falls longent la lisière est du parc et peuvent déposer les passagers à Cross Mabali, par exemple. La route principale est un peu éloignée des entrées et marcher dans le parc est interdit, il faut organiser un transfert avec un camp ou un tour opérateur ; les meilleurs points d'arrivée sont Cross Mabali pour Main Camp et tout le secteur sud du parc, Hwange Town pour Sinamatella et l'intersection de la route de Matetsi pour Robins Camp.

La zone de Main Camp est la mieux desservie des quatre et celle dont les moyens d'accès sont les plus diversifiés et les plus faciles. Main Camp se trouve à environ 280 km de Bulawayo, 190 km de Victoria Falls et 155 km de Mlibizi. Les routes sont bitumées et les panneaux de signalisation nombreux.

L'entrée de Sinamatella est très bien signalée et se situe à environ 46 km de la ville de Hwange. A partir de Bulawayo, roulez pendant 330 à 335 km et tournez à gauche à la bifurcation ; la lisière du parc se trouve 40 km plus loin (piste d'assez bonne qualité). Si vous souhaitez vous rendre à Sinamatella à partir de Main Camp, l'idéal est d'emprunter la route bitumée qui mène à Shumba, puis de passer respectivement devant les barrages de Masuma et Mandavu.

Robins. A partir de Bulawayo, il faut rouler pendant 390 km et à partir de Victoria Falls pendant 48 km, avant d'atteindre la bifurcation menant à l'entrée du parc, distante de 58 km (pistes) ; il faut encore parcourir une dizaine de kilomètres à l'intérieur du parc national de Hwange pour arriver à Robins Camp.

Le secteur sud-est du parc est assez facilement accessible et peut être rejoint par les pistes passant successivement devant les plans d'eau de Jambile, Manga II et Manga III, ou par celles longeant les plans d'eau de Kennedy I, Kennedy II et Ngweshla. Le secteur sud-ouest fait partie de la Wilderness Area, interdite au grand public. Cette immense zone préservée, qui occupe les deux tiers du parc, s'étend schématiquement au sud d'un axe reliant les plans d'eau de Ngweshla, Manga III, Manga I, White Hills, Shapi, Danga, Shumba, Kapani et Dandari. En tous les cas, se déplacer dans le parc se fait soit avec votre voiture, soit avec un camp ou tour opérateur. Aucun transport en commun n'entre dans le parc et, on ne peut seulement s'y déplacer à pied accompagné des guides armés. Des panneaux de signalisation se trouvent à chaque bifurcation et à condition de rester sur les axes principaux, il est absolument impossible de se perdre. Les plates-formes d'observation, plans d'eau et sites de pique-nique servent de points de repère et permettent de s'orienter facilement. Comme la vitesse est limitée à 40 km/h, il faut compter une bonne demi-journée pour relier un camp à l'autre ; assurez-vous de partir à l'heure, car il est interdit de circuler après 18h.

MAIN CAMP

Passage obligé de tout circuit au Zimbabwe, Main Camp est l'entrée principale du Parc national de Hwange. Les alentours se partagent en petites plaines ouvertes bordant des plans d'eau au centre, et en étendues de savane arborée ou de broussaille très dense. La faune y est également très abondante, ce qui explique l'engouement des touristes et des tour-opérateurs locaux pour cette zone particulière du parc, très fréquentée pendant les vacances scolaires. On y trouve un camping, des chalets, un bar-restaurant, une petite épicerie et une station-service.

RUINES DE MTOA ★

Pour vous rendre à Mtoa, empruntez la piste qui longe successivement les bassins de Bala Bala, Tshebe Tshebe et Tshabema. Quelques kilomètres après ce dernier plan d'eau, tournez à droite à la bifurcation. Les ruines se trouvent au milieu des rochers, peu après le bassin de Mtoa. Les services d'un guide sont conseillés.

A environ 35 km de Main Camp, à la lisière d'une zone accidentée formée de collines de granit, se trouvent des ruines datant de la fin de l'âge de fer. Ce sont les restes des dynasties Torwa et Changamire. Elles se composent de deux enceintes de pierre, entourées (comme à Khami, près de Bulawayo) de semblants de plates-formes élevées sur lesquelles s'aperçoivent les vestiges de huttes circulaires. Cette tribu était une sous-branche des Kalangas, au même titre que les Nambias et les Bingas qui vivent toujours dans la région de Hwange.

CAMPINGS ZIMPARKS €

www.zimparks.org

Campings de Hwange et Sinamatella : 10 USD par personne. Campsite exclusif : 200 USD (maximum 6 personnes).

Ces campings sont éparpillés dans différentes zones du parc. Autour de Main Camp, il y a le camping de Main Camp lui-même, mais aussi ceux de Kennedy 1, de Ngweshla et de Jambile. Autour de Sinamatella, il y a celui de Sinamatella lui-même, mais aussi ceux de Shumba, de Masuma, de Mandavu et de Detema. Certains disposent de plusieurs emplacements et l'on paye généralement par personne, d'autres sont exclusifs et l'on paye pour l'emplacement. Il y a aussi des plateformes où l'on peut passer la nuit, comme Guvalala et Makwa. Il est impératif de réserver à l'avance.

ROBINS CAMP ★★★

Beaucoup moins accidentée que les environs de Sinamatella, dans cette partie nord-est du parc de Hwange ondulent les collines et vallons tapissés par des buissons épineux et des mopanes de petite taille. La zone est traversée par la rivière Deka. Celle-ci coule à proximité de Robins Camp. Lieu de prédilection des troupeaux de buffles, mais aussi d'espèces telles qu'antilope rouanne et cobe des roseaux. Cette partie du parc national de Hwange est aussi (au dire des guides locaux) un des terrains de chasse favoris des lions. Les guépards, amateurs de plaines herbeuses, peuvent également s'y retrouver. Les léopards (tout de même plus nombreux dans les escarpements rocheux de Sinamatella) déambulent également en ces lieux, tandis que les hyènes se font carrément envahissantes. Dans le camp de Robins, des panneaux indicatifs signalent aux touristes distraits que les hyènes mangent tout et qu'il est donc vivement recommandé de ne laisser traîner ni casseroles, ni poêles, ni chaussures à l'extérieur. Ce camp se distingue aussi par sa tour carrée abritant un restaurant, mais construite à l'origine pour servir d'observatoire astronomique. Robins doit en effet son nom à Herbert Robins, un membre haut en couleur de la Royal Geographical Society, mystérieusement échoué dans ce coin perdu de l'Afrique australe pour y contempler les astres et les étoiles. Désireux d'améliorer le confort de sa vie quotidienne, Herbert Robins fit don en 1934, en échange d'une nouvelle maison équipée d'une réserve d'eau, de deux fermes à gibier qui furent transformées en cachettes et observatoires. L'astronome mourut 5 ans plus tard et se trouve enterré à 100 m de l'arche de l'entrée du camp, près d'une petite mare. Les bassins et les lacs artificiels y sont moins nombreux que du côté de Sinamatella ou Main Camp. Little Toms et Big Toms sont néanmoins pourvus de cachettes observatoires et le plan d'eau de Deteema, ou bien encore les *crocodile pools* valent le détour. A proximité de ce dernier se trouvent de gros blocs de pierre qui sont en réalité les vestiges d'une forêt pétrifiée fossilisée par le temps. Des millions d'années auparavant, le nord de l'actuel Parc de Hwange était en effet couvert de forêts et de marécages, ce qui expliquerait la présence de gigantesques gisements de houille découverts dans cette partie du pays. Il est possible d'effectuer dans les environs de Robins les mêmes safaris à pied qu'à Sinamatella. Randonnées d'une demi-journée, d'une journée ou de plusieurs jours : renseignez-vous et réservez auprès de l'Office central des parcs nationaux.

SINAMATELLA CAMP ★★★

La particularité du camp de Sinamatella est qu'il se trouve perché au sommet d'un petite colline basaltique dominant une immense plaine couverte de savane herbeuse et arbustive. Alors que le secteur de Main Camp se caractérise par sa platitude, Sinamatella et ses environs s'arrondissent en collines et blocs rocheux, d'où surgissent de curieux aloès. Dans cette partie septentrionale de la zone protégée, la végétation se révèle plus touffue et plus basse (dominante de buissons et arbustes – majoritairement des mopanes), même si monts et affleurements rocailleux cèdent de temps en temps la place à des prairies ouvertes et à des lacs artificiels, tel celui de Mandavu, à 12 km du camp de Sinamatella, qui se targue d'être le plus grand plan d'eau artificiel du parc. Il est équipé d'une grande plate-forme d'observation et d'un site de pique-nique. Plus grand point d'eau de tout le parc de Hwange, il est ouvert à la pêche (procurez-vous une licence auprès des bureaux des parcs nationaux) et regorge (en plus de poissons !) d'hippopotames et de crocodiles. La présence de ce lac, tout comme celle de la rivière Lukosi (l'un des nombreux affluents du Zambèze), n'entraîne cependant pas une concentration animale supérieure à celle des alentours de Main Camp. La zone est tout de même bien fréquentée par les pachydermes, les buffles et autres grands prédateurs. Elle était également réputée pour héberger quelques rhinocéros noirs. Le lac de Masuma, situé quelques kilomètres plus loin, vaut le détour. Attenant à son campement, un observatoire surplombe le plan d'eau. Celui-ci, bordé de palmiers épars, attire de nombreux oiseaux ainsi que des troupeaux d'éléphants et d'antilopes. Il héberge lui aussi quelques hippopotames. Le lac de Shumba enfin, mérite d'être vu pour les prairies qui l'entourent appréciées des herbivores. Les collines de Sinamatella, du fait de leur nature rocheuse, hébergent une faune particulière : damans, oréotragues, aigles… Il est inconcevable de traiter la zone de Sinamatella sans évoquer la mine de charbon, exploitée par une société chinoise, qui jouxte ce secteur du parc et qui risque de l'affecter.

L'unique solution pour découvrir ce secteur est de faire partie d'un safari mobile ou de posséder son propre véhicule. En revanche, les guides des parcs nationaux organisent des marches d'une demi-journée ou d'une journée complète dans les environs de Sinamatella (réservation à l'office du camp). Ils proposent également des excursions de nuit et des randonnées de plusieurs jours pour six personnes au maximum.

LOGEMENTS ZIMPARKS €

À Main camp et à Sinamatella.
www.zimparks.org
Main camp : chalet 4 pers. à 60 USD. Sinamatella : chalet 2 pers. à 50 USD.

Ils sont situés à Main Camp et à Sinamatella. Les voyageurs ont le choix entre trois types d'hébergement. Les chalets ont une ou deux chambres équipées de deux lits chacune, avec cuisine, sanitaires extérieurs et communs. Les cottages ont une ou deux chambres équipées de deux lits chacune, avec salon, salle de bains, réfrigérateur, cuisine commune à l'extérieur. Les *lodges* ont une ou deux chambres équipées de deux lits chacune, avec salle de bains, salon et cuisine équipée. Ces logements doivent être réservés à l'avance, surtout pendant les vacances scolaires.

GANDA LODGE €€

À 4 km de l'aéroport, dans la concession de Ngamo, en bordure de Hwange National Park.
✆ +263 712 062 047
70 USD par personne par nuit ; 90 USD avec petit déjeuner, 110 USD en demi-pension, 130 USD en pension complète.

Ce lodge doit son nom au plan d'eau sur lequel il donne. Ce point d'eau naturel attire les éléphants, les buffles et les oiseaux… Le camp se constitue de huit larges chalets à étage, construits en matériaux traditionnels pouvant accueillir aisément quatre personnes et tous pourvus d'aménagements assez confortables (douche et baignoire, ventilation, bouilloire) et d'une cheminée de pierre très appréciée en hiver. Piscine, bar, plan d'eau éclairé de nuit sont autant de lieux de détentes possibles. Un camping est en construction.

GWANGO HERITAGE RESORT €€

Suivez les panneaux de la route entre Cross Mabali et Main Camp.
✆ +263 783 557 773
www.gwango.com
85 USD pour une nuit dans un chalet pour deux personnes. Camping 10 USD par personne.

Ce campement va ravir la clientèle voulant s'offrir un safari sans se ruiner. Situé à 10 minutes de l'entrée du parc, Gwango est le bienvenu dans cette jungle de tarifs exorbitants. Les chalets alignés sont disposés face aux traditionnels *braai*. Certes, ces chalets n'ont pas le charme des camps de luxe, mais ils ont le mérite d'offrir un lit double confortable et une salle de bains. Des safaris en voiture dans le parc sont proposés ainsi que des safaris nocturnes dans la concession privée. Un restaurant-snack accueillant est à disposition.

MIOMBO SAFARI CAMP €€

✆ +263 775 174 523

Pension complète (avec activités) : de 278 à 389 USD par personne (selon hébergement).

C'est un lieu paisible aux prix corrects pour ceux qui souhaitent séjourner proche du parc. Le hall principal au toit de chaume offre un espace salle à manger ouvert sur une petite piscine. Une architecture simple et naturelle avec plusieurs catégories de logements : le camping, une chambre basique avec une douche, ou bien les tentes sur pilotis, un *must*, niché dans les grands arbres du domaine, face au plan d'eau arboré. Le terrain de camping est bien entretenu, avec des sanitaires communs et pratiques. Des safaris en voiture, à pied et équestres sont proposées.

CAMELTHORN LODGE €€€

✆ +263 292 232 331

www.imvelosafarilodges.com

Pension complète et activités : 865 USD en single et 665 USD en double (tarifs par personne).

Appartenant à Imvelo Safari Lodges, Camelthorn Lodge est situé à l'ouest des plaines de Ngamo, au sud-est du parc. L'hébergement se fait dans de luxueuses et spacieuses villas, en plein milieu de la nature, avec une terrasse. Qu'il est agréable de séjourner dans un lieu à la fois authentique et confortable, de savourer son café le matin sur la terrasse privative ou de boire un verre de vin devant un feu de cheminée le soir ! Le lodge propose de classiques game drive et game walk, mais aussi de découvrir les rhinocéros dans le Ngamo wildlife sanctuary.

SIKUMI TREE LODGE €€

A 10 km de l'intersection de la route principale et la route de Main Camp dans la direction de Bulawayo. ✆ +263 777 221 238

www.treelodgesikumi.co.zw

Chambre simple à 100 USD avec petit déjeuner, chambre double à 150 USD avec petit déjeuner.

Premier du genre à avoir été implanté autour du Hwange, ce *lodge* est très familial. Il est constitué de 13 chalets aux toits de chaume arrondis sur pilotis comprenant des unités de 2 à 8 lits et un bungalow spécial pour les paraplégiques. Ces chalets dégagent une chaleureuse atmosphère. Les enfants sont les bienvenus, mais l'intimité des petits *lodges* de brousse traditionnels n'est pas assurée ! L'endroit abonde en faune de tout genre, dont les éléphants. Une belle piscine invite à la détente après un safari en voiture ou à pied. L'équipe est fort sympathique.

CAMP HWANGE €€€

A 86 km de Main Camp sur la route de Sinamatella. ✆ +263 772 177 262

camp-hwange.com

De nov. à mars : 480 USD ; d'avr. à juin : 531 USD ; de juil. à oct : 798 USD. Prix par pers. par nuit, tout compris.

Situé dans une concession privée au cœur du Parc national de Hwange, Camp Hwange dispose de 8 chalets-tentes tout confort, un décor en harmonie avec la nature extérieure. Tout est fait ici pour vivre une expérience unique, partez en safari avec leurs activités en 4x4, à pied, de jour et de nuit. Les guides de Camp Hwange sont reconnus parmi les meilleurs d'Afrique. Conçu pour et par des amoureux de la nature, des grands espaces et d'authenticité, vous découvrirez ici avec humilité un monde dans lequel l'homme retrouve la place qui est la sienne.

BOMANI TENTED LODGE €€€

Au sud de la Sikumi Forest Reserve.

✆ +263 292 232 331

www.imvelosafarilodges.com

Pension complète et activités : 715 USD en single et 550 USD en double (tarifs par personne).

Situé dans une concession privée, au bord du parc, Bomani Tented Lodge est un lodge de charme avec une équipe sympathique et des guides très passionnés. Le campement est confortable mais si vous cherchez plus d'authenticité encore, demandez l'une de leurs cinq « Saddlebill Tent » ; leurs premières tentes sur pilotis construites autour des arbres sont disponibles de l'autre côté de la réception, leurs terrasses surélevées surplombent les plaines de Ngamo. Depuis 2022, il est possible d'admirer les rhinocéros au sein de la Ngamo Wildlife Sanctuary.

DAVISON'S CAMP €€€

✆ +27 11 257 5000

www.wilderness-safaris.com

Pension complète et activités : 613 USD en single et 471 USD en double (tarifs par personne).

Comme Little Makalolo, Davison's appartient au groupe Wilderness Safaris et partage la même concession, dans le sud-est du parc. Celle-ci est réputée pour son abondance en éléphants, en buffles, en rhinocéros blancs, en girafes, en léopards, en antilopes et en lions. Dans l'esprit d'un luxe simple au cœur de la nature brute, ce camp est une bonne adresse. Depuis les logements et les pièces à vivre, tous bénéficient d'une superbe vue sur le plan d'eau, très fréquenté par la faune. Les oiseaux et autres grands mammifères sont à la porte de votre tente spacieuse.

ELEPHANT'S EYE €€€

Sur la route entre Dete et Cross Dete.
✆ +27 21 671 7729
www.hideawaysafrica.com
À partir de 370 USD par personne, tout compris.

En arrivant dans cet éco-lodge haut de gamme, on est surpris par l'architecture d'un nouveau genre. C'est le premier du genre mêlant la toile de tente structurée par l'acier, et le bois. Il a su allier l'architecture et l'environnement. Ici, l'eau est filtrée et purifiée sur place. Les panneaux solaires éclairent les lieux et chauffent l'eau des baignoires. Devant la salle commune, un feu s'allume chaque soir... Ici, on sert une gastronomie raffinée et deux cabines de massages proposent des soins. Safaris en voiture, à pied et à dos de cheval sont proposés.

HWANGE SAFARI LODGE €€€

✆ +263 772 132 146
Chambre simple à partir de 194 USD, chambre double à partir de 240 USD, petit déjeuner compris.

Situé juste avant Main Camp, il n'a de « lodge » que le nom. Pouvant accueillir 200 personnes, il a toutes les allures d'un grand complexe classique, haut de gamme (salons, restaurants, bars, chambres climatisées, terrains de tennis, piscine, boutique d'artisanat...). On en oublierait presque la proximité du parc national si un immense plan d'eau très prisé de la faune ne venait nous rappeler à la vie sauvage. Dénué du charme des camps de brousse privés, Hwange Safari Lodge conviendra aux personnes qui apprécient les établissements spacieux et confortables.

IVORY LODGE €€€

✆ +263 292 243 954
www.amalindacollection.com
Pension complète et activités : à partir de 393 à 433 USD, par personne (selon la saison).

Ivory Lodge est l'un des premiers camps construits dans la région de Hwange. Situé à deux pas de la route entre Bulawayo et Victoria Falls, il détient son propre terrain de jeu : un immense domaine sauvage, où abondent zèbres, buffles, éléphants et prédateurs. Il se compose de 9 chalets de teck et de chaume sur pilotis comprenant une salle de bains privative et une terrasse. La grande paillote commune est tout aussi somptueuse et dispose d'une vue imprenable sur le plan d'eau. A côté, le Tuskers Campsite dispose de la même vue et ravira les petits budgets.

KHULU BUSH CAMP €€€

✆ +263 292 243 954
www.amalindacollection.com
Pension complète et activités : de 502 à 594 USD, par personne (selon la saison).

Khulu signifie « grand père » en ndebele, se situe à proximité d'Ivory Lodge, qui appartient aussi à Amalinda. Il est plus intimiste. Ses tentes luxueuses sur pilotis se dressent devant le plan d'eau qui attire les éléphants, entre autres. L'endroit est sauvage et romantique, idéal pour les couples en quêtes d'intimité et d'aventures. Les chambres ont une décoration soignée et un mobilier moderne qui respecte bien le cadre naturel qui l'entoure. Au milieu, l'espace *cosy* dans lequel se dressent les petits déjeuners et des dîners sur mesure.

LINKWASHA CAMP €€€

Au sud-est du parc, à proximité de Little Makalolo.
Pension complète et activités : à partir de 861 USD en single et 662 USD en double (tarifs par personne).

Linkwasha, qui appartient à Wilderness Safaris, se situe dans une grande concession constituée de vastes plaines, parsemées de rôniers, qui attirent de nombreux animaux : éléphants, buffles, girafes, lions, guépards, antilopes, oiseaux d'eau… Les neuf tentes sont spacieuses et très bien équipées. Elles sont reliées par des pontons à l'espace principal, qui offre piscine et salons avec cheminée pour des soirées au coin du feu, dans l'hiver du Kalahari. Conformément à l'esprit Wilderness, l'équipe est très professionnelle et attentionnée.

LITTLE MAKALOLO CAMP €€€

✆ +27 11 257 5000
www.wilderness-safaris.com
Pension complète et activités : à partir de 759 USD en single et 584 USD en double (tarifs par personne).

Très bien situé dans le sud-est du Parc national de Hwange, Little Makalolo, qui appartient à Wilderness Safaris, invite à une expérience unique pour découvrir la nature sauvage au sein d'une vaste concession riche en éléphants, buffles, léopards, guépards, lions et de nombreuses espèces d'oiseaux… Côté logement, l'accent est mis sur le luxe et la protection de l'environnement. Ainsi, les tentes spacieuses disposent d'un équipement tout confort et de salles de bains intérieures et extérieures, alimentées par l'énergie produite par les panneaux solaires.

NEHIMBA LODGE €€€

À 60 km de Main camp, un peu avant Shumba Picnic Site. ✆ +263 292 232 331
www.imvelosafarilodges.com
Pension complète et activités : 826 USD en single et 635 USD en double (tarifs par personne).

Niché au cœur d'une concession dans la partie nord du parc, le Nehimba Lodge, qui a ouvert en 2014, se compose de 9 tentes spacieuses et bien équipées, réparties autour d'une belle paillote restaurant-bar et d'une petite piscine. Elles font face à un point d'eau, bien fréquenté par la faune, notamment par les éléphants et les oiseaux d'eau. Les activités proposées sont les *game drives* (y compris de nuit dans la concession) et les *game walks*, mais aussi la visite de points d'eau où se concentrent les animaux. L'équipe du *lodge* est professionnelle et sympathique.

ROBINS CAMP €€€

✆ +263 832 842 275
www.robinscamp.com
Tarifs basse saison : 85 USD par pers, tarifs haute saison : 125 USD par pers. en pension complète.

Cet ancien camp Zimparks a été repris et entièrement rénové. Les chambres sont maintenant plutôt luxe et un restaurant ainsi qu'un bar se trouvent sur place. Un petit point d'eau permet d'observer les animaux et Big Toms et Little Toms, deux points d'eau connus pour leurs rassemblements d'animaux venus s'abreuver le soir, ne se trouvent pas loin du camp. Jusqu'à sa mort en 1934, les terres appartenaient à Herbert Robins, un scientifique passionné de la protection des animaux. Il y a construit une grande tour d'où l'on a une vue magnifique sur les environs.

SOMALISA BUSH CAMP €€€

Transfert en 1 heure 30 de Main Camp en 4x4.
✆ +27 21 701 0270
www.africanbushcamps.com
Chambres entre 557 USD et 1 185 USD par personne selon la saison, tout compris.

Situé dans une concession privée, au cœur du parc, Somalisa regroupe trois camps en un, chacun avec une personnalité un peu différente. Somalisa Camp est un camp de luxe avec une petite piscine, Somalisa Acacia est plutôt familiale et Somalisa Expeditions, un peu à l'écart des deux autres, est un camp plus intime mais non moins luxueux. Dans chaque camp, un restaurant et un *boma* extérieur permettent de prendre un repas devant un petit plan d'eau où viennent s'abreuver éléphants et antilopes. Outre *game drives* et *game walks*, des visites culturelles sont proposées.

THE HIDE SAFARI CAMP €€€

✆ +263 242 498 835
www.thehide.com
Selon la saison, tente de luxe de 410 à 730 USD par personne.
The Hide Safari Camp accumule les prix d'excellence ! Il a, en effet, tout pour plaire, offrant plusieurs types d'hébergement, tentes deluxe, maisons de safari pour les familles avec enfants ou encore le *Dove's Nest*, cabane luxueuse perchée dans les arbres. Le pavillon principal offre une magnifique vue sur la savane et sur un point d'eau. Proche de cette mare, une ingénieuse cachette souterraine permet de regarder en toute discrétion les animaux. The Hide propose des safaris en toute intimité dans sa concession privée. Un campement hautement recommandé.

HWANGE

Le nom de Hwange provient de celui d'un chef ndebele local. Si une vieille locomotive à vapeur se dresse fièrement à l'entrée de la ville de Hwange, c'est pourtant surtout à l'existence de l'or noir que l'histoire de cette agglomération de campagne est liée. Pertinemment connue des tribus autochtones successives, la présence de gisements houillers dans le sous-sol de la région n'entraîna la construction d'une petite ville qu'à la fin du XXe siècle. À cette époque, un prospecteur allemand, Albert Giese, trouva une veine de charbon qui se révéla l'une des plus importantes du monde. Cette découverte encouragea les constructeurs de la voie de chemin de fer devant relier Le Cap au Caire à modifier quelque peu leurs projets initiaux pour faire passer les rails par Hwange et Victoria Falls. Cette trouvaille fut également à la base de l'essor que connut cette petite partie du pays et qui s'accrut encore lorsqu'en plus du charbon, on commença à y extraire du cuivre et de l'étain. De nos jours, cette prospérité se lit dans les rues proprettes de la ville, bordées d'arbres et de fleurs. Si le décor ne justifie pas de passer une nuit à Hwange, il en fait cependant une halte pique-nique agréable sur la route des vacances.
Hwange se trouve à 335 km de Bulawayo et 105 km de Victoria Falls. L'entrée du parc national la plus proche est celle de Sinamatella (située à environ 40 km de distance), mais elle implique de traverser la vaste mine de charbon. Tous les cars et *chicken bus* entre Bulawayo et Victoria Falls s'arrêtent à Hwange.

VICTORIA FALLS ★★★★

De bourg perdu et poussiéreux, Victoria Falls se transforma rapidement en une petite ville proprette, dotée de toutes les infrastructures nécessaires : hôtels, restaurants, bars, banques, magasins de souvenirs, agences de voyages... Une métamorphose due à l'afflux de voyageurs qui empruntaient la ligne de chemin de fer remontant du Cap. Entièrement tournée vers le tourisme, Victoria Falls présente un visage différent de celui de Livingstone, plus provincial, et elle a l'avantage d'être située à proximité immédiate des chutes, qui sont accessibles à pied. Durant la dernière décennie, la ville a beaucoup souffert de la situation politique et économique du Zimbabwe faisant fuir les touristes vers Livingstone, mais la situation s'améliore. La misère de la population reste palpable, avec une forte mendicité et des sollicitations plus pesantes que sur la rive zambienne, mais l'abandon du dollar zimbabwéen au profit du dollar américain a mis fin à l'hyperinflation sans pour autant mettre fin à la crise économique. Les prix ici sont désormais moins élevés et les voyageurs reviennent en nombre. Mais la situation est loin d'être stabilisée et le pays n'en finit pas de vivre des crises en soubresauts très préoccupants. Vous verrez bon nombre de Zimbabwéens passer la frontière pour aller travailler en Zambie ou acheter des denrées alimentaires. Beaucoup essayeront de vous vendre désespérément quelques souvenirs entre la frontière et le parc des chutes ; la vie est très difficile pour les populations locales. N'hésitez pas à acheter des souvenirs de ce côté de la frontière pour les aider même si certains se montrent très insistants, il n'y a pas d'alternative pour trouver du travail et la nourriture est très chère.

Transports

Victoria Falls étant une destination extrêmement populaire, elle draine la majorité des voyageurs visitant le Zimbabwe, mais aussi les pays limitrophes. Il faut dire que les chutes ne se trouvent qu'à une centaine de kilomètres de Kazungula, point de rencontre de la Zambie et du Botswana, qui mène aussi en Namibie toute proche.

▶ **Par la route.** Victoria Falls est très facilement accessible depuis Livingstone. Si vous n'avez pas de véhicule, un taxi vous conduira jusqu'au poste frontière situé à une dizaine de kilomètres de la ville, tout près des chutes. Même ceux qui ne désirent pas se rendre au Zimbabwe devraient faire la balade pittoresque sur le pont métallique qui traverse le Zambèze.

Indiquez simplement au douanier que vous faites un aller-retour. En plus d'un joli point de vue (les chutes d'un côté, la faille de l'autre), vous pourrez peut-être observer les sauts à l'élastique. Le poste frontière zimbabwéen se trouve 500 m après le pont, tout près de l'entrée des chutes. De là, 1 km vous sépare du centre-ville, que vous pourrez rejoindre à pied ou en taxi.

Formalités. Depuis fin 2022, plus besoin de Visa en Zambie pour encourager le tourisme. En revanche, le Zimbabwe le maintient encore. Le visa en entrée simple au Zimbabwe coûte 30 US$ si vous ne venez qu'un jour c'est suffisant. En revanche, nous vous conseillons le double visa KAZA Zambie-Zimbabwe de 31 jours multi-entrées dans les deux pays à 50 US$ si vous comptez vous rendre plusieurs fois au Zimbabwe pendant votre séjour en Zambie (soit pour aller plusieurs fois aux chutes, soit pour aller sur l'autre rive du lac Kariba par exemple).

Orientation. Vic Falls, qui n'a rien d'une mégalopole, est bien moins étendue que ne l'est Livingstone. Le centre est celui d'une petite ville de province dont la gare de style colonial accueille encore quelques trains à vapeur. Il est donc extrêmement facile de s'y repérer et de s'y déplacer. Le centre ne compte qu'une poignée de rues, dont deux sont véritablement commerçantes : Park Way (le long de laquelle s'alignent agences de voyages, magasins de souvenirs, bars et restaurants) et le semblant de route situé derrière la poste et menant au grand marché d'artisanat en plein air. Perpendiculairement, Livingstone Way, l'artère principale de la ville, qui mène directement aux chutes, est bordée par les bureaux d'Air Zimbabwe, de banques, de garages et de la poste. Les hôtels et les lodges situés en dehors du centre-ville proposent un système de navettes efficaces et rapides. Aussi n'est-il guère utile de louer une voiture : les curiosités et les commerces sont très proches les uns des autres et les tour-opérateurs s'arrangent toujours pour conduire leurs clients sur le lieu de départ des différentes activités.

A vélo. Une solution très pratique pour se déplacer à Victoria Falls, surtout si vous venez de Zambie pour une escapade à la journée dans la ville, est de louer des vélos. L'option est très économique, elle vous permet de vous déplacer partout dans la ville et aller par exemple jusqu'au baobab géant. Comptez 10 US$ la demi-journée et 15 US$ la journée.

BIG TREE ★★

Zambezi Drive

En bordure du chemin qui longe le fleuve Zambèze tout près des chutes, se trouve l'un des plus gros baobabs de tout le Zimbabwe. D'une épaisseur de 22 m, il s'élève à une hauteur de 24 m. Récemment certains scientifiques ont évalué que celui-ci serait en fait trois arbres rattachés les uns aux autres et qu'il serait donc beaucoup plus jeune que les 2 000 ans qu'on lui donne. Quoiqu'il en soit, ce baobab impressionne et il vaut une petite visite à pied. Le Zambèze Drive qui longe le fleuve y mène directement au niveau du parking des chutes.

STANLEY AND LIVINGSTONE PRIVATE GAME RESERVE ★★

Old Ursula Road ✆ +263 832 841 005

www.stanleyandlivingstone.com

Safari dès 100 US$ par personne, déjeuner compris. Safari nocturne dès 137 US$ par personne, dîner compris.

Cette réserve de faune privée, gérée par l'hôtel du même nom, se trouve à un petit quart d'heure de Victoria Falls. Elle est aussi un des seuls endroits du pays où on peut voir les *Big Five* : lions, éléphants, buffles, rhinocéros et léopards. Les safaris en voiture vous emmènent à la recherche de la faune et certains peuvent être concentrés sur la traque des rares rhinocéros noirs. La nuit, une faune complètement différente peut être découverte pendant le safari nocturne.

OFFICE DE TOURISME

412 Parkway Drive

✆ +263 832 844 202

www.zimbabwetourism.net

Ouvert du lundi au vendredi de 8h30 à 16h, le samedi de 8h30 à 13h.

Idéalement situé dans le centre-ville de Victoria Falls, ce bureau mérite une petite visite avant l'exploration des chutes des deux côtés, Zambie et Zimbabwe. L'accueil y est des plus chaleureux, les brochures et les cartes en anglais sont très détaillées, vous y trouverez la liste de tous les hôtels, les restaurants et les agences de tours. On vous y dispensera des conseils éclairés et éclairants, surtout pour organiser des journées en fonction des activités ciblées. Prévoyez plusieurs jours sur place si vous ne voulez pas juste visiter les chutes.

AFRICA TRAVEL TOURS

432 Miles road
✆ +263 774 750 633
www.africatravelvicfalls.com

Ce tour-opérateur zimbabwéen organise des séjours et des safaris dans tout le pays. Toutes sortes d'activités sont proposées autour des chutes Victoria (canyoning, rafting, survols en hélicoptère, tyrolienne, croisières, *game drive*, visite de village...), mais aussi des escapades aux parcs nationaux de Hwange et Chobe et des tours du Zimbabwe sur deux semaines. Africa Travel Tours organise également la réservation d'hébergements, des transferts en bus et minibus. Africa Travel Tours dispose d'ailleurs d'une flotte de véhicules impressionnante.

BACKPACKERS' BAZAAR

5 Bata Center
✆ +263 832 842 208
www.backpackersbazaar.com

Créé en 1997, Backpackers Bazaar est devenu l'agence de référence pour les voyageurs indépendants. Le personnel, sympathique, peut organiser toutes sortes d'activités (rafting, saut à l'élastique, tyrolienne, survol, croisière, *game drive*, marche avec les éléphants, safaris à cheval...). Il est également possible d'opter pour des *packages* d'activités. L'agence peut également réserver vos transferts et hébergements à Victoria Falls ainsi que des tours organisés dans tout le pays. Backpackers Bazaar est l'agence préférée des voyageurs à petit budget.

DK TOURS & SAFARIS

Office n°3 Landela Complex
✆ +263 772 251 124
www.dktoursandsafaris.co.zw

Agence locale basée à Victoria Falls dirigée par une équipe zimbabwéenne. Elle propose des safaris au Zimbabwe, mais aussi dans la région (Botswana, Zambie, Namibie, Mozambique). Au Zimbabwe, DK propose notamment de visiter Hwange, les Matopos et Mana Pools. Au programme également, de nombreuses activités à Victoria Falls (survol des chutes en hélicoptère, rafting, croisière sur le fleuve Zambèze, marche avec les éléphants, *game drive*, *game walk*, tour en VTT, visite de villages...). Aussi, DK peut réserver les transferts et l'hébergement.

FALCON SAFARIS

545 Reynard Road
✆ +263 772 633 333
www.falconsafaris.com

Avec plus de 15 ans d'expérience, Falcon Safaris, basé à Victoria Falls, organise des voyages à la carte selon différentes thématiques au Zimbabwe, en Zambie, en Namibie, au Mozambique et en Afrique du Sud. Il est également possible de participer à des voyages de plusieurs semaines à travers l'Afrique. Au Zimbabwe, Falcon propose des safaris à Hwange et Mana Pools. Que ce soit pour la location de voiture, un itinéraire de voyage complet ou des réservations d'hébergement, l'agence fournit toutes les informations nécessaires pour réussir son voyage.

INSPIRATION AFRICA ZAMBIE

✆ +260 976 772 300
www.inspirationafrica.travel

Organisateur de safaris sur mesure au Botswana, Malawi, Namibie, Zambie et Zimbabwe.

Cette agence de voyage francophone et anglophone réceptive vous prépare un séjour de A à Z et s'adapte à trouver le bon endroit pour passer le bon moment. Elle est spécialisée dans les séjours à la carte en famille et entre amis ou encore dans le tourisme d'affaires. Elle concocte également des mariages ou voyages de noces inoubliables. Si vous souhaitez faire une croisière safari sur le lac Kariba, l'agence sélectionne et prépare le *houseboat* qui correspondra à vos attentes.

LEON VARLEY WALKING SAFARIS

393 Baobab Road
✆ +263 832 840 168
www.walkafrica.com

Grand passionné de la faune et de la flore du pays et guide reconnus parmi ses pairs, Leon Varley est l'un des seuls à proposer des safaris itinérants à pied dans le parc national de Chizarira. Concrètement, une équipe s'occupe du matériel de cuisine et des repas, alors que les clients peuvent choisir de porter leurs propres affaires ou de personnaliser davantage leur expédition. Leon Varley propose aussi des expéditions à Hwange, Victoria Falls et dans les pays limitrophes.

PEARLS TOURS

Office n°5 Elephant's Walk
✆ +263 832 844 575
www.pearlstoursvictoriafalls.com

Pearls Tours est une agence de voyages dont le siège est à Victoria Falls. Elle peut s'occuper de vos transports à partir de Victoria Falls (aéroport, Hwange, Chobe, Livingstone, Kazungula, Binga, Milibizi, Kasane...). Elle peut également réserver vos hébergements dans différents hôtels de la ville, ainsi que vos activités (tour de la ville, rafting, tyrolienne, survol en hélicoptère, en ULM, quad, bungee, croisière...). Enfin, elle propose des séjours à Victoria Falls, Hwange ou Chobe et un circuit de neuf jours à travers le pays.

KHANONDO

Livingstone Way
✆ +263 772 417 533
www.khanondosafaris.com

Khanondo est un opérateur de safaris en véhicule 4x4 ou en bateau, il offre un large choix entre un safari en voiture, une croisière diurne ou nocturne, ou un tour guidé des chutes. En plus, il assure des transferts dans tout le Zimbabwe jusqu'en Zambie, au Botswana et en Namibie. C'est également une agence de voyages qui s'occupe de la location de voitures, de la réservation d'hébergement et propose des activités classiques de la destination comme le rafting, le saut à l'élastique, la pêche, le canotage, le survol des chutes Victoria...

SHEARWATER VICTORIA FALLS

Parkway Drive
✆ +264 832 844 471
www.shearwatervictoriafalls.com

Shearwater est l'un des plus gros opérateurs de Victoria Falls qui propose des packs attractifs pour essayer plusieurs activités. Rafting, safari-canoë ou croisière sur le Zambèze, survol des chutes en avion, hélicoptère ou ULM, safaris, saut à l'élastique, chute libre... Shearwater organise aussi des excursions en Zambie et au parc de Chobe au Botswana. La compagnie dispose de sa propre flotte de véhicules et peut aussi s'occuper de vos transferts.

EXTRA CITY

Livingstone Way
www.extracity.co.zw
Victoria Falls-Hwange à 10 USD, Victoria Falls-Bulawayo à 15 USD, Victoria Falls-Harare à 30 USD.

Créé en 2000, Extra City s'est tourné dans le transport de personnes en 2011 pour devenir l'une des plus importantes compagnies de bus du pays. Extra City relie deux fois par jour Victoria Falls à Harare *via* Bulawayo. Les départs se font de la station service Total (à proximité de la voie ferrée) ou de la gare routière de Chinotimba (près du Victoria Falls Hospital). Les bus font aussi le détour pour passer par Hwange Safari Lodge, à côté de Main Camp du parc national de Hwange, puis ils s'arrêtent à Bulawayo, Chegutu, Kadoma, Kwekwe et Gweru.

WILD HORIZONS

310 Parkway Drive
✆ +263 832 842 279
www.wildhorizons.co.za

Ce voyagiste organise de nombreux tours à travers le Zimbabwe mais également des safaris, des croisières, du rafting, des tours de ville et toutes les activités possibles à Victoria Falls. Wild Horizons possède également The Lookout Café, The Boma et trois lodges dans le pays : l'exceptionnel Elephant Camp, Old Drift Lodge et Wallow Lodge sur les bords de la Zambèze, à partir desquels il organise des safaris dans le parc national de Zambezi. La visite d'une journée à Chobe National Park au Botswana est un autre de ses produits phares.

FASTJET

Livingstone Way
✆ +263 8677 006 060
www.fastjet.com
VF-Harare à partir de 163 USD, VF-Hwange à partir de 150 USD, VF-Johannesburg à partir de 108 USD.

Opérationnelle au Zimbabwe depuis 2015, cette compagnie aérienne sud-africaine assure deux liaisons par jour entre Victoria Falls et Harare, une par jour vers Hwange, deux à trois par jour vers Johannesburg et une fois par jour vers Kariba Town. Elle assure également une liaison entre Victoria Falls et Maun, les mardis, jeudis et samedis. Outre les bureaux de Victoria Falls, Fast Jet dispose de représentations dans les aéroports et centres-ville d'Harare et de Bulawayo. Il est possible de réserver en ligne. Ses services sont généralement fiables.

KHANONDO

SAFARIS & TOURS

Khanondo vous offre un séjour idéal aux Chutes Victoria. Transferts, safaris en 4X4, croisière et petite chambre d'hôtes 3*. Nos safaris mobiles et transferts pour le parc de Hwange completerons parfaitement votre voyage au Zimbabwe.

+263 772 417 533 - reservations@khanondosafaris.com

www.khanondosafaris.com

SHEARWATER VILLAGE €

Adam Stander Drive
✆ +263 832 844 471
http://explorersvillage.com/
Chambres simples à partir de 115 USD et doubles à partir de 160 USD, petit déjeuner compris. Camping : 18 USD par pers.

Le Shearwater Village est un *lodge* récent, à seulement 400 m des chutes. Les 96 chambres se situent dans de jolis petits chalets. Elles sont confortables et bien tenues. L'établissement propose également des tentes dômes et des emplacements de camping. Outre de sanitaires, les campeurs bénéficient d'un espace cuisine partagé. Le « village » comporte également un bar, un restaurant, une piscine et Shearwater, un des leaders en la matière, propose à ses hôtes toutes sortes d'activités. Une option conviviale et sympa pour séjourner à Vic Falls.

ZAZU VOYAGE

✆ +263 783 73 16 27
www.zazuvoyage.com

Zazu Voyage est une agence locale basée aux chutes Victoria et créée par Aurélia, une Française passionnée d'Afrique australe et surtout du Zimbabwe. Si vous aimez voyager en bonne conscience écoresponsable, Zazu ne propose que des *lodges* et expériences soutenant les communautés locales ou des projets de conservation. Cette petite agence vous permet de vivre un voyage sur mesure au Zimbabwe, mais aussi au Botswana, en Zambie ou au Mozambique avec des contacts directs. Aurélia adore organiser des voyages en famille, lunes de miel et autres événements.

SHOESTRINGS BACKPACKERS €

12 West Drive ✆ +263 832 840 168
www.shoestringsvicfalls.com
Camping à 10 USD et dortoir à 18 USD par personne, chambre simple à partir de 45 USD et double à partir de 60 USD.

Un *backpackers* vivant et coloré, à réserver peut-être aux plus fêtards des voyageurs car le bar est très apprécié et bruyant certains soirs. Les chambres et le terrain de camping situés à l'arrière du bâtiment principal sont toutefois plus calmes. Les chambres sont basiques comme on s'y attendrait dans un *backpackers*, mais toutes ont récemment été rénovées. L'équipe est dynamique et vous réserve un accueil chaleureux. Plein d'informations sur les activités du coin. Petite restauration, du petit déjeuner au dîner. La petite piscine ajoute à la convivialité de lieu.

VICTORIA FALLS RESTCAMP €

Parkway Drive
✆ +263 832 840 678
www.restcampvicfalls.com
Camping à 15 USD par pers., véhicule à 8 USD. Dortoir à 20 USD. Chalet en single à 35 USD, pour deux pers. à 45 USD.

Dans un jardin verdoyant, au cœur de la ville, cette adresse propose tous les types d'hébergement : du chalet basique au *lodge* équipé, ou aux emplacements de camping standards. Les lieux sont équipés de sanitaires communs, d'une grande piscine, d'un terrain de volley, d'un magasin de souvenirs, d'un restaurant avec connexion Internet en wi-fi. Un service buanderie est également disponible. Un vrai bon plan pour poser la tente ou louer une chambre sans se ruiner, tout en pouvant découvrir la ville à pied, depuis votre camp de base.

VICTORIA FALLS BACKPACKERS €

357 Gibson Road ✆ +263 717 537 538
www.victoriafallsbackpackers.com
Camping 10 US$, location tente 5 US$. Dortoir 18 US$, cabane twin 50 US$, double avec salle de bains privée 60 US$.

Dans un jardin luxuriant sont dispersés les chambres (avec salle de bains privée), les cabanes, dortoirs et le camping (avec sanitaires communs). Une petite piscine, un bar-restaurant, une cuisine commune, un salon, des hamacs et une plate-forme d'observation complètent l'atmosphère colorée et cosmopolite du lieu. Le soir, feu de camp convivial. Cette auberge propose aussi toutes les activités proposées à Victoria Falls à prix plancher. Restaurant abordable et délicieux.

AMADEUS GARDEN €€

Parkway Drive
✆ +263 717 100 579
www.amadeusgarden.com
Chambre double à 200 US$, chambre simple à 135 US$, petit déjeuner compris.

Située à moins de 3 km de l'entrée de la ville, cette charmante *guesthouse*, établie depuis 1999, est un petit havre de paix niché dans un beau jardin. Les 12 chambres sont très agréables, colorées et décorées avec des meubles en teck de facture locale et une literie confortable. Une piscine se trouve dans la cour intérieure décorée dans un style plutôt méditerranéen qu'africain. Un service de restauration est là mais il faut commander au préalable. Le service est agréable, et on vous aidera volontiers à organiser vos excursions.

Victoria Falls est une destination touristique populaire en Afrique à la frontière entre le Botswana, le Zimbabwe et la Zambie.

GERTIE'S LODGE €€

597 Nguhumwa Crescent
✆ +263 832 842 002
www.gertieslodge.com
Chambre double à 80 USD, chambre simple à 40 USD.

Les chambres de Gertie's Lodge, assez simples mais propres, ne sont pas au même niveau que celles de certains autres *lodges* de la ville, mais suite à une rénovation et une baisse des prix, le rapport qualité-prix est plutôt correct pour une ville comme Victoria Falls. Un superbe et paisible jardin, au milieu duquel vous attend une belle petite piscine, invite à la détente et un restaurant peut préparer des déjeuners et des dîners sur commande. L'équipe est sympathique et peut efficacement vous aider à organiser votre séjour.

LORRIE'S B&B €€

397 Reynard Road
✆ +263 832 842 139
www.lorriesbedandbreakfast.com
Chambre simple à 75 USD, chambre double à 120 USD, petit déjeuner compris.

Lorrie propose 5 chambres sympathiques d'un ou plusieurs lits pour les voyageurs à la recherche d'une atmosphère familiale en dehors du centre et loin de l'ambiance des grands hôtels. Toutes les chambres comprennent une salle de bain avec douche. Dans le beau jardin se trouve une piscine. Le petit établissement possède aussi un bar avec télévision, et met à la disposition des clients un service gratuit de thé et café et un accès Internet. Les chutes ne sont qu'à 30 minutes à pied. Lorrie, qui vit ici depuis plus de vingt-cinq ans, saura faciliter votre séjour.

PIONEERS LODGE €€

✆ +263 832 840 342
https://www.pioneersvicfalls.com/
B & B : 162,50 USD en single et 250 USD en double ; pension complète : 227,50 USD en single et 350 USD en double.

Ce *lodge* de 50 chambres a ouvert tout récemment dans les faubourgs résidentiels de Victoria Falls. Son aménagement mélange harmonieusement le style rétro et des équipements modernes. Les chambres sont spacieuses et chacune a une vue dégagée sur le jardin. Elles disposent toutes de climatiseurs, de ventilateurs, de coffres-forts, de miniréfrigérateurs, d'une bouilloire et de leur propre salle de bains. Le jardin est très plaisant et bien entretenu. Deux belles piscines y trônent. Le Pioneers Lodge est un beau et confortable havre de quiétude non loin des chutes.

ETHIOPIAN AIRLINES

1865 Sawanga Malls Pick n Pay
✆ +263 213 284 1111
Ouvert du lundi au vendredi de 8h à 16h30. Le samedi de 8h à 12h.

La compagnie nationale éthiopienne, qui fait partie de la Star Alliance, relie Addis-Abeba à Victoria Falls, par des vols directs quatre fois par semaine (les mardis, jeudis, samedis et dimanches). Il est également possible de transiter par Johannesburg. La compagnie relie également la capitale éthiopienne à Harare une à deux fois par jour. À Victoria Falls, Ethiopian Airlines dispose de bureaux dans le centre-ville, mais aussi à l'aéroport. De même, à Harare, la compagnie dispose de bureaux, dans le centre, près de l'avenue Maasdorp, ainsi qu'à l'aéroport.

N1 HOTEL €€

266 Adam Stander Drive
✆ +263 832 845 040
www.n1hotel.co.zw
30 chambres, chambres à partir de 80 USD, camping à 10 USD par personne.

En plein cœur du centre-ville, à deux pas du village artisanal, le N1 Hotel, avec piscine, propose des chambres standardisées et confortables à des prix abordables. L'hôtel propose aussi des chambres en dortoirs et un côté camping avec barbecue. L'établissement ne présente pas de charme particulier, mais les prix sont corrects et sa situation se révèle très pratique pour aller aux chutes ou flâner dans la ville à pied. La réception peut organiser toutes les activités touristiques de la région. N1 est une chaîne qui dispose également d'hôtels à Harare et Bulawayo.

NKOSI GUEST LODGE €€

504 Acacia Crescent
✆ +263 832 847 321
www.thebayetecollection.com
À partir de 130 USD par personne, petit déjeuner compris.

Nkosi Guest Lodge est le plus récent hébergement de la collection Bayete et son fleuron. Il dispose de 24 chambres confortables, dont 2 sont accessibles en fauteuil roulant. Toutes sont équipées d'un lit *king size*, d'un coffre, d'une grande salle de bains, de l'air conditionné et d'une bouilloire. La décoration est soignée et le personnel très aimable. Il peut s'occuper de réserver vos activités et transferts. Le *lodge* dispose d'une piscine entourée d'une belle terrasse en bois, d'un bar et d'un restaurant. Un petit déjeuner anglais copieux est inclus.

THIOPIAN AIRLINES
'OUS RELIE À VOS PARCS
RÉFÉRÉS AU ZIMBABWE
HARARE
GONAREZHOU
MANA POOLS
BULAWAYO
PARC DE MATOPOS
LAKE KARIBA
VICTORIA FALLS
PARC DE HWANGE
ww.ethiopianairlines.com
Ethiopian
የኢትዮጵያ
THE NEW SPIRIT OF AFRICA
A STAR ALLIANCE MEMBER

528 VICTORIA FALLS €€

528 Raynard road ✆ +263 779 975 173
www.528victoriafalls.com
Compter 150 USD par personne avec petit déjeuner. Enfant : demi-tarif.

528 Victoria Falls, situé à 2,5 km du centre-ville, dans une banlieue calme et verdoyante, est une maison d'hôte écologique et unique, composée de 7 chambres. La petite taille de la maison d'hôte permet un service très personnalisé. Le décor est vraiment soigné ! Il y a de nombreuses zones de détente dans toute la maison et le jardin avec des couleurs riches, un design architectural unique et des textures recherchées. La gloire de la maison d'hôte est son bar sur le toit, avec une vue spectaculaire sur le fleuve Zambèze et la Zambie.

PAMUSHA LODGE €€

583 Manyika Road
✆ +263 832 841 828
www.pamushalodgevicfalls.com
Chambre simple à 120 USD, chambre double à 150 USD, chambre familiale à 180 USD, petit déjeuner compris.

Ce *lodge* dispose, dans un jardin fleuri et ombragé, de 17 chambres confortables et bien tenues (dont des chambres familiales avec un lit double et deux lits superposés). Celles-ci sont dotées de l'air conditionné, d'une télé satellite, d'un accès Internet, d'un ventilateur et de leur propre salle de bains. Pamusha dispose d'un restaurant et d'un bar à cocktails ouverts 24 heures sur 24, ainsi que d'une piscine. Il propose aussi des transferts à n'importe laquelle heure, des croisières au coucher du soleil sur le Zambèze et des sorties pêche.

PHE ZULU GUEST LODGE €€

✆ +263 832 847 321
www.thebayetecollection.com
Chambres simples à 150 USD, doubles à 230 USD, petit déjeuner compris.

Situé non loin des chutes et à l'écart de l'agitation de la ville, ce tout nouveau lodge, fait d'ores et déjà partie des adresses de référence en termes de rapport qualité/prix. Il propose 21 chambres dans une atmosphère très paisible, des prestations de qualité, une structure à taille humaine et une ambiance générale qui donnent l'agréable impression de se sentir « comme à la maison ». Les chambres sont impeccablement tenues et bien équipées. Ce lodge est sous la même direction que le Bayete Guest Lodge voisin, qui est lui aussi de qualité.

RAINBOW HOTEL €€

278 Parkway Drive
✆ +263 832 844 651
Chambre simple à 180 USD, chambre double à 209 USD, petit déjeuner inclus.

Cet imposant hôtel dresse ses arcades couleur crème de style mauresque au milieu de pelouses bien entretenues, avec une piscine équipée d'un bar. Il propose 88 chambres dotées de l'air conditionné, de la télévision, d'une salle de bains avec baignoire, du nécessaire pour le thé et le café, et d'un petit balcon. Excepté les façades extérieures, l'établissement a été complètement rénové. Il ne présente pas véritablement de charme, mais il est bien tenu et confortable, sa situation est centrale et le personnel est professionnel et souriant.

BAYETE GUEST LODGE €€

584 Manyika Road ✆ +263 832 847 321
www.thebayetecollection.com
30 chambres. Chambres simples à partir de 150 USD et doubles à partir de 230 USD, petit déjeuner compris.

Ce *lodge*, ouvert en 2015, est situé au cœur de Victoria Falls dans un écrin de verdure très calme. Ses chambres exécutives sont spacieuses et lumineuses, semi-ouvertes sur des salles de bains design avec des baignoires sabots et douches à l'italienne en béton ciré. Elles ont toutes quelque chose d'unique, et donnent sur le jardin doté d'une belle piscine. Le PheZulu Guest Lodge, à 300 mètres, est tenu par les mêmes propriétaires et propose un hôtel similaire aux mêmes tarifs.

SHONGWE LOOKOUT €€

553 Mopane road ✆ +263 832 844 209
www.shongwelookout.com
Studio : 180 USD en single, 220 USD en double. Chambres de luxe : 200 USD en single et 240 USD en double.

Lodge tout récent et déjà primé qui dispose d'une tour d'observation unique avec une vue imprenable sur le fleuve Zambèze et la brume qui s'élève au-dessus des chutes. Les chambres qui entourent la tour sont joliment meublées. Il y a un bar, un restaurant et une piscine à débordement. Le menu du restaurant propose des plats frais, de saison et de qualité. Le *lodge* abrite également la Nicole Sanderson Art Gallery, située au rez-de-chaussée et au premier étage de la tour Lookout. Nicole est une artiste talentueuse, inspirée par la beauté naturelle du Zimbabwe.

A'ZAMBEZI RIVER LODGE €€€

308 Parkway Drive
✆ +263 832 844 561
www.rtgafrica.com
Chambres avec vue sur le jardin ou sur le fleuve : 249 USD la simple, 279 USD la double, petit déjeuner inclus.

Cet hôtel est situé sur les rives du Zambèze. Une petite cascade à l'entrée vous montre le chemin de la réception. Il propose 97 chambres équipées de la climatisation, d'une salle de bains, d'un mini-bar, de la télévision et d'un petit balcon. Les plus prisées sont celles donnant sur le Zambèze. Le restaurant de l'hôtel, l'Amulonga, est une bonne table qui accueille sa clientèle sur une grande terrasse ouverte, abritée sous un toit de chaume, avec du crocodile à la carte ! Le bar, convivial, se trouve entre deux eaux, la piscine et le fleuve en contrebas.

GORGES LODGES €€€

Situé en aval des chutes, à environ 20 km de Victoria Falls. ✆ +263 832 843 368
www.batokaafrica.com
À partir de 390 USD par personne, tout compris.

Gorges et Little Gorges Lodges sont parmi les établissements des plus impressionnants du Zimbabwe. La structure est séparée en deux parties, 10 chalets aux toits de chaume accrochés au sommet de la gorge Batoka, pour Gorges Lodge, et 5 tentes luxueuses au sommet de la gorge Dibi Dibu pour Little Gorges Lodge. Des jardins superbement agencés bordent la falaise, tandis qu'une piscine, un bar et une salle à manger offrent des points de vue tout aussi superbes. Lors de notre passage, seul Little Gorge Lodge était ouvert, Gorges Lodge étant fermé pour rénovation.

ELEPHANT CAMP €€€

Panneau indicatif sur l'A8 à 10 km de Victoria Falls, le camp se situe plus loin, à 9 km.
✆ +263 832 842 279 - www.theelephantcamp.com
Comptez entre 578 et 722 USD par personne pour une chambre double, tout inclus, transfert et activités compris.

Situé non loin des chutes, mais au calme, Elephant Camp se divise, en fait, en deux espaces de campements : la partie « West » possède 4 grandes tentes familiales qui peuvent être louées de manière exclusive, le *main camp* offre 12 tentes. Chaque construction allie le confort « en dur » au charme de la toile. Les campements sont très spacieux et confortables. Elephant Camp fait partie des camps hauts de gamme du pays. Il propose toutes sortes d'activités : rencontre avec les éléphants, visite des chutes et bien sûr des safaris à pied, en 4x4 ou en VTT.

Trouvez votre maison d'Hotes idéale aux Chutes Victoria avec Bayete Collection, nos 3 lodges Phezulu, Bayete et Nkosi ont 3 ambiances différentes.

• THE BAYETE COLLECTION •

www.thebayetecollection.com

CRESTA SPRAYVIEW HOTEL €€

Livingstone Way ✆ +263 832 844 344

www.crestasprayview.com

65 chambres. Chambre double : 180 USD, chambre simple : 120 USD, petit déjeuner compris.

Ouvert en 1960, l'hôtel Sprayview a intégré la chaîne Cresta en 2013 et il a été totalement rénové à cette occasion. Il offre un bon rapport qualité/prix pour un site aussi touristique que Victoria Falls. Il est très bien situé, non loin des chutes Victoria et à seulement quelques centaines de mètres du centre-ville. Les chambres doubles sont composées de lits king size. Elles sont claires, spacieuses, et dotées de tout le confort nécessaire, notamment de la climatisation. L'établissement possède aussi une très grande piscine.

THE KINGDOM €€€

1 Mallet Drive

✆ +263 832 844 275

www.thekingdomhotel.co.za

294 chambres. Comptez 262 US$ la chambre double, 222 US$ la chambre simple, petit déjeuner compris. Suite à 422 US$.

Cet immense hôtel, le plus proche des chutes, appartient à la grande chaîne hôtelière African Sun Limited. Ici, tout est démesuré : imposantes colonnes de pierre, murs d'enceinte reproduisant le célèbre monument du Great Zimbabwe, cascades d'intérieur, piscine et même un accès privé aux chutes. L'entrée de l'hôtel fait office de centre commercial doté d'un grand casino central autour duquel se trouvent une pharmacie, un coiffeur, plusieurs bars et restaurants : on se croirait à Las Vegas ! Les chambres luxueuses sont très agréables.

LOKUTHULA LODGES €€€

471 Squire Cummings Road

✆ +263 832 843 211

www.africaalbidatourism.com

Lodges entre 231 et 435 USD par personne, petit déjeuner compris.

Dans un style africain niché dans un cadre luxuriant, ce camp propose de véritables appartements de bois et de chaume pour 6 à 8 personnes, avec salle de bain, deux chambres, salon et cuisine équipée, barbecue à l'extérieur. Avec un cadre naturel et une piscine au coeur du jardin, ce lodge porte bien son nom, Lokuthula signifiant « lieu de paix ». Décoration soignée, constructions spacieuses et bien équipées. L'hôtel n'a pas de restaurant, mais celui du Victoria Falls Safari Lodge (qui appartient aux mêmes propriétaires) en fait office pour Lokuthula Lodges.

MASUWE LODGE €€€

À 7 km de Victoria Falls.

✆ +27 11 467 1886

www.seoloafrica.com

Comptez à partir de 380 US$ par personne en pension complète.

Situé dans une petite réserve privée, Masuwe est un ensemble de charme, doté de toutes les qualités d'un *lodge* de brousse. Ici, l'hébergement se fait dans de grandes tentes montées sous toit de chaume et sur des plates-formes en bois se prolongeant en terrasse. Chacune des onze unités possède sa propre salle de bains et tous les voyageurs bénéficient d'un très grand confort, tout en goûtant aux plaisirs d'un établissement typiquement africain. La salle commune (salon, bar, salle à manger) est ouverte sur le bush, de même que l'adorable piscine de pierre.

STANLEY AND LIVINGSTONE HOTEL €€€

Old Ursula Road

✆ +263 832 841 003

www.stanleyandlivingstone.co.zw

Chambre et petit déjeuner à partir de 405 USD par personne.

Cet hôtel, situé à 10 km du centre, cultive le charme de la période victorienne. C'est dans une réserve de plus de 2 400 ha que se trouve ce joyau. Les unités, construites en chaume et pierres apparentes, offrent le luxe de séjourner dans des chambres équipées d'un lit à baldaquin et d'une baignoire victorienne trônant au milieu de la salle de bains ! A la réception qui sert également de salon, une bibliothèque invite la clientèle à se détendre au coin d'une cheminée.

THE PALM RIVER HOTEL €€€

Stand 1403 Parkway Drive

✆ +263 832 842 650

https://www.palmriverhotel.com/

Chambre simple à partir de 415 USD, chambre double à partir de 582 USD, petit déjeuner compris.

Au bord du Zambèze, le Palm River Hotel, a ouvert ses portes en 2021. Avec son architecture qui fait penser au Queensland ou à la Louisiane, il a fière allure. Il dispose de 69 chambres, qui disposent de tout le confort souhaité. L'hôtel propose également quelques somptueuses suites, ainsi qu'une villa qui dispose de son propre espace. Un ensemble de trois piscines, un bar, un beau restaurant, un espace spa, un service de navette et une salle de conférence sont à la disposition des clients.

THE VICTORIA FALLS HOTEL €€€

1 Mallet Drive © +263 832 844 751
www.victoriafallshotel.com
Chambre simple à 588 USD, chambre double à 626 USD, petit déjeuner compris.

C'est le plus vieil établissement de la ville, une institution mondialement célèbre. Il a été construit en 1904 et n'a cessé d'être agrandi et amélioré au cours des décennies suivantes. Il a accueilli nombre d'hôtes de prestige, dont la reine d'Angleterre. Aujourd'hui, l'établissement constitue un véritable musée vivant, avec sa cour intérieure, ses terrasses, ses élégants salons, ses somptueux jardins, ses 161 chambres sophistiquées, son extraordinaire restaurant, ou sa piscine très stylée. Un must pour les amateurs de luxe et de raffinement victorien.

SHONGWE OASIS €€

552 Mopane Road
© +263 832 844 209
www.shongwe-oasis.com
Chambres simples à 220 USD, doubles à 260 USD et triples à 330 USD.

Shongwe Oasis est le *lodge* jumeau de Shongwe Lookout, situé à côté. Réservé aux adultes, c'est avant tout un lieu de relaxation, doté d'un spa, d'un bain bouillonnant, d'une piscine à débordement, d'un restaurant et d'un bar. Les chambres sont luxueusement meublées, très confortables et situées au milieu d'un jardin luxuriant. Le spa, ouvert toute la journée, propose des soins haut de gamme, ainsi que des massages en couple. Le menu du restaurant est varié. Il met l'accent sur les ingrédients locaux en les incorporant à la cuisine européenne.

VICTORIA FALLS SAFARI LODGE €€€

471 Squire Cummings Road © +263 832 843 211
www.victoria-falls-safari-lodge.com
Entre 231 USD et 348 USD la chambre selon la saison et le standing, par personne et par nuit, petit déjeuner inclus.

Situé en hauteur, sur un plateau, à 5 minutes en voiture du centre-ville, cet hôtel est sans aucun doute le plus « luxueusement nature et rustique » des environs de Victoria Falls. Conçu dans le plus pur style africain à l'aide de matériaux naturels comme le bois et le chaume. Il dégage une atmosphère très chaleureuse, avec ses enchevêtrements de mezzanines et ses poutres apparentes. On ne se lassera pas du grand confort des chambres et de leur décoration soignée.

MAMA AFRICA EATING HOUSE €€

Metcalfe Road © +263 772 323 025
https://mamaafricaeatinghouse.com/
Ouvert tous les jours, service en continu de 10h à 23h. Petit déjeuner à partir de 10 USD. Déjeuner autour de 10 USD.

Une adresse haute en couleurs pour un dîner typique dans une cour extérieure, sous un toit de chaume. Le Mama Africa fait fusionner les cuisines africaines et occidentales. Spécialiste des grillades, il propose aussi de nombreux plats locaux, comme la *sadza*, à déguster avec les doigts, ou un plat ndebele à la sauce arachide. Les amateurs pourront essayer des curiosités comme le crocodile. Saveurs variées et ambiance chaleureuse. En fin de semaine, des groupes viennent jouer sur la petite scène du restaurant (principalement du reggae).

DUSTY ROAD €€

Stand 1195
© +263 787 248 820
www.dustyroad.africa
Ouvert tous les jours, midi et soir. Déjeuner à 25 USD, dîner à 35 USD.

Situé au cœur de Chinotimba, le plus grand et le plus ancien *township* de Victoria Falls, Dusty Road est un restaurant qui célèbre la cuisine traditionnelle. Les plats sont cuisinés à l'ancienne, offrant aux invités une expérience culinaire authentique et savoureuse. Le bien-être et l'autonomisation des femmes et la sensibilisation à la culture zimbabwéenne sont d'une importance capitale pour Sarah, la gérante, et son équipe. La déco est faite de récupération, donnant au lieu un caractère festif. Dusty Road a été élu en février 2023 meilleure restaurant du pays.

THE LOOKOUT CAFE €€

Batoka Gorge
© +263 782 745 112
www.thelookoutcafe.com
Ouvert tous les jours de semaine de 10h à 21h, le samedi et le dimanche de 8h à 21h. Plat autour de 17 US$.

Ce café restaurant sur pilotis détient sans doute le plus beau point de vue de Vic's Falls, très prisé pour observer le coucher de soleil sur le Zambèze. Il est perché à 120 m d'altitude et plonge directement sur les cataractes et la nature verdoyante qui l'entoure, un beau spectacle quelle que soit la saison. Le bar à cocktails est évidemment de mise pour ce lieu d'exception, la carte en propose une dizaine. Le service commence dès le petit déjeuner. Carte simple mais variée et efficace (planche de fromage, tapas, burger, viandes et poisson).

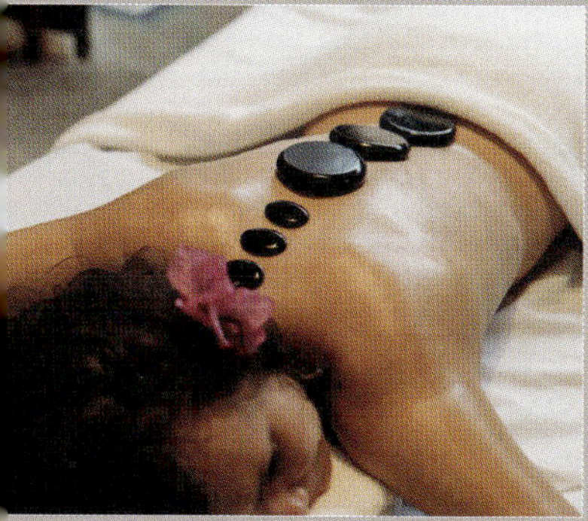

THE RIVER BREWING COMPANY €€

Adam Stander Drive ✆ +263 773 799 896
www.riverbrewco.com

Ouvert tous les jours de 11h à 23h. Fermeture des cuisines à 21h. Plat entre 8 USD et 22 USD. Pinte de bière à 5 USD.

Ouvert en 2018, à la fois brasserie artisanale et bar-restaurant, ce lieu est devenu rapidement très populaire. Il est possible d'y déguster 6 bières artisanales. Le menu est régulièrement repensé. A l'image du reste de la carte, les gnocchis faits maison et les côtes de bœuf cuisinées à la bière et au miel sont délicieux. Une ambiance décontractée, des soirées festives et un accueil chaleureux complètent l'expérience. Pour le prix, c'est une adresse unique à Victoria Falls.

AFRICA ALBIDA TOURISM €€€

✆ +263 83 284 3211
www.africaalbidatourism.com

Africa Albida est un groupe qui possède quatre lodges situés dans la zone de Victoria Falls (Victoria Falls Safari Club, Victoria Falls Safari Lodge, Victoria Falls Safari Suites et Lokuthula Lodges). Le groupe possède également des restaurants et bars à Victoria Falls (The Boma, Makuwa-Kuwa, Buffalo Bar, The Boma Café). Il possède également un spa et peut organiser toutes sortes d'activités à Victoria Falls ainsi que des circuits au Zimbabwe et au Botswana. Africa Albida jouit d'une très bonne réputation grâce à la qualité de ses prestations.

THREE MONKEYS €€

Adam Stander Drive
✆ +263 774 341 911
www.3monkeys.co.zw

Ouvert tous les jours de 12h à 23h. Compter autour de 15 US$ pour un plat.

Cette adresse est une institution à Victoria Falls. Adjacente au chemin de fer, elle est située en plein centre et offre une vue sur les anciennes locomotives. Le menu n'a rien de révolutionnaire avec ses pizzas, burgers, paninis et grillades, mais les plats sont bons et l'accueil y est sympathique. Le bar, un ancien wagon de train, est bien achalandé en spiritueux et propose également des cocktails. Des grandes télévisions affichent les événements sportifs et certains vendredis, des concerts se produisent sur la scène du bar. Un lieu animé et populaire.

THE LIVINGSTONE ROOM €€€

Mallet Drive
✆ +263 832 844 751
www.victoriafallshotel.com

Du lundi au samedi, service de 19h à 21h30. Repas à 45 US$. Dress code élégant. Réservation conseillée.

The Livingstone Room, le restaurant du Victoria Falls Hotel, est certainement le plus élégant de la ville. Les amateurs de grandes salles edwardiennes et de splendeur du siècle dernier seront conquis. L'établissement a été élu en 2013 par le *The Daily Meal* 7e meilleur restaurant au monde ! Les sept plats se dégustent dans une salle majestueuse, avec une belle hauteur sous plafond et des fenêtres colossales donnant sur la terrasse et les jardins. La carte propose de très bons vins pour accompagner ce festin. Le service est impeccablement *British, of course* !

BOMA RESTAURANT €€€

Squire Cummings Road
✆ +263 832 843 211
https://theboma.co.zw/

Ouvert tous les jours. Dîner buffet à 50 US$, à partir de 19h, suivi de trois heures de spectacle live.

Le Boma est une véritable institution à Victoria Falls. Ici, on ne fait que dans le local : à peine êtes-vous arrivé qu'un serveur vous apporte de la bière traditionnelle, puis une entrée bien exotique. Après cette première approche de la cuisine locale, un serveur vous guidera jusqu'à un immense buffet. Devant tous ces plats, le show peut commencer… Un groupe de danseurs enflammera les lieux au rythme des djembés et des chants du folklore zimbabwéen. La soirée se terminera souvent en piste de danse géante à laquelle tous les clients prennent part.

MAKUWA-KUWA RESTAURANT €€€

471 Squire Cummings Road ✆ +263 832 843 211
www.africaalbidatourism.com

Ouvert tous les jours aux trois services : de 6h30 à 10h, de 12h30 à 14h et de 19h à 22h. Déjeuner à partir de 16 USD.

Comme le Victoria Falls Safari Lodge qui l'abrite, ce restaurant se distingue par son architecture exceptionnelle. L'atmosphère y est à la fois chaleureuse et feutrée, le panorama en contre-plongée sur la brousse est absolument superbe. Entrées (choix de salades, soupes, préparations à base de gibier, de poissons, de fruits exotiques…), plats (choix de viandes, poulet, bœuf ou poisson…), desserts. Un beau buffet pour le petit déjeuner est dressé chaque matin, avec plusieurs sortes de pain maison et un service minute de crêpes et pancakes.

BATONKA GUEST LODGE €€€

Reynard Road
✆ +263 832 847 189
www.batonkaguestlodge.com
Chambre simple à 227 USD, chambre double à 348 USD, petit déjeuner inclus.

Dans un petit écrin de verdure, non loin du centre-ville et des chutes Victoria, avec ses deux piscines, ses deux restaurants et ses 27 chambres aux douches à l'italienne gigantesques, Batonka jouit d'une très bonne réputation. En entrant dans les lieux, on comprend très vite pourquoi : deux ans après son ouverture, en 2018, une extension a été inaugurée. Ici, chaque détail a été réfléchi avec soin, la décoration est particulièrement raffinée et le client est dorloté. Une belle adresse.

ELEPHANT'S WALK SHOPPING & ARTIST VILLAGE

273 Adam Stander Road
www.elephantswalk.com
Ouvert tous les jours de 8h à 18h.

Un centre d'artistes à ciel ouvert avec des petites boutiques, un café et des galeries d'art africain. Idéal pour trouver des cadeaux et souvenirs dans les boutiques, et découvrir les artistes locaux qui réalisent des objets d'art, exposés dehors à même le sol. Ceux-ci sont d'une tout autre qualité que sur le marché voisin : sculptures d'art contemporain shona, bijouterie fine, meubles de teck, vêtements de safari... Sur place, un salon de thé, un voyagiste et quelques restaurants.

THE CASSIA RESTAURANT €€€

441 Livingstone Way ✆ +263 832 844 737
www.ilalalodge.com
Ouvert de 7h à 9h30, de 12h à 14h et de 19h à 21h30. Plat entre 14 USD et 27 USD.

Le restaurant de l'Ilala Lodge a tout pour plaire : un cadre victorien, raffiné et agréable (salle spacieuse, toit de chaume aux structures apparentes, jolis meubles en rotin et bois exotiques, grande terrasse extérieure...), une atmosphère feutrée et chaleureuse (musique d'ambiance, éclairage à la chandelle...), un service impeccable, un choix de plats originaux. Quelques plats végétariens sont aussi à la carte. Parmi les vins, des productions régionales valent le détour. A l'extérieur, vous trouverez un bar à cocktails en bord de piscine.

ADVENTURE ZONE

Parkway Drive
✆ +263 712 205 306
www.adventurezonevicfalls.com

Adventure Zone propose une variété d'activités : *rafting*, canoë, VTT, croisières, safaris classiques, ou des safaris équestres. Tout cela se passe dans une ambiance hollywoodienne de caméras et de films, qui seront immédiatement visualisés à la fin de l'activité, et des CD en sortiront comme par magie, prêts à être achetés par les stars que vous êtes. Adventure Zone peut aussi aider, comme toutes les agences à Victoria Falls, avec les réservations pour le survol des chutes en hélicoptère, le saut à l'élastique, la tyrolienne...

CURIO MARKET

Adam Stander Drive
Ouvert tous les jours jusqu'à 18h.

Le Curio Market, situé derrière le centre commercial Elephants Walk, présente des petites boutiques d'artisanat zimbabwéen ; batik, masques, bracelets et pendentifs locaux en grande majorité. C'est aussi et surtout l'endroit où les tailleurs de pierre viennent exposer leurs sculptures à même le sol. Les achats y reviennent peut-être un peu plus chers qu'au marché car ils louent leurs espaces, mais la négociation reste possible. Les prix restent quand même beaucoup plus élevés qu'à Harare mais si vous ne vous y rendez pas, l'occasion est bonne d'en acheter ici.

BAMBA BIKES

Corner Livingston Way and Adam Stander Drive
✆ +263 787 988 479
www.bambabikes.org
Location de vélo : 10 USD de l'heure et 40 USD à la journée.

Bamba Bikes est une jeune compagnie qui loue des vélos électriques jaunes à l'allure très *fun*. Les vélos ont de gros pneus qui leur permettent de passer en brousse. Leur autonomie est d'une cinquantaine de kilomètres. Ils peuvent être loués à l'heure, à la demi-journée ou à la journée, ce qui peut représenter un chouette moyen de partir à la découverte de Vic Falls et de ses environs. Bamba Bikes propose également des tours guidés. Dans le cas de location à la journée, les vélos peuvent être apportés et récupérés à votre hôtel.

CHIKOPOKOPO HELICOPTERS

✆ +263 771 142 411
www.chikopokopo.com

Compagnie d'hélicoptères proposant des vols au-dessus des merveilleuses chutes Victoria à bord de petits hélicoptères. L'agence se trouve en plein centre-ville de Victoria Falls et l'helipad est juste à l'extérieur de la ville, on vous y accompagne en minibus en quelques minutes. Les vols courts durent entre 12 et 15 minutes, tandis que les vols longs durent entre 25 et 30 minutes et permettent un survol, outre des chutes, des gorges Batoka, en aval. Depuis les airs, vous pourrez surprendre éléphants, hippopotames et autres buffles. Le spectacle est grandiose !

SHOCKWAVE ADVENTURES

Parkway Drive
✆ +263 715 803 313
www.shockwavevictoriafalls.com

Porté à la base sur le marché du rafting de luxe, Shockwave organise maintenant toutes les activités imaginables à Victoria Falls : rafting, croisière, tour de la ville, survol des chutes, excursion à Chobe ou à Hwange, Bungee, Devil's Pool… Les activités peuvent durer une demi-journée, une journée ou plusieurs. Des packages d'activités sont disponibles. Shockwave peut également s'occuper de réserver vos hébergements à Victoria Falls ou d'organiser vos transferts vers l'aéroport à Hwange et Kasane. Il est possible de réserver en ligne.

SHEARWATER VICTORIA FALLS

Parkway Drive
✆ + 263 832 844 471
www.shearwatervictoriafalls.com

L'un des plus gros opérateurs de Victoria Falls qui se spécialise dans les activités d'adrénaline et propose des *packs* attractifs de plusieurs activités. Rafting, safari canoë ou croisière sur le Zambèze, survol des chutes en hélicoptère, promenades à cheval, sans oublier le fameux saut à l'élastique de 110 m ou la tyrolienne au-dessus de la gorge de Batoka. Shearwater y a également ouvert sa chaîne de cafés-restaurants en 2015, située dans le centre-ville et aux chutes Victoria.

ILALA LODGE €€€

411 Livingstone Way
✆ +263 832 844 737 - www.ilalalodge.com
mbres

Idéalement situé à Victoria Falls, l'hôtel est à quelques minutes des chutes. D'ici, on peut entendre leur grondement. L'hôtel est aussi connu pour son cadre : belle architecture coloniale, magnifique jardin, décoration soignée et luxueuse… Les chambres spacieuses offrent un confort haut de gamme. L'hôtel propose pour le petit déjeuner, le déjeuner et le coucher du soleil des croisières de deux heures sur le Zambèze à bord du *Ra-Ikane*. Enfin, le Cassia Restaurant est reconnu pour son excellente cuisine gastronomique, le ravissement des papilles est assuré !

WILDLIFE ENCOUNTER

Shop 8 Bata Building Livingstone Way
✆ +263 773 706 210
www.wildlifeencounter.org

Créée en 2005, Wildlife Encounter est une agence qui fait participer ses clients à la préservation de l'environnement ou à des échanges interculturels, de sorte qu'ils ne soient pas que de simples touristes. Basée en plein centre de Victoria Falls, l'agence propose notamment de marcher avec des lions, mais aussi de faire des safaris dans la région. Séjour en groupe ou solo, cette agence ne manque pas d'ingéniosité pour réaliser le voyage adapté au goût de chacun. L'hébergement proposé se situe dans la fourchette moyenne gamme à luxe.

ZAMBEZI HORSE SAFARIS

✆ +263 775 729 146
www.zambezihorsesafaris.com

Alison Baker a créé ce centre équestre en 1988 puis elle décida d'organiser des randonnées à cheval dans les environs des chutes Victoria et sur les bords du fleuve Zambèze. Alison possède des chevaux de qualité et elle utilise toute son expérience pour les entraîner afin que les cavaliers débutants comme les cavaliers confirmés puissent galoper en toute sécurité. Faire un safari à cheval à la rencontre des animaux sauvages (éléphants, girafes…) est vraiment une expérience à vivre. Des safaris équestres d'une demi-journée tout comme d'une semaine sont possibles.

OUEST

VICTORIA FALLS NATIONAL PARK ★★★★

Pour un voyageur en quête de sites grandioses et exceptionnels, les chutes Victoria sont incontournables. Fleuron du Zimbabwe, deux fois plus hautes que leurs comparses américaines (les célèbres chutes du Niagara), les cataractes zimbabwéennes sont en outre beaucoup plus larges et étendent leur rideau de cascades sur 1,7 km. Leur débit extrêmement puissant peut atteindre, à la fin de la saison des pluies, 545 millions de litres à la minute ! Le fracas qu'elles génèrent en s'engouffrant de façon brutale dans la gorge s'entend à plusieurs kilomètres à la ronde. On comprend dès lors quels durent être l'étonnement et la fascination de Livingstone lorsqu'en 1855, au cours d'une de ses nombreuses expéditions en Afrique australe et centrale, il découvrit ce miracle de la nature. Surpris et attiré par un curieux nuage blanchâtre s'élevant en permanence au-dessus d'une infime partie de la forêt, il demanda sans doute aux autochtones de le conduire au pied de cette Mosi-Oa-Tunya, « la fumée qui gronde », dont le chef lui avait parlé. Là, trempé par l'écume projetée au-dessus de la faille et étourdi par l'incroyable vacarme résonnant dans la gorge, Livingstone eut la révélation d'un des sites naturels les plus extraordinaires de tous les temps et, subjugué par tant de majesté et de splendeur, il donna aux chutes le nom de sa reine, Victoria. Cette dénomination subsiste encore de nos jours, même si après l'indépendance, lors de la chasse aux noms coloniaux, un groupe d'opposants à l'ancien régime blanc manifesta le désir de redonner aux chutes leur appellation première de Mosi-Oa-Tunya. Une certaine sagesse (à teneur hautement lucrative !) l'emporta, et l'on décida de laisser aux cataractes leur nom populaire, afin de ne pas influer sur les flots de touristes (et de devises) de plus en plus croissant. Livingstone restera en terre africaine jusqu'à sa mort. Son bras amputé par l'attaque de lions ne l'aura pas dissuadé d'avoir une vie plus sage ! Lorsqu'on foule ce sol-là, il est en effet difficile de le quitter. Les chutes sont l'attraction touristique du pays, et les idées ne manquent pas pour alimenter ce terrain de jeu ; selfies en bord du ravin dans le « Devil's Pool », survol en hélicoptère, rafting, saut à l'élastique dans le canyon… C'est une source inépuisable également en terme d'économie touristique.

Géologie

▶ **La formation des chutes Victoria.** Il y a des centaines de milliers d'années, le Upper et le Lower Zambezi (aujourd'hui deux zones du même fleuve Zambèze) étaient deux rivières séparées. Il y a 125 000 ans, le Upper Zambezi, ainsi que les rivières Kwando et Okavango, alimentaient un lac immense appelé Makgdadikgadi (au Botswana). Pour des raisons qui ne sont toujours pas découvertes (plusieurs théories existent), les rivières du Upper et Lower Zabezi se sont rejointes, créant un immense courant d'eau, qui constitua les premières chutes et vida une grande partie du lac Makgdadikgadi (qui finit de s'assécher au cours des changements climatiques successifs, devenant le grand désert de sel de l'Okavango que l'on connaît aujourd'hui). Le Zambèze est devenu de plus en plus vaste, regroupant de nombreux cours d'eau. C'est la force de cette eau qui a, au cours du temps, creusé différentes gorges. Ainsi, la gorge où se situent actuellement les chutes est la 8ᵉ crevasse sur laquelle les chutes se sont trouvées. La zone des chutes Victoria est recouverte d'une couche de basalte d'environ 300 m de profondeur, qui s'est formée sur la base d'éruptions de lave il y a environ 150 millions d'années. Au cours de ces millions d'années, avec le mouvement de la couche terrestre et l'érosion, les couches de basalte ont craqué et se sont écartées. La force de l'eau, combinée à ces phénomènes d'érosion a « avancé », à sept reprises, la localisation des chutes. La vue aérienne des chutes, en U.L.M. ou en hélicoptère, montre très clairement les différentes gorges où les chutes ont pris place au cours du temps. Pour plus d'informations, il existe des panneaux explicatifs intéressants sur l'histoire des chutes et de leur formation à l'entrée du parc national.

ZAMBEZI HELICOPTER COMPANY ☛

Livingstone Way ✆ +263 832 843 569

www.zambezihelicopters.com

12 minutes de vol pour 150 USD, 22 minutes de vol pour 240 USD, 25 minutes de vol pour 284 USD.

La compagnie offre trois programmes de survol en hélicoptère. En 13 minutes, le « Flight of Angels » survole les chutes Victoria dans les deux sens avant de retourner au point de départ. Le « Scenic Gorge Flight » qui dure 22 minutes combine le survol des chutes avec celui des gorges Batoka. Enfin, le « Zambezi Spectacular » qui dure 25 minutes emmène les clients le long des chutes puis de la gorge de Batoka, et survole le Parc national Zambezi pour faire un petit safari aérien.

Eastern Cataract.

VISITE DES CHUTES VICTORIA

www.zimparks.org.zw

Ouvert tous les jours de 6h à 18h. Entrée : 50 USD par adulte, 25 USD par enfant.

Le parc est facile d'accès. Depuis le centre-ville, prenez la direction de la Zambie. L'entrée se trouve sur la gauche à quelques centaines de mètres du poste frontalier. Le parc reste ouvert du lever au coucher du soleil et exceptionnellement les nuits de pleine lune, pour permettre aux visiteurs de venir contempler l'arc-en-ciel lunaire : comme un fantôme étrange et fascinant. Nous insistons : il est vivement recommandé de protéger les appareils et tout ce qui peut craindre l'eau (passeports, argent, permis de conduire...) à l'aide de sacs étanches car la pluie est permanente le long des chutes. Il est possible de contempler les chutes côté zambien : il vous faudra traverser le pont de fer reliant les deux pays. Seules les Eastern Cataracts sont visibles (ce qui est très limité par rapport à ce qu'on peut contempler du côté du Zimbabwe). Plusieurs points de vue offrent d'admirables panoramas des chutes d'eau et de la forêt tropicale en contrebas.

Comptez environ deux heures pour vous balader le long de la faille géante, dans une jungle luxuriante, et prendre le temps d'admirer la beauté des lieux. En longeant les chutes, on s'amuse à venir sur les promontoires pour contempler les différentes cataractes de la faille. Entre les embruns, de grands arcs-en-ciel s'animent et vu du ciel, le spectacle est complet. Lorsqu'on regarde les chutes depuis le parc, que ce soit en période de crue ou à la saison sèche, on voit qu'elles dégagent un débit impressionnant qui vous arrose en permanence. Cela n'est pas tous les jours que vous sentirez la pluie sous un ciel bleu azur ! Le rideau d'embruns est plus impressionnant vu de face, côté Zimbabwe. On visite généralement les chutes en suivant ce circuit établi (d'ouest en est). Après l'entrée, tournez à gauche pour rejoindre la statue de Livingstone ; le chemin longe les chutes à partir d'ici.

On découvre ainsi différentes parties des chutes : Devil's Cataract, Main Falls, Horse Shoe Falls, Rainbaw Falls, Danger Point et Eastern Cataract :

- **Devil's Cataract :** ces chutes ne sont pas très grandes ni très hautes (30 m de large et 70 m de haut), mais leur débit est très puissant. Le nom provient de l'île voisine du Zambèze où les autochtones effectuaient toutes sortes de rites et sacrifices, considérés par les missionnaires comme « diaboliques » ;
- **Main Falls :** ce sont les chutes principales (1 km de large et 93 m de haut). Certainement le panorama le plus impressionnant. Un rideau immense avec un débit de près d'un million de mètres cubes par minute. Le volume d'eau est si colossal que l'eau se transforme immédiatement en brouillard fumant sur toute la cascade ;
- **Horse Shoe Falls** (95 m de haut) : ces chutes ont la forme d'un fer à cheval, d'où leur nom. Elles ont un volume d'eau moins important que les autres, ce sont d'ailleurs les premières à s'assécher, en octobre-novembre ;
- **Rainbow Falls :** le point le plus haut de toutes les chutes (108 m). On peut y voir fréquemment des arcs-en-ciel. Spectaculaire.
- **Danger Point :** depuis cette extrémité, face à Rainbow Falls, il est possible d'observer les eaux sur tout le long de la gorge. Attention, comme son nom l'indique, il faut être prudent car aucune barrière ni végétation ne bordent la falaise, on est littéralement au-dessus du vide. Le point est dangereux, vertigineux, mais sensationnel.
- **Eastern Cataract :** ce sont les deuxièmes plus hautes chutes (101 m), bien visibles depuis la rive zambienne. Côté Zimbabwe, vous aurez une vue imprenable sur elles depuis Danger Point.

Avant de revenir à la sortie, on peut faire un détour pour admirer le Victoria Falls Bridge, qui enjambe le Zambèze.

Avant de revenir à l'entrée, vous pouvez faire un petit détour pour rejoindre le point de vue sur le Victoria Falls Bridge.

Quelle que soit la saison, les chutes sont superbes, mais leur débit varie d'une saison à l'autre, offrant des sensations et des panoramas différents : – de février à juillet (avec un pic en mars et avril). Cette période des hautes eaux correspond à la fin de la saison des pluies ; les chutes atteignent leur plus fort débit et offrent un spectacle impressionnant : un rideau d'écume blanche bouillonne sans interruption sur 1 700 m et l'écume est telle que la vue en est brouillée. En quelques minutes, on se retrouve trempé, rafraîchi par des millions de gouttelettes chaudes et comme happé par un vacarme assourdissant ; – de juillet à août. Le débit des chutes demeure impressionnant mais tend à diminuer progressivement avec le temps sec. La gorge se distingue plus nettement et il est beaucoup plus facile de faire de jolies photographies ; – d'août à janvier. Période des basses eaux, où l'eau tend de plus en plus à se raréfier ; le rideau se sépare en quelques cascades non moins impressionnantes. Devil's Cataract et Main Falls continuent de s'écouler, mais le pan oriental de la faille n'est plus arrosé que par quelques minces filets d'eau (quand il n'est pas complètement à sec !). La faille se dessine très nettement et plus aucune gouttelette ne vient rafraîchir les promeneurs. Le niveau le plus bas est entre novembre et décembre ; – de janvier à février. Les chutes se remplissent progressivement avec les orages de fin de journée. Le débit redevient plus impressionnant, mais la gorge demeure visible. L'atmosphère ambiante est chaude et étouffante, et les projections d'eau sont un véritable délice !

ZAMBEZI NATIONAL PARK ★★★

A 6 km en amont des chutes commence le parc national du Zambèze, partagé entre forêt et savane arborée. Bordant le fleuve sur 40 km, cette aire protégée de 56 000 ha attire une multitude d'animaux sauvages et constitue un lieu agréable de safari. Le parc est bien aménagé et dispose de pistes facilement accessibles au bord du fleuve, ainsi que de nombreux sites de pique-nique offrant de jolies vues sur les îles zambéziennes. Surtout célèbre pour ses troupeaux d'hippotragues noirs, le parc abrite également des éléphants, des buffles, des zèbres, des girafes, des babouins, des grivets, des koudous, des impalas, des cobes à croissant et quelques félins.

CHUNDU ISLAND €€€

✆ +27 11 467 1886
www.seoloafrica.com
Compter 420 US$ la nuitée par personne sur la base d'une chambre double.

Chundu Island est un lodge récent situé sur l'île du même nom, en plein milieu du fleuve Zambèze (la Zambie est sur l'autre rive), entre Victoria Falls et la frontière avec le Botswana. Compter environ une heure en voiture depuis Victoria Falls. Cette île est considérée comme une des plus belles au monde. Ce merveilleux hôtel, totalement isolé, se compose de suites luxueuses. Des activités sont proposées sur l'île et dans les environs : balades, safaris, croisières pour apprécier le coucher du soleil sur le fleuve en dégustant un savoureux cocktail à bord.

ZAMBEZI SANDS €€€

Dans le Zambezi National Park, au bord du Zambèze.
✆ +263 832 843 368
www.batokalodges.com
À partir de 650 USD par personne, tout compris.

Situé au bord du Zambèze à environ une heure des chutes Victoria, cet établissement vous propose de loger dans de luxueuses tentes très confortables en bordure du fleuve et au cœur du parc national Zambezi. Amoureux de la nature, ce lieu est certainement fait pour vous. Zambezi Sands propose différentes activités comme des *game drives*, des *game walks*, des sorties ornithologiques, des sorties de pêche, des croisières, des séances de peinture, ou encore toutes sortes d'activités proposées aux chutes Victoria. Cet établissement appartient à la compagnie Batoka.

VICTORIA FALLS RIVER LODGE €€€

✆ +27 87 0210 737
https://victoriafallsriverlodge.com/
Tentes de luxe : 678 à 833 USD par pers. et treehouse : 1 118 à 1 230 USD par pers., pension, transferts et activités.

Un lodge récent et des plus luxueux dans le Parc National Zambezi. Le Victoria Falls River Lodge propose différents hébergements qui rivalisent de beauté et de confort : Island treehouses, Starbed treehouses, tentes de luxe, tentes de luxes familiales et villa. Tous sont très bien équipés, offrent une vue sur le fleuve et s'intègrent parfaitement à l'environnement. Différentes activités sont proposées : croisières sur le fleuve, *game drives* et *game walks* dans le parc...

© DR

© DR

KAZUMA PAN NATIONAL PARK ★★

Situé à la frontière du Botswana, à environ 50 km de Victoria Falls, le Kazuma Pan National Park est beaucoup moins fréquenté et nettement moins développé que le Zambezi National Park. Inaccessible sans 4 x 4, il est fermé en janvier et février et ne peut accueillir que peu de visiteurs. Bien qu'ouvert au public depuis 1987, il refuse les visiteurs à la journée et n'est pas d'un accès particulièrement facile. En somme, le parc de Kazuma Pan n'est pas un lieu que l'on fréquente sans s'être préalablement préparé. Boudé des touristes et des agences de voyages, c'est pourtant un endroit terriblement sauvage, presque unique au Zimbabwe. L'intérêt du parc repose sur une vaste cuvette argileuse s'étendant dans le quart sud-ouest de la zone protégée. Caractéristique des paysages du Kalahari tout proche, cette immense étendue alcaline, en partie recouverte par les herbes, forme une plaine infinie qui retient l'eau de pluie en été et attire troupeaux et oiseaux migrateurs. Le parc de Kazuma Pan n'a beau s'étendre que sur 31 300 ha, il rassemble de fait une faune intéressante composée d'éléphants, de buffles, de zèbres, de phacochères, de lions, etc., mais aussi d'espèces beaucoup plus rares telles que le lycaon, l'éland, l'antilope rouanne, l'ourébi ou l'oryx. Pour accéder au parc depuis Victoria Falls, prenez la direction de Hwange et tournez sur la gauche, en direction de Matetsi. Roulez 25 km, pour atteindre une barrière, où vous payerez les droits d'entrée au parc. De là, les rangers vous indiqueront la route à suivre.

CAMPINGS ZIMPARKS €

www.zimparks.org
Emplacement (maximum 3 personnes) à 100 USD, 30 USD par personne supplémentaire.

Les campings de Insiza et Kasetsheti sont les seuls hébergements à Kazuma Pan et ils peuvent accueillir une dizaine de personnes. Les deux sont équipés de sanitaires et de barbecues. Kasetsheti se situe près de sources naturelles, tandis qu'Insiza fait face à un pan. L'expérience en ces lieux peu fréquentés peut être magique, non seulement du fait que les bipèdes y sont rares, mais que les quadrupèdes peuvent y être légion, ceux à trompe en particulier. C'est également un bon site pour voir les élands du Cap, plus grandes antilopes africaines.

NORD

Le nord du Zimbabwe est marqué par la présence du fleuve Zambèze, qui le sépare de la Zambie, avant de gagner l'océan Indien, à travers le Mozambique. Le Zambèze, quatrième plus grand fleuve d'Afrique, et ses rives offrent des paysages sauvages et majestueux. Véritable mer intérieure, le lac Kariba constitue une destination touristique prisée : croisière, pêche, séjours en *house-boats*... Plus au sud, la vallée du Zambèze est bordée par un impressionnant escarpement. La région du fleuve recèle de très belles aires protégées, dont chacune a sa propre personnalité : Matusadona, sur les rives du lac, Mana Pools, plus en aval, au bord du fleuve, l'un des plus beaux parcs africains, ou bien encore Chizarira, plus reculé et accidenté. Au nord d'Harare, les paysages sont moins impressionnants mais ne manquent pas de charme. S'y mêlent de grandes fermes, de petites villes, des collines et quelques belles réserves (Mavuradonha, Umfurudzi).

Nord
100 KM
MOZAMBIQUE
ZAMBIE
Kavalamanja
Luangwa
Chirundu
CHEWORE SAFARI AREA
MANA POOLS NATIONAL PARK
MAKUTI
KARIBA
Mashumbi Pools
Muzarabani Township
St Alberts
MAVURADONHA WILDERNESS
Angwa River
Manyame
Guruve
TENGENENGE
Mbabala
Choma
Chipepo
Magunje
Karoi
Mhangura
Zvipani Business Center
LAC KARIBA
MATUSADONA NATIONAL PARK
Mvurwi
UMFURUDZI SAFARI PARK
Sinazongwe
Maamba
Tchoda
Siabuwa
Chireya
Alaska
CHINHOYI
Bindura
Concession
Ndengeza
BINGA
Manjolo
CHIZARIRA NATIONAL PARK
Murombedzi
Nyabira
DOMBOSHAWA
Murewa
HARARE
Norton
Epworth
LAKE MANYAME
LAKE CHIVERO
Chitungwiza
MLIBIZI
Saba
Sanyati
DEKA DRUM
Pashu
Zikamanus
Gokwe
CHEGUTU
KADOMA
Beatrice
MARONDERA

PAGES

● ● LE NORD-OUEST

Le nord-ouest du Zimbabwe comprend le lac Kariba et les territoires sauvages qui l'entourent. Région de contrastes où la végétation oscille entre luxuriance et aridité, cette partie du pays se caractérise à la fois par l'extrême platitude de son ancienne vallée (désormais recouverte par les eaux du Zambèze) et par les rondeurs gracieuses de ses innombrables montagnes, telles celles de Matusadona ou de Zambezi. Ces escarpements rocheux, entrecoupés de rangées de collines, surgissent comme des remparts à la lisière australe du lac, comme pour ajouter un arrière-plan majestueux aux paysages aquatiques du lac Kariba. Entre ces barrières naturelles et les plaines inondées vit une faune abondante, se partageant entre petits, moyens et grands mammifères, reptiles de toutes sortes et oiseaux multicolores. Les eaux du lac sont extrêmement poissonneuses et attirent chaque année des milliers de touristes, amateurs de pêche ou simples amoureux de la tranquillité et du canotage. Kariba est en effet le secteur le plus fréquenté avec l'extrême Ouest, d'une part pour la multitude des activités qui y sont proposées (safari, pêche, croisières en voiliers, maisons flottantes, yachts luxueux, etc.), d'autre part pour l'originalité des paysages offerts aux voyageurs. De fait, les rives du lac Kariba regorgent d'arbres morts à moitié submergés, qui se dressent comme les dignes témoins ou les inquiétants fantômes des anciennes forêts de la vallée inondée. Ces curieux vestiges de la flore font la particularité de Kariba et dessinent d'étranges labyrinthes aquatiques au cœur desquels les petits bateaux des touristes tâchent de se frayer un chemin. Extrêmement photogéniques au coucher du soleil, ces forêts d'arbres morts valent véritablement le détour, tout comme les parcs nationaux de Matusadona et de Chizarira, qui s'étendent respectivement sur les rives sud-est et sud-ouest du lac.

NORD

© PAULA FRENCH - SHUTTERSTOCK.COM

Matusadona National Park.

PAGES

●● LES TERRES INTÉRIEURES

230

Trois routes bitumées partent de la capitale pour desservir le nord-est du pays. Elles mènent jusqu'à l'escarpement du Zambèze et traversent de très vastes plantations d'agrumes au niveau du Mazowe (à 40 km au nord de Harare), ainsi qu'une multitude de petites villes, qui ne présentent guère d'intérêt pour le touriste. Seuls les villages traditionnels, que l'on trouve encore dans les zones rurales, méritent une pause (à condition bien sûr de ne pas faire intrusion dans la vie privée des gens !). Ces hameaux se composent de plusieurs rondavels (constructions circulaires) aux murs de terre battue et séchée et aux toits coniques de chaume. Chaque hutte correspond à une pièce (cuisine, chambre des enfants, chambre des parents…), tandis que les constructions plus petites et surélevées sur de gros cailloux servent de greniers à grains. Les chèvres sont gardées dans de petits enclos de bois installés à l'extérieur ou parfois même à l'intérieur des huttes (uniquement la nuit), pour être protégées des prédateurs.

●● LA VALLÉE DU ZAMBÈZE MOYEN

232

Extension occidentale de la vallée du Grand Rift, la vallée du Zambèze moyen (Middle Zambezi) se déroule à l'extrême nord du Zimbabwe entre le lac Kariba et celui de Cahora Bassa (au Mozambique). Reconnue pour sa très grande beauté, cette partie de l'Afrique australe est aussi l'une des plus sauvages et des plus farouchement préservées. Elle se tient entre deux rangées de montagnes qui la protègent comme un écrin : l'escarpement de Zambie (sur la rive septentrionale du grand fleuve) et celui du Zambèze (à quelques kilomètres à l'intérieur des terres zimbabwéennes). Entre ces deux barrières rocheuses s'étendent de vastes territoires naturels réservés à la chasse, aux safaris ou aux activités de canoës. Relativement peu développée et peu fréquentée par les voyageurs, cette partie du Zimbabwe vaut vraiment le détour : pour le Parc national de Mana Pools et pour le Zambèze qui la sillonne.

© GODONGPHOTO - SHUTTERSTOCK.COM

Parc national de Mana Pool.

CHINHOYI

Centre administratif d'une région agricole et minière, la ville de Chinhoyi est connue de tous les Zimbabwéens pour la bataille qui s'y déroula le 28 avril 1966 et opposa des hommes de la Zimbabwe African National Liberation Army (ZANLA) aux forces rhodésiennes. Cette bataille fut à l'origine de la Seconde *Chimurenga*, qui conduisit le pays à l'indépendance. La ville de Chinhoyi (ou plutôt ses environs) mérite également le détour pour le petit parc national contenant un système de grottes. La gare routière de Chinhoyi se trouve à côté du stade municipal au sud du centre-ville. Les chicken bus en partent régulièrement pour Harare, Kariba et Chirundu.

CHINHOYI CAVES RECREATIONAL PARK ★★

À 8 km au nord de la ville.

www.zimparks.org

Ouvert de 8h à 17h tous les jours. Entrée à 10 USD par personne.

A 8 km de Chinhoyi, ce *recreational park* a été créé en 1975 afin de protéger d'intéressantes grottes. Celles-ci consistent en un système de tunnels et de cavernes qui malheureusement s'effondrent lentement. Ces effondrements peuvent être remarqués par des trous en forme de dolines, d'avens et de dépressions dans les environs. Les grottes sont composées principalement du *Wonder Hole*, de la *Sleeping Pool* et de la *Dark Cave*. Le *Wonder Hole*, immense caverne au toit effondré, possède des parois verticales de 45 mètres donnant sur la *Sleeping Pool*. Curiosité majeur du site, cette piscine naturelle à l'eau cristalline éclairée par le soleil, possède une surprenante couleur bleue reflétant une profondeur de 91 mètres. La *Sleeping Pool* est accessible de deux manières. La première est d'emprunter l'entrée principale et d'atterrir directement sur le point de vue, la deuxième plus sportive est de passer par le tunnel de *Dark Cave*, véritable labyrinthe, mais les marches sont raides et les passages étroits. Près de la fin de la *Dark Cave* se trouvent trois tunnels submergés. L'un d'eux mène à une petite caverne connue sous le nom de « cave aveugle ». Le deuxième rejoint la *Sleeping Pool* à 58 mètres sous la surface. Le troisième n'a pas encore été exploré. Il semble probable que d'autres grottes restent à découvrir. Etant donné que la température de la *Sleeping Pool* ne varie jamais et reste à 22 °C, les recherches suggèrent que l'eau de la grotte est reliée à un plan d'eau plus grand encore.

CHINHOYI CAVES CAMPSITE €

A l'entrée de Chinhoyi Caves National Park

Camping à 10 USD par personne, par jour.

Un petit camping pour tentes et caravanes a été aménagé par Zimparks à l'entrée du parc et propose des équipements pour le pique-nique et des sanitaires. Il s'agit d'une grande parcelle dégagée. Les lieux manquent de charme et sont basiques mais dépannent lorsqu'on fait escale ici, par exemple en allant ou en revenant de Mana Pools. De plus, on peut aller visiter les grottes ou manger au restaurant du Chinoyi Caves Motel à pied. Pour obtenir un emplacement, pas la peine de réserver à l'avance, on peut juste s'adresser au bureau Zimparks, à l'entrée des grottes.

ORANGE GROVE MOTEL €€

1 Orange Grove Drive

✆ +263 855 516 1090

Chambre double à partir de 106 USD, petit déjeuner compris. Camping à 10 USD par personne.

Cet hôtel récemment rénové est à deux pas du centre de Chinhoyi sur la route du nord. Toutes les chambres sont équipées d'une baignoire et d'un frigo et les chambres exécutives ont un salon. Orange Grove abrite aussi une salle de gym, un salon de beauté, une piscine, un grand jardin arboré et des places de parking sécurisées. Les campeurs disposent d'un grand terrain pour trouver un emplacement au calme. Pour les soirées, un restaurant et un bar se trouvent dans l'unité centrale de l'hôtel. L'équipe est très aimable et aidante.

SECRET GARDEN B&B €€

Crescent Road

✆ +263 774 739 954

Chambre simple à 40 USD, chambre double à 60 USD, petit déjeuner compris. Appartement à 100 USD. Plats à environ 10 USD.

Le charme de ce petit hôtel vient autant de son ambiance que de ses propriétaires. Le choix est varié : des chambres simples et doubles, une annexe à un étage avec son toit de chaume avec un double lit et deux simples, et un appartement pouvant accueillir huit personnes avec cuisine et salle de bains. L'accueil y est chaleureux et l'hôtel, à deux pas du centre-ville, est bien situé dans un quartier tranquille. Une petite piscine permet de se rafraîchir lors des fortes chaleurs. Le restaurant offre une sélection de plats d'Europe, d'Afrique et d'Amérique latine.

THE CHINHOYI CAVES MOTEL €€

A l'entrée de Chinhoyi Caves National Park
✆ +263 719 732 034
Chambre simple à partir de 60 USD, chambre double à partir de 70 USD. Petit déjeuner compris.
Cet hôtel récemment rénové fait partie du réseau des hébergements de Zimparks et se trouve juste à l'entrée du parc récréatif des Chinhoyi Caves. Les chambres au sol carrelé avec le nécessaire pour le thé et le café, la télévision et le wi-fi gratuit se trouvent dans le bâtiment annexe à l'unité centrale où se trouvent un bar, un restaurant, une terrasse et une piscine qui n'a pas subi la même rénovation que les chambres. Cet établissement se révèle d'un bon rapport qualité/prix et constitue une bonne étape sur la route de Mana Pools.

LIONS DEN BUTCHERY & SAUCEY SUE'S

Sur le route du nord, 25 km après Chinhoyi.
✆ +263 772 356 063
Ouvert tous les jours de 7h à 17h, sauf le samedi, fermeture à 13h.
Dans la bourgade de Lions Den après Chinhoyi, derrière la station service se trouve une épicerie-boucherie-restaurant qui propose des produits locaux. Spécialiste dans le biltong, il offre aussi la possibilité d'acheter de la viande pour emporter lors des séjours à Kariba, Mana Pools ou Matusadona. On y trouve aussi des rafraîchissements, des produits de toilette, etc. Également : un coin restaurant avec sandwiches et burgers à déguster sur place ou à emporter.

MAKUTI

La bourgade de Makuti se résume à une station-service et une petite épicerie. Elle est située en hauteur, à la limite du Zambezi Escarpment. C'est le dernier point où l'on peut se ravitailler en essence quand on se rend dans le parc national de Mana Pools, mais la station n'est pas toujours opérationnelle, il vaut mieux avoir fait le plein à Chinhoyi, Lions Den ou Karoi. À partir de ce hameau, les voyageurs ont le choix entre deux options. Soit ils poursuivent le long de la nationale 1 jusqu'à la ville de Chirundu (située à la frontière zambienne, 63 km plus loin) ; soit ils empruntent la route bitumée qui descend et serpente jusqu'au lac Kariba (65 km plus au sud-ouest).

MAKUTI TRAVEL LODGE €

✆ +263 612 141 531
Chambre simple à partir de 42 USD et double à partir 58 USD, petit déjeuner compris.
Cet hôtel est situé en haut de la colline dominant la route de Chirundu. Il se compose de quelques bungalows et de chambres modestes, offrant des vues panoramiques sur les reliefs du Zambezi Escarpment. L'établissement n'étant pas situé très loin de la zone protégée, il constitue une excellente étape pour prendre des boissons fraîches ou se restaurer, avant l'entrée au parc national de Mana Pools ou avant de partir vers Kariba Town. La station-service à côté étant fermée, il convient de se ravitailler à Chirundu, Karoi ou Kariba.

KARIBA TOWN ★

La ville homonyme du lac se trouve située à l'extrémité nord-est de celui-ci, à quelques kilomètres de la Zambie. Simple rassemblement de résidences provisoires à l'origine, quand la construction du barrage fut entreprise et qu'il fallut loger plus de 10 000 ouvriers, Kariba ne bénéficia du statut de « ville » que vingt et un ans plus tard, en 1977. Si depuis lors, elle rassemble un nombre d'infrastructures et d'administrations pour mériter ce statut, Kariba n'a pourtant rien de la station balnéaire telle qu'on l'imagine. Éclatée entre différents quartiers éparpillés le long d'un axe de 12 km, elle n'est dotée d'aucun centre piétonnier, d'aucune place publique de charme où venir siroter un verre. Les complexes hôteliers sont disséminés en bordure du lac, bien à l'écart les uns des autres, tandis que les trois quartiers principaux se trouvent dans des secteurs complètement opposés. Le premier, Kariba Heights, est situé, comme son nom l'indique, au sommet d'une colline offrant un joli panorama sur le barrage, la gorge de Kariba et le lac. Exclusivement peuplé de Blancs avant l'indépendance, ce quartier compte désormais les plus belles résidences du coin et s'enorgueillit d'un petit centre commercial (pourvu d'un supermarché, d'une agence de voyages, d'une boutique de souvenirs et d'une banque). Le deuxième, le *township* de Mahombekombe, est beaucoup plus animé et populaire et rassemble essentiellement les habitations (souvent pauvres) des pêcheurs et de la population vivant du tourisme. Magasins, poste et gare routière se trouvent à Nyamhunga, le quartier le plus à l'ouest.

BARRAGE DE KARIBA ★

Ce barrage est à l'origine du lac Kariba, aujourd'hui le plus gros lac du pays et même de la région qui permet, outre l'alimentation hydroélectrique du pays, la pratique d'activités nautiques récréatives et sportives. Il est possible de contempler le barrage à partir d'un point d'observation ; prenez la route qui monte derrière la station service ZUVA à 2 km de la frontière et prenez à droite en arrivant au poste de police. Pour ceux qui veulent marcher sur le barrage, il suffit d'arriver muni de son passeport à la frontière et de demander un *gate pass*.

AVOCA MARINE

Caribbea Bay Road
✆ +263 783 666 970

Basée à Kariba, Avoca Marine est une compagnie réputée. Elle assure des transferts en bateau pour de nombreuses destinations sur les rives du lac et sur les îles. Certains transferts sont réguliers (Spurwing Island, Changa Camp) et beaucoup d'autres peuvent être organisés par la compagnie. Il est ainsi possible de relier les différents campements et *lodges* situés sur les rives et îles du lac. La compagnie dispose de quatre bateaux et offre différents services liés à la navigation sur le lac (maintenance, approvisionnement, etc.).

ÉGLISE SANTA BARBARA

Ce curieux monument fut édifié en l'honneur des 86 travailleurs qui perdirent la vie pendant la construction du barrage. L'originalité de son architecture repose dans le symbolisme de ses détails : de forme circulaire, à l'image du coffrage, l'église se compose de sept arcs d'entrée évoquant les sept jours de la semaine et de six piliers de béton représentant les six vannes du barrage. Les couleurs des parois intérieures sont celles du drapeau italien, tandis que le petit mur incurvé derrière l'autel est une représentation symbolique du barrage lui-même.

KARIBA FERRIES

Andora Harbour
✆ +263 612 146 176
www.karibaferries.com

Passager : 145 USD par adulte, 75 USD par enfant. Véhicule : de 135 USD à 325 USD.

Kariba Ferries opère des traversées entre Kariba et Mlibizi. Comme les traversées ne sont pas tout à fait régulières et ne sont confirmées que lorsqu'il y a suffisamment de réservations, il est impératif de vous rapprocher de la compagnie. Le ferry est équipé de toilettes, de douches et d'un bar. Les buffets matin, midi et soir sont bons et copieux. Les nuits se passent sur les sièges qui se transforment en lit de camp. Les 22 heures de traversée sont une vraie belle expérience et l'équipage est aux petits soins avec les passagers.

NORD

Arbres fossilisés du Lac Kariba.

OPERATION NOAH MONUMENT

Heights Drive

L'opération Noé est la plus grande campagne de sauvetage d'animaux jamais entreprise en Afrique. Menée par le *game ranger* Robert Fothergill, elle se déroula de 1959 à 1963, pendant la formation du lac Kariba. A cette époque, de très nombreux mammifères, surpris par la montée lente mais continue des eaux du Zambèze, se retrouvèrent coincés sur des îles vouées à disparaître. Fothergill et ses 57 spécialistes assistants se fixèrent donc pour tâche de sauver un maximum d'animaux de la noyade, afin de préserver une partie de la faune de l'ancienne vallée. Pendant 5 ans, toute l'équipe s'acharna à délocaliser toutes sortes de bêtes, soit en les capturant et en les transportant sur de petits bateaux, soit en les forçant à nager jusqu'à des territoires plus sûrs. On découvrit ainsi que les plus grandes antilopes pouvaient parcourir 1 à 3 km dans l'eau, tandis que les zèbres s'épuisaient au bout de 600 m, et les singes au bout de 400 m. Certains animaux firent preuve d'un courage et d'une ingéniosité à toute épreuve : on aperçut une cobe à croissant femelle portant sa progéniture sur le dos tandis que le mâle nageait en cercle autour de sa petite famille, pour la protéger. A plusieurs reprises, on vit également des antilopes se servir d'un morceau de bois comme d'une bouée… Dans le camp des *rangers*, les anecdotes furent aussi légion : si les singes (qu'on trouvait souvent épuisés en haut de grands arbres à moitié submergés) n'étaient pas trop difficiles à attraper, il n'en était pas de même des lions, des éléphants et surtout des rhinocéros ; en 1961, Fothergill lui-même fut d'ailleurs victime d'une charge violente, qui ne lui brisa heureusement que six côtes… Au cours des 5 années qu'a duré la campagne de sauvetage, l'équipe a travaillé dans les conditions difficiles, vivant dans des camps de brousse, utilisant des bateaux à rames et du matériel pas plus sophistiqué que des cordes, des sacs, des filets et des fusils à fléchettes.

Au total, plus de 6 000 animaux furent sauvés des eaux du Zambèze, parmi lesquels des antilopes, des prédateurs (lions, chacals, hyènes, léopards…), de grands mammifères (buffles, éléphants, rhinocéros, zèbres, phacochères…) ou bien encore oiseaux et reptiles. Beaucoup des animaux récupérés furent transportés vers le parc national Matusadona, alors nouvellement créé. La liste détaillée du nombre d'individus sauvés par espèce figure aujourd'hui sur Operation Noah Monument, un petit monument de pierre, érigé dans les hauteurs de la ville (quartier de Kariba Heights) en l'honneur de cette courageuse et massive opération.

ZAMBEZI CRUISE SAFARIS

✆ +263 868 800 2309

www.zambezicruisesafaris.com

La compagnie Zambezi Cruise Safaris détient six grands bateaux de croisière. Le plus imposant de la flotte demeure le *Zambezi Trader*, avec ses vingt-quatre cabines sur trois ponts. Le pont supérieur dipose d'une grande zone couverte et d'un bar à cocktails ; un lieu spectaculaire pour accueillir des mariages, des fêtes et des conférences. Toutes les chambres sur le pont supérieur ont des vérandas privées avec vue sur le lac et un confort inégalé. Les bateaux de la compagnie ont entre 4 et 24 cabines et les croisières peuvent durer entre une nuit et une semaine.

LOMAGUNDI LAKESHORE €

Powerline Road

✆ +263 612 145 116

Chalet à partir de 64 USD. Camping : 10 USD par personne.

Il y a plusieurs chalets entièrement équipés de 2 chambres disponibles à la location pour les visiteurs, avec cuisine et salles de bains. Un camping ombragé dispose d'installations sanitaires et de points électriques. La propriété est clôturée et il n'y a donc pas de problème en journée, mais une extrême prudence doit être exercée la nuit lorsque les hippopotames émergent du lac pour paître sur les pelouses. La grande piscine est à la disposition de tous les résidents et visiteurs. Le restaurant et le bar sont entourés de jardins luxuriants et surplombent le port.

NYANYANA CAMP €

Marius's Folly

www.zimparks.org

2 chalets à 125 USD pour 6 personnes. Camping à 10 USD par personne.

Situé près de l'aéroport de Kariba, à une centaine de mètres du lac, ce camp de Zimparks est pourvu d'une vingtaine d'emplacements pour les tentes et caravanes, ainsi que de petits chalets tout équipés, d'où l'on peut entendre les hippopotames en pleine nuit. Des sanitaires avec douches, toilettes et lavabos et des zones barbecues (*braai*) attendent les visiteurs. Le site est bien entretenu. Le terrain de camping est assez ombragé et offre une belle vue sur le lac. Cela peut représenter une bonne option pour séjourner à Kariba sans se ruiner.

WARTHOGS SAFARI CAMP €

✆ +263 715 950 900
www.warthogs.co.zw
Tente double à partir de 60 USD. Tente familiale à partir de 110 USD.
Ce camp de toile sur les rives du lac Kariba demeure assez proche de la ville. Plantées au milieu des mopanes, les tentes sont de deux tailles : deux et quatre places. Les familles sont les bienvenues. Une aire de jeux pour enfants et une petite piscine se trouvent dans le jardin. Le bar-restaurant sous une grande paillote propose des plats généreux à un prix raisonnable. Comme partout à Kariba, des animaux sauvages vivent dans les environs ; la petite baie derrière le camping est un lieu de prédilection pour une grande famille d'hippopotames.

WILD HERITAGE LODGES €€

Charara
✆ +263 778 281 541
Les prix varient en fonction des périodes (semaines, week-end, vacances…) entre 150 et 250 USD en base double.
Wild Heritage, situé sur les rives du lac Kariba, dans la zone de safaris de Charara, propose des chalets de chaume à deux et trois chambres, pour les familles ou les petits groupes. Ils sont spacieux et entièrement équipés. Un cuisinier est à disposition des visiteurs. Tous sauf les petits *lodges* ont des piscines. Les pavillons ont un balcon qui donne sur le lac Kariba et les plaines inondables, l'île Zebra et offrent des couchers de soleil inoubliables. Les animaux, notamment les éléphants, peuvent s'approcher des chalets.

DZIMBABWE LODGE €€

979 Baobab Ridge
✆ +263 612 146 136
21 chambres, chambre simple à partir de 65 USD, chambre double à partir de 120 USD. Petit déjeuner à 10 USD.
Dzimbabwe Lodge est un établissement plutôt haut de gamme, avec jolie piscine et bain de soleil et vue sur le lac Kariba. Les chambres très propres ont une décoration sombre mais soignée, elles disposent de tout le confort nécessaire et certaines sont de véritables suites plus prestigieuses. Le petit déjeuner peut être commandé sur place. Pour les autres repas, deux grandes cuisines sont mises à disposition des clients. L'établissement peut organiser différentes activités autour du lac et possède un *houseboat*, appelé le *Freestate*.

CARIBBEA BAY RESORT €€€

425 Impala Drive ✆ +263 612 142 452
www.africansunhotels.com
Chambre simple à 203 USD et double à 256 USD, petit déjeuner compris. Camping à 15 USD par personne. Repas à 25 USD.
Sans conteste l'hôtel le plus cocasse et fantaisie de tout Kariba. Un établissement imposant formé d'un dédale de chambres adorables reliées les unes aux autres par des passerelles, de jolies ruelles, de petits escaliers dérobés. Les enfants sont les bienvenus et pourront s'amuser sur la plage de sable blanc bordée de cocotiers, dans les aires de jeux avec toboggans, ou bien les deux piscines. Les parents auront de quoi s'amuser également dans le casino et les bars de la maison ! Plusieurs activités sont proposées : safaris, croisières, canotage et plus encore.

NZOU LODGE €€

Charara
✆ +263 776 993 439
Tarifs dépendant de la saison et du nombre de personnes : entre 120 et 180 USD par personne et par nuit.
Un complexe de gîtes sur les rives du lac Kariba, à Charara, à 7 km de la ville de Kariba au Zimbabwe. Les gîtes sont entièrement équipés avec tout ce dont vous avez besoin pour des vacances relaxantes sur le lac. Ils disposent tous d'un balcon avec vue sur le lac. Il y a en tout onze gîtes de trois à quatre chambres, certains disposent d'une piscine ou d'un spa. Un cuisinier est à disposition pour vous préparer à manger. Situé dans une zone de safaris, l'endroit est fréquenté par les éléphants, les hippopotames, les antilopes…

KARIBA SAFARI LODGE €€€

Mica Point
✆ +263 8688 002 309
www.zambezicruisesafaris.com
Lodges en single 103 USD, en double 158 USD, suites 142 USD en single, en double 218 USD, petit déjeuner compris.
Cet hôtel, ouvert en 2018, fait partie de la chaîne d'hôtels de Zambezi Cruise Safaris. Les hébergements fort bien équipés se composent de 9 *lodges* et 8 suites. Ils soffrent tous une vue sur le lac. Pour ceux qui veulent rester à l'hôtel, il y a le choix de deux piscines (une dans le jardin et une flottante dans le lac), et des restaurants avec vue panoramique. Les sorties organisées par l'hôtel incluent des circuits découverte (Kariba Town, barrage…), des sorties en bateau sur le lac, des sorties pêche et des balades ornithologiques.

NORD

LAKE KARIBA ★★

Concrétisation d'un projet fou qui monopolisa l'énergie de milliers de travailleurs et entraîna de profonds bouleversements dans tout le pays (et particulièrement dans la vallée du Zambèze), le lac Kariba est un passage obligé de tout circuit touristique au Zimbabwe. Datant d'une quarantaine d'années, cet immense plan d'eau artificiel, qui présente les attraits d'une mer intérieure, ne fut formé qu'à la fin des années 1950, lorsque des entrepreneurs décidèrent d'exploiter une curiosité géologique, connue depuis des décennies. Tout commença en réalité au début du XXe siècle : à cette époque, des explorateurs célèbres, tels que Livingstone ou Selous, évoquèrent l'existence d'une gorge de granite de 100 m de large, formant comme un tunnel naturel, à proximité de l'actuelle ville de Kariba. Dénommée Kariwa (terme shona désignant un lacet pour attraper des souris ou des oiseaux) par les tribus établies au bord du fleuve, cette gorge figurait depuis des millénaires comme une sorte de piège, enserrant brusquement les eaux du Zambèze. Dépêché sur les lieux à la suite de nombreux récits de voyage, H. S. Kergwin, un officier du gouvernement en place, trouva l'endroit idéal pour y construire un barrage, dont les eaux serviraient à l'irrigation. L'idée néanmoins fut abandonnée, pour être reprise en 1941 par J. L. S. Jeffares, à la suite d'une étude visant à déterminer le potentiel hydroélectrique d'un tel barrage. Les résultats se révélèrent excellents, mais il fallut attendre treize ans pour que le projet prenne un véritable essor. En 1954, on construisit une ville (l'actuelle Kariba) pouvant abriter plus de 10 000 travailleurs et la construction du barrage commença peu après. C'est une société italienne, Impresit, qui se chargea du projet et essuya successivement les foudres des tribus autochtones et du « dieu du Fleuve » en colère. Affolés par les bouleversements qu'entraînerait nécessairement l'altération du cours du Zambèze, les Tonga (peuple établi dans la vallée) se mobilisèrent pour demander, en vain, l'abandon du projet. Ils alléguaient que les modifications conséquentes à la formation d'un lac dans la vallée du Zambèze ne manqueraient pas d'abord de détruire une grande partie de la faune et de la flore régionales, ensuite de forcer les populations locales à modifier leur style de vie, et enfin de soulever le courroux de Nyaminyami, le dieu du Fleuve. Ce dernier ne tarda d'ailleurs pas à se manifester : en mars 1957, le niveau du Zambèze monta soudainement de 30 m et 13 millions de litres d'eau se précipitèrent dans la gorge, détruisant le pont et la fondation du coffrage. En février 1953, une plateforme s'écroula et dix-sept ouvriers furent engloutis dans du ciment en train de sécher. À divers drames de cet acabit s'ajoutèrent des conditions climatiques extrêmement difficiles : pendant plusieurs étés de suite, les températures furent particulièrement élevées, obligeant les ouvriers à travailler plus lentement et à lutter contre les insolations. En tout, plus de quatre-vingts personnes perdirent la vie au cours des quatre années que prit la construction du barrage. Il fut achevé en 1959, année à partir de laquelle on bloqua les eaux du Zambèze pour entraîner la formation du lac, qui n'atteignit ses dimensions actuelles qu'en septembre 1963.

Véritable joyau dans un pays enclavé et relativement aride, Kariba est le troisième plus grand lac de barrage d'Afrique (à l'époque de sa formation, c'était le plus vaste du monde !). À cheval sur le Zimbabwe et la Zambie, il étale ses eaux sur 5 200 km² et s'étire sur 281 km de long et 40 km dans sa plus grande largeur. C'est un lieu très prisé des Zimbabwéens et des touristes étrangers, qui viennent prendre des vacances ici pour la pêche (le lac compte plus de 40 espèces de poissons dont plusieurs variétés de brèmes, ainsi que des poissons tigres), la navigation (possibilité d'y effectuer des croisières de plusieurs jours à bord de yachts luxueux, de voiliers, de catamarans ou de maisons flottantes) et le safari. Les rives et les îles de Kariba sont en effet réputées pour l'abondance de leur faune et pour leurs plaines extrêmement sauvages. Pendant la saison sèche, les eaux du lac baissent très légèrement, découvrant de grands espaces fertiles qui attirent des milliers de buffles, éléphants et antilopes diverses. Insectes et oiseaux colorés se révèlent également très nombreux et ajoutent au charme inexprimable de l'endroit. La région que baigne le lac Kariba est située à très basse altitude et bénéficie de températures beaucoup plus élevées que le reste du pays. À ce titre, il n'est pas recommandé de la visiter pendant la saison chaude, de novembre à février. Si le mercure dépasse souvent les 40 °C, l'atmosphère ambiante se révèle très humide et les averses plutôt nombreuses. Ces dernières s'accompagnent parfois de tempêtes aussi soudaines que violentes. Les amateurs de croisières jetteront donc leur dévolu sur les mois d'hiver (juin, juillet, août), épargnés par les pluies et les moustiques. Les amateurs de safaris-photos privilégieront le mois de septembre, encore doux et particulièrement riche sur le plan de la faune.

Le lac Kariba fait 220 km de long et l'accès peut se faire avec plus ou moins de difficulté

NORD

selon la destination. Seules deux villes sont accessibles en transport en commun, Kariba Town à l'est et Binga à l'ouest. D'autres destinations peuvent être atteintes en voiture (la majorité nécessitent un 4 x 4 solide) et encore d'autres ne sont accessibles qu'en bateau.

BUMI HILLS SAFARI LODGE €€€

Proche des chutes Chitake dans le parc de Matusadona.
✆ +27 21 701 0270
www.africanbushcamps.com
Chambres entre 557 USD et 1 185 USD par personne selon la saison, tout compris.

Bumi Hills, en lisière ouest du parc national de Matusadona, est un petit paradis si vous êtes à la recherche de confort et de beaux paysages. Toutes les chambres contiennent une baignoire et une douche, la climatisation, le wi-fi et un mini-bar, en plus d'un balcon ou une véranda pour admirer le panorama en toute intimité. Une belle piscine très lumineuse en soirée, un bar autour et le restaurant offrent des moments uniques. Vous pourrez profiter des safaris en voiture et à pied, de sorties en bateau riches en observation d'éléphants, impalas, singes et oiseaux.

MUSANGO SAFARI CAMP €€€

✆ +263 772 307 875
www.musangosafaricamp.com
Entre 350 USD et 450 USD par personne selon la saison, tout compris.

Un camp rustique tenu par Steve et Wendy Edwards, un couple des plus attachants vivant dans ce petit bout du monde depuis de nombreuses années. Le camp est à l'image du couple et dégage un profond respect de l'environnement. Etabli sur une île à l'embouchure de la rivière Ume, ici on a l'impression d'être seul au monde. 8 tentes confortables, à la décoration plutôt vintage, séparées les unes des autres par une végétation très dense. Pour les activités, vous aurez le choix entre safaris, excursions en canoë, pêche, visite de villages ou de sites archéologiques.

SPURWING ISLAND LODGE €€€

✆ +263 777 516 171
www.spurwingisland.com
Tente à partir de 120 USD (en basse saison) et 160 USD (en haute saison). Tarifs par pers., en pension complète.

Spurwing est un grand lodge pouvant accueillir 50 personnes, établi légèrement en hauteur, sur l'île du même nom. Idéal pour les groupes ou les familles, il est agréable et l'un des plus compétitifs. Un choix de cabanes et de tentes spacieuses, montées sur des plates-formes de pierre, vous est proposé. Chaque unité est pourvue de tout le confort habituel, tandis que piscine, restaurant, salon et grand bar pourvoient au bien-être des visiteurs. Les activités proposées : safaris en voiture, à pied ou en bateau, excursions dans la gorge de Sanyati, pêche.

MATUSADONA NATIONAL PARK ★★★

Matusadona a d'abord été érigé en réserve de faune en 1963, à l'issue de la construction du barrage de Kariba, avant de devenir parc national en 1975. Niché entre les rivières Sanyati et Ume, formant respectivement ses frontières orientale et occidentale, le parc national de Matusadona étend ses 1 407 km² de territoires sauvages sur les rives méridionales du lac Kariba. Formée pour l'essentiel du Matusadona Range, une chaîne montagneuse ne dépassant guère 1 200 m d'altitude et faisant partie du Zambezi Escarpment, la zone protégée s'adoucit en d'immenses plaines dans sa partie septentrionale. Entre cette dernière et les escarpements rocheux de l'intérieur vit une faune abondante formée d'antilopes (hippotragues noires, élands du Cap, antilopes rouannes... pour ne citer que les plus intéressantes, malheureusement très rarement aperçues), de grands mammifères (éléphants et buffles en nombre...) et d'une multitude d'autres espèces (cobes à croissant, zèbres, impalas, phacochères, grands koudous, guibs harnachés...). Les crocodiles en particulier se révèlent très nombreux (un individu tous les 200 m selon les estimations), tout comme les hippopotames, relativement bruyants la nuit. Gnous, girafes et rhinocéros blancs sont par contre absents du parc (et de toute la vallée du Zambèze en général), tandis que les zèbres ne se rencontrent qu'en petits troupeaux. Les rhinocéros noirs, comme dans la plupart des autres zones protégées du pays, ont été en grande partie décimés, mais comptent tout de même encore quelques dizaines individus, dont certains jeunes surveillés en permanence.

Les rives du lac aux paysages si emblématiques avec leurs mopanes morts sur pied, dont les troncs décharnés émergent des eaux, où déambulent les pachydermes, hébergent une riche avifaune. La persistance d'un braconnage, en partie issue des pays voisins, a poussé l'État à signer, en novembre 2019, un accord de collaboration avec l'ONG African Parks (d'une durée de vingt ans). L'objectif affiché est de revitaliser le parc, en tant que sanctuaire d'éléphants et de rhinocéros, et d'en faire une destination touristique animalière de premier plan.

Tourisme

Pêche. Environ 40 espèces de poissons sont présentes dans les eaux de Kariba, lac très réputé et apprécié pour la pêche. En général, lodges privés et bateaux de croisière sont équipés de matériel pour permettre aux amateurs de titiller le poisson-tigre ; professionnels et passionnés, quant à eux, préfèrent souvent apporter leurs propres cannes, ainsi que leurs amorces maison !

Safari en voiture. Un nombre de pistes relativement limité sillonnent le parc de Matusadona. L'une d'entre elles traverse la zone protégée du sud au nord, le long de la rivière Ume, pour rejoindre les bureaux de réservation et d'enregistrement de Tashinga ; les autres se concentrent dans la partie nord du parc, laissant les espaces occupés par la chaîne de Matusadona (soit plus des deux tiers du parc) sauvages et inviolés. En général, toutes les pistes de la zone protégée sont gratifiantes, dans la mesure où celle-ci est arrosée de nombreux petits cours d'eau permettant aux mammifères de ne pas se concentrer au même endroit. Cependant, les chemins au bord du lac se révèlent bien souvent les plus beaux : ils coupent à travers d'immenses plaines où la visibilité est maximale et la beauté des paysages est absolue (prairies vert tendre ou jaune paille sur fond d'arbres gris aux reflets d'argent et de lac émeraude). À l'intérieur des terres, les habitats alternent entre espaces ouverts plus ou moins vallonnés et forêts arbustives parfois très denses. Les espèces les plus communément observables sont : buffles (présents en très grands troupeaux à toute période de l'année), éléphants, hippopotames, impalas, cobes à croissant, koudous et zèbres. Les lions sont également assez nombreux, surtout dans les environs de Fothergill et Spurwing.

Safari en bateau. Tous les camps privés établis à proximité de Matusadona possèdent leurs propres embarcations, qu'il s'agisse de canoës pour les voyageurs aventureux, de bateaux à moteur rapides pour les accros des grandes distances et de la multiplicité des vues et expériences, ou de bateaux-pontons silencieux pour les amateurs de dérive tranquille au coucher du soleil… Chacun de ces moyens de transport est adapté à la topographie particulière de Kariba et possède un fond plat lui permettant de voguer sans danger au cœur des forêts d'arbres fantômes. Les voyageurs n'ayant pas le privilège de dormir dans l'un des lodges de luxe établis au « cœur de l'action » peuvent tout de même découvrir Matusadona par le lac, en louant un bateau à Kariba. Dans ce cas, l'astuce consiste à mettre l'embarcation-mère à l'ancre dans un bras mort du lac proche du parc national et à utiliser un tout petit bateau à moteur pour en longer les rives. Notez qu'il est possible de voir autant d'animaux, sinon plus, à partir d'un bateau que d'un 4x4, d'une part les rives regorgent d'oiseaux aquatiques et d'autre part, les mammifères aiment à venir s'abreuver au lac (surtout en fin de journée).

Croisière découverte de la gorge de Sanyati. La Sanyati, la plus grande rivière à se jeter dans le bassin oriental du lac Kariba, s'écoule jusqu'au Zambèze depuis plus de 300 millions d'années ! Elle prend sa source au sud-est de l'actuel parc de Matusadona et suit une faille formée par l'érosion et créant à travers la chaîne de Matusadona une gorge profonde. Cette dernière est agrémentée de jolies cascades et figure comme lieu d'excursion intéressant pour une demi-journée de canotage. Les mammifères y sont très peu nombreux, mais les parois des falaises forment des caisses de résonance extraordinaires qui répercutent les cris des hippopotames et des aigles pêcheurs de façon très impressionnante. Seuls les lodges privés établis près du secteur oriental du parc organisent des excursions dans la gorge de Sanyati. Les voyageurs participant à une croisière de plusieurs jours peuvent éventuellement demander à leur capitaine de mouiller l'ancre dans cette partie du lac, afin qu'il soit possible de parcourir les gorges en petit bateau à moteur.

Safari à pied. Des randonnées à pied de quelques heures ou de plusieurs jours sont organisées à Matusadona par les lodges privés ou par les rangers du parc national ayant leur bureau à Tashinga.

Transports

En voiture. A partir de Harare, empruntez la nationale 1 jusqu'à Karoi ; traversez la ville et tournez à gauche 8 km après celle-ci : la route bitumée laisse alors place à une piste ; suivez celle-ci sur 115 km jusqu'à la rivière Sanyati ; passez le pont et parcourez 62 km de plus ; tournez à droite en direction de

Tashinga et roulez à travers le parc pendant 82 km pour rejoindre les bureaux du parc. Attention ! La route est souvent mauvaise et n'est guère praticable pendant la saison des pluies, de novembre à avril ; un 4x4 est obligatoire pour la dernière partie du trajet, même pendant la saison sèche. Vous pouvez également rejoindre le parc par le sud-ouest. Dans ce cas, quittez la route bitumée à Manjolo (village situé quelques kilomètres au sud de Binga) et continuez sur une piste en direction de Siabuwa ; traversez ce village et poursuivez sur la même piste jusqu'à un carrefour signalant la direction de Bumi Hills ou de Tashinga, il est prévu que la piste soit bitumée, elle le sera peut-être lors de votre passage ; tournez à gauche ; quelques kilomètres plus loin, traversez le lit de la rivière Sengwa ; poursuivez sur la même piste jusqu'à la rivière Ume ; traversez-la ; la piste arrive alors à un carrefour ; tournez à gauche et parcourez les 82 derniers kilomètres jusqu'à Tashinga.

En avion. Deux pistes d'atterrissage plutôt rustiques ont été aménagées, l'une à Bumi Hills (environ 10 km en dehors de la zone protégée), l'autre à Tashinga (près des bureaux du parc). Petites et non bitumées, elles ne peuvent recevoir que des charters privés pour 4 à 10 personnes.

En bateau. Le moyen le plus fréquemment utilisé pour se rendre à Matusadona à partir de la ville de Kariba est le bateau à moteur. C'est le transport choisi par la plupart des lodges privés pour leurs clients, ainsi que par nombre de touristes embarqués pour des croisières tranquilles de plusieurs jours. La durée du trajet est très variable et dépend de la puissance du moteur et de la distance du camp.

CHANGA SAFARI CAMP €€€

✆ +263 242 498 835

www.changasafaricamp.com

6 tentes deluxe et 2 tentes familiales. De 515 USD à 620 USD par personne et par nuit, tout compris (selon la saison).

Changa est un des derniers-nés des campements luxueux à Matusadona. Il rassemble tous les atouts des lodges de grande qualité. Les tentes sont belles et spacieuses. Chacune a sa terrasse privée, sa douche à l'italienne à l'intérieur et sa baignoire à l'extérieur. Le lodge est ouvert sur un panorama entre brousse et lac, avec un salon *cosy*, une terrasse, une salle semi-ouverte pour les petits déjeuners et l'espace dînatoire dans lequel les hôtes se réunissent autour de la grande table. Tout est en accord avec la nature, cet endroit invite à la détente.

RHINO SAFARI CAMP €€€

✆ +263 772 205 000

www.rhinosafaricamp.com

Pension complète et activités : 395 USD par personne.

Rhino Safari Camp est un petit bijou si l'on est adepte de la nature à l'état pur. Une petite équipe vous accueille dans cet endroit totalement privilégié. Entièrement faits de bois et de chaume, les sept chalets sur pilotis offrent un confort champêtre, sans fenêtres, pour sentir le vent avec cette douce impression de dormir à la belle étoile. Ces chambres semi-ouvertes et en hauteur offrent une vue magique sur l'immensité du lac. Pour accentuer le côté « nature » du logement, la salle de bains est à ciel ouvert. Un site qui nous ramène aux sources.

CHIZARIRA NATIONAL PARK ★★

Comme Matusadona, Chizarira a été érigé en réserve de faune en 1963, avant de devenir un parc national en 1975. Le nom de Chizarira vient d'un terme tonga qui signifie « barrière » ou « obstacle » et fait allusion aux escarpements rocheux qui se dressent dans cette partie du pays. Dans la catégorie des parcs nationaux peu fréquentés et difficiles d'accès, Chizarira National Park semble en effet détenir la palme. S'étendant sur 1 910 km², à une cinquantaine de kilomètres des eaux du lac Kariba, l'ensemble du parc surplombe la vallée du Zambèze, vers laquelle il s'adoucit dans sa partie septentrionale.

C'est une zone très sauvage et très montagneuse, parcourue d'une multitude de petites sources. La topographie de Chizarira se révèle de fait relativement accidentée : au nord, l'escarpement du Zambèze se trouve traversé de deux gorges profondes aux creux desquelles s'écoulent les rivières Mucheni et Lwiziluku. Au nord-est, le parc est dominé par le pic Tandezi, qui s'élève à plus de 1 400 m et abrite, selon les Tonga, un serpent géant séculaire. Au sud s'écoulent les sources alcalines de Mujima, que surplombent les monts Chongolo et Gongoriba. Au centre se dresse l'escarpement de Sinamagoga, qui domine la vallée de la Busi.

Par ses paysages escarpés et sauvages, son isolement et la grande faune qu'il hébergeait, « Chiz » occupe une place particulière dans le cœur de nombreux Zimbabwéens. Il constituait un sanctuaire pour les rhinocéros noirs, qui y étaient assez nombreux, avant d'être totalement décimés par le braconnage.

Depuis quelques années, le parc reçoit l'appui de certaines ONG telles Alert et National Park Rescue, qui concourent à sa redynamisation : suivi écologique, réfection du réseau de pistes et des infrastructures, appui à la lutte antibraconnage, développement des communautés locales... Aujourd'hui, Chizarira héberge une petite population d'éléphants et de lions, mais aussi différentes espèces d'antilopes (impalas, damalisques, hippotrague noir, antilope rouanne, grand koudou, guib harnaché, oréotrague...), des buffles, des léopards, des hyènes tachetées... Le parc est aussi fameux pour son avifaune remarquable, avec des espèces particulièrement rares : gobe-mouche de Livingstone, faucon taita, aigle de Verreaux, brève d'Angola, coucou foliotocol...

Tourisme

Chizarira étant très peu touristique et très peu développé, un 4x4 est obligatoire pour l'atteindre et pour circuler sur les quelques pistes. Pendant la saison des pluies, seulement le nord du parc est ouvert et alors le séjour se transforme en véritable expédition. De part son côté sauvage et très peu fréquenté, il n'y a aucun lodge à l'intérieur du parc, seulement quelques campements Zimparks, les visiteurs doivent donc être équipés pour une totale autonomie et doivent être capables de réagir à toutes les situations. Par ailleurs, il est obligatoire de recourir à un guide ou à un ranger pour toute activité pédestre. Il est indispensable de prévoir son expédition en avance avec les agents de Zimparks ou avec une agence de voyage.

Seules quelques pistes parcourent une infime partie de la zone nord du parc. Celui-ci ne bénéficie pas de véritables aménagements et se révèle peu propice pour les safaris en voiture : la brousse est en effet très dense, les plaines peu nombreuses et les pistes mal entretenues. Comme une multitude de sources et cours d'eau parcourent de surcroît la zone protégée, les mammifères sont dispersés un peu partout dans le parc et apparaissent rarement en grands troupeaux. L'idéal, pour une zone aussi accidentée et aux paysages si beaux, sont donc les safaris à pied. Beaucoup de petits chemins se prêtent à la randonnée et une multitude de curiosités naturelles constituent des excursions intéressantes : sommets de Chongolo et Ongariba, sources de Mujima, vallée de la Busi, etc. La plupart de ces endroits ne sont accessibles qu'à pied et demandent souvent plusieurs jours de marche. Mais les aventuriers ne seront pas déçus, les paysages sont à couper le souffle et les animaux sont présents : on y trouve éléphants, buffles, lions, léopards, guépards, lycaons, hyènes tachetées, hippopotames, crocodiles du Nil, koudous, antilopes rouannes, guibs harnachés, cobes à croissant, sassabis, nyalas, antilopes noires et plus de 400 espèces d'oiseaux. L'avifaune rare de la région comprennent : l'eurylaime du Cap, le gobemouche de Livingstone, le nicator à gorge grise, le coucou foliotocol et le brève d'Angola. Chizarira abrite également le faucon taita qui niche dans le parc national.

Transports

Avion. Une piste d'atterrissage rustique a été aménagée à l'entrée du parc national et accueille principalement les clients des compagnies de safaris mobiles.

4x4. A partir de Harare, prenez la direction de Bulawayo ; tournez à droite peu après Kadoma et poursuivez jusqu'à Gokwe ; traversez ce village et continuez tout droit jusqu'à la piste reliant Karoi à Binga. La route, jusqu'alors bitumée, devient alors mauvaise. Roulez vers Siabuwa, traversez ce village et poursuivez jusqu'au panneau indiquant l'entrée du parc. Distance totale : environ 530 km. A partir de la nationale 8 (Victoria Falls, Hwange, Bulawayo), tournez en direction de Kamativi et Binga ; ignorez la jonction vers ce dernier village et poursuivez en direction de Siabuwa jusqu'au panneau signalant le parc. Distance Bulawayo-Chizarira : environ 500 km ; distance Victoria Falls-Chizarira : environ 370 km. La route est bitumée jusqu'à l'intersection de Binga, puis la piste devient assez mauvaise.

CAMPEMENTS ZIMPARKS €

✆ +263 776 134 164

www.zimparks.org.zw

Site de campement à 100 USD (3 personnes au maximum, 30 USD par personne supplémentaire).

Chizarira est un parc assez reculé et les seules possibilités d'hébergement reposent sur quelques campements. Ceux-ci se retrouvent essentiellement autour du QG du parc, dans sa portion nord. Il s'agit d'aires de camping exclusives. Séjourner à Chizarira implique d'être autonome, mais cela procure également un sentiment d'isolement et de tranquillité absolu. Le confort est sommaire, voire très sommaire. Certains ne disposent même pas d'un accès à l'eau, mais vous êtes *into the wild*. La vue sur Mucheni View ou Mucheni Gorge est littéralement à couper le souffle.

BINGA ★

Le village de Binga fut construit dans les années 1960 pour servir de centre administratif gouvernemental aux Tonga arrachés à leurs terres et relogés plus à l'ouest. Port et centre de pêche, Binga est une bourgade désordonnée qui, comme Kariba, éparpille ses constructions entre les rives du lac et les collines de l'intérieur. On y trouve un petit hôpital, une école, quelques épiceries, une ferme à crocodiles, des sources chaudes et une boutique d'artisanat dans laquelle il est possible de se procurer des produits tonga à des prix vraiment dérisoires. Binga est aussi le lieu où se trouve la plus grande plage de sable du pays.

THE VERANDA €€

✆ +263 778 384 671

Chambres à 80 USD par personne en demi-pension. Déjeuner possible.

Cette petite auberge charmante, bien que fort simple, attachée à la maison des propriétaires, Don et Rose Bruton, se trouve au bord du lac Kariba à deux kilomètres environ de l'embarcadère du ferry. La décoration dans les chambres est certes un peu vieillotte, mais le jardin est très joli, la cuisine est faite d'ingrédients frais et l'accueil est chaleureux, de quoi se sentir à la maison. Les propriétaires peuvent assurer votre transfert vers Victoria Falls ou Hwange. Un endroit reposant et très pratique si l'on prend le ferry pour traverser le lac.

MLIBIZI

Point de départ et terminus du ferry traversant le lac Kariba dans toute sa longueur, Mlibizi n'est rien de plus qu'un village de pêcheurs. Il est situé à l'ouest du lac, à proximité de la Devil's Gorge (« la gorge du diable ») et à une centaine de kilomètres en aval des chutes Victoria. Aujourd'hui, les voyageurs préfèrent venir très tôt pour prendre le ferry. C'est néanmoins une expérience agréable que de décider d'y passer la nuit. Vous aurez cette impression d'être au bout du monde. Amateur de pêche, vous serez servi également !

MLIBIZI ZAMBEZI RESORT €

✆ +263 779 533 089

Chalet climatisé à 40 USD par adulte, 20 USD par enfant. Camping à 10 USD par personne.

Mlibizi Resort met à la disposition des voyageurs des chalets, qui accueillent de deux à huit personnes, équipés de cuisines avec tout le nécessaire. Bien que l'ambiance soit plutôt celle d'un *lodge* de pêche, aujourd'hui il est fréquenté essentiellement par ceux qui veulent prendre le ferry à l'aurore dont l'embarcadère se trouve à 100 mètres de l'hôtel. Mlibizi Zambezi Resort loue des hors-bords, mais les pêcheurs doivent amener tout leur matériel. Il y a également un terrain de camping composé d'une quinzaine d'emplacements.

DEKA DRUM ★

À une quarantaine de kilomètres à l'ouest de Mlibizi, au confluent de la rivière Deka et du Zambèze, un minuscule village de pêcheurs ravira les amateurs d'endroits tranquilles et perdus. En guise de village, c'est plutôt des hameaux que vous trouverez ici, disséminés sur les rives du lac. Deux routes difficiles mènent à Deka Drum : une piste à partir de Victoria Falls et une autre à partir de la nationale 8, entre Thompson's Junction et la ville de Hwange. Les pistes qui relient Deka Drum à la route de Binga ne sont pas en très bon état et un 4 x 4 est vivement conseillé. Des chicken bus font sporadiquement le trajet vers Deka Drum.

SUNDOWNER ZAMBEZI LODGE €€

✆ +278 34 14 03 91

www.sundowner.co.za

95 USD par personne en pension complète avec activités sur le Zambèze.

Ce *lodge*, situé sur les rives du Zambèze, est spécialisé dans la pêche et ce, pour une bonne raison : la région est connue au Zimbabwe comme la meilleure pour la pêche du poisson tigre et l'hôtel organise des excursions autour de cette activité. Néanmoins, les non-pêcheurs peuvent aussi dormir ici. Les bungalows confortables avec des toits en chaume sont répartis autour d'une piscine. Le *lodge* dispose d'un bar, d'une salle à manger, d'une aire de *braai* et d'une belle véranda d'où l'on peut admirer les hippopotames et autres aigles pêcheurs.

TENGENENGE ★

Tengenenge est sans doute le seul endroit des terres intérieures du Nord qui accueille, chaque année, un nombre régulier de voyageurs. Ceux-ci sont des artistes ou des gérants de galeries d'art – ou bien tout simplement des touristes intéressés par la sculpture africaine et plus particulièrement le mouvement shona. Tengenenge est en effet la plus grande communauté d'artistes du pays. Elle rassemble de nombreux créateurs venus de tout le continent, dont les œuvres sont exposées au cœur de jardins spacieux. En moyenne, une centaine d'artistes travaillent en permanence à la ferme, où ils disposent de petits ateliers. Les visiteurs ont donc le loisir, d'une part d'admirer les sculpteurs en plein travail de création, d'autre part de discuter avec eux et de passer commande ! Car Tengenenge est également un site commercial, au grand dam de certains spécialistes de la sculpture shona, qui soupçonnent les artistes de satisfaire les desiderata des touristes à des fins lucratives, au lieu de suivre leurs instincts créatifs propres. La ferme demeure néanmoins un bon endroit de formation, parce qu'elle rassemble des artistes du Zimbabwe, de la Zambie, de l'Angola, du Malawi, etc., et favorise donc un brassage de cultures et de styles. De plus, la nouvelle génération de sculpteurs semble très prometteuse. Ils développent un nouveau style plus moderne et utilisent différents types de pierres, plus ou moins nobles ou précieuses.

Un peu d'histoire. Tom Blomefield a été fondateur et directeur de Tengenenge jusqu'en 2007, date à laquelle il a été remplacé par Dominic Benhura, sculpteur de renommée internationale. Blomefield est venu au Zimbabwe en 1946 pour devenir un cultivateur de tabac et un mineur de chrome. Il a fondé la Tengenenge Art Community en 1966 afin de lui permettre de gagner sa vie, le tabac et le chrome étant désormais la cible de sanctions à cause de la guerre d'Indépendance. Tengenenge signifie « le début du début » et a réussi à survivre et prospérer. Les travaux des artistes ont été présentés dans de nombreuses expositions internationales et ont commencé à être reconnus pour leur vitalité et leur originalité. Lors de l'indépendance en 1980, la demande de sculptures à Tengenenge a explosé, mais les politiques gouvernementales adoptées depuis 2000 n'ont pas favorisé le tourisme au Zimbabwe et avec la baisse du nombre de visiteurs internationaux, les ventes de sculptures en ont souffert.

TENGENENGE ART COMMUNITY ★★

✆ +263 774 747 138

www.tengenengeartcommunity.com

Ouvert tous les jours de l'année. Entrée gratuite. Chambre à 35 USD.

La communauté de Tengenenge expose ses œuvres dans une galerie d'art à ciel ouvert. La galerie expose plus de 1 000 sculptures de plus de 100 artistes et les ventes se font à des prix beaucoup plus bas que dans le reste du pays. La plupart de ces artistes vivent eux-mêmes à Tengenenge, chacun a son propre stand où il expose son travail et un atelier de fabrication. Un musée a été construit pour accueillir les premières sculptures de Tengenenge et rendre hommage aux sculpteurs des générations précédentes, ainsi que pour exposer des sculptures contemporaines.

MAVURADONHA WILDERNESS ★

Reculée, la région de Mavuradonha qui, pendant la guerre de l'indépendance, fut le théâtre de nombreuses échauffourées, se situe non loin de la frontière mozambicaine, au nord d'Harare. Mavuradonha, chaîne de montagnes déchiquetées et sauvages, signifie « lieu de chutes d'eau » en shona. La zone comprend les monts Mavuradonha, les collines de Malingura, la chaîne de Mvukwes, le plateau Rwazi et une partie de l'escarpement du Zambèze. Zone très peu connue, même des habitants, elle regorge de paysages époustouflants : prairies, montagnes escarpées, immenses parois rocheuses, cascades, rivières, points d'eau, forêts de miombo, grottes et peintures rupestres… Pour préserver ce petit coin de nature, 500 km² ont été transformés en réserve, où la faune est encore peu abondante mais régulièrement réintroduite. Ainsi Mavuradonha est l'un des paradis des passionnés des régions naturelles et isolées. Elle n'est véritablement accessible qu'à pied, à cheval, voire en VTT, et séduira les amoureux de l'exclusivité. La distance Harare-Mavuradonha équivaut à 180 km. À partir d'Harare, roulez jusque Mazowe puis continuez jusqu'à Mvurwi ; traversez la ville et poursuivez jusqu'à Centenary ; prenez alors la route de Muzerabani : les bureaux de Mavuradonha Wilderness Area se trouvent au niveau de la borne indiquant 50 km. Comptez de 2 à 3 heures de route. Quelques bus font aussi le trajet entre Mbare Musika (Harare) et Muzerabani : ceux-ci traversent le parc en route et peuvent vous déposer à Small World Lodge.

SMALL WORLD ECO-LODGE €

✆ +263 776 986 381
www.smallworldlodge.com
Camping à 10 USD, chambres doubles entre 35 et 45 USD.

Eco-Lodge fait partie des hébergements budgets de Small World, les réservations peuvent se faire à Harare, au niveau de l'un des établissements du petit groupe, dans le quartier de Avondale. L'offre comprend un espace de camping pour ceux qui voyagent avec leur équipement, des petites cabanes et des chalets. Les sanitaires et salles de bains sont en commun. L'écolodge se trouve à côté de la route principale ; il est donc accessible en transport en commun. Des randonnées peuvent être organisées pour des sommes modiques. Contacter le *lodge* bien à l'avance.

HIPPO POOLS €€

✆ +263 242 783 035
www.hippopools.co.zw
Lodges à 70 USD (adulte) et 35 USD (enfant) sans pension et 105 USD (adulte) et 55 USD (enfant) en demi-pension.

Ce *lodge* présente une aussi grande gamme d'hébergements que d'activités. Situé au bord de la rivière Mazowe à la limite du parc, il propose des grands chalets avec deux chambres, salon, terrasse et cuisine équipée, des chalets avec une chambre et des plaques de gaz, un petit chalet de l'autre côté de la rivière pour un peu plus d'intimité, également des tentes et des emplacements de camping avec des sanitaires. La liste des activités est tout aussi complète : safaris à pied, canotage, paddle, sorties en VTT, tours guidés ornithologiques et pêche entre autres.

UMFURUDZI SAFARI PARK ★★

Le parc de safari d'Umfurudzi s'étend sur 76 000 ha, à une petite centaine de kilomètres au nord-est d'Harare. Bordé au sud et à l'est par la rivière Mazowe (dans laquelle il est possible de pratiquer la pêche), elle se compose essentiellement de collines, idéales pour la randonnée. Depuis le début d'un grand programme de réintroduction de la faune à Umfurudzi en 2010, elle y est assez abondante (antilopes, singes, mais aussi éléphants et fauves) et l'on trouve également quelques peintures rupestres, ainsi que d'anciens forts shona et portugais. Le parc est géré dans le cadre d'un partenariat public-privé entre Zimparks et le Pioneer Corporation Africa.

UMFURUDZI LODGE AND CAMPSITE €

✆ +263 771 740 641
https://umfurudzipark.co.zw/
Chalets pour 5 pers. à 150 USD. Tentes semi-permanentes pour 4 pers. à 100 USD. Camping à 15 USD par pers.

Situé le long de la rivière Umfurudzi, c'est un endroit idéal pour sortir, étant à seulement quelques heures d'Harare. Les gîtes sont particulièrement bien entretenus et tout ce que vous devez prendre avec vous est votre nourriture, boissons et articles de toilette. Tous les draps, serviettes et autres ustensiles, sont fournis dans les *lodges*. Les tentes sont bien situées le long de la rivière. Il y a un bar entièrement approvisionné et une piscine à la réception.

NORD

CHIRUNDU

Édifié sur les bords du Zambèze, Chirundu est un village frontalier, poussiéreux et sans grand intérêt, sauf pour les amateurs de pêche pour lesquels quelques *lodges* existent. Il n'est qu'un lieu que l'on traverse pour passer en Zambie. Il n'est plus permis de prendre la route directement de Chirundu à Mana Pools, il faut passer obligatoirement par Marongora. Chirundu se trouve à 363 km d'Harare par la nationale 1. Des *chicken bus* desservent le village tous les jours à partir de Mbare Musika (Harare). Depuis quelques années, les formalités d'immigration pour le Zimbabwe et la Zambie se font dans un seul bâtiment du côté zambien de la frontière.

TIGER SAFARIS €€

✆ +263 778 020 699

www.tigersafaris.co.zw

Entre 90 USD et 100 USD pour un chalet double, selon la saison.

Un lodge confortable à 2 km du centre de Chirundu, riche en faune terrestre et aquatique. Ici, la pêche au poisson tigre fait fureur. Il n'est pas rare d'observer des éléphants et des hippopotames dans les environs du camp ! Les 5 chalets aux toits de chaume peuvent héberger jusqu'à 6 personnes et sont équipés de cuisine complète et d'un coin barbecue en plein air. Il y a également un chalet qui ne dispose pas de cuisine et qui est destiné aux pensions complètes. Enfin, il y a un chalet familial, composé de trois chambres et disposant d'une cuisine.

NORD

MANA POOLS NATIONAL PARK ★★★★

Peu aménagé et isolé, le parc de Mana Pools n'est ouvert que pendant la saison sèche (de fin avril à fin octobre) et n'est accessible qu'en 4 x 4. Culminant de 400 à 900 m au-dessus du niveau de la mer, c'est un endroit très chaud (plus de 50 °C en été), où la malaria sévit et où la mouche tsé-tsé n'a pas été éradiquée. Malgré ces désagréments, Mana Pools est cher au cœur des naturalistes et écologistes zimbabwéens et à celui de tous les voyageurs qui ont l'occasion d'y séjourner. S'étendant sur 2 870 km², Mana Pools se caractérise en effet par la diversité de ses habitats et la beauté de ses paysages. Couvert aux deux tiers d'une végétation semblable à celle des autres zones protégées (baobabs épars au niveau du Zambezi Escarpment, savane arbustive et bois de mopanes à l'intérieur des terres...), le parc de Mana Pools se caractérise, dans sa partie septentrionale, par de magnifiques territoires forestiers. Ceux-ci se développent au bord du grand fleuve et sur les plaines alluviales, où ils forment d'immenses dais de verdure. Pendant plusieurs milliers d'années, en effet, le Zambèze s'écoula au niveau des plaines aujourd'hui couvertes de grands arbres. Lorsque son cours fut en partie modifié par des soulèvements géologiques, il laissa derrière lui de riches terrasses alluviales, dont les dépôts fertiles favorisèrent le développement d'acacias géants, figuiers, acajous, tamariniers et arbres saucisses... Il laissa également une multitude de bassins naturels (*pools* en anglais) qui firent très vite la spécificité du parc lors de sa création. De nos jours, quatre étangs majeurs (*mana* en shona) se distinguent par leur taille honorable et attirent en permanence une multitude d'oiseaux et de mammifères. Situés face au superbe escarpement zambien, ils constituent des lieux de safari aussi magnifiques que gratifiants.

Tourisme

Il est impératif d'obtenir un laissez-passer à Marongora (centre administratif de Mana Pools) pour pouvoir pénétrer dans le parc. Ce laissez-passer sera vérifié aux barrières d'entrée et les voyageurs qui n'en ont pas seront contraints de faire demi-tour. Les bureaux se trouvent sur le bord de la route et sont quotidiennement ouverts jusqu'à 15h30. Si vous désirez séjourner plusieurs jours à Mana Pools, vous devez réserver un hébergement à l'avance. Pour ceux qui viennent avec leur propre véhicule, sachez qu'il n'y a pas de station service entre Kariba, Chirundu et Karoi. Un 4x4 est nécessaire pour la grande majorité des pistes dans le parc de Mana Pools.

À Mana Pools, la faune est exceptionnellement abondante pendant la saison sèche. Ceci est dû à la présence du fleuve, mais également à celle d'immenses Acacia abida dont le cycle de fenaison est inversé. Alors que les autres arbres déploient leur feuillage avec les pluies, les Acabia abida verdissent et se couvrent de graines pendant la saison sèche. Ils deviennent alors la nourriture providentielle de nombreux herbivores et particulièrement des éléphants, qui en raffolent. En dehors des pachydermes, on trouve de grandes concentrations de buffles et d'impalas, surnommés ici chèvres, à cause de leur vitesse de reproduction. Mais également des troupeaux de cobes à croissant, koudous, élands, hippotragues noirs, zèbres et surtout des nyalas, une antilope très intéressante à observer, puisqu'on ne la trouve nulle part au Zimbabwe en dehors des parcs nationaux de Mana Pools et Gonarezhou. Céphalophes du Cap, guibs harnachés, sunis, babouins et grivets sont également présents, de même qu'une multitude de prédateurs comme les lions, léopards, servals, lycaons, hyènes tachetées, etc. ou des animaux plus rarement aperçus, tels que les protèles, ratels, pangolins, porcs-épics ou oryctéropes. Le fleuve quant à lui, fourmille (et le mot n'est pas fort !) d'hippopotames et de crocodiles...

Différentes activités sont possibles à Mana Pools :

Safari en voiture. Seul un très petit nombre de pistes sillonne le parc de Mana Pools. En dehors de celle qui traverse la zone protégée de Nyasikana à Nyamepi, toutes les autres sont concentrées le long du fleuve et des bassins, où les animaux sont les plus nombreux et la visibilité maximale. Si les grands arbres abondent dans cette partie du parc, le sous-bois n'est pas très dense et favorise l'observation. Long Pool (le grand étang de Mana) figure à ce titre comme un excellent lieu où se poster.

Safari à pied. La spécificité de Mana Pools est que la marche est librement autorisée dans tout le parc, de 6h à 18h. Cela ne signifie pas que les prédateurs sont absents, mais que la visibilité est suffisamment bonne pour que l'expérience ne s'achève pas en bain de sang. Bien entendu, des règles élémentaires sont à respecter et la prudence la plus extrême est de mise. Si vous craignez toutefois d'oublier quelques précautions indispensables, ou de paniquer devant un animal sauvage, choisissez les marches accompagnées par les rangers du parc (à réserver sur place).

Pêche. La pêche est autorisée dans le Zambèze, à condition d'avoir un permis délivré par les parcs nationaux. Comme partout ailleurs au Zimbabwe, les espèces les plus recherchées sont la brème et le poisson-tigre. Chaque pêcheur n'a droit qu'à 6 poissons par jour et doit les nettoyer sur les rives mêmes du fleuve et non dans les camps.

Safari en canoë. Avec la marche à Mana Pools, le safari canoë est l'autre activité phare de la vallée du Zambèze moyen. Elle se pratique sur toute la section bordant le parc national, mais également de Kariba à Chirundu, de Chirundu à Mana Pools, et de Mana Pools à Kanyemba (à la frontière mozambicaine). Chaque périple dure 2 à 10 jours selon la distance choisie et parcourue, et s'effectue en petits groupes sous la gouverne d'un ou deux guides professionnels. Les dangers ne sont pas mineurs et sont surtout le fait des hippopotames qu'il faut savoir repérer, contourner, éviter et ne pas exciter ! Chaque année, un ou deux accidents se produisent, chiffre négligeable proportionnellement au nombre de personnes qui descendent le fleuve tous les ans, mais dont il faut avoir conscience. Sur terre, lors de la pause déjeuner ou du bivouac du soir, des règles de sécurité sont également à suivre et les conseils d'un guide sont, là encore, tout à fait bienvenus. L'aventure, pourtant, est accessible à tous (sauf aux enfants en bas âge) et figure souvent comme le point fort de tout voyage au Zimbabwe. Le fleuve, dans cette partie du pays, est à la fois majestueux et calme (on ne dénombre aucun véritable rapide) et favorise un canotage reposant et tranquille. Une forme minimale est certes requise (on parcourt 12 à 20 km par jour), mais le courant joue en la faveur des participants et il est facile de ménager des pauses sur des îlots ou bancs de sable. Comme la dérive est quasiment silencieuse, il est fréquent d'apercevoir une multitude d'oiseaux (des espèces aquatiques pour la plupart), ainsi que de grands mammifères venus étancher leur soif. L'autre avantage est que l'on pagaye et que l'on est beaucoup plus actif que tranquillement assis au fond d'un 4x4. Et puis, on est toute la journée à l'air et on dort sous la tente, ce qui est sans doute le moyen le plus authentique d'expérimenter vraiment l'ambiance de la brousse !

Transports

En avion. Trois aérodromes de brousse ont été aménagés à Mana Pools : l'un au cœur du parc, près des quartiers généraux de Nyamepi, le deuxième à Chikwenya (lisière orientale de la zone protégée), et le troisième à l'ouest du parc national, au sud de Ruckomechi.

En 4x4. A partir de Harare, empruntez la nationale 1 jusque Marongera, via Chinhoyi, Karoi et Makuti. Procurez-vous le laissez-passer à Marongera et poursuivez sur 6 km. La route descend alors l'escarpement du Zambèze et offre des panoramas époustouflants sur des plaines infinies de la vallée ; elle croise ensuite une piste qui part sur la droite et mène, au bout de 43 km, à la barrière d'entrée du parc (Nyasikana entrance gate). A partir de là, parcourez encore 42 km de piste, jusqu'aux bureaux de Nyamepi, situés à proximité du Zambèze.

En transport en commun. Les chicken bus et kombis entre Harare ou Chinhoyi et Chirundu peuvent déposer à Marongora. Les camps de Mana Pools peuvent venir vous chercher d'ici, mais aucun transport en commun n'existe à l'intérieur du parc.

NATUREWAYS SAFARIS

Mhembwe Close
✆ +263 772 335 038
www.natureways.com
Office à Harare et Kariba.

Natureways Safaris a été créé en 1987 par Garth Thompson, guide reconnu, qui plus tard a transmis le flambeau à James Varden. La compagnie est devenue l'un des gros opérateurs locaux spécialisés dans l'organisation des safaris en canoë ou des randonnées pédestres à la découverte du parc national de Mana Pools. Le logement se fait en camps mobiles pour les safaris en canotage ou à pied, et leur campement fixe en bordure de la rivière Zambèze, le Zambezi Camp conviendra à merveille aux voyageurs ne souhaitant pas un parcours itinérant.

NYAMEPI CAMP €

www.zimparks.org
30 emplacements. Emplacement (6 personnes au maximum) au bord du fleuve : 130 USD et en retrait : 100 USD.

Situé au bord du Zambèze, non loin du quartier général du parc, où il faut se présenter à l'arrivée, ce camping de Zimparks est le plus grand terrain de camping des environs, avec pas moins de 36 emplacements. Il y a de beaux emplacements sous les grands arbres. Les plus prisés, mais aussi les plus chers, sont ceux qui bordent le fleuve. Le campement dispose de toilettes, douches, éviers, eau courante, eau chaude. Chaque emplacement dispose d'un espace *braai* et il est possible d'acheter du bois sur place, pour vos barbecues.

STRETCH FERREIRA SAFARIS

✆ +263 242 882 373
www.stretchsafaris.com

Un opérateur permanent de Mana Pools. La compagnie a été primée en 2019 (meilleur guidage, meilleure cuisine, meilleur safari à pied...). Le fondateur et gérant, Stretch Ferreira est avant tout un excellent guide, avec un brin de folie. Il habite ici depuis plus de 30 ans et saura veiller au bon déroulement des randonnées et des safaris en canoë-kayak ou en voiture, selon le choix des clients. Il propose par exemple d'explorer en canoë la partie septentrionale du parc, sur le célèbre fleuve Zambèze. Son campement de toile très soigné peut accueillir 12 personnes.

CAMPEMENTS EXCLUSIFS ZIMPARKS €€

www.zimparks.org
Mucheni, Nkupe, Ndungu, Gwaya, Chitake 2 : 200 USD. Chitake 1 : 300 USD. 6 personnes maximum.

Les *Exclusive camps* sont réservés à de petits groupes constitués, cherchant une communion intime avec la nature. Tous les camps au bord du fleuve sont pourvus de sanitaires élémentaires et d'un emplacement pour barbecue. Les camps de Gwaya, Mucheni, et Ndungu se trouvent à l'ouest alors que Nkupe se situe à l'est du camp principal de Nyamepi. Les campements à Chitake sont situés dans le sud du parc et ne sont pas du tout aménagés. Les campeurs doivent être complètement auto-suffisants.

TAILORMADE SAFARIS

✆ +263 772 153 500
www.tailormade-safaris.com

Tailormade Safaris a été créé en 2008 par Humphrey et sa femme Constance dans le but de partager leur amour de la brousse. Pour faire vivre aux voyageurs des safaris personnalisés, Tailormade et son équipe multilingue (anglais, français, shona...) parcourent tout le Zimbabwe, mais leur spécialité reste la région magique de Mana Pools, en compagnie de guides très professionnels du pays. Les repas se composent de plats savoureux à la frontière des cultures, et quand le savoir-faire européen se mêle aux ingrédients africains, le résultat est unique.

CHIKWENYA SAFARI LODGE €€€

✆ +27 11 257 5000
www.wilderness-safaris.com
Pension complète et activités : 1 959 USD en single et 1 506 USD en double (tarifs par personne).

Ce *lodge*, repris par la compagnie sud-africaine Wilderness Safaris, est l'option ultraluxueuse de Mana Pools. Etabli sur une concession privée, il se compose de cottages individuels, tout de chaume, de briques et de teck avec salle de bains intérieure et douche à ciel ouvert, climatisation et terrasse privée pour des couchers de soleil inoubliables. Les activités incluent le *game drive*, le *game walk*, l'observation des oiseaux, la pêche et le canoë. Une piste d'atterrissage privée à 10 km du camp est disponible pour les visiteurs arrivant avec un vol charter.

NORD

KANGA CAMP €€€

✆ +27 21 701 0270

www.africanbushcamps.com

Entre 555 USD et 830 USD par jour et par personne, tout compris.

Kanga, exploité par African Bush Camps, est situé dans une concession privée au cœur du parc. Il n'est ouvert que d'avril à octobre. Le camp fait face à un plan d'eau. Il se compose de six luxueuses tentes sur plateforme, avec salle de bains, douches extérieures et petites terrasses privées, mais aussi d'une belle paillote bar-restaurant. En plus des traditionnels *game drives* et *game walks*, sont proposées des sorties ornithologiques, mais aussi des *armchair safaris*, qui permettent d'admirer la faune sans avoir à quitter son siège.

KAVINGA SAFARI CAMP €€€

✆ +263 774 455 822

www.kavingasafaris.com

Entre 410 US$ et 550 US$ par personne selon la saison, tout compris.

Kavinga Camp rassemble 7 tentes de luxe au bord de la rivière Ruckomechi. Les tentes sont organisées autour d'un plan d'eau où s'abreuvent les animaux. Ils peuvent être observés des terrasses des chambres ou de la cachette ingénieusement déguisée en termitière. La grande concession privée dans laquelle Kavinga se trouve garantit des safaris « exclusifs » et les guides connaissent le terrain comme leur poche. Un nombre impressionnant d'éléphants se trouvent autour du camp mais hyènes, lions, lycaons, guépards et bien d'autres sont également présents.

RUCKOMECHI CAMP €€€

✆ +27 11 807 1800

www.wilderness-safaris.com

Pension complète et activités : à partir de 1 223 USD en single et 941 USD en double (tarifs par personne).

Sur de vastes pelouses ombragées d'acacias et d'acajous immenses, les tentes de luxe de Ruckomechi Camp sont pourvues de tout le bien-être. L'endroit est idéal pour les safaris photo à la rencontre des élands, des hippopotames, des lions, des buffles et surtout des éléphants et des oiseaux. Un salon, bar et bon restaurant se trouvent sur place tandis que les chambres sont dotées de romantiques salles de bains en plein air aménagées au bord du fleuve avec une baignoire géante. Concernant les activités, le camp propose safaris en voiture ou à pied, pêche et canoë.

VUNDU CAMP €€€

✆ +64 27 4792945

www.bushlifesafaris.com

Situé au cœur du parc, dans une concession privée, ce camp de luxe comprend huit tentes de safari tout confort. Elles sont disposées sous les grands arbres, à une dizaine de mètres du Zambèze. Les éléphants sont des visiteurs réguliers à Vundu, ainsi que les phacochères et les impalas qui peuvent être observés de la mezzanine pendant les repas ou les moments de détente. Safaris en voiture (de jour comme de nuit) ou à pied, navigation sur le fleuve (pêche, canoë, croisière) et *birdwatching* font partie des activités proposées.

ZAMBEZI EXPEDITIONS €€€

✆ +27 21 701 0270

Entre 472 et 706 USD par pers. selon la saison. Tout compris. L'endroit est accessible du 1er avril au 31 octobre.

Ce camp semi-permanent change d'endroit presque chaque année mais reste implanté à un endroit ou un autre au bord du Zambèze. Les amateurs de pêche et de safaris en canoë y trouveront leur bonheur. Cinq tentes luxueuses avec des lits doubles, et une restauration soignée. Le confort total dans un décor sauvage, entre rivière et brousse. Ici, c'est aussi le campement de tous les animaux : lions, hippopotames, buffles, léopards, zèbres et crocodiles, sans compter les centaines d'espèces d'oiseaux qui volent au-dessus de Mana Pools.

PASSPORT

ORGANISER SON SÉJOUR

Le Zimbabwe est une destination de safaris de premier rang. C'est également un pays plutôt accueillant et sûr. Les services touristiques (hébergement, restauration, guidage, activités…) sont, généralement, très professionnels, mais ce n'est pas une destination à la portée de toutes les bourses, que l'on parte en voyage organisé ou que l'on voyage par ses propres moyens. Les formalités d'entrée et les aspects sanitaires sont faciles à résoudre, mais les aspects organisationnels, logistiques ou financiers requièrent davantage de préparation. Différents tour-opérateurs français proposent des safaris au Zimbabwe, mais l'on peut également passer par des agences touristiques locales, basées à Harare, Victoria Falls ou Bulawayo. Si l'on veut voyager en pleine période touristique (juin à septembre), il est fortement conseillé de réserver son aérien, son circuit et ses hébergements plusieurs mois à l'avance.

ORGANISER SON SÉJOUR

ARGENT

L'hyperinflation des dernières années a mis un frein au dollar zimbabwéen, qui n'a pas été utilisé depuis 2009 et a été diabolisé en 2015. Officiellement, le pays a neuf devises, y compris l'euro, mais les prix sont toujours affichés en dollars américains et les taux de change pour les autres devises sont mauvais. En raison d'une pénurie de dollars américains dans le pays, il a commencé à produire des *bond notes* avec des valeurs en dollars américains, valables uniquement au Zimbabwe. Comme il y a une pénurie de liquidités en dollars américains, il existe un marché noir où 1 USD peut être acheté, au moment de l'enquête (décembre 2022), pour entre 800 et 900 RTGS/ZWL/obligations. Changer de monnaie sur le marché noir est bien sûr illégal. Les guichets automatiques sont presque tous vides depuis plusieurs années, bien que cela change maintenant et à certains guichets automatiques (Stanbic Bank et Standard Chartered Bank), vous pouvez maintenant retirer un montant limité d'espèces quotidiennement en utilisant une carte de crédit étrangère. La plupart des paiements dans tout le pays sont effectués en USD. Les cartes de débit locales sont également acceptées, et les cartes de crédit étrangères sont acceptées par la majorité des commerçants, au taux officiel du dollar américain. EcoCash, un système de paiement téléphonique est également largement accepté.

Avant de partir pour le Zimbabwe, il est nécessaire de connaître la situation monétaire du pays. En effet, au moment de l'enquête, les étrangers sont en mesure de retirer des dollars américains des guichets automatiques de Standbic Bank et Standard Chartered Bank, avec une limite de retrait quotidienne de 150 USD. Le paiement par carte de crédit est maintenant plus largement accepté dans de nombreux supermarchés et restaurants et certains magasins, en particulier à Harare et Victoria Falls. Ecocash (paiement par téléphone) est largement accepté. Cependant, dans les marchés de rue, les villages isolés ou les petits magasins, il peut ne pas être possible de payer par carte bancaire internationale ou Ecocash. Il est donc nécessaire et fortement conseillé de changer les euros en dollars américains avant d'arriver au Zimbabwe. Payer en espèces américaines peut avoir ses avantages, comme certains hôtels ou restaurants font des réductions avantageuses. En général, l'argent américain est le mode de paiement préféré accepté par toutes les entreprises, quelle que soit l'industrie, et bien que vous puissiez retirer de l'argent quotidiennement aux guichets automatiques, il est plus sûr d'arriver avec tout l'argent dont vous pourriez avoir besoin pour votre voyage et d'apporter votre carte Visa avec vous comme sauvegarde.

Taux de change (décembre 2022)
1 USD = 0,94 €
1 € = 1,06 USD
1 USD = 671 ZWL (dollar zimbabwéen)
1 USD = 850 ZWL (officieusement sur le marché noir)

Si vous souhaitez changer de devise, sachez que les frais de change peuvent être multipliés par cinq d'un bureau de change à un autre (ces frais sont souvent déjà inclus dans le taux de change affiché). La même pratique peut être observée en France. Préférez donc la carte de crédit. Pour les retraits mais aussi les paiements par carte, le taux de change utilisé pour les transactions est généralement plus intéressant que les taux pratiqués dans les bureaux de change.

Si vous avez une carte de crédit (Visa, MasterCard, etc.), il n'est pas nécessaire de prendre de grosses sommes d'argent bien que, comme mentionné précédemment dans ce chapitre, avoir de l'argent sur vous est préférable et la plupart des Zimbabwéens paient pour des biens et services en utilisant de l'argent américain. Vous pouvez retirer de l'argent de certains guichets automatiques, mais les montants quotidiens sont faibles. En cas de perte ou de vol de votre carte à l'étranger, votre banque vous proposera des solutions adéquates pour que vous puissiez poursuivre votre séjour en paix. Pour ce faire, n'oubliez pas d'écrire avant de laisser le numéro d'assistance indiqué au dos de votre carte de crédit ou disponible sur Internet. Ce service est disponible 24h/24 et 7j/7. En cas d'opposition, il est immédiat et confirmé dès que vous pouvez fournir votre numéro de carte de crédit. Sinon, l'opposition est enregistrée mais vous devez confirmer l'annulation à votre demande par fax ou lettre recommandée.

PASSEPORT ET VISAS

Un visa d'entrée est nécessaire pour les ressortissants français. Il peut être délivré soit à l'ambassade du Zimbabwe à Paris, soit aux points d'entrée sur le territoire. Les visas à entrées multiples peuvent être obtenus à l'ambassade du Zimbabwe à Paris ou au service de l'immigration à Harare. Le visa de 90 jours à entrée simple est de 30 USD, à deux entrées est de 45 USD et à entrées multiples est de 55 USD. Pour une demande de visa à l'ambassade du Zimbabwe à Paris, le délai officiel de l'obtention du visa est de 7 jours ouvrables.

Ambassade du Zimbabwe en France – 10, rue Jacques Bingen – 75017 Paris – www.zimparis.gov.zw – zimembassy@zimparis.gov.zw – tél. 01 56 88 16 00 – ouvert de 9h à 13h et de 14h à 17h, du lundi au vendredi.

Achat du visa au Zimbabwe, à l'aéroport ou au poste frontière de votre arrivée (prévoyez à l'avance le montant en dollar américain et en espèce). Cela ne vous prendra que 5 minutes, coûte 30 USD et ne présente aucune difficulté. Si vous souhaitez une entrée double, prévoyez 45 USD. L'UniVisa (ou visa KaZa) pour le Zimbabwe et la Zambie est normalement disponible à tous les points d'entrée, mais l'absence d'autocollant peut toujours arriver.

PERMIS DE CONDUIRE

Les personnes de passage (tourisme, affaires, études, mission…) peuvent conduire au Zimbabwe avec leur permis de conduire français pendant 90 jours ou pendant la durée de validité de leur permis international si elles en possèdent un.

Les résidents au Zimbabwe doivent obtenir le permis de conduire local par examen ou par échange.

Pour tous les problèmes de véhicule (dépannage, révision, etc.), il est possible d'adhérer à l'Automobile Association of Zimbabwe (45 à 90 USD par an) : The Automobile Association of Zimbabwe – 2 Kenilworth Road, Newlands, Harare – tél. : 242 788173-6 – 0712 406 033 – 242 776760 – https://www.aazimbabwe.co.zw/

SANTÉ

Pour recevoir des conseils avant votre voyage, n'hésitez pas à consulter votre médecin. Vous pouvez aussi vous adresser à la société de médecine des voyages du centre médical de l'Institut Pasteur au ✆ 01 45 68 80 88 (www.pasteur.fr/fr/sante/centre-medical) ou vous rendre sur le site du ministère des Affaires étrangères à la rubrique « Conseils aux voyageurs » (www.diplomatie.gouv.fr/voyageurs). En cas de maladie ou de problème grave durant votre voyage, consultez rapidement un pharmacien puis un médecin.

VACCINS OBLIGATOIRES

Vous partez bientôt ? Avant de fermer vos valises, n'oubliez pas que votre santé fait aussi partie du voyage, c'est même votre bien le plus précieux. Hépatite A, hépatite B, paludisme, fièvre jaune, typhoïde… Au Zimbabwe, vous serez peut-être exposé à ces maladies. Heureusement, vous pouvez vous en prémunir grâce à la vaccination ou en suivant un traitement préventif. C'est donc avant de partir que vous devez y penser. Un voyage dans un pays reculé est toujours une expédition qui demande une organisation préalable de quelques mois (vaccinations, assurance, vérifications diverses…). Aucune vaccination n'est officiellement requise pour entrer sur le territoire zimbabwéen, sauf celle de la fièvre jaune si vous arrivez d'une zone affectée par ce virus. Néanmoins, nous vous conseillons d'être à jour pour vos vaccins contre le tétanos et la polio, et de vous faire vacciner contre la fièvre typhoïde et les hépatites A et B. Ces vaccins nécessitant plusieurs injections, veillez à établir un planning au moins six semaines à l'avance avec votre médecin traitant.

DÉCALAGE HORAIRE

Le Zimbabwe est à GMT + 2. Le décalage avec la France est donc faible : l'heure est la même en été français et le Zimbabwe est en avance d'une heure en hiver.

LANGUES PARLÉES

L'anglais est la langue officielle et administrative du Zimbabwe. Il existe aussi quinze langues locales ou régionales qui sont aussi reconnues officiellement. On peut citer notamment le shona, le ndebele, le tonga ou le shangaan. L'afrikaans n'est pas une langue officielle, mais il est employé par une partie de la communauté sud-africaine du pays.

ELECTRICITÉ ET MESURES

Le standard est 220 volts. En revanche, il n'y a pas vraiment de standard pour les prises. Le voyageur peut aussi bien trouver des prises britanniques, indiennes ou françaises. Mê[illegible] si la majorité d'entre elles sont britannique[illegible] convient de posséder deux adaptateurs [illegible] adaptateur universel. Ceux-ci sont vend[illegible] tous les centres touristiques et dans l[illegible] marchés à 2 USD.

Dans les campements de brousse, l'électricité est souvent fournie par un groupe électrogène ou par des panneaux solaires. Il est fréquent que l'électricité ne soit disponible qu'une partie de la journée (le matin et en soirée, par exemple). L'ampérage y est faible. Certaines structures ne disposent pas d'électricité et ont recours à la lampe à pétrole ou à la bougie. C'est le lot de nombreux Zimbabwéens, en particulier ceux qui habitent encore de simples cases en brousse. Enfin, en camping et dans les réserves, la petite lampe torche ou la lampe frontale constitue la seule source de lumière, en dehors des étoiles et du feu de camp, pensez-y ! Le Zimbabwe utilise le système métrique des poids et mesures.

BAGAGES

Vêtements. Essayez de réduire au maximum votre valise. Un conseil : laissez plutôt de la place pour le poids de vos cadeaux souvenirs ! Les sous-vêtements, dont des chaussettes hautes pour les marches en brousse, légères pour l'été, plus chaudes pour l'hiver, bermudas, shorts et tee-shirts, si possible dans des tons neutres (optez plus pour les tons verts, bleu marine, beige et gris si vous comptez faire des safaris). Un ou deux pantalons légers pour le soir, un pull, un vêtement de pluie et un maillot de bain pour les piscines des hôtels. À cette petite liste, les voyageurs des mois de juin, juil-

...GHLAN - SHUTTERSTOCK.COM

...arc national de Hwange.

let, août, et particulièrement les randonneurs désireux de se rendre dans les montagnes de l'est du pays, ajouteront quelques habits plus chauds : pulls, jeans, anorak, écharpe, gants, bonnet (le Zimbabwe n'est pas l'Alaska, cependant, même dans les parcs nationaux, quand le vent souffle à 5h30 du matin et qu'on se trouve en 4 x 4 découvert, mieux vaut avoir augmenté le poids de sa valise d'un ou deux kilos !). Les personnes ayant réservé dans de grands hôtels n'oublieront pas qu'elles sont en pays anglophone et qu'une tenue correcte est exigée dans les bars et les restaurants après 18h30. Les vêtements de camouflage sont exclusivement réservés aux militaires et ne devront pas être portés par les touristes (surtout ceux désirant effectuer des randonnées le long de la frontière mozambicaine).

Chaussures. Une paire de chaussures de marche ou de tennis dans lesquelles vous êtes bien, une paire de tongs ou sandalettes et une paire de chaussures de ville pour les dîners dans les hôtels.

Autres. Protections solaires indispensables (au moins pour votre visage), nécessaire de toilette, couteau suisse ou canif, une lampe torche, carnet de santé, passeport, billet d'avion, cartes de crédit, devises, carnet d'adresses, jumelles (si possible une paire par personne) et, pour les utilisateurs d'appareils photo, chargeur, batteries, piles (elles sont chères et souvent de mauvaise qualité au Zimbabwe), pellicules (surtout si vous êtes habitué à une émulsion particulière), une petite trousse à pharmacie et des sacs pour protéger les appareils de la chaleur, de la poussière et de la pluie.

LES PHRASES CLÉS

Bonjour, je voudrais réserver un billet aller/retour pour…
Hello, I'd like to book a single/return ticket to …

J'ai raté mon avion. Je voudrais échanger mon billet s'il vous plaît.
I missed my plane.I'd like to change my ticket please.

Mon vol est très en retard. Ma correspondance sera bien assurée ?
My flight is very delayed. Will I make my connection?

Mes bagages ont été égarés, à qui dois-je m'adresser ?
My luggage has been lost, who should I talk to?

Louez-vous des voitures avec chauffeur ?
Do you hire cars with a driver?

Je n'ai presque plus d'essence. Où se trouve la station-service la plus proche ?
I'm almost out of petrol. Where is the nearest petrol station?

S'Y RENDRE

Suite à la crise économique et politique du Zimbabwe, beaucoup de compagnies aériennes ont arrêté de desservir le pays, situation qui persiste jusqu'à aujourd'hui – aucun vol direct n'existe entre l'Europe et le Zimbabwe. Il faut donc « transiter » pour rallier Paris à Harare. Ainsi, l'alliance Sky Team (Air France, KLM, Kenya Airways) vous amènera à Nairobi, d'où vous pourrez rejoindre Harare (avec le même billet). Il est également possible de passer par Johannesburg. Ethiopian Airlines, de son côté, relie Paris à Harare *via* Addis-Abeba. Dans le meilleur des cas, il faut compter autour de quinze heures pour un aller ou un retour. Le prix d'un aller-retour Paris-Harare varie significativement selon les saisons et les compagnies, mais aussi et surtout si l'on s'y prend longtemps à l'avance ou au dernier moment. Il faut, désormais, compter au minimum 800 €, mais payer 1 200 € n'est pas rare.

AIR FRANCE

✆ 09 69 39 36 54

Réservez en ligne ou par téléphone. Bagage en soute gratuit. Entre 55 et 100 € pour un bagage en soute supplémentaire.

Air France propose des liaisons quotidiennes de Paris à Harare via Johannesburg ou Nairobi. Comptez au moins 15 heures de trajet. Il est aussi possible de partir depuis d'autres villes de France. La compagnie, qui existe depuis 1933, est synonyme de qualité, de service et de confort. La compagnie fait partie du groupe privatisé Air France-KLM et est également membre fondateur de l'alliance Skyteam, ce qui lui donne de nombreuses correspondances et beaucoup de partenariats. Sa flotte est majoritairement constituée d'Airbus âgés d'une dizaine d'années.

ETHIOPIAN AIRLINES

66, avenue des Champs Elysées

PARIS (8e)

✆ 08 25 82 61 35

www.ethiopianairlines.com

Fondée en 1945, la compagnie aérienne nationale est contrôlée à 100 % par l'État éthiopien. La compagnie éthiopienne relie Paris à Harare une fois par jour, avec une escale à Addis-Abeba. Le personnel de bord est aux petits soins. Ethiopian Airlines est la compagnie qui dessert le plus grand nombre de pays en Afrique. Partenaire historique de Boeing, elle agrandit sa flotte, en 2015, de quatorze Airbus. Et en 2019, elle remporte le prix de la meilleure compagnie aérienne en Afrique (Skytrax 2019 Word Airlines Awards).

MISTERFLY

www.misterfly.com

Ouvert du lundi au vendredi de 9h à 21h. Le samedi de 10h à 20h.

MisterFly.com est le nouveau-né de la toile pour la réservation de billets d'avion. Son concept innovant repose sur un credo : transparence tarifaire ! Cela se concrétise par un prix affiché dès la première page de la recherche, c'est-à-dire qu'aucun frais de dossier ou frais bancaire ne viendront alourdir la facture finale. Idem pour le prix des bagages ! L'accès à cette information se fait dès l'affichage des vols correspondant à la recherche. La possibilité d'ajouter des bagages en supplément à l'aller, au retour ou aux deux... tout est flexible !

OPTION WAY

✆ 04 22 46 05 23

www.optionway.com

Option Way est l'agence de voyages en ligne au service des voyageurs. L'objectif est de rendre la réservation de billets d'avion facile en vous faisant économiser. 3 bonnes raisons de choisir Option Way :

- la transparence comme mot d'ordre. Finies les mauvaises surprises, les prix sont tout compris, sans frais cachés ;
- des solutions exclusives qui vous permettent d'acheter vos vols au meilleur prix ;
- le service client, basé en France, joignable gratuitement, composé de véritables experts de l'aérien. Ils sont là pour vous, n'hésitez pas à les contacter.

INTERVIEW

L'ASSURANCE VOYAGE, LE MEILLEUR MOYEN POUR PROTÉGER SA SANTÉ À L'ÉTRANGER

avec le DR CÉDRIC RAMAUT, directeur médical d'Allianz Travel

En cas de souci de santé sur place, que faut-il faire ?

Si l'on se trouve dans une situation urgente (accident grave, morsure d'animaux…), il est conseillé d'appeler les numéros d'urgence locaux. Une fois à l'hôpital, appeler son assisteur pour déclencher les procédures de prise en charge.

Est-il possible d'entrer en contact avec un professionnel de santé en cas de besoin ?

Allianz Travel dispose d'un service de téléconsultation médicale accessible en visio qui permet de s'entretenir avec un médecin 24h/24, 7 jours sur 7. La consultation se fait en français et des conseils sont donnés sur les démarches à effectuer. Une ordonnance peut également être délivrée.

S'agissant des frais médicaux, est-on forcément couvert par son assurance maladie et sa mutuelle à l'étranger ?

La sécurité sociale fonctionne uniquement dans les pays avec lesquels la France a passé des accords. Il faut pour cela demander sa carte européenne d'assurance maladie (CEAM). La sécurité sociale et la mutuelle couvriront alors les frais médicaux à l'étranger à hauteur de leur propre barème sous certaines conditions. Il est malgré tout conseillé de souscrire une assurance voyage, car la prise en charge des frais ne sera pas la même qu'en France.

Quel est le meilleur moyen de voir ses frais médicaux pris en charge ?

Dans les pays hors Europe, il est recommandé de souscrire à un contrat d'assistance avec un bon niveau de couverture des frais médicaux. Il est également important de choisir un assureur disposant d'un important réseau international dans le domaine médical.

En cas de problème médical, le rapatriement est-il prévu dans le contrat d'assurance ?

Oui, la majorité des contrats d'assurance voyage prévoit le rapatriement mais il n'est toutefois pas systématique. L'état de santé du patient peut nécessiter une hospitalisation / une immobilisation sur le lieu de séjour. Si le patient peut être traité sur place, l'assisteur l'orientera vers un médecin ou une structure médicale adaptée localement, et ce jusqu'à ce qu'il puisse à nouveau de voyager et rentrer chez lui.

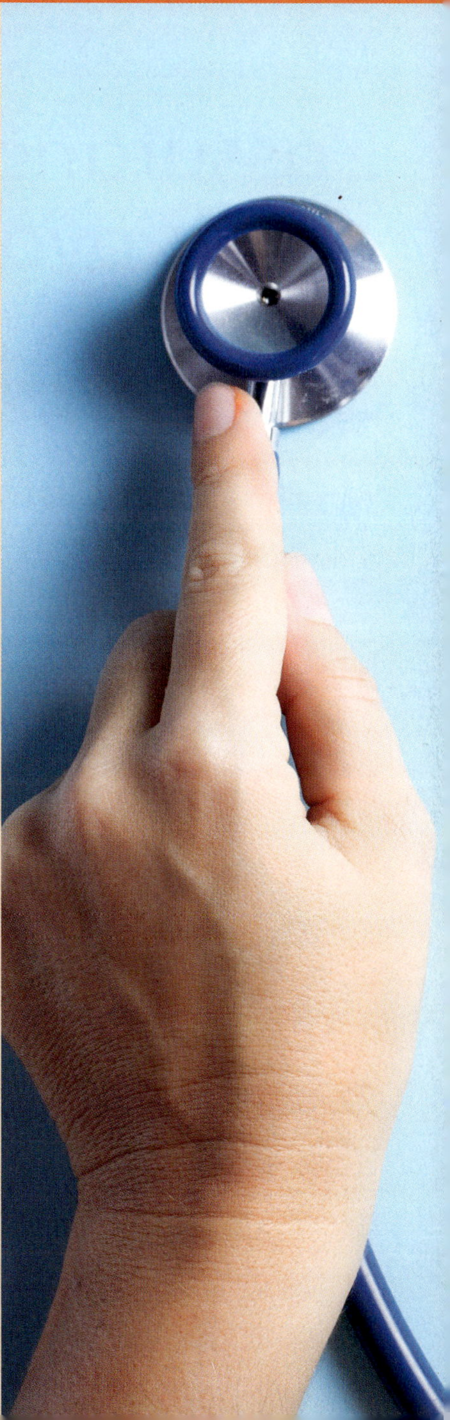

© NEIRFY

SÉJOURS ET CIRCUITS

Si le Zimbabwe a été jusque dans les années 1990 une destination touristique prisée, la crise politique et économique dans laquelle s'est enfoncé le pays l'a fait passer pour une destination plus confidentielle. Pour autant, quelques tour-opérateurs français continuent d'y proposer des circuits « nature » permettant de découvrir des sites tels que Hwange, les Matopos, les chutes Victoria ou Mana Pools. D'autres tour-opérateurs se contentent de proposer des circuits organisés dans les pays voisins (Afrique du Sud, Botswana...), mais les font terminer aux chutes Victoria. Localement, différentes agences réceptives, basées à Harare, Victoria Falls, voire Bulawayo, peuvent vous proposer des circuits organisés, des prestations (réservation d'hébergements, location de voiture, mise à disposition de guides...) et toutes sortes d'activités à travers le pays. Leurs services et leur personnel demeurent, généralement, très professionnels.

CERCLE DES VOYAGES

31, avenue de l'Opéra
PARIS (1er)
✆ 01 40 15 15 19
www.cercledesvoyages.com
Tous les jours sauf dimanche 9h-20h, samedi 10h-18h30.

Cette agence de voyages située en plein cœur de Paris vous propose des séjours, des circuits et des vols à prix économiques pour l'Australie, ainsi que vers plus de 90 destinations. Les conseillers Cercle des Voyages partagent avec vous leurs conseils d'experts et leurs petits secrets pour faire de votre voyage une expérience inoubliable et personnalisée. Confiez-leur vos habitudes de voyage et co-concevez ensemble un voyage sur mesure, qui vous ressemble. Bénéficiez également des services de leur conciergerie avant, pendant et après votre voyage.

CLUB FAUNE VOYAGES

50, rue de Passy
PARIS (16e)
✆ 01 42 88 31 32
www.club-faune.com
Ouvert du lundi au vendredi de 9h à 19h.

Club Faune Voyages, spécialiste du voyage sur mesure depuis 1985, vous invite à découvrir le Zimbabwe. Un grand circuit de 16 jours est notamment programmé : « De l'ancienne Rhodésie à l'actuel Zimbabwe ». Découverte de la faune et la flore, des cultures locales, visite des sites merveilleux du pays : le parc national de Matobo, Hangwe, Mana Pools et bien sûr les chutes Victoria ! Accompagnés par un de ses experts passionnés, vous construirez ensemble le « voyage de vos envies » et découvrirez adresses secrètes et expériences hors des sentiers battus.

COMPTOIR DES VOYAGES

2-18, rue Saint-Victor - **PARIS** (5e)
✆ 01 53 10 30 15
www.comptoirdesvoyages.fr
Ouvert du lundi au samedi de 10h à 18h.
Egalement des agences à Marseille, Nice, Lyon, Toulouse, Bordeaux et Lille.

Avec plus de 30 ans d'expérience, Comptoir des Voyages a comme concept la vente des destinations et séjours sur mesure animés par de vrais spécialistes originaires ou ayant vécu dans le pays de votre choix. Vous pouvez construire un voyage selon vos intérêts et, surtout, selon votre budget. Vous n'avez qu'à suivre la recette ! Pour visiter le Zimbabwe, vous pouvez notamment choisir entre des séjours, des itinéraires individuels (« Big Five et Big Falls », « Sur les pas de Livingstone ») ou combinés avec le Botswana, la Namibie...

LES MATINS DU MONDE

24, rue Lalande
LYON (6e)
✆ 04 37 24 90 30
www.lesmatinsdumonde.com

Des voyages pas comme les autres. Une petite équipe expérimentée est à votre écoute pour vous préparer un voyage adapté à toutes vos envies. Vous trouverez dans cette agence des conseils personnalisés, des voyages originaux et hors des sentiers battus. Des vols secs, avec ou sans accompagnateur, des hébergements variés, des randonnées à pied, pour découvrir le Zimbabwe (safaris, trekkings, rencontres...). Les spécialistes sauront vous apporter des conseils personnalisés et vous proposer un voyage original, authentique et hors des sentiers battus.

NOMADE AVENTURE

40, rue de la Montagne-Sainte-Geneviève
PARIS (5e)
✆ 01 46 33 71 71
www.nomade-aventure.com
Ouvert du lundi au samedi de 9h30 à 18h30. Circuits sur mesure. Activités.

Nomade Aventure, comme son nom l'indique doublement, est une agence qui vous change de vos habitudes sédentaires. Avec ses voyages placés sous le thème de la nature, de la culture et de la rencontre, elle vous propulse vers de nouvelles aventures. Loin des meutes de touristes, vous mettrez à profit les bonnes connaissances des agents sur la région en profitant à la fois de circuits originaux et de spots incontournables. Nomade Aventure fait de votre voyage de véritables vacances en vous permettant de vous détendre, ils prévoient tout !

MAKILA VOYAGES

4, place de Valois - **PARIS** (1er)
✆ 01 42 96 80 00 - www.makila.fr
Ouvert du lundi au vendredi de 9h à 19h (sur rendez-vous uniquement).

Que signifie Makila ? Eh bien, c'est le nom du bâton traditionnel des bergers basques, autrement dit leur compagnon de route. Si Sylvie Pons, la directrice de Makila, a choisi ce nom, c'est bien pour que son agence devienne votre compagnon de route, avançant avec vous, en vous guidant. Spécialiste des itinéraires sur mesure et hors des sentiers battus, Makila Voyages propose de nombreux séjours et circuits au Zimbabwe (« Safari à Camp Hwange »). Certains sont en combiné avec la Namibie (« Déserts namibiens et safari au Zimbabwe »), le Mozambique ou le Botswana.

TSELANA TRAVEL

14, rue des Deux Ponts
PARIS (2e)
✆ 01 55 35 00 30
www.tselana.com
Du lundi au vendredi de 10h à 19h et le week-end sur rendez-vous.

Créée en 2003 par trois passionnés des paysages désertiques de l'Afrique australe, African Tselana est aujourd'hui devenue Tselana Travel et propose un très large choix de destinations sur tous les continents pour des voyages à l'écart des circuits touristiques habituels. Tselana Travel associe vos envies (aventure, insolite, romantique, famille, désert, voyage de noces, plongée, zen, safari...) à sa connaissance approfondie des destinations pour vous proposer un voyage sur mesure incomparable placé sous le signe du luxe et du raffinement.

VIE SAUVAGE

18, rue de Londres - **PARIS** (9e)
✆ 01 44 51 08 00
www.viesauvage.fr
Sur rendez-vous uniquement, du lundi au jeudi de 9h30 à 18h30, le samedi de 10h à 13h.

Ce tour-opérateur qui connaît très bien le pays vous propose des séjours axés sur l'observation de la nature. Plusieurs safaris-photos à destination du Zimbabwe, dont un safari exclusif de 14 jours avec guide anglophone, à la découverte d'une nature intacte. Au programme : Victoria Falls, avant de parcourir les parcs nationaux de Hwange, de Matusadona et de Mana Pools. Hébergement en lodge ou en bush camp. Également au programme de Vie Sauvage, un « safari lycaon » (12 jours) ou un combiné Afrique du Sud, Namibie, Botswana et Zimbabwe (28 jours).

AFRICA TRAVEL TOURS

432 Miles road
VICTORIA FALLS
✆ +263 774 750 633
www.africatravelvicfalls.com

Ce tour-opérateur zimbabwéen organise des séjours et des safaris dans tout le pays. Toutes sortes d'activités sont proposées autour des chutes Victoria (canyoning, rafting, survols en hélicoptère, tyrolienne, croisières, *game drive*, visite de village...), mais aussi des escapades aux parcs nationaux de Hwange et Chobe et des tours du Zimbabwe sur deux semaines. Africa Travel Tours organise également la réservation d'hébergements, des transferts en bus et minibus. Africa Travel Tours dispose d'ailleurs d'une flotte de véhicules impressionnante.

AFRICAN WANDERER SAFARIS

37 Burnside Road
BULAWAYO
✆ +263 292 241 787

Ian est un guide chevronné du Zimbabwe, imbattable autant sur l'art rupestre des monts Matobo, que sur la faune et la flore de la région, il traque les rhinocéros blancs et noirs avec un enthousiasme et emporte agréablement le visiteur. Si vous avez une panne de vocabulaire en anglais, il saura employer quelques mots de français. L'agence propose des excursions dans le parc national des Matopos, mais aussi aux ruines de Khami ou à l'orphelinat de Chipangali. Elle propose également des visites dans le parc national de Hwange.

ARMADILLO TRAVEL AND TOURS

81 King George Road
HARARE
✆ +263 776 873 735
Ouvert du lundi au jeudi de 8h à 16h30 et le vendredi de 8h à 16h.

Petite agence zimbabwéenne très dynamique depuis 1997, elle propose divers services : réservations de transports et d'hébergements, organisation de circuits à travers le pays, elle s'adapte aux envies et aux budgets des clients... Les Eastern Highlands est un de leurs secteurs de prédilection, mais Armadillo opère dans bien d'autres régions du Zimbabwe, en particulier à Victoria Falls et propose souvent quelques bons plans en termes d'hébergements.

BACKPACKERS' BAZAAR

5 Bata Center
VICTORIA FALLS
✆ +263 832 842 208
www.backpackersbazaar.com

Créé en 1997, Backpackers Bazaar est devenu l'agence de référence pour les voyageurs indépendants. Le personnel, sympathique, peut organiser toutes sortes d'activités (rafting, saut à l'élastique, tyrolienne, survol, croisière, *game drive*, marche avec les éléphants, safaris à cheval...). Il est également possible d'opter pour des *packages* d'activités. L'agence peut également réserver vos transferts et hébergements à Victoria Falls ainsi que des tours organisés dans tout le pays. Backpackers Bazaar est l'agence préférée des voyageurs à petit budget.

DK TOURS & SAFARIS

Office n°3 Landela Complex
VICTORIA FALLS
✆ +263 772 251 124
www.dktoursandsafaris.co.zw

Agence locale basée à Victoria Falls dirigée par une équipe zimbabwéenne. Elle propose des safaris au Zimbabwe, mais aussi dans la région (Botswana, Zambie, Namibie, Mozambique). Au Zimbabwe, DK propose notamment de visiter Hwange, les Matopos et Mana Pools. Au programme également, de nombreuses activités à Victoria Falls (survol des chutes en hélicoptère, rafting, croisière sur le fleuve Zambèze, marche avec les éléphants, *game drive*, *game walk*, tour en VTT, visite de villages...). Aussi, DK peut réserver les transferts et l'hébergement.

ECO LOGICAL SAFARIS & TRAVEL

119B Fife Street
BULAWAYO
✆ +263 292 888 790
www.ecological.co.zw

Créé en 1997, Eco Logical Safaris & Travel est une des premières et très bonnes agences de voyages de Bulawayo. Ses bureaux sont établis dans une très vieille maison de la ville. Eco Logical organise des voyages et des séjours dans la région, mais peut étendre ses activités au pays et à l'international. Cette agence permet de réserver des billets d'avion, des hébergements à travers le pays ou les pays voisins, ou bien encore des activités à Victoria Falls.

EXPERIENCE AFRICA SAFARIS

194 Baines Avenue
HARARE
✆ +263 242 790 850
www.experienceafricasafaris.com

Debbie, la directrice d'Experience Africa Safaris, propose des séjours exclusifs et sur mesure. Grande passionnée du Zimbabwe et des safaris, elle met un point d'honneur à partager son expérience au service des voyageurs. D'une grande écoute et d'une incroyable disponibilité, elle concocte des voyages à la hauteur des espérances de chacun et sait dénicher les meilleures adresses et activités, toujours hors des sentiers battus. Une agence hautement recommandée.

KHANONDO

Livingstone Way
VICTORIA FALLS
✆ +263 772 417 533
www.khanondosafaris.com

Khanondo est un opérateur de safaris en véhicule 4x4 ou en bateau, il offre un large choix entre un safari en voiture, une croisière diurne ou nocturne, ou un tour guidé des chutes. En plus, il assure des transferts dans tout le Zimbabwe jusqu'en Zambie, au Botswana et en Namibie. C'est également une agence de voyages qui s'occupe de la location de voitures, de la réservation d'hébergement et propose des activités classiques de la destination comme le rafting, le saut à l'élastique, la pêche, le canotage, le survol des chutes Victoria…

FALCON SAFARIS

545 Reynard Road
VICTORIA FALLS
✆ +263 772 633 333
www.falconsafaris.com

Avec plus de 15 ans d'expérience, Falcon Safaris, basé à Victoria Falls, organise des voyages à la carte selon différentes thématiques au Zimbabwe, en Zambie, en Namibie, au Mozambique et en Afrique du Sud. Il est également possible de participer à des voyages de plusieurs semaines à travers l'Afrique. Au Zimbabwe, Falcon propose des safaris à Hwange et Mana Pools. Que ce soit pour la location de voiture, un itinéraire de voyage complet ou des réservations d'hébergement, l'agence fournit toutes les informations nécessaires pour réussir son voyage.

LEON VARLEY WALKING SAFARIS

393 Baobab Road
VICTORIA FALLS
✆ +263 832 840 168
www.walkafrica.com

Grand passionné de la faune et de la flore du pays et guide reconnus parmi ses pairs, Leon Varley est l'un des seuls à proposer des safaris itinérants à pied dans le parc national de Chizarira. Concrètement, une équipe s'occupe du matériel de cuisine et des repas, alors que les clients peuvent choisir de porter leurs propres affaires ou de personnaliser davantage leur expédition. Leon Varley propose aussi des expéditions à Hwange, Victoria Falls et dans les pays limitrophes.

JOEL TRAVEL AND TOURS

24 Frank Johnson Avenue
HARARE
✆ +263 242 796 621
www.joeltravel.co.zw

Bien réputée, Joel Travel & Tours est une agence de voyages et un tour-opérateur purement zimbabwéen, qui organise des visites de villes (Harare et Bulawayo) et des tours dans tout le pays, allant de Victoria Falls au Great Zimbabwe, en passant par Hwange National Park, les Matopos, le lac Kariba, ou bien encore les Eastern Highlands. Les activités de l'agence de voyages tournent autour de la location de voiture, des transferts, de la réservation d'hébergements et de titres de transports et de la vente de circuits organisés.

MOKORE SAFARIS

7 Stable Close
SAVE VALLEY CONSERVANCY
✆ + 263 242 883 462
www.mokoreecosafaris.com

Fondé en 1979 et opérant dans la célèbre Savé Valley Conservancy, Mokore Safaris s'est construit une bonne réputation au Zimbabwe et au Mozambique où il opère également. Ce tour-opérateur offre des services personnalisés et il est reconnu pour la qualité de ses prestations. Sa spécialité : le safari-photo. L'accueillante et expérimentée famille Duckworth est disponible pour conseiller ses clients et les guider dans les différentes activités proposées. Mokore Safaris possède aussi deux campements, Mokore Main Camp et Majehwe Camp ainsi qu'une aire de camping.

INTERVIEW

ZAZU VOYAGE ZIMBABWE

UNE AGENCE FRANCOPHONE BASÉE AUX CHUTES VICTORIA

Pourquoi avoir ouvert une agence francophone en Zambie et au Zimbabwe ?

J'ai créé Zazu Voyage après avoir eu un coup de cœur pour le Zimbabwe et sa population.

Après avoir été volontaire dans un orphelinat il y a dix ans, j'ai souhaité développer cette destination qui est encore peu connue des francophones. Il n'y a pas que les magnifiques chutes Victoria à visiter !

Quels sont vos endroits préférés au Zimbabwe ?

Pour moi, le parc de Mana Pools est le plus beau parc d'Afrique. En plus d'être très réputé pour ses safaris à pied et en canoë, le parc est comme un jardin d'Éden, surtout en mai avec toute la végétation luxuriante et des paysages incroyables. J'aime aussi beaucoup le sud du parc de Hwange.

Quels sont vos coups de cœur ?

J'adore les *lodges* rustiques et authentiques que l'on peut trouver dans les parcs du Matusadona (lac Kariba) ou du parc de Matopos où mon histoire a commencé.

Le parc de Gonarezhou avec ses magnifiques falaises vaut aussi vraiment le détour, mais je le conseille aux habitués des safaris.

Pourquoi Zazu Voyage est une agence différente des autres réceptifs ?

Zazu Voyage est une agence écoresponsable et a une véritable éthique sociale vis-à-vis du personnel, et des partenariats avec des *lodges* et des activités ayant des projets environnementaux sont primordiaux. J'offre de nombreuses destinations que j'ai testées ou connues au voyageur, mais pour moi, c'est vraiment l'échange avec le client sur sa façon de faire du tourisme qui va déterminer son voyage idéal.

ZAZU VOYAGE
✆ +263 783 73 16 27
www.zazuvoyage.com

© AURÉLIA GARNIER

© AURÉLIA GARNIER

© AURÉLIA GARNIER

NATUREWAYS SAFARIS

Mhembwe Close
MANA POOLS NATIONAL PARK
✆ +263 772 335 038
www.natureways.com
Office à Harare et Kariba.

Natureways Safaris a été créé en 1987 par Garth Thompson, guide reconnu, qui plus tard a transmis le flambeau à James Varden. La compagnie est devenue l'un des gros opérateurs locaux spécialisés dans l'organisation des safaris en canoë ou des randonnées pédestres à la découverte du parc national de Mana Pools. Le logement se fait en camps mobiles pour les safaris en canotage ou à pied, et leur campement fixe en bordure de la rivière Zambèze, le Zambezi Camp conviendra à merveille aux voyageurs ne souhaitant pas un parcours itinérant.

OFF2AFRICA

25 Shortheath Rd
HARARE
✆ +263 772 147 631
www.off2africa.travel

Off2Africa a été créé par Beck Edwards en 2001. La compagnie est codirigée par Olivier, un Français revenu vivre au Zimbabwe en 2017. Spécialiste des voyages en Afrique de l'Est et australe, au Zimbabwe en particulier, la compagnie propose des voyages à travers le pays : Hwange, Matopos, Eastern Highlands, Gonarezhou… Elle propose également différents thèmes de voyage : en famille, en lune de miel ou tout seul, à cheval, à pied ou encore en voiture, pour les amoureux des oiseaux, de la photographie ou des sensations plus extrêmes...

PEARLS TOURS

Office n°5 Elephant's Walk
VICTORIA FALLS
✆ +263 832 844 575
www.pearlstoursvictoriafalls.com

Pearls Tours est une agence de voyages dont le siège est à Victoria Falls. Elle peut s'occuper de vos transports à partir de Victoria Falls (aéroport, Hwange, Chobe, Livingstone, Kazungula, Binga, Milibizi, Kasane…). Elle peut également réserver vos hébergements dans différents hôtels de la ville, ainsi que vos activités (tour de la ville, rafting, tyrolienne, survol en hélicoptère, en ULM, quad, bungee, croisière…). Enfin, elle propose des séjours à Victoria Falls, Hwange ou Chobe et un circuit de neuf jours à travers le pays.

SASANA TOURS & SAFARIS

HARARE
✆ +263 242 575 431
www.sasana.co.zw

Sasana est un un tour-opérateur local lié à l'agence de location de voitures Avis. Cette agence propose des packages tout inclus en organisant toutes les prestations sur place (transport, hébergement, guide local francophone), mais aussi la réservation d'hébergements, de billets d'avion, d'activités, de locations de voiture, etc. Sasana propose aussi de petits circuits bien ficelés autour de la capitale (*city tour*, Mukuvisi, Domboshawa, Imire Game Park…). Les séjours peuvent être conçus entièrement sur mesure selon les attentes et les envies de chacun.

SATS

27 Wembley Crescent Eastlea
HARARE
✆ +263 477 6840
www.victoriafallssats.com

Southern Africa Touring Service est un tour-opérateur situé à Harare. Fondé en 1994, SATS s'est construit une certaine réputation au Zimbabwe ainsi qu'au Botswana où il opère également. SATS se spécialise dans la création de packages et propose une véritable immersion au Zimbabwe et dans le reste de l'Afrique australe. Ce tour-opérateur organise aussi des voyages sur mesure, en personnalisant totalement l'itinéraire et les prestations fournies. L'agence possède une large flotte de véhicules (4 x 4, minibus…). Bon accueil de Martin et Gordon.

SHEARWATER VICTORIA FALLS

Parkway Drive
VICTORIA FALLS
✆ +264 832 844 471
www.shearwatervictoriafalls.com

Shearwater est l'un des plus gros opérateurs de Victoria Falls qui propose des packs attractifs pour essayer plusieurs activités. Rafting, safari-canoë ou croisière sur le Zambèze, survol des chutes en avion, hélicoptère ou ULM, safaris, saut à l'élastique, chute libre… Shearwater organise aussi des excursions en Zambie et au parc de Chobe au Botswana. La compagnie dispose de sa propre flotte de véhicules et peut aussi s'occuper de vos transferts.

SIKILIZA

HARARE

✆ +263 242 861 286

www.sikiliza.net

Sikiliza organise des safaris dans tout le pays. L'équipe est francophone, mais parle aussi l'anglais ainsi que l'italien. Installée depuis une vingtaine d'années à Harare, elle connaît également l'Afrique australe (Botswana, Malawi, Mozambique, Namibie et Zambie), mais aussi orientale (Ouganda). Vous pouvez combiner plusieurs destinations dans votre voyage. Sikiliza vous organise ou vous oriente, selon vos envies et votre budget, pour un voyage sur mesure : escapades originales, romantiques, aventureuses, vacances en famille ou en solo…

STRETCH FERREIRA SAFARIS

MANA POOLS NATIONAL PARK

✆ +263 242 882 373

www.stretchsafaris.com

Un opérateur permanent de Mana Pools. La compagnie a été primée en 2019 (meilleur guidage, meilleure cuisine, meilleur safari à pied…). Le fondateur et gérant, Stretch Ferreira est avant tout un excellent guide, avec un brin de folie. Il habite ici depuis plus de 30 ans et saura veiller au bon déroulement des randonnées et des safaris en canoë-kayak ou en voiture, selon le choix des clients. Il propose par exemple d'explorer en canoë la partie septentrionale du parc, sur le célèbre fleuve Zambèze. Son campement de toile très soigné peut accueillir 12 personnes.

TRAVEL PORTFOLIO

Arundel Village mount Pleasant

HARARE

✆ +263 772 412 993

www.travelportfolio.co.zw

Travel Portfolio est une agence de voyages locale spécialisée dans la création sur mesure et l'organisation de séjours au Zimbabwe et dans la sous-région (Zambie, Botswana, Afrique du Sud). Cette agence nouvellement créée, menée par la dynamique Hayley Idensohn, propose un large panel d'hôtels, d'activités et de circuits. Agence sérieuse capable d'organiser un voyage authentique et sur mesure. À noter : Travel Portfolio est également en mesure d'organiser des circuits sur le thème de l'ornithologie, ou encore des séjours « incentives » pour les entreprises.

WILD HORIZONS

310 Parkway Drive

VICTORIA FALLS

✆ +263 832 842 279

www.wildhorizons.co.za

Ce voyagiste organise de nombreux tours à travers le Zimbabwe mais également des safaris, des croisières, du rafting, des tours de ville et toutes les activités possibles à Victoria Falls. Wild Horizons possède également The Lookout Café, The Boma et trois lodges dans le pays : l'exceptionnel Elephant Camp, Old Drift Lodge et Wallow Lodge sur les bords de la Zambèze, à partir desquels il organise des safaris dans le parc national de Zambezi. La visite d'une journée à Chobe National Park au Botswana est un autre de ses produits phares.

ZAZU VOYAGE

VICTORIA FALLS

✆ +263 783 73 16 27

www.zazuvoyage.com

Zazu Voyage est une agence locale basée aux chutes Victoria et créée par Aurélia, une Française passionnée d'Afrique australe et surtout du Zimbabwe. Si vous aimez voyager en bonne conscience écoresponsable, Zazu ne propose que des *lodges* et expériences soutenant les communautés locales ou des projets de conservation. Cette petite agence vous permet de vivre un voyage sur mesure au Zimbabwe, mais aussi au Botswana, en Zambie ou au Mozambique avec des contacts directs. Aurélia adore organiser des voyages en famille, lunes de miel et autres événements.

QUOTATRIP

www.quotatrip.com

Voyages sur mesure.

QuotaTrip est une nouvelle plateforme de réservation de voyage en ligne qui met en relation des voyageurs à la recherche d'expériences authentiques et uniques et des agences de voyages locales sélectionnées pour leurs compétences et leur sérieux. Le réseau de QuotaTrip couvre près de 200 destinations dans le monde entier. Le but de ce rapprochement est simple : proposer un séjour entièrement personnalisé aux utilisateurs. QuotaTrip promet ainsi l'assurance d'un voyage serein, sur mesure, sans intermédiaires et sans frais supplémentaires.

INTERVIEW

LE VOYAGE-SUR-MESURE

AVEC STEVEN LE CHEVALIER ET MATHIEU VALLY DE QUOTATRIP

Quel est le concept de l'agence QuotaTrip ?

Quotatrip est la première plateforme de mise en relation entre voyageurs et agences locales. Grâce à elle, les voyageurs peuvent enfin échanger en direct avec des agences qui sont sur place et concevoir un voyage unique, au meilleur prix et 100% personnalisé.

Pourquoi voyager avec des agences locales ?

À l'inverse des agences traditionnelles, les agences locales sont des expertes de la destination choisie. Ce sont aussi les mieux placées pour concevoir des séjours qui sortent des sentiers battus. Elles sont ainsi en mesure de répondre à l'ensemble des envies, le voyageur rentre dans l'univers de l'equi-tourisme = le tourisme sans intermédiaire.

Quels sont les autres avantages pour les voyageurs ?

Il y a une multitude d'avantages. Cela permet notamment de ne pas voyager comme tout le monde, d'organiser de manière simple et rapide un séjour sur mesure et au meilleur prix. Fini les mauvaises surprises, les voyageurs posent toutes les questions qu'ils souhaitent et bénéficient d'un accompagnement sur mesure, de la conception du projet jusqu'à sa réalisation en toute sécurité car les agences référencées sont sélectionnées et recommandées par les journalistes des guides du Petitfute en toute impartialité.

Les démarches sont-elle simples à effectuer ?

Les sites de voyage en ligne font perdre beaucoup de temps aux internautes sans pour autant répondre entièrement à leurs désirs. QuotaTrip propose un formulaire simple et rapide qui permet de décrire les souhaits, les envies et les besoins. L'internaute reçoit aussitôt gratuitement et sans engagement les offres de trois ou quatre agences locales avec qui il peut ensuite échanger afin de personnaliser son projet grâce à la messagerie mise en place.

Quelles sont les destinations proposées ?

Notre plateforme propose plus de 21 000 projets de voyage sur plus de 100 destinations à travers le monde. De l'Amérique latine en passant par l'Asie et l'Afrique, nos mille agences partenaires sont là pour répondre à vos projets de voyage.

Décrivez votre projet de voyage. Echangez en direct avec les agences locales et partez au meilleur prix.

Plus d'informations : *quotatrip.com*

© D.R

© D.R

© D.R

SE LOGER

Si l'on peut trouver une grande gamme de logements au Zimbabwe, celui haut de gamme reste beaucoup plus facile à dénicher que le bas de gamme. Les crises économiques et politiques des trente dernières années ont eu raison de la grande majorité des logements petit budget, et l'adoption du dollar américain comme monnaie officielle a vu une augmentation des prix. Dormir au Zimbabwe n'est pas la bonne affaire qu'elle était dans les années 1990. Les voyageurs à petit budget sont limités aux dortoirs des *backpackers* ou au camping, nécessitant un sac de couchage bien épais pendant les mois d'hiver. Les réservations, bien que toujours conseillées, ne sont pas obligatoires dans la majorité des destinations zimbabwéennes et un voyage à l'improviste peut se faire assez facilement pour les voyageurs flexibles. Les exceptions à cette règle sont les parcs nationaux où, pour des raisons de logistique, on ne peut pas arriver sans prévenir.

HELPX €€

www.helpx.net

Plateforme Internet pour séjourner chez l'habitant.

Des fermes biologiques, des B&B, des hôtels où l'étranger aide tout en bénéficiant, selon les hôtes, d'un hébergement, de repas ou de cours de langues selon le travail fourni. Un panel de lieux, partout dans le monde, où vivre durant une année ou moins, afin d'améliorer une langue ou vivre une expérience hors du commun pendant une année de césure. Lors de notre dernière visite sur le site, des propriétaires de *guesthouse* proposaient lit + déjeuner en échange de quelques heures de travail. Peut être une bonne affaire pour les plus jeunes.

AFRICAN BUSH CAMPS €€

✆ +27 21 701 0270

www.africanbushcamps.com

Fondé en 2006, par Beks Ndlovu, un guide professionnel zimbabwéen, African Bush Camp gère des lodges et camps de luxe au Zimbabwe, mais aussi au Botswana et en Zambie. Au Zimbabwe, la compagnie propose des safaris au bord du Lac Kariba, à Mana Pools, à Hwange, ou bien encore, dans les Matopos. L'approche se veut très intégrée à la nature, mais aussi ancrée localement et le service est très professionnel. African Bush Camp dispose de sa propre fondation qui permet de soutenir des projets communautaires, en périphérie des aires protégées.

AFRICAN SUN LIMITED €€

✆ +263 772 128 131

www.africansunhotels.com

Il s'agit de la chaîne d'hôtels leader au Zimbabwe. Véritable référence en terme d'hôtellerie, African Sun Limited offre des hébergements variés, plutôt orientés dans la catégorie luxe, sur tout le territoire zimbabwéen. Parmi les établissements, on trouve Victoria Falls Hotel (Victoria Falls), Elephant Hills Resort (Victoria Falls), Hwange Safari Lodge (Hwange), Monomotapa (Harare), Troutbeck Resort (Troutbeck), Holiday Inn Bulawayo, Holiday Inn Harare, Holiday Inn Mutare, Caribbea Bay (Kariba), Great Zimbabwe Hotel (Masvingo).

HOSTELWORLD €

www.hostelworld.com

Depuis 2005, cette centrale de réservation en ligne permet de planifier son séjour à prix corrects dans le monde entier. Afrique, Asie, Europe, Amérique… Hostelworld est spécialisé dans les logements peu onéreux (auberges de jeunesse ou hostels…) mais proposant des services et un cadre plutôt soignés. Pour chaque grande ville, le site propose une sélection pointue d'enseignes partenaires et vous n'aurez plus qu'à choisir l'adresse la plus pratique, la mieux située, ou tout simplement la moins chère. Une plateforme bien pratique pour les baroudeurs.

SE DÉPLACER

Au Zimbabwe, il est extrêmement facile de se rendre d'une province à l'autre. Le réseau routier du pays est considéré comme l'un des meilleurs du continent africain. La plupart des régions disposent de grands axes bitumés. Certaines se dégradent depuis quelques années. D'autres bénéficient de travaux de réfection. Une exception à noter pour les touristes : la route entre Kariba et Victoria Falls est en très mauvais état et n'est praticable qu'en 4 x 4 en saison sèche. Les bus sont assez nombreux, plutôt bon marché et assurent des liaisons quotidiennes entre les grandes villes et les principaux sites touristiques. Les trains de voyageurs sont malheureusement inopérants depuis peu. Des taxis-brousse et bus assurent la multitude de transferts domestiques. Enfin quelques compagnies aériennes assurent des liaisons quotidiennes entre Harare, Bulawayo ou Victoria Falls. Des vols charters relient également les sites touristiques plus reculés.

AIR BOTSWANA

24 Northampton Cres
HARARE
✆ +263 242 781 961
https://airbotswana.co.bw
Liaisons Harare-Gaborone les vendredis et dimanches.

La compagnie nationale botswanaise a été créée en 1970. Elle relie Harare à Gaborone deux fois par semaine (les vendredis et les dimanches). De là, il est possible de poursuivre vers différentes destinations au Botswana et en Afrique du Sud (Johannesburg et Le Cap). Harare est, par ailleurs, relié à Lusaka deux fois par semaine (également les vendredis et les dimanches). Outre en se rendant au bureau d'Air Botswana situé dans le centre d'Harare, il est possible de réserver un billet d'avion en ligne sur le site internet de la compagnie.

AIR ZIMBABWE

Livingstone Way
VICTORIA FALLS
✆ +263 832 844 316
www.airzimbabwe.aero
Victoria Falls-Harare à partir de 165 USD, Victoria Falls-Bulawayo à partir de 90 USD.

Air Zimbabwe est la compagnie aérienne nationale du Zimbabwe. Elle appartient entièrement au gouvernement du Zimbabwe et a été fondée en 1967. Elle relie également Johannesburg en Afrique du Sud et Dar es-Salaam, en Tanzanie. Outre l'aéroport d'Harare, la compagnie a des bureaux dans le centre-ville d'Harare, mais aussi à Bulawayo et Victoria Falls. Air Zimbabwe offre des liaisons hebdomadaires entre Harare, Bulawayo et Victoria Falls. Il faut tout de même se renseigner à l'avance, car la compagnie fait souvent face à des difficultés.

ETHIOPIAN AIRLINES

1865 Sawanga Malls Pick n Pay
VICTORIA FALLS
✆ +263 213 284 1111
Ouvert du lundi au vendredi de 8h à 16h30. Le samedi de 8h à 12h.

La compagnie nationale éthiopienne, qui fait partie de la Star Alliance, relie Addis-Abeba à Victoria Falls, par des vols directs quatre fois par semaine (les mardis, jeudis, samedis et dimanches). Il est également possible de transiter par Johannesburg. La compagnie relie également la capitale éthiopienne à Harare une à deux fois par jour. À Victoria Falls, Ethiopian Airlines dispose de bureaux dans le centre-ville, mais aussi à l'aéroport. De même, à Harare, la compagnie dispose de bureaux, dans le centre, près de l'avenue Maasdorp, ainsi qu'à l'aéroport.

FASTJET

9 Phillips Avenue - **HARARE**
✆ +263 867 700 6060
www.fastjet.com
Harare-Bulawayo à partir de 112 USD aller simple. Harare-Victoria Falls à partir de 163 USD l'aller simple.

Opérationnelle au Zimbabwe depuis 2015, cette compagnie aérienne sud-africaine assure deux fois par jour la liaison entre Harare et Victoria Falls et une à deux fois par jour la liaison entre Harare et Bulawayo. Elle assure, par ailleurs, quatre fois par jour la liaison Harare-Johannesburg. Depuis peu, elle assure également une fois par jour la liaison entre la capitale zimbabwéenne et Kariba Town. Fast Jet dispose de bureaux dans les aéroports et centres-ville d'Harare, Bulawayo et Victoria Falls. Ses services sont généralement fiables.

SOUTH AFRICAN AIRWAYS

28 7 Falmouth Rd, Alexandra Park
HARARE
✆ +263 8677 702 702
www.flysaa.com
Ouvert du lundi au vendredi de 8h à 17h.

La compagnie sud-africaine fait partie du consortium Star Alliance. Un à deux vols par jour entre Johannesburg et Harare. Un vol chaque jour, sauf le samedi, entre Johannesburg et Victoria Falls. Depuis Paris, les vols sont en partenariat avec Lufthansa via Munich ou Francfort (en Allemagne) et Johannesburg (en Afrique du Sud) avant d'atterrir à Harare. South African Airways assure également des liaisons directes et quasi quotidiennes entre Victoria Falls et Johannesburg. Outre les bureaux du centre-ville d'Harare, la compagnie dispose de bureaux à l'aéroport.

EUROPCAR

Airport Road
HARARE
✆ +263 242 575 592
www.europcarzimbabwe.com
Tous les jours de 7h à 22h.

Europcar est une compagnie mondialement connue. Elle est rassurante lorsque l'on veut traverser le pays. Comme en Europe, vous pouvez effectuer votre réservation en ligne. Ici, il faudra souvent privilégier le 4 x 4, mais d'autres véhicules sont disponibles : citadines, berlines, SUV, minibus… Le service client est bon et vous accompagne tout au long de votre parcours en cas de problème. L'agence reste l'une des meilleures et des plus sécurisées du pays. Il y a d'autres agences dans le pays : dans le centre d'Harare, à Bulawayo et à Victoria Falls.

KARIBA FERRIES

Simon Mazorodze Road
HARARE
✆ +263 242 614 162
www.karibaferries.com
145 USD par adulte, 75 USD par enfant, pension complète. Compter 150 USD par véhicule.

La traversée de Kariba à Mlibizi dure 22 heures. Le voyageur peut admirer les paysages et les activités des pêcheurs. Un bar à bord vous permettra de regarder le coucher du soleil spectaculaire boisson fraîche en main, et un arrêt en fin d'après-midi donne le temps de se dégourdir les jambes. Les sièges s'inclinent pour passer la nuit soit en salle, soit sous les étoiles. C'est non seulement un voyage inoubliable, mais c'est aussi la seule option confortable pour se déplacer entre Kariba et la région des chutes Victoria sans faire le grand détour par Bulawayo.

LED TRAVEL & TOURS

6 Fereday Drive
HARARE
✆ +263 4 778 831

Établi depuis 2004, Led Travel & Tours est une agence de location de voitures, mais également une agence de voyages qui offre un service de réservation d'hôtels, de vente de billets d'avion, de transports de personnes et propose des circuits touristiques à la découverte des incontournables de la destination. Outre le bureau du centre d'Harare, Led Travels dispose également de représentations dans les aéroports d'Harare, de Victoria Falls et de Bulawayo, ainsi que dans les centres-ville de Victoria Falls et de Bulawayo. Led Travels est aussi présent à Lusaka.

KING LION COACHES

Cnr Robert Mugabe Way & 5th Street
HARARE
✆ +263 772 635 472
www.kinglioncoaches.co.zw
Harare-Lusaka à 20 USD, Gweru-Lusaka à 25 USD.

Cette compagnie nationale, créée en 2013, assure des trajets entre Harare (gare routière Roadport) et Lusaka en Zambie, tous les jours et entre Gweru (gare routière Kudzanai) et Lusaka, quatre fois par semaine. Entre Harare et Gweru, elle dessert Chegutu, Kadoma et Kwekwe. Entre Harare et Lusaka, côté Zimbabwe, elle dessert Karoi, Chinoy et Chirundu. Les deux capitales sont reliées deux fois par jour (un départ le matin et un départ le midi d'Harare). Gweru n'est par contre relié à Lusaka qu'une fois par jour. Les bus sont bien équipés et le service plutôt fiable.

SHUTTLE DIRECT

HARARE
✆ +263 4 701 491
www.shuttledirectzim.com
Transfert de l'aéroport en ville : à partir de 40 USD pour 3 pers., puis 6 USD par pers. supplémentaire, jusqu'à 7 pers.

Compagnie zimbabwéenne, créée en 2010, Shuttle Direct assure des transferts vers l'aéroport, mais aussi autour de la capitale, voire dans le reste du pays. Ses services sont disponibles 24h/24, 7j/7. L'équipe se montre assez professionnelle et réactive. Les véhicules sont confortables et le service est de bonne qualité. Il est possible de demander une estimation et de réserver en ligne. Avant de faire appel à cette compagnie, il vaut mieux demander d'abord à votre hôtel les conditions de leur transfert, parfois gratuit ou à moindre coût.

S'INFORMER

Afin de rêver et préparer votre voyage au Zimbabwe, outre votre guide préféré, vous trouverez des cartes routières, des livres de photos, des guides naturalistes, des ouvrages historiques... Pour la plupart de ces ouvrages, l'anglais est de mise. Avant de partir, différentes librairies plus ou moins spécialisées sauront vous dénicher tout ça. Il y a bien entendu Internet avec quelques sites spécialisés, notamment celui de l'ambassade de France au Zimbabwe, celui de Zimparks, du Zimbabwe Tourism Authority... Outre cette institution qui est chargée de promouvoir le tourisme à une échelle nationale et qui a ses bureaux dans le centre d'Harare, vous trouverez dans la plupart des grands centres touristiques différents offices de tourisme. Ici, on parle de Tourist Association ou de Publicity Association. La documentation disponible est souvent succincte, mais le personnel est généralement très avenant.

CHIMANIMANI TOURIST ASSOCIATION

CHIMANIMANI
✆ +263 772 101 283
www.chimanimani.com

Auparavant, l'association assurait une permanence au sein de son centre d'informations. Les visiteurs étaient accueillis par des jeunes formés à cet effet et pouvaient trouver de la documentation sur les différentes activités à faire dans les environs, les hébergements et les différents guides du coin. Faute de financement, cette permanence n'est plus assurée, mais l'association reste joignable par téléphone ou e-mail. Son site Internet est bien fourni.

ZIMBABWE TOURISM AUTHORITY

55 Samora Machel Avenue
HARARE
✆ +263 242 758 712
www.zimbabwetourism.net
Ouvert en semaine de 8h à 16h45.

Tel que mentionné sur son site Internet, ZTA est responsable de la promotion, de la planification et du développement du tourisme. Son slogan s'adapte parfaitement au Zimbabwe : *Zimbabwe World of Wonders*, ce qui signifie « Zimbabwe, un monde de merveilles ». Peu d'informations sur place, mais le site Internet est très bien renseigné. Outre le siège à Harare, ZTA dispose de représentations à Mutare, Bulawayo, Kariba, Victoria Falls, Gweru, Beitbridge et Chiredzi.

SAVE VALLEY CONSERVANCY

SAVE VALLEY CONSERVANCY
✆ +263 772 203 930
www.savevalleyconservancy.org
Ouvert toute l'année. 20 USD par jour et par personne.

Pour les voyageurs désirant se rendre à Save Valley Conservancy, toutes les informations sont disponibles sur le site Internet. Cette réserve privée, qui s'étend sur environ 3 400 km² et se compose en fait de différentes propriétés, propose différentes activités qui varient selon les hébergements, la période de l'année et les désirs des visiteurs : safaris en voiture ou à pied, diurne ou nocturne, pistage des rhinocéros et des éléphants, safaris ornithologique, etc. A noter que la plupart des hébergements proposent également des safaris de chasse...

CARNETS DE VOYAGE

36, Boulevard de la Bastille
PARIS (12e)
www.us.phoenix-publications.com

Publié par les éditions Phoenix, qui comptent déjà plusieurs revues à leur actif, ce trimestriel est consacré aux voyages avec des focus dédiés à la découverte d'une ville, d'une région, que ce soit en France, en Europe ou dans le monde. *Carnets de Voyage*, un magazine utile pour nous faire découvrir le meilleur d'une destination et nous faciliter le voyage. Pour de grandes ou petites escapades, les rédacteurs nous invitent à entrer dans leurs textes vivants, complétés de conseils pratiques, d'un agenda, de bonnes adresses et de superbes photos.

RESTER

Pour ceux que le Zimbabwe attire plus que le temps d'un voyage, il est possible de prolonger son séjour de deux façons différentes. *Primo*, vous pouvez vous impliquer en tant que volontaire (bénévole ou indemnisé) auprès d'une ONG (médicale, humanitaire, de développement, de conservation de la nature…). *Secundo*, vous pouvez trouver un travail, sachant que le marché national est réservé en priorité aux Zimbabwéens et que les postes seront donnés à des étrangers (blancs ou noirs) uniquement si les compétences ne peuvent être trouvées en interne. Dans tous les cas, vous arriverez avec un visa d'un mois, que vous pourrez prolonger sur place jusqu'à trois mois. Au-delà, il vous faudra un permis de travail (*temporary employment permit*). Les dossiers de demande sont constitués de différents justificatifs (courrier de l'employeur, lettre de soutien…) et sont traités par les services en charge de l'immigration.

ACTION CONTRE LA FAIM

102, rue de Paris - **MONTREUIL**
✆ 01 70 84 70 70
www.actioncontrelafaim.org
Par téléphone de 9h à 13h et de 14h à 18h.

ONG internationale spécialisée dans la lutte contre la faim dans le monde, active dans les domaines de la nutrition, santé, sécurité alimentaire, de l'eau, de l'assainissement. L'association intervient dans des situations de crise. Le but étant de rendre les populations autonomes d'un point de vue de la nutrition, en apportant une aide concrète et en formant les intervenants locaux qui prendront le relais. Ses missions de volontariat durent de trois mois à un an en Afrique, Asie, Amérique, Europe centrale, dans le Caucase, au Moyen-Orient et dans les Caraïbes.

AEFE

23, place de Catalogne
PARIS (14e)
✆ 01 53 69 30 90
www.aefe.fr

Cette agence, sous tutelle du ministère des Affaires étrangères, anime et gère un réseau de près de 500 établissements d'enseignement français à l'étranger, dans près de 140 pays. Des centaines de milliers d'élèves, dont une forte proportion de Français, fréquentent ces établissements. Offres d'emploi à l'international pour les titulaires de la fonction publique et informations sur la politique pédagogique émaillent le site Internet de cet organisme qui soutient également l'association Anciens des lycées français du monde est particulièrement bien fait.

CIDJ

www.cidj.com

Le Centre d'Information et de Documentation Jeunesse a été créé en 1969, sous la tutelle du ministère de la Jeunesse et des Sports. Le site Internet est bien fait et très complet. La rubrique « Partir à l'étranger » fournit des informations pratiques aux jeunes qui ont pour projet d'aller vivre à l'étranger. Il y a une rubrique spécifique dédiée à chacun des thèmes suivants : travail, étude, stage, volontariat international et séjours linguistiques. Pour vous aider dans vos démarches, vous pouvez avoir un entretien gratuit avec un conseiller du CIDJ.

ÉDUCATION NATIONALE

www.education.gouv.fr
Modalités sur www.france.diplomatie.fr/mfi.

Vous êtes enseignant ou fonctionnaire d'État, vous souhaitez travailler à l'étranger ? Consultez le site du ministère de l'Éducation nationale, il informe sur les conditions de mobilité dans le monde. Cette initiative peut s'inscrire dans un parcours professionnel. Elle permet d'exercer son métier dans des conditions spécifiques, ou un autre métier et diversifier ainsi son expérience en enrichissant ses compétences. Les personnels d'encadrement peuvent aussi postuler dans des organismes internationaux ou de l'Union européenne.

MINISTÈRE DE L'EUROPE ET DES AFFAIRES ÉTRANGÈRES

www.diplomatie.gouv.fr

Site Internet officiel pour connaître les formalités d'entrée et séjour dans le pays. Dans la rubrique « Services aux Français », vous trouverez un guide de l'expatriation, les modalités de demandes de documents officiels. Sur la page d'accueil en sélectionnant le pays, vous obtenez les contacts des ambassades. Dans l'espace politique, économie et socio-culturel, quantité d'informations et de communications utiles pour qui s'intéresse aux réalités du pays.

CAPCAMPUS

www.capcampus.com

CapCampus fut l'un des premiers portails étudiants français en ligne. Dans la rubrique dédiée aux stages et aux premiers emplois, vous trouverez aussi des offres pour l'étranger, classées par pays. Celles pour les Etats-Unis ne sont pas très nombreuses, le mieux est de consulter le site régulièrement pour ne pas passer à côtés des offres intéressantes. Le site est également utile pour se familiariser avec la vie aux Etats-Unis, car il propose également toutes les informations pratiques pour bien préparer son départ et son séjour à l'étranger.

WEP FRANCE

95, avenue Ledru Rollin
PARIS (11e)
✆ 01 48 06 26 26
www.wep.fr

WEP propose plus de 50 projets éducatifs et séjours linguistiques dans une trentaine de pays pour une durée allant de une semaine à 18 mois. Quel que soit votre projet d'études ou de volontariat à l'étranger, vous trouverez sur le site de WEP une rubrique qui y sera consacrée : étudier au lycée, dans une université, partir en séjour linguistique, faire une expérience professionnelle dans le cadre d'un stage ou vivre en immersion dans une famille. Possibilité également de planifier des programmes combinés (études et projet humanitaire par exemple).

CLUB TELI

Les Clarets
SAINT-PIERRE-D'ENTREMONT
✆ 04 79 85 24 63
www.teli.asso.fr
Adhésion d'un an : 45 €.

Le Club Teli est une association d'aide à la mobilité internationale créée voici bientôt 30 ans, forte de 4 000 adhérents en France et dans 65 pays. Si vous souhaitez séjourner à l'étranger, quel que soit votre projet, vous trouverez par le biais de ce club des infos et des offres de stages, de jobs d'été et de travail pour francophones. Si vous avez besoin d'aide pour envoyer des candidatures, le Club peut vous aider à mettre votre CV aux normes du pays où vous souhaitez partir. Pour bénéficier de ces aides et informations, il faut adhérer.

BUSINESS FRANCE

77, Boulevard Saint-Jacques
PARIS (14e)
✆ 01 40 73 30 00
Ouvert en semaine de 8h30 à 18h30.

L'Agence pour le développement international des entreprises françaises travaille en étroite collaboration avec les missions économiques. Le site Internet recense toutes les actions menées, les ouvrages publiés, les événements programmés et renvoie sur la page du Volontariat International en Entreprise (VIE). Fondée en 2015, cette structure est née de la fusion entre Ubifrance et l'Agence française pour les investissements internationaux. Elle est affiliée au Ministère de l'Europe et des Affaires étrangères et au Ministère de l'Économie et des Finances.

VIE - VOLONTARIAT INTERNATIONAL EN ENTREPRISE

✆ 04 96 17 26 50
mon-vie-via.businessfrance.fr

Le VIE est destiné aux jeunes de 18 à 28 ans. Il s'effectue en entreprise, dans une ONG, dans une collectivité locale ou dans un service de l'État – allant de l'ambassade à l'établissement culturel en passant par le consulat. Par ailleurs, il peut durer de 6 à 24 mois et être renouvelé une fois, de deux ans au plus. Enfin, sa rémunération mensuelle est constituée d'un salaire fixe de 749,33 € et d'une indemnité supplémentaire dont le montant varie selon la mission.

Parc national de Hwange.

INDEX

EDITION

Directeurs de collection et auteurs : Dominique AUZIAS et Jean-Paul LABOURDETTE

Auteurs : Rémy LEDAUPHIN, Clarisse LHEZ, Baptiste THARREAU, Juliette COURTOIS, Mathias DESHOURS, Sylvie DEL COTTO, Romain RISSO, Priscilla PARARD, Kévin GIRAUD, Amandine GLEVAREC, Thomas MORGAN,Agathe ANDRIEU, Talatah FAVREAU, Jean-Paul LABOURDETTE, Dominique AUZIAS et alter

Directeur Editorial : Stéphan SZEREMETA

Rédaction Monde : Laure CHATAIGNON, Morgane VESLIN, Pierre-Yves SOUCHET, Natalia COLLIER, Julie BEZ

Rédaction France : Briséis TEMPLE-BOYER, Audrey VEDOVOTTO, Marie VIGNERON, Nicolas WODARCZAK, Mélanie PEILLET

FABRICATION

Maquette et Montage : Romain AUDREN, Julie BORDES, Delphine PAGANO

Iconographie et Cartographie : Anne DIOT, Julien DOUCET

WEB ET NUMERIQUE

Directeur Web : Louis GENEAU de LAMARLIERE

Technical Project Manager : Hervé MARION

Développeurs : Guillaume BARBET, Adeline CAUX

Intégrateur Web : Mickael LATTES, Antoine DION

Webdesigner : Caroline LAFFAITEUR

Community Traffic Manager : Alice BARBIER, Noémie LE SAUX

Content Manager : Aliénor de PERIER

DIRECTION COMMERCIALE

Directeur commercial : Guillaume VORBURGER

Coordinatrice des Régies commerciales : Manon GUERIN

Account Manager Marketplace : Leila ROUGEOT

Responsable Régies locales : Michel GRANSEIGNE

Responsables Développement régie inter : Jean-Marc FARAGUET, Guillaume LABOUREUR et Camille ESMIEU

Assistante commerciale Régie internationale : Leila ANTRI-BOUZAR

Chefs de Publicité Régie nationale : Caroline AUBRY, François BRIANCON-MARJOLLET, Perrine DE CARNE MARCEIN, Jonathan TOUTOUX

Régie ZIMBABWE : Aurélia GARNIER

DIFFUSION ET PROMOTION

Directrice des Ventes : Bénédicte MOULET assistée d'Aissatou DIOP

Responsable des ventes : Jean-Pierre GHEZ assisté de Nelly BRION

Relations Presse-Partenariats : Jean-Mary MARCHAL

ADMINISTRATION

Président : Jean-Paul LABOURDETTE

Directrice des Ressources Humaines : Dina BOURDEAU assistée de Sandra DOS REIS et Eva BAELEN

Directrice Administrative et Financière : Valérie DECOTTIGNIES

Comptabilité : Guillaume PETIT, Aminata BAGAYOKO, Jeannine DEMIRDJIAN et Adama DIABY

Recouvrement : Fabien BONNAN assisté de Sandra BRIJLALL

Responsable informatique : Elie NZUZI-LEBA

PETIT FUTÉ ZIMBABWE

LES NOUVELLES EDITIONS DE L'UNIVERSITE
18, rue des Volontaires - 75015 Paris.
✆ 01 53 69 70 00 - Fax 01 42 73 15 24
Internet : www.petitfute.com
SAS au capital de 1 000 000 € - RC PARIS B 309 769 966
Couverture : Coucher du soleil sur les chutes de Victoria © F.C.G. - stock.adobe.com
Impression : CORLET IMPRIMEUR - 14110 Condé-en-Normandie
Achevé d'imprimer : juin 2023
Dépôt légal : 31/07/2023
ISBN : 9782305095097

Pour nous contacter par email, indiquez le nom de famille en minuscule suivi de @petitfute.com
Pour le courrier des lecteurs : info@petitfute.com

IMPRIMÉ EN FRANCE